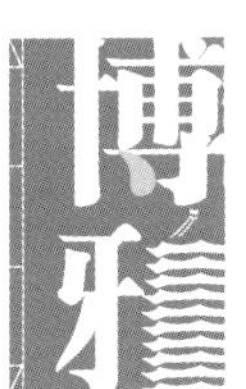

劳动法与社会保障法：原理、材料与案例

（第三版）

Labour Law and Social Security Law: Theories,Materials and Cases

3rd Edition

黎建飞　著

北京大学出版社
PEKING UNIVERSITY PRESS

图书在版编目(CIP)数据

劳动法与社会保障法：原理、材料与案例 / 黎建飞著. -- 3版. -- 北京：北京大学出版社，2025. 5.
(21世纪法学规划教材). -- ISBN 978-7-301-36154-2
Ⅰ. D922. 5
中国国家版本馆CIP数据核字第202543PZ00号

书　　名	劳动法与社会保障法：原理、材料与案例(第三版) LAODONGFA YU SHEHUI BAOZHANGFA：YUANLI、CAILIAO YU ANLI (DI-SAN BAN)
著作责任者	黎建飞　著
责任编辑	张赟洁　许心晴
标准书号	ISBN 978-7-301-36154-2
出版发行	北京大学出版社
地　　址	北京市海淀区成府路205号　100871
网　　址	http://www. pup. cn
新浪微博	@北京大学出版社　@北大出版社法律图书
电子邮箱	编辑部 law@ pup. cn　总编室 zpup@ pup. cn
电　　话	邮购部010-62752015　发行部010-62750672　编辑部010-62752027
印 刷 者	河北文福旺印刷有限公司
经 销 者	新华书店
	787毫米×1020毫米　16开本　19.75印张　533千字
	2008年5月第1版　2014年4月第2版
	2025年5月第3版　2025年5月第1次印刷
定　　价	58.00元

第三版前言

新就业形态用工是我国劳动法的新课题,无障碍环境建设是我国社会保障法的新扩展。

一、新就业形态用工的劳动法回应

新就业形态用工是劳动法面临的新挑战。法律是调整社会关系的行为规范。不同的社会关系决定了相应的法律调整部门。新就业形态用工是劳动用工吗?新就业形态劳动者受劳动法保护吗?劳动者与平台或其他相对人之间构成劳动关系吗?对这些问题的不同认知决定着新就业形态下法律关系当事人的不同权利和义务。

新就业形态集中在外卖骑手、网约车司机、网络主播和快递员等群体中,不同法律关系主体之间的协议类型繁杂:多为外包模式下的劳动力需求端企业、供给端企业和新就业形态劳动者之间的协议,在形式上表现为承揽协议、合作协议、个人工作室注册协议等。各类协议涉及的主体及任务分配、薪酬制度、管理规范等通常由双方约定,由此生发出劳动合同与经纪合同、承揽合同与劳动合同的混同,导致相关法律在适用中的困难。不同于传统用工中特定的劳动者与特定的用人单位签订劳动合同,日常考勤、工作安排、工资发放、社保缴纳等内容都是明确和固定的,新就业形态用工呈现出人为分离态势,专属于一家用人单位的劳动用工内容被分解由不同主体完成,导致用工主体及法律关系难以界定,相关的法律难以适用。

对此,应当从立法层面来解决问题。新就业形态立法应把对劳动进行管理的平台纳入调整范畴,在立法中加以界定和完善。将网约车司机、外卖骑手、快递员等在劳动过程接受平台管理,在订单分配、服务路线、服务时限、服务标准、进入和退出平台机制以及服务价格等方面均受到平台制约的人,都纳入劳动立法的保护之中。尤其是在职业伤害保障和职业安全卫生等事项上,立法的调整范围应当更为广泛,为平台工人提供针对性的保护。对于自雇型劳动者,立法应当通过完善社会保险制度来给予相应保障。

为应对新就业形态对劳动法的挑战,启动新的立法,在劳动法框架内扩展新就业形态中的劳动关系认定和劳动权益保护已是大势所趋。许多国家都根据新就业形态的多样化劳动形式设定了新的权利和义务,如劳动者的个人信息权利、远程工人的劳动权利。这些新的立法尽管有法系、体例和模式上的差异,但都沿袭了劳工运动史和劳工政策,贯彻着国际劳工政策和法治传统。在新就业形态的针对性立法中,法国在远程工作中引入了平台工人保护的相关条款,俄罗斯增加了电子文件管理和远程工作的规定,波兰、匈牙利、巴西和加拿大都增写了远程工作的劳动权益条款。

结合我国的实际情况,劳动立法应当回应特殊劳动群体的法律需求,例如家政用工、实习劳动、平台用工、远程劳动等,在劳动层面作出专项的法律规定和劳动关系认定。

以家政用工为例,劳动部在《关于贯彻执行〈中华人民共和国劳动法〉若干问题的意见》中就明确把"家庭保姆"排除在劳动法的调整对象之外。现在,许多城市居民都雇佣保姆或小时工从事家务劳动。随着社会经济的发展和居民收入水平的提升,家政服务业作为朝阳产业在我国蓬勃发展,2021 年我国家政从业人员已达 3760 万人,家政服务市场规模达 10149 亿元。2022 年,93.8%的消费者使用过家政服务。家政服务员的劳动权益保障早已成为社会关注的话题。我国的家政服务业多以单一家庭为服务对象,由从业人员进入家庭成员住所提供或以固定场所集中提供对孕产妇、婴幼儿、老人、病人、残疾人等的照护以及保洁、烹饪等有偿服务,满足家庭生活中的照料需求。

在立法上将家政劳动纳入劳动法的调整范围,制定"家庭劳动法"或"家务劳动法"才是治本之策。20 世纪中叶以来,各国劳动立法相继开启了废止人身依附关系的历程,用以解决通过平等自愿的民事合同进行用工引发的社会问题,通过劳动法实现用工关系调整的社会化。我国的劳动合同制度是劳动力市场化改革的重要成果,全面地替代了雇佣合同制度,有效地满足了传统用工的各种需求。但是在新就业形态下,《民法典》的雇佣合同与《劳动法》的劳动合同就难以协调。两者看似互为补充,实则两相冲突。因此,由劳动立法独立规定雇佣合同规则,对新型劳动关系进行劳动法的保护是现实的必然要求。在新的劳动立法体系中,标准的劳动合同仍然是主体和主流,但雇佣合同的内容也应当作为劳动合同的制度补充,作为劳动合同的特殊规则,与劳动合同并存于我国的劳动立法中。

二、无障碍环境建设的社会保障法扩展

20 世纪 30 年代初,为照护一战的伤残军人,丹麦和瑞典启用了供残疾人使用的无障碍设施。20 世纪 50 年代后期,残疾人生活"正常化"和"带入社会生活"的理念逐渐兴起。为了满足残疾人融入社会的需求,这些原本为健全人设计建造的设施和场所逐步开始了为适应和满足残疾人特殊需求的改造,大力发展和建设"无障碍环境"也成为人们普遍接受和认同的观念。

1950 年,联合国设立"国际残疾人康复协会"。1974 年,联合国在瑞士召开"障碍者生活环境"专家会议,会议确定"无障碍设计"是消除对使用者构成障碍的设计,会议将"有障碍者"的范畴从原来指向的有生理障碍人群扩展至孕妇、儿童和老人,进而扩展至背负重物或受伤的人员,甚至包括暂时遭遇生活不便的人群。1981 年,联合国发起一系列支持和声援残疾人的活动,并由此确立"国际残疾人年",活动的主题是"充分参与和平等",即残疾人在个人条件允许下尽可能充分地参加社会生活,并享有与正常人完全平等的权利。

我国无障碍立法始于 20 世纪 80 年代。1989 年 4 月 1 日实施的《方便残疾人使用的城市道路和建筑物设计规范》(JGJ50-88),是方便残疾人使用的城市道路和建筑物的设计规范。2012 年 6 月 28 日,国务院公布《无障碍环境建设条例》。这是我国第一部以无障碍环境建设为内容的专门行政法规,明确了无障碍环境是保障残疾人平等参与社会生活的必要条件,同时也为老年人等其他社会成员提供生活便利。

《无障碍环境建设条例》将通行道路、出入相关建筑物、搭乘公共交通工具、交流信息和获取社区服务等作为主要调整领域,将无障碍环境建设规定为六个方面:一是明确了政府部门和社会组织的职责；二是强调了无障碍环境有利于保护残疾人的权利，同时可惠及全社会，提供无障碍环境是社会的责任和义务；三是加大无障碍设施建设和改造力度，加强无障碍设施管理；四是加快推进无障碍信息交流建设；五是发展无障碍社区服务；六是规定了无障碍环境建设的法律责任。

为了加强无障碍环境建设，保障残疾人、老年人平等、充分、便捷地参与和融入社会生活，促进社会全体人员共享经济社会发展成果，2023 年 9 月 1 日，《无障碍环境建设法》正式施行。无障碍环境是全体社会成员平等参与社会生活的必要条件，也是残疾人、老年人、儿童和其他有需求者生活需求的重要保障。

老年群体在自主通行、独立生活、获取信息和服务等方面也面临众多障碍，严重影响他们的社会参与，致使其无法充分共享社会发展成果和高品质幸福生活。《无障碍环境建设法》能够有效地回应社会关切，应对老年社会，保障老年人权益，是老人安度晚年，自主生活，有一个幸福晚年、尊严晚年的必要条件。每个社会成员在其生命的全周期中，都会有不同程度的无障碍需求。立法明确了无障碍环境的受益群体是全体社会成员，无障碍环境服务于全体人民，突出了无障碍环境的使用对象不仅仅是残疾人和老年人，而且是有无障碍需求的全体社会成员。

《无障碍环境建设法》规定了建设无障碍设施的基本要求，明确了居家无障碍改造以及社会无障碍建设和改造职责，对无障碍设施建设相关单位的职责进行了规范，对无障碍设施改造的基本标准以及优先顺序提出了要求，完善了对停车无障碍和服务犬的相关规定，细化了无障碍设施的维护和管理职责。在"信息无障碍"方面，该法要求发布涉及自然灾害、事故灾难、公共卫生事件等突发事件信息时，应当同时采取无障碍方式发布，确保在突发重大公共事件时全体公民都能获得公共信息；该法对考试无障碍、电视和影视作品无障碍、图书馆信息无障碍也作出了具体规定。在"社会服务无障碍"中，该法提出了无障碍社会服务的总体要求，规定了社区公共服务无障碍、公共交通服务无障碍、无障碍参与政治生活等内容，细分了公共服务、教育教学服务、医疗卫生服务、养老托育服务、文化旅游服务等服务机构和场所提供无障碍服务的规定，新增了公共法律服务机构和场所、应急避难场所提供无障碍服务的规定。随着《无障碍环境建设法》的实施，社会保障法增进社会融合的功能将进一步彰显。

综上，本书新版关注劳动法和社会保障法的新场景，将重点放在了平台用工和无障碍环境建设上，关注新业态中劳动关系的新变化、平台用工中劳动者权益的新保障；关注老年社会的新课题，构想适老型社会的新形态，编织老年人生活的新蓝图。"全国首例涉代驾软件交通事故纠纷案""快递骑手未接单期间的事故责任""公共卫生事件中残疾人的社会融合""跳跃法律之外的案情""劳动仲裁裁决的撤销""适老型诉讼机制的建立构想"等内容同样新意纷呈。

黎建飞
2023 年 11 月 14 日

第二版前言

2018年是改革开放40周年,《法制日报》"庆祝改革开放40年之40位人物访谈录"制作组刚刚访谈了我,题目是"为劳动者权益保护事业而奋斗",内容是我与劳动法的前缘后因。其中,起草《劳动法》的一些回忆引发反响。①

索性,再回忆多一些。

一、"风险抵押"

某日,中国民航局的一位处长来到劳动部,坐在我办公桌前,诉说他们必须收取劳动者风险抵押金的理由,欲说服劳动部在他们要收取风险抵押金的报告上给一个肯定的"批复"或者"回复",并且希望《劳动法》能够体现出他们的呼声:"我们培训完'空姐'后有人不辞而别,带走的一套制服就值三四千!"(当时中央机关处长的月薪三百多元)我告诉他:(1)不得在招工录用中收取劳动者的风险抵押金或者扣押其身份证等物件是劳动法的一项基本原则,以保障劳动者劳动就业的权利不受损害。(2)劳动部牵头公安部和全国总工会已经连续两次发文,禁止收取劳动者的抵押金和扣押抵押物。(3)参加培训的"空姐"绝大多数都是要留下来工作的,不辞而别者仅为个例。法律是调整多数人行为的,少数人的行为既不能改变法律原则,也不宜作为立法时的参照对象。(4)空姐的制服虽然值钱,但前来应聘的劳动者都是为了得到工作,而不是为了得到这套制服。欣慰的是,劳动法一直坚持了这项原则,而且《劳动合同法》第9条规定,用人单位招用劳动者,不得扣押劳动者的居民身份证和其他证件,不得要求劳动者提供担保或者以其他名义向劳动者收取财物。

二、"赔偿充公"

还是中国民航局,但来人是另一位处长。中国民航局购买了美国的波音客机。按照双方约定,客机的空姐由波音公司负责在美国培训。在培训跳滑梯时,一位准空姐从滑梯上摔了下来,腿折了。波音公司在治疗后赔偿了这位空姐约10万美元。处长来的目的是请劳动部发一个文件,让空姐把这笔钱交给国家。这在当时是具有一些理由的,其一是波音公司之所以既治疗又赔偿,是因为他们与中国民航局的协议中有约定:波音公司在培训期间为中国员工支付的全部费用都得由中国民航局再支付给波音公司。其二是当时的空姐同中国的其他工人一样都是"固定工""吃国家粮",她们的生老病死都是由单位负责的。也就是说,空姐回到国内后,发生后续治疗等费用都是由公费医疗负担的。即便如此,我也只能专业地告诉这位处长:(1)在事实上,这笔钱是空姐受伤所得,与中国民航局无关(用当时劳动部部长的话说:"工伤是劳动者断手断脚的钱。")。

---

① 摘编自代秀辉:《黎建飞为劳动者权益保护事业而奋斗》,《法制日报》2018年11月5日。

(2) 从法律上,在这笔钱所形成的法律关系中,中国民航局既非当事人也非相对人。(3) 劳动部没有发文收回这笔钱的法律或者政策依据。(4) 中国民航局也没有收回这笔钱的法律途径。回头来看,这类情形在当时屡有发生,是因为我国的改革开放刚刚起步,原有的计划经济模式与市场经济模式偶有冲突。今天,这些问题早已经不是问题了。

三、“工资绝密”

某地一外贸公司为国外的远洋货轮招聘了一批船员,这批船员上船出海后的工资由国内的外贸公司支付。船员们的工资远高于国内同行的工资,所以上船工作后一段时间内均相安无事。但是,在海上时间长了,与其他外国船员也熟悉了,交谈后才知道自己的工资远低于他们。于是,在某主港停泊期间,中国船员上岸找到相关国际海运机构投诉,该机构通知船东后,船东立即按照外国船员的工资将差额全部补发给了他们。这些船员中的一部分人拿到这一大笔钱后就不想干了,直接从该主港所在地乘坐飞机回国了。刚出飞机舱门,等着他们的是当地检察官,直接把他们关押了。原来船东一直是按照与外国船员同样的工资支付给国内这家外贸公司的,而且双方约定:如果中国船员就他们的实际工资与船东理论,船东补齐全部工资后,由外贸公司赔偿船东。当外贸公司知道他们在国外主张此项权利并且拿到了补发工资后,就以船员“泄露国家机密”为由向当地检察机关报案,检察机关随后批捕了这批先行回国的船员。

此前,为了起草《劳动法》中关于“工资”的内容,我到劳动部图书室查询相关资料时,看到历年国家调整工人工资的文件确实都是“机密”甚至“绝密”级的。但是这与改革开放后,中国船员为了主张权利把自己的工资告诉外国船东是不可以相提并论的,更不是同一性质的。并且,工人的工资有何必要成为“国家机密”呢?于是,我们联合劳动部办公厅以“批复”的形式发文,明确劳动者的工资不应当是“国家机密”,使这些身陷囹圄的船员带着自己的劳动报酬回到了自己的家中。随后,《劳动法》关于“用人单位根据本单位的生产经营特点和经济效益,依法自主确定本单位的工资分配方式和工资水平”的规定,不仅改革了国家管控工人工资的计划模式,而且从根本上免除了船员们的后顾之忧。

四、“失业炒更”

“炒更”源于粤语,意指拥有正职之外的第二职业,即利用晚上时间或其他业余时间除本职工作外再兼一份职。1991 年 5 月,在《劳动法》起草过程中,我随中国劳动立法代表团访问德国,在纽伦堡社会法院旁听了一个案件的审理。案件的起因是一位失业者被劳动局停发了失业保险金,原告把劳动局告上了法院,要求补发。劳动局的出庭人在法庭上的答辩是:该人在失业期间在干另外一份工作。根据代表团的行程,我们不可能听到案件的审理结果。于是,在休庭时,我就问这位劳动局的出庭人:“如果法庭认定原告在失业期间另有工作会是怎样的结果?”他的回答是“构成欺诈”。如果这样,原告面临的将不是拿不拿得到失业保险金的问题,而是可能承担其他法律责任的问题。

在我国,类似的“炒更”似乎不是问题,问题是一边领取社会保险金,一边从事着劳动。在劳动法层面上,这是一个一直解决不了或者没有很好解决的问题。以退休返聘为例,双方当事人出现的各种争议应当按照什么方式处理?他们的工资拖欠是劳动争议吗？或者更直接地说，他们之间的这项争议是“工资争议”吗？在返聘工作中受到了伤害，比如上下班途中的交通事故，比如患病后的病假及其治疗等，能够按照劳动关系，依据劳动法来处理吗？

在互联网时代，网上兼职摄影、设计、开店、制图，下班兼职开车、顺路带客等，都给本就在“炒更”问题上剪不断、理还乱的劳动法“添乱”。应当如何应对？期待早有良方。

上文既是回顾也是展望。或者说，对我国《劳动法》从诞生到成长的历史回顾，是为了既有承继性又有开拓性地解决好当下我国劳动法和社会保障法所面临的诸多新问题。

同样，这也是本次再版修订的主要着墨处，即修改废止的规范，补写最新的立法，选择最具典型性又会对未来产生影响的实际案例，并且配之以最新的“背景材料”和学术界新近的研究成果。

黎建飞

2019年8月25日

前　　言

据说,诗歌语言是“与日常生活中的消息性语言截然不同的生成性语言”。然而,“语不惊人死不休”的唐代大诗人杜甫却将写好的诗先读给村里不识字的老婆婆听,并且一直修改到她们听懂为止,从而才有“李杜诗篇万口传”,传到今天还新鲜。据说,读完德国大学的毕业生是看不懂德国法律的,必须先学习德国法律的专门语言才能曲径通幽。但马克思却说:“法律是肯定的、明确的、普遍的规范,在这些规范中自由的存在具有普遍的、理论的、不取决于个别人的任性的性质。”在我国,法学教科书界定法律是“直接、具体、明确”的行为规范。然而,对于雇佣、工伤、劳动合同甚至养老失业,却不是仅知道字面意义就可以实现个人权利的。大师必得是精通其专业的,并且是知其然且知其所以然的。然而,大师更加贴切的标识应当是不仅知其“所以然”且能说出“其然”。直言之,能以极其浅显的通俗语言说明极其深奥的专业术语。

本书以“原理”“材料”和“案例”谋篇,力图把抽象的术语具体化,把复杂的背景简单化,把深沉的案例表面化。例如,在“原理”中,笔者从“劳动”入手,区分“劳动”与“就业”,关注劳动法中的行为人——“劳动者”和“用人单位”。在行为人“劳动者”中细分“年龄条件”“劳动能力条件”,进而引申出劳动者的“行动自由”,由此证明了用人单位解雇身陷囹圄的劳动者在劳动法的基本原理上是成立的。为此,笔者配备了“劳动者忠实义务”的背景材料,描述了该项义务的目标、主体、内容和渊源,使劳动者在劳动法上的形象有了立体感。如果再看一看典型案例中的“退休返聘,维权不易”,便会知道法定化的劳动年龄不仅有下限而且有上限,法律规定的期限来临意味着劳动年龄的终了。一个超过法定劳动年龄的人如同一个未到法定年龄的人一样不应当再从事劳动法意义上的劳动,更不能如同一个正常的劳动者那样享受全部的劳动权利,尤其是劳动者的社会保险权利。否则,都有可能遭到如同该案当事人一样的境遇。进而,典型案例“劳动关系还是劳务关系”还会告诉你,不是有工作就有雇主,也不是有雇主就是你的雇主,尤其不一定是你的真雇主。对于劳动者而言,找到自己的雇主与找对自己的雇主都是劳动的首要问题。否则,“我被雇佣,但不知雇主是谁”就会演变为“我受到伤害,但不知道由谁赔偿”“我被解雇,却告错了雇主”。

当然,劳动行为和劳动后果的问题并不会就此止步,而是与每一位劳动者如影随形。劳动法和社会保障法也从未停顿,而是在每一个时节与社会保持同步,与劳动者和用人单位保持联系,与其他法律规范保持互动。因此,尽可能新地阐述“原理”,尽可能精地提供“材料”,尽可能准地剖析“案例”是笔者尽力而为的。尤其,无论是古旧的材料还是过往的案例,本书都尽可能地提供了当下的链接。这不仅为阅读者检索原创提供了方便,也为鉴赏家管窥全豹预备了路径。

在社会与法律的相向而行中,在劳动者与用人单位的和谐冲突中,在仲裁与法院的威权裁剪中,在学者与学术的“多嘴多舌”中,我们一并推进着社会的进程,共同促进了人类的进步。

黎建飞

2014年11月

缩略语表

简称	全称
法律	
《共同纲领》	《中国人民政治协商会议共同纲领》
《宪法》	《中华人民共和国宪法》
《兵役法》	《中华人民共和国兵役法》
《妇女权益保障法》	《中华人民共和国妇女权益保障法》
《工会法》	《中华人民共和国工会法》
《国籍法》	《中华人民共和国国籍法》
《合同法》	《中华人民共和国合同法》
《民法典》	《中华人民共和国民法典》
《民事诉讼法》	《中华人民共和国民事诉讼法》
《民族区域自治法》	《中华人民共和国民族区域自治法》
《全民所有制工业企业法》	《中华人民共和国全民所有制工业企业法》
《刑法》	《中华人民共和国刑法》
《安全生产法》	《中华人民共和国安全生产法》
《保险法》	《中华人民共和国保险法》
《残疾人保障法》	《中华人民共和国残疾人保障法》
《产品质量法》	《中华人民共和国产品质量法》
《道路交通安全法》	《中华人民共和国道路交通安全法》
《防震减灾法》	《中华人民共和国防震减灾法》
《公共图书馆法》	《中华人民共和国公共图书馆法》
《公共文化服务保障法》	《中华人民共和国公共文化服务保障法》
《监狱法》	《中华人民共和国监狱法》
《建筑法》	《中华人民共和国建筑法》
《就业促进法》	《中华人民共和国就业促进法》
《矿山安全法》	《中华人民共和国矿山安全法》
《劳动法》	《中华人民共和国劳动法》
《劳动合同法》	《中华人民共和国劳动合同法》
《劳动争议调解仲裁法》	《中华人民共和国劳动争议调解仲裁法》
《老年人权益保障法》	《中华人民共和国老年人权益保障法》

（续表）

简称	全称
《民用航空法》	《中华人民共和国民用航空法》
《企业破产法》	《中华人民共和国企业破产法》
《侵权责任法》	《中华人民共和国侵权责任法》
《社会保险法》	《中华人民共和国社会保险法》
《铁路法》	《中华人民共和国铁路法》
《退役军人保障法》	《中华人民共和国退役军人保障法》
《未成年人保护法》	《中华人民共和国未成年人保护法》
《无障碍环境建设法》	《中华人民共和国无障碍环境建设法》
《职业病防治法》	《中华人民共和国职业病防治法》
《著作权法》	《中华人民共和国著作权法》
行政法规	
《尘肺病防治条例》	《中华人民共和国尘肺病防治条例》
《劳动保险条例》	《中华人民共和国劳动保险条例》
《劳动合同法实施条例》	《中华人民共和国劳动合同法实施条例》
《企业劳动争议处理条例》	《中华人民共和国企业劳动争议处理条例》
组织机构	
全国人大	全国人民代表大会
全国人大常委会	全国人民代表大会常务委员会
中国残联	中国残疾人联合会

目录

1 第一章 劳动法的基本原理

1 第一节 劳动法概述
4 【背景材料】 劳动者忠实义务的要素
5 【背景材料】 哪些劳动者不受《劳动合同法》保护?
6 第二节 劳动法的作用和意义
7 【典型案例】 职场监控,员工败诉
8 【典型案例】 日本 HIV 病毒感染者的解雇保护
9 【典型案例】 中国 HIV 病毒感染者重新上岗
9 第三节 我国的劳动立法沿革和法律体系
14 【背景材料】 调研《劳动法(草案)》的两件事
15 【背景材料】 《劳动法》立法中的争论与坚持
15 【背景材料】 公共卫生事件中的劳动关系

17 第二章 劳动法的立法目的

17 第一节 劳动法立法目的的意义
18 第二节 劳动法立法目的的内容
20 【背景材料】 平台经济蕴含社会法变革
21 【典型案例】 保姆受损该谁赔
22 【典型案例】 全国首例涉代驾软件交通事故纠纷案

23 第三章 劳动法的调整对象和主体

23 第一节 劳动法的调整对象
24 【背景材料】 退休与返聘中的问题
25 【典型案例】 退休返聘的死亡赔偿
28 【背景材料】 事实劳动关系的司法认定

32 【典型案例】 网约车司机的劳动关系
32 第二节 劳动法的调整主体
34 【典型案例】 外卖骑手受伤的责任归属
35 【典型案例】 外卖配送员的劳动关系
35 【背景材料】 跳跃于法律之外的案情

37 第四章 劳动就业法

37 第一节 劳动就业概述
38 【典型案例】 毕业生服务协议的法律效力
41 【典型案例】 分流职工的职业介绍
41 第二节 劳动就业的基本原则
42 【典型案例】 地域歧视的司法矫正
44 【典型案例】 性别歧视的法律责任
45 第三节 特殊就业群体就业保障原则
46 【背景材料】 反残疾人就业歧视的法律价值
47 【典型案例】 消除残疾人就业歧视的公益诉讼
50 第四节 禁止使用童工
51 【典型案例】 落户服务协议的违约金

53 第五章 劳动合同法

53 第一节 劳动合同概述
54 【典型案例】 加工承揽中的事实劳动关系
54 【典型案例】 快递骑手未接单期间的事故责任
56 【背景材料】 《劳动合同法》的立法动因
59 【背景材料】 《劳动合同法》对劳务派遣的限制
61 【背景材料】 劳动合同主要条款释疑
67 【典型案例】 新业态用工的司法裁判
71 【典型案例】 培训费用与服务期约定
73 第二节 劳动合同的订立、变更、终止与无效
73 【典型案例】 合同代签,双倍索赔
75 【典型案例】 代驾司机索赔二倍工资

76 【典型案例】 缔约过失的司法判例
78 【典型案例】 变更工作地点的四地判决
79 【典型案例】 京沪两地法院认定的“客观情况重大变化”
83 【背景材料】 劳动合同无效条款例析
85 【典型案例】 解除劳动合同时的经济补偿金
86 第三节 劳动合同的期限和形式
88 【背景材料】 无固定期限劳动合同制度的价值
88 【背景材料】 服务期与劳动合同期限的责任区分
90 【典型案例】 劳动合同格式条款中的雇主责任
90 第四节 劳动合同的解除
92 【背景材料】 美国通用汽车公司雇员申诉制度
93 【典型案例】 删除源代码的法律责任
95 【典型案例】 医疗期内的解雇保护
96 【典型案例】 经济性裁员变违法解雇
97 【背景材料】 应当支付经济补偿金的八种情形
101 【典型案例】 违反职业道德的解雇
103 【背景材料】 “末位淘汰”的司法指导
104 【典型案例】 开具离职证明不得附加条件
104 【典型案例】 竞业禁止补偿低无效
105 【典型案例】 主播跳槽判赔4900万元
105 【背景材料】 职场监控违法
106 【背景材料】 公共卫生事件中劳动合同的履行与应对
107 第五节 集体合同
109 【背景材料】 集体合同与劳动合同的区别
109 【典型案例】 在集体合同上签字不能代替劳动合同的签订
111 【典型案例】 集体合同效力优先
114 【典型案例】 北京首例工会主席被合资企业开除案
114 【典型案例】 工会主席任职未满被解雇

115 第六章 劳动条件法

115 第一节 劳动报酬的种类和法律原则

117 【背景材料】 补助、补贴等是否计入工资总额?
118 【典型案例】 普通债权虚构优先受偿的工资争议
119 【典型案例】 补发同工同酬差额工资38万
120 第二节 最低工资制度
121 第三节 工资支付保障
122 【背景材料】 工资给付保证原则
123 【典型案例】 用人单位罚款违法
125 【背景材料】 误工费的计算方法
126 第四节 工资的属性与特殊保护
129 【背景材料】 补签倒签劳动合同支付二倍工资的司法解答
132 【背景材料】 股权激励是否属于劳动争议
133 【背景材料】 公共卫生事件中的工资支付与调整
134 第五节 工作与休息
134 【背景材料】 全球22%劳动人口工作超时
135 【背景材料】 工作时间的三种模式
138 【典型案例】 法院审结不定时工作制异议案
141 【典型案例】 公司支付员工年休假工资
142 第六节 延长工作时间及其限制
142 【典型案例】 午餐时间算工作时间
144 【背景材料】 长假在家候命应算加班
144 【背景材料】 智能手机与工作时间
145 【典型案例】 休息日开会算加班

147 第七章 劳动保护法

147 第一节 劳动安全卫生立法的概况和内容
148 【背景材料】 我国职业危害现状
148 【典型案例】 无奈的胜诉
151 【背景材料】 智利矿难奇迹生还
152 【典型案例】 毫无防范的职业中毒
153 第二节 职业病的预防与治理
154 【背景材料】 工伤期间的解雇

156　【背景材料】　高温劳动保护的域外立法
157　第三节　女职工的特殊保护
159　【背景材料】　没有一种职业是百分之百的男性职业
160　【典型案例】　公司经理性骚扰实习生案
162　【典型案例】　白领怀孕成了清洁工
162　【背景材料】　女外卖骑手的方便
164　【典型案例】　哺乳期的变相解雇
164　第四节　未成年工的特殊保护

166　第八章　社会保障法

166　第一节　社会保障法概述
166　【背景材料】　劳动法与社会保障法的关系
169　【背景材料】　社保不能"多缴多得"
170　【背景材料】　从"退保"到"漫游"
172　【典型案例】　公司应按约定工资补缴社保金
172　第二节　我国社会保障法的发展与改革
175　【背景材料】　无障碍环境的立法需求

176　第九章　社会保险法概述

176　第一节　社会保险法的概念
178　【典型案例】　张恩琪诉社保机构行政不作为案
179　第二节　社会保险法的原则
180　【背景材料】　《社会保险法》制定中的争论

182　第十章　养老保险法

182　第一节　养老保险的概念、特征和意义
183　【典型案例】　超龄工作的社保难题
184　第二节　养老保险制度的立法与改革
185　第三节　养老保险基金的募集
187　【典型案例】　替职工缴费惹来麻烦
187　第四节　养老保险金的发放
188　【背景材料】　缴费年限的争论与立法

189 【背景材料】 延迟退休后的最低缴费年限
190 【背景材料】 基本养老保险替代率
192 【典型案例】 退休返聘无经济补偿

193 第十一章 失业保险法

193 第一节 失业保险概述
194 【典型案例】 宁要低保不要工作
195 【背景材料】 何谓失业？
195 第二节 失业保险的适用对象和资格条件
196 【背景材料】 公共卫生事件中的失业保险
197 第三节 失业保险基金的发放
198 【背景材料】 失业人员的医疗保险
199 【典型案例】 用人单位赔偿失业保险金
200 【典型案例】 挪用失业保险费获刑十年

201 第十二章 医疗保险法

201 第一节 医疗保险的概念、特征和意义
202 【典型案例】 如何处理在职员工非因工死亡
203 【背景材料】 参加基本医保有什么好处？
204 第二节 医疗保险的内容
204 【背景材料】 港澳台大学生的医疗保险
205 【典型案例】 骗报医疗费获刑 12 年

208 第十三章 工伤保险法

208 第一节 工伤保险概述
210 【典型案例】 非法用工，业主担责
210 【典型案例】 历经 18 起诉讼的工伤案
211 【背景材料】 不应删改上下班途中的工伤认定规定
213 第二节 工伤保险的范围
215 【典型案例】 一次性赔偿之弊
215 第三节 工伤认定和职业病防治
215 【典型案例】 “上下班途中”合理时间的界定

218 【背景材料】 实习生的劳动与工伤
221 【背景材料】 醉酒伤亡不能认定为工伤
222 【典型案例】 上下班绕道与干私活
225 【典型案例】 值班遇刺未被认定为工亡
225 【背景材料】 公共卫生事件中工伤的认定与扩展
226 第四节 工伤保险的责任原则
227 【典型案例】 违章被撞认定工伤
228 第五节 工伤保险的待遇
228 【典型案例】 法条不能嫁接
229 【背景材料】 对于“双重赔偿”的思考

231 第十四章 生育保险法

231 第一节 生育保险
233 【背景材料】 用人单位不得截留生育津贴
233 第二节 生育保险基金
235 【背景材料】 生育保险立法之争
235 第三节 生育保险待遇
237 【典型案例】 农民工生育谁买单?
237 【典型案例】 国外工作期间怀孕的司法保护

239 第十五章 社会保障的其他法律制度

239 第一节 社会福利制度
241 【典型案例】 筑好儿童安全网
241 第二节 社会救济制度
243 【背景材料】 赌博吸毒者全家都不准领低保?
243 【背景材料】 扶贫款不是“唐僧肉”
245 【背景材料】 古代先哲的救济思想
246 第三节 社会优待制度
251 【背景材料】 退役军人保障的立法与实效
252 第四节 残疾人保障制度
254 【典型案例】 脑瘫考生的9分钟高考

255 【背景材料】 残疾学生的留学申请与接收
255 【背景材料】 患病大学生的学籍管理
257 【背景材料】 公共卫生事件中残疾人的社会融合
259 第五节 无障碍环境建设
261 【典型案例】 三楼住户反对加装电梯
267 【背景材料】 有障碍的无障碍
268 【典型案例】 过街音响提示装置无障碍功能公益诉讼
271 【典型案例】 在建工程无障碍设施建设公益诉讼
272 【典型案例】 “导盲犬不是犬”案例三则

274 第十六章 劳动争议处理法

274 第一节 劳动争议处理概述
276 【背景材料】 法律是社会不同利益群体的平衡器
278 第二节 劳动争议的调解
280 第三节 劳动争议的仲裁
281 【典型案例】 仲裁裁定的执行
282 【典型案例】 超过时效难维权
285 【典型案例】 劳动仲裁裁决的撤销
286 【典型案例】 劳动争议的举证责任
287 第四节 劳动争议的诉讼
289 【典型案例】 处理违纪员工的时限
290 【典型案例】 特殊劳动案件的认定与管辖
295 【背景材料】 适老型诉讼机制的建立构想

第一章

劳动法的基本原理

劳动法在19世纪产生于特殊背景之下的西方社会。它肇始于私法，但又兼具公法的特征，这是劳动法不断发展的结果，也体现出劳动法的社会属性。

本章主要论述了劳动法和劳动的概念、劳动法的主体、劳动法的地位和作用，并结合我国劳动立法的进程阐述中国的劳动立法体系，同时回顾我国《劳动法》的立法过程。

第一节　劳动法概述

一、劳动法的概念

劳动法是调整劳动关系以及与劳动关系密切联系的某些其他关系的法律规范的总称。劳动法是中国特色社会主义法律体系中一个重要的独立部门。制定劳动法的目的，在于通过法律调整劳动关系以及与劳动关系密切联系的其他法律关系，以保护劳动者的合法权益，确立、维护和发展用人单位与劳动者之间稳定、和谐的劳动关系，促进经济发展和社会进步。

劳动法自19世纪以其对劳动关系的稳定和社会经济的促进等特殊作用而产生以来，其地位和作用已为世界各国普遍认同，在世界范围内得到了迅速发展。

对于劳动法的含义，英国《牛津法律大辞典》的解释是："与雇佣劳动相关的全部法律原则和规则，大致和工业法相同。它规定的是雇佣合同和劳动或工业关系法律方面的问题。"[①]史尚宽在其《劳动法原论》中把劳动法定义为"劳动法为关系劳动之法。详言之，劳动法为规范劳动关系及其附随一切关系之法律制度之全体"[②]。在内容上，劳动法包括了劳动关系中的受雇人和雇用人、劳动合同、集体合同、劳动组织（工会）、劳动争议、劳动保护、劳动调解、劳动救济和劳动保险。

美国弗吉尼亚大学法学教授莱斯利在其所著的《劳动法》中，实际论述的是调整劳资关系的法律规范，包括《瓦格纳法》颁布前对工会活动的司法管制，如判决工人或工会要求提高工资水平和改善工作条件的活动触犯了刑法；在集体谈判中如何选择谈判代表；国家劳动关系委员会的权限和程序；雇主和雇员间发生争议时和平纠察行为的合法性；雇员以互助和互保为目的而采取联合行动时，雇主采用经济手段直接抵制和采用间接抵制、额外雇工作为对

---

① 〔英〕戴维·M. 沃克：《牛津法律大辞典》，北京社会与科技发展研究所组织翻译，光明日报出版社1988年版，第511页。

② 史尚宽：《劳动法原论》，正大印书馆1934年版，第1页。

策的合法性;集体谈判的方法和程序及集体合同的履行等。这些内容与传统意义的劳动法比较显然另具特色。①

我国台湾地区现行的“劳动基准法”规定了当地最低的劳动条件标准,要求雇主与劳工所订劳动条件均不得低于该法所定的最低标准。其适用的行业范围涉及矿业及土石开采业、制造业、营造业、水电煤气业、运输业、仓储业及通信业、大众传播业和其他经主管机关指定的事业单位。在内容上,该法包括了劳动合同,工资,工作时间、休息和休假,童工、女工,退休,职业灾害补偿,技术生(学徒),工作规则,监督与检查和罚则。

这些定义虽然各自的着眼点不同,但其共性还是显而易见的:首先,就“事”而论,或者以法学术语讲是就“行为”而论,劳动法是有关“劳动”的法律;其次,就“人”而言,或者说是就“行为人”而言,劳动法是关系“劳动者”与“用人单位”(或者说“雇工与雇主”)的法律;最后,就“法律关系”而言,劳动法是调整“劳动关系”的法律。

二、劳动法中的行为——“劳动”

(一)“劳动”的含义

劳动法意义上的“劳动”在“劳动”的一般意义之上还具有其特有的内涵。因为法律对于社会关系的调整是要体现为法定的权利和义务,而法定的权利和义务都是与法定的条件相联系的。正是由于法律设定在“劳动”上的条件,“劳动”在劳动法中具有了不同于在一般意义上的含义,它首先要求从事劳动的人具备作为劳动者的法定条件;而且是由劳动者从事的,能够得到劳动报酬,从而用以满足自身及其家庭成员生活需求的劳动;这种劳动的对象必须是除本人和家人以外的他人,具有明显的社会性;这种劳动还必须建立在劳动合同或者雇佣关系基础上,是从属于一定的用人单位或者雇主的,从事劳动的人须服从用人单位或者雇主的管理。即“劳动”的基本要件包括:基于法定义务(区别于一般意义上的助人为乐式的劳动);基于劳动合同关系(区别于夫妻关系和亲子关系之劳动);有报酬的(区别于基于道德风格的义务劳动);为职业的(以此作为谋生的方式,区别于学生实习等非职业性劳动)。

对于劳动法中的“劳动”,史尚宽认为应当有别于一般意义上的“劳动”,而且必须具备特定的要件:“广义的劳动,谓人间之有意识的且有一定目的之肉体的或精神的操作,然在劳动法上之劳动,则须具备下列之要件。(1) 为法律的义务之履行;(2) 为基于契约的关系(而民法上基于夫妇关系及亲子关系之劳动非劳动法上之劳动);(3) 为有偿的;(4) 为有职业的;(5) 为在于从属的关系。依上列要件可知劳动法上劳动为基于契约上义务在从属的关系所为之职业上有偿的劳动。”②

(二)“劳动”与“就业”

按照上面的理解,具备这样完备要件的“劳动”就可以等同于劳动法中的“就业”了。事实上,劳动法中的劳动确实也与“就业”几乎完全等同。因为一个人有了职业和收入,也就有了作为劳动者实现劳动权的要义。“作为劳动者个人,在企业家购买和配置生活要素、吸收就业人员的同时,就选择了自己从事社会劳动的场所。人们到达工作岗位上从事劳动(即就

① 参见〔美〕道格拉斯·L. 莱斯利:《劳动法概要》,张强等译,中国社会科学出版社 1997 年版。

② 史尚宽:《劳动法原论》,正大印书馆 1934 年版,第 1 页。

业）,就成为社会生产的起点;人也就从一般的、单纯的消费者,变成社会生产者、就业者和消费者。"[①]但作为劳动法另一重要概念的"就业",是与"失业"相对而言的。

我国劳动和社会保障行政主管部门对就业与失业的概念作出过界定:"失业人员"是指在法定劳动年龄内,有工作能力,无业且要求就业而未能就业的人员。虽然从事一定社会劳动,但劳动报酬低于当地城市居民最低生活保障标准的,视同失业。"就业人员"是指在法定劳动年龄内,从事一定的社会经济活动,并取得合法劳动报酬或经营收入的人员。其中劳动报酬达到和超过当地最低工资标准的,为充分就业;劳动时间少于法定工作时间,且劳动报酬低于当地最低工资标准、高于城市居民最低生活保障标准,本人愿意从事更多工作的,为不充分就业。[②] 由于这一标准不仅要求"就业"必须劳动,而且对"劳动报酬"有了特定的要求,就使"劳动"与"就业"的区分更为明显,也更加具有实际意义。

三、劳动法中的行为人——"劳动者"和"用人单位"

所谓劳动法上的"行为人"是指劳动关系的当事人。具体地说,即劳动者和用人者。劳动者和用人者这两个概念在一般意义上似乎比较明白,但在劳动立法上则有其特定的含义,需要作特殊的理解。

（一）劳动者

在中国,"劳动者"是为用人单位提供劳动力的自然人,常常也被称为"职工""工人"和"雇员"。劳动法律关系所涉及的劳动者,是指依据劳动法律和劳动合同规定,在用人单位从事体力或脑力劳动,并获取劳动报酬的自然人。作为劳动者,必须具备法律规定的下列条件:

1. 年龄条件

我国《劳动法》规定,公民的最低就业年龄是16周岁。不满16周岁不能就业,不能与用人单位发生劳动法律关系。中国法律禁止用人单位招用未满16周岁的公民就业,否则将承担相应的法律责任。对有可能危害未成年人健康、安全或道德的职业或工作,劳动法规定从业年龄不应低于18周岁。如劳动法禁止用人单位雇用不满18周岁的劳动者从事过重、有毒、有害的劳动或者危险作业。

2. 劳动能力条件

由于劳动只能由劳动者亲自进行,因此劳动法要求劳动者必须具有劳动能力。而且,对于一些特定的行业,劳动者的劳动能力还必须满足该行业的特殊要求,如从事餐饮业的人不能患有传染病。在更广泛的意义上,劳动者的劳动能力还应当包括劳动者必须具备的行为自由。因为有劳动能力的公民,还需要具有行为自由,才能以自己的行为去参加劳动。所以,被依法剥夺人身自由的公民,如被羁押、被判处有期徒刑的人,不能与用人单位建立劳动关系。

另外,中国法律对劳动者的国籍没有限制性规定,中国公民、外国公民和无国籍人,具备中国劳动法规定的条件,都可以成为中国的劳动者。

---

① 姚裕群:《市场经济下的就业理论与就业促进》,中国劳动出版社1996年版,第4页。

② 参见白天亮:《就业与失业概念重新界定,失业率控制目标4.5%》,中国新闻网,2003年5月13日,https://www.chinanews.com/n/2003-05-13/26/302525.html,访问日期:2024年9月1日。

【背景材料】

劳动者忠实义务的要素①

（1）义务目标。“为了使雇主所追求之目的得以实现，劳工乃负有忠实义务。”由此可见，法律确认和设置此项义务的现实目的，主要是彰显和保护用人单位（雇主）一方的权益，换言之，该义务的主要受益者就是作为权利人的用人单位。当然，这种保护并不是单向的，而是在“利益平衡”理念和“倾斜保护”宗旨的指导下实施的，并且被保护的用人单位利益必须是合法的、值得保护（或曰应予保护）的利益。此外，作为对劳动者忠实义务的一种回应，用人单位一方对劳动者应当承担保护（保护照顾）义务。这两项对称性义务的正确履行和良性互动，无疑有助于构建和发展和谐稳定的劳动关系，并惠及国家和社会。因此可以说，确立劳动者忠实义务的终极目标，是为了实现“劳资共赢”的最佳利益格局。

（2）义务主体。忠实义务的承受主体，毫无疑问是劳动关系中的劳方当事人（劳动者）。此处“劳动者”的范围应限于作为雇主相对人而存在的受雇人（雇员、雇工），而不包括雇主（雇用人）或者雇主代表。某公民之所以需要承担劳动者忠实义务，正是基于其“劳动者”的身份，而非其他社会角色。例如，《公司法》（2013 年 12 月 28 日十二届全国人大常委会六次会议修改）第 147 条规定：“董事、监事、高级管理人员应当遵守法律、行政法规和公司章程，对公司负有忠实义务和勤勉义务。董事、监事、高级管理人员不得利用职权收受贿赂或者其他非法收入，不得侵占公司的财产。”此项忠实义务从总体上看不属于本文的讨论范围，盖其并不是根据劳动关系而是基于资本授权经营关系和公司治理结构而产生的，实系这些特殊人员（主要是雇主代表）基于其履行参与决策、监督、管理等职责的需要而必须承担的一项法定义务。还应说明的是，本文所谓“劳动者”仅指劳动法意义上的劳动者，若不是在劳动法覆盖范围内的劳动者群体（诸如公务员、农村劳动者等），则亦不属于本文的研讨对象。

（3）义务内容。与本项义务的预设目标相对应，劳动者忠实义务的内容是指为实现用人单位的合法权益而应由劳动者履行的各种行为，其中既包括积极作为的义务，也包括消极不作为的义务。就该义务的履行形态来看，它们主要表现为劳动者的服从、注意、协力、增进利益、保密等行为。就该义务所涉及的履行范围而言，既包括劳动关系直接覆盖的领域，也包括劳动关系的合理延伸部分。就该义务的性质而论，主要涉及劳动合同义务，但也在一定程度上涉及侵权之债等其他私法领域，甚至可能涉及公民言论自由等公法领域的问题（如劳动者的“公益告发”行为等）。就该义务的履行时段而言，既包括劳动关系存续期间，也包括劳动关系结束后的一定期间内。

（4）义务渊源。劳动者忠实义务的产生既有其道德渊源，又有其法律渊源。劳动法将其中的道德义务有条件地转化为法律义务，从而实现此项义务中伦理基础与法理基础的有机结合。例如，劳动者“服从义务”之履行，既需要劳动者具备诚实、善意的内心状态（如“爱岗敬业”的职业操守和“自律”精神），也需要辅之以适度的外部强制（如用人单位劳动规章制度的制定、法律责任的追究等“他律”手段）。这些渊源在理论上可以概括为该义务的法理基础。

根据以上分析思路，笔者认为，劳动者忠实义务，就是指为了维护和实现用人单位的利益，基于诚实信用原则以及劳动关系、劳动合同的人身性和继续性特征，劳动者应对用人单位履行的以服从、注意、保密、增进利益等为主要内容的各项不作为义务和作为义务的总称。

（二）用人单位

“用人单位”又称用工单位，常常也被称为企业主、资方、雇主、雇佣人等，我国在法律上

① 摘编自许建宇：《劳动者忠实义务论》，《清华法学》2014 年第 6 期。

将之统一称为“用人单位”。用人单位是指依法招用和管理劳动者，对劳动者承担有关义务者。

我国的用人单位有不同的类型：

1. 企业

包括各种所有制性质、各种组织形式的企业，如国有企业、集体所有制企业、私营企业、外商投资企业、港澳台企业、混合型企业、股份制企业、联营企业、乡镇企业等。

2. 个体经济组织

即依法取得营业执照的个体工商户，个体工商户可以请帮手、带学徒。

3. 事业单位

包括文化、教育、卫生、科研等各种单位，如学校、医院、研究所等，在国家法律规定的权限范围内有权使用劳动者。

4. 国家机关

国家机关在法律规定的权限范围内，有权使用劳动者。

5. 社会团体

包括工会、妇联、研究会、协会等社会团体组织。依法成立的社会团体在法律规定的权限范围内，有权使用劳动者。

【背景材料】

哪些劳动者不受《劳动合同法》保护？①

在我国，不被《劳动合同法》保护的职业中，有的是主体不适用于该法，有的在法律上虽然属于被保护范围，实际却得不到保护。

一、保姆

他们遇到的问题包括：休假权得不到落实——重庆的一项调查显示：23%的住家型家政服务员完全没有休息日；性骚扰——“北京打工妹之家”曾针对206名服务员做过一次抽样调查，至少10%的保姆曾被性骚扰。另外，由于缺乏政府强制，家政业内商业保险推广程度不高。截至2009年10月，北京仅有1万多人购买过“用户险”，4万余名家政服务员购买过意外伤害和医疗保险。

他们不受保护的原因在于雇主不是“用人单位”，家政服务员无法得到保护。劳动合同法规定：与劳动者确定劳动关系的主体必须是“用人单位”——包括企业、个体经济组织、民办非企业单位等，个人无法充当资方的角色。

二、保险推销员

他们并不属于保险公司的正式员工，无权享受公司的福利和津贴，也没有社会保险。保险行业的人事制度是“代理制”，而非雇员制——绝大多数营销员不是公司职员，只是联系被保险人的“中介”。

他们不受保护的原因在于推销员与保险公司的关系虽然符合劳动关系的定义——劳动者与用人单位之间存在的，以劳动给付为目的的权利义务关系。但在保险推销行业，行业规则强硬于法律条文。一位律师无奈地表示：“在目前的情况下，即使保险推销员为此打官司也是很难打赢的。这是行业明规则。”

---

① 摘编自赵小剑：《哪些劳动者不受劳动合同法保护》，南方周末，2007年12月18日，http://www.infzm.com/content/8074，访问日期：2024年9月1日。

三、自由职业者

“北漂”一族是自由职业者中的典型形象——怀抱着满腔理想,到北京打拼闯世界。他们中多数人从事演艺、设计、撰稿等工作,为剧组或媒体提供短期服务,或从事以任务量计算的工作。一旦出现职业风险——比如记者被打或发生交通意外,用人单位往往以“此人并非我单位员工”为由,推脱责任。

他们不受保护的原因在于《劳动合同法》要求企业必须与员工签订书面的劳动合同,但这在现实操作中很难实现。因为自由职业者与用人单位相比,往往势单力薄无法抗衡,遇到意外,大多只能自认倒霉。

第二节　劳动法的作用和意义

一、劳动法的作用

法律的作用是法律对社会发生影响的体现。作为一种社会规范,法律调整人们的行为。具体到劳动关系中,作为一个法律部门的劳动法调整人们在劳动关系中的行为,在总体上表现为两个方面的作用,即为人们确定劳动行为规范并提供解决劳动纠纷的依据。具体地说,则包括下列四个方面。

(一)确定劳动行为规范,保护劳动关系双方当事人的合法权益

法律作为一种社会规范,是人们的行为规则或行为模式,规定人们可以这样行为、应该这样行为或不应该这样行为,并且具有判断、衡量他人行为是合法或违法的评价作用。简而言之,劳动法律在劳动管理中,首先是作为一种“准绳”“依据”而存在的,承担着确立劳动行为规则,保护劳动关系双方当事人合法权益的任务。

在法律中,权利和义务是相辅相成的。当事人享受了一定的权利,也就相应地要履行一定的义务。没有无义务的权利,正如同没有无权利的义务一样。对于劳动关系的双方当事人而言,一方当事人的权利对另一方当事人而言就是义务,反之亦然。这决定了劳动法对劳动关系双方当事人权益的保护还必须具有公正性,要公正地维护当事人双方的合法权益。在强调劳动者权益的同时,也不应忽略用人者的合法权益。一方有领取报酬的权利,则同时又必须承担付出劳动的义务;另一方有使用劳动者的权利,同时又必须承担支付劳动报酬的义务。这是在任何市场经济体制下通行的。因此,劳动法从总体上讲是维护双方当事人的合法权益,而不是一味地只以劳动者的需求为转移,不顾及作为劳动关系另一方当事人的用人者的利益。否则,劳动关系最终也难以真正地维护,社会对劳动关系的调整也很难奏效。

(二)合理配置社会劳动力资源,组织社会劳动

社会劳动能否得到合理的组织,直接关系到劳动力资源和设备能力的合理配置和利用,关系到劳动生产率的提高。在中国改革开放前,实行“统包统配”的劳动制度,即劳动力由国家包揽,统一分配,从而不能适应客观需要,不能灵活调节。同时,由于生产力不发达,经济结构不协调,工作岗位增长有限,劳动力的就业出路狭窄,年年有大批需要就业的人等着国家分配,而一旦把这些劳动力“安插”到工作岗位之后,许多单位又会出现人力过剩、机构臃肿的现象,使劳动生产率下降。在社会主义市场经济条件下,国家应该在组织社会劳动、管理劳动组织的过程中发挥劳动法律的作用。例如,劳动力迁移是解决劳动力供求结构失调

的一种措施，但这需要一系列法律规范来调整。对外劳务输出或利用外籍劳动力都需要相应的就业法律规范。中国人均耕地面积有限，加之农村劳动生产率提高，农村劳动力中的多余部分需要出路，但又不能让他们自发地流入城市，造成城市管理的混乱、交通运输的紧张等问题，就需要采取必要的法律对策，通过法律调整使之有序化，减少社会损失。

（三）调节劳动报酬的支付与收入，保障劳动者的基本权利

劳动报酬是劳动者提供劳动所取得的结果。获得劳动报酬是劳动者维持和提高其生活水平的全部或主要手段，也是在劳动关系中用人者所担负的主要义务。在计划经济体制下，中国劳动报酬的形式、水平、标准以及津贴、奖金等支付方式都由主管部门统一安排，职工的升级调资也都是按国家的统一规定来进行，这显然已不适合市场经济下的情况。在西方市场经济国家，劳动报酬的高低原则上由劳动关系双方自行协商，劳动法律为此确立协商的基本方式与程序，使这种协商能够正常进行。法律还同时规定劳动报酬的支付方式、最长支付日期、紧急支付情况、停工津贴、带薪休假津贴等。同时，为了保证劳动者的最低收入，许多国家都制定了最低工资法或最低劳动条件保障法。在德国则由具有高于劳动合同效力的集体合同来限定工资的最低数额，雇主只能支付高于这一限额的工资。

（四）解决劳动争议，维护正常的劳动秩序

劳动关系依法建立，并不等于它的顺利实现，只有双方当事人都严格履行义务，才能保证双方的权益得以实现。如果一方或双方当事人不履行义务或者不完全履行义务，都会损害对方当事人的利益，也会在不同程度上给社会造成损失。在劳动关系双方当事人的权利义务实现过程中，常常会因为主观或客观的原因致使劳动合同的履行受到影响，从而产生劳动纠纷。为了公正合理地解决纠纷，使劳动关系当事人的利益得到维护，从而恢复正常的劳动秩序，就必须运用劳动法律规范来解决纠纷，以法律规范为准绳来判别是非曲直，分清责任所在并追究有关当事人的法律责任。

劳动法律在解决劳动纠纷中，通常都体现为以调解为主的原则，这是由劳动关系二重性的特点所决定的，即劳动关系在具有经济属性的同时，又具有强烈的社会属性。双方当事人之间除相辅相成的权利义务关系外，还存在着一种合作关系。维护劳动关系的稳定不仅有利于双方当事人，而且直接关系到社会的稳定。因此，即使在发生纠纷时，也不宜采取简单的判决或裁定处理，而应着眼于今后双方的依存与合作关系，保持双方关系的和谐，以利于纠纷解决之后的继续合作。

【典型案例】

职场监控，员工败诉①

杨兵在大连某品牌连锁咖啡公司从事运营总监工作，月薪 8 000 元。三个月前，两名第三方科技人员在 54 名员工的电脑内安装了一款名为“威眼”的监控软件。听到同行透露，其他公司同岗位的月薪已经涨到 1.5 万元，杨兵便利用午休时间更新了简历，还顺手投了一份。让他没想到的是“威眼”功能如此强大，半小时后他就被开除了。

职场监控软件是对员工网络行为进行日志监测及分析，或对局域网内的计算机进行实时监视的软

① 摘编自刘旭：《职场行为被实时监视，员工被侵权了吗？》，《工人日报》2018 年 11 月 3 日。

件系统。企业主认为"全方位看穿员工"有利于强化管理,员工则认为隐私被侵犯。经某职场论坛调查,参与的 64 名网友中,97%认为单位监控侵犯隐私。94%的网友表示,如果隐私遭到泄露或公开影响生活,会诉诸法律。

杨兵也认为企业侵犯了自己的隐私权,到辽宁省大连市甘井子区劳动人事仲裁院申请仲裁,但他的诉求没有得到支持。仲裁院不支持杨兵的裁决依据是,根据《互联网安全保护技术措施规定》第 8 条,互联网接入单位为落实网络安全保护措施,可以记录并留存用户使用的互联网网络地址,记录、跟踪网络运行状态,监测、记录网络安全事件等。因此,公司在工作场所使用监控软件合法。

二、劳动法的意义

从改革的实际需要看,劳动法是劳动制度改革,也是整个经济体制改革的法律保障之一。1979 年以来中国劳动、工资、社会保险制度围绕转换企业经营机制、增强企业活力进行改革,取得了明显的成绩。在劳动制度上,改革了国家统包统配的就业方式,实行了劳动合同制,引入了用人单位和劳动者双向选择的机制。在工资分配上,赋予了企业分配自主权。在社会保险制度上,推行了职工退休养老费用社会统筹和失业、工伤保险制度的改革。这些改革表现为劳动工作由行政指令转变为运用法律手段来调整劳动关系。

从建设中国特色社会主义法律体系的要求看,劳动法是健全社会主义法治的重要环节。劳动法是我国法律体系中一个重要的法律部门,是仅次于宪法的基本法律。劳动法所调整的社会关系非常普遍且十分重要,直接涉及广大劳动者的切身利益,关系到经济发展和社会安定。

从国际劳工关系看,颁布《劳动法》是实施《国际劳工公约》的需要。中国是国际劳工组织的创始会员国之一,也已批准了相关的国际劳工公约。按照国际劳工组织章程的规定,各会员国应在国内制定相应的法律,使其承认的公约得以实施。在国际劳务交流和技术合作中,《劳动法》也是保障中国劳务输出和劳务人员的合法权益所必不可少的。

【典型案例】

日本 HIV 病毒感染者的解雇保护①

原告受雇于经营软件业务的 A 公司,从事计算机系统维护方面的工作,后被 A 派遣至销售本公司软件的海外 B 公司,成为派遣劳动者。派遣期间,B 公司对原告进行了健康诊断,发现原告感染了艾滋病病毒。B 公司董事长 C 联系到 A 公司董事长并告知了这一情形,随后,A 公司董事长告知原告这一事实。不久,A 公司解雇了原告。

原告就被告 A 公司因其感染艾滋病病毒为由解雇之事,请求确认解雇无效,并请求确认其在雇用契约上的权利和解雇后的工资损失。此外,对于 A 公司董事长的告知行为以及之后的解雇行为,请求按照《日本民法典》第 44 条第 1 项和第 709 条请求精神抚慰金。同时,要求被告 B 公司和被告 C,基于联络行为之违法承担《日本民法典》第 709 条之上的精神损害抚慰金。

判决要旨:使用者告知其职工 HIV 感染以及以此为由解雇的行为构成不法行为。本案中的解雇,

① 摘编自魏倩:《日本法上的劳动者人格保护——以劳动者健康隐私为中心》,《科技与法律》2014 年第 3 期。

是因为原告感染 HIV 病毒做出的，属于权利滥用，自始无效。因此，原告对于被告 A 公司仍具有雇用契约上的地位，契约效力不受否认，因此，被告 A 拒绝原告提供劳务而导致工资损失，被告 A 负有支付损失工资之义务。原告由被告 A 公司突然告知该事实，并由此被解雇，精神上受到了巨大苦痛。因此判决被告 A 向原告承担 300 万日元精神抚慰金。同时，原告亦因被告 B 公司及被告 C 之行为承受精神上之痛苦，并判处被告 B 公司和被告 C 各自承担 300 万日元精神抚慰金。

【典型案例】

中国 HIV 病毒感染者重新上岗①

2017 年 3 月，四川内江某公司采用面试方式招聘员工，谢某取得应聘岗位第一名的成绩，于同年 4 月进入该公司。一个月后，单位通知他可以转正了，并让他到医院进行入职体检。体检报告出来前，医院曾通知谢某前去复查，因为 HIV 抗体检测第一次结果呈阳性。6 月 9 日，单位人力资源部突然通知谢某前去单位，并以体检不合格为由让他回家养病。7 月 27 日，他收到单位最后一笔 3 000 元“工资”后，多次与单位沟通，希望回到工作岗位，未获同意。

2017 年 11 月 10 日，谢某向内江市劳动人事争议仲裁委员会申请劳动争议仲裁。12 月 6 日，内江市劳动人事争议仲裁委员会裁决，某公司未与谢某签订劳动合同属违法，应支付谢某 2017 年 5 月 7 日至 6 月 9 日期间（1 个月零 3 天）的双倍工资，而谢某的其他诉求未获支持。谢某对劳动争议仲裁的结果并不满意，向内江市市中区人民法院提起劳动争议诉讼。

2018 年 1 月 25 日，内江市市中区人民法院开庭审理此案。4 月 28 日，经过调解，双方达成调解协议：谢某与单位自愿签订合同期限为 2018 年 4 月 1 日至 2020 年 3 月 31 日的书面劳动合同，月工资扣除社保费、住房公积金和个人所得税外不低于 3 400 元。此外，除劳动争议仲裁后已支付的 2017 年 4 月 7 日至 6 月 9 日未签订书面劳动合同的双倍工资差额 6 758. 74 元外，单位还应支付谢某 2017 年 6 月 10 日至 2018 年 3 月 31 日期间未签订书面劳动合同的双倍工资 6. 3 万元。

第三节　我国的劳动立法沿革和法律体系

一、中华人民共和国成立以后至 1978 年末的劳动立法

中华人民共和国成立前夕制定的起临时宪法作用的《共同纲领》，对劳动关系的调整作了原则规定，包括劳动者的结社权、企业民主管理、工作时间、最低工资、劳动保险、工矿检查制度等方面。

1954 年《宪法》则更规范化地明确并保证公民所享有的劳动权、休息权、物质帮助权和受教育权等。《工会法》《劳动保险条例》《关于劳动争议解决程序的规定》等法律法规也相继颁布。在劳动安全与卫生方面，1956 年同时发布了三大规程和一个决定（《工厂安全卫生规程》《建筑安装工程安全技术规程》《工人职员伤亡事故报告规程》和《关于防止厂、矿企业

① 摘编自姚永忠：《患艾滋小伙重新上岗单位补发双倍工资 6 万余元》，红星新闻网，2018 年 5 月 21 日，http://news. chengdu. cn/2018/0521/1974808. shtml，访问日期：2024 年 9 月 1 日。

中矽尘危害的决定》),并开始建立安全卫生监察制度。在劳动保险方面,1958 年国务院发布了《关于工人、职员退职处理的暂行规定》等文件。在职业培训方面,初步规定了学徒培训制度和技工学校制度。1956 年党的八大一次会议上,董必武同志曾强调要制定劳动法。1957 年,劳动部邀请全国总工会及有关院校的专家组成了劳动法起草小组,开始准备《劳动法(草案)》的起草工作。

但是随着错误思潮的干扰,劳动立法也受到严重影响。有的法规被错误地停止执行(如有关劳动争议处理的规定、有关计件工资和奖励制度的规定),有的立法工作刚开始就夭折[如《劳动法(草案)》《女工保护条例》等]。在"文化大革命"期间,法律虚无主义盛行,社会主义民主和法制建设遭到践踏,劳动立法不但没有进展,许多行之有效的规定反而被废弃(如计件工资和奖励制度再度被否、停止执行企业职工劳动保险费用统筹制度)。同时,由于有关管理机构或组织停止活动,有关法律法规实际上得不到执行。

1976 年粉碎"四人帮"以后,劳动立法开始逐步走上正轨。1978 年《宪法》恢复了有关劳动权利的规定,有关劳动法规和规章得到恢复和完善。

二、1979 年以后的劳动法规和规章

1982 年《宪法》就劳动者享有的劳动权、休息权、获得物质帮助权、接受教育权等作了全面规定,有关劳动方面的条文有二十余条。据此,随着改革开放形势的发展,我国制定了大量劳动法规和规章。

(一) 关于劳动就业

1981 年《中共中央、国务院关于广开门路,搞活经济,解决城镇就业问题的若干决定》确定了"三结合"的就业方针。随后劳动部发布有关规章,初步建立了劳动服务公司管理制度和待业登记制度。1990 年 1 月劳动部发布《关于职业介绍暂行规定》,规定在各地就业服务部门设置职业介绍所,进行职业介绍。此外,劳动人事部、公安部于 1987 年发布的《关于未取得居留证件的外国人和来中国留学的外国人在中国就业的若干规定》,就有关审批制度、就业许可证及其签发条件、聘雇合同等问题作出了初步规定。

在招工制度方面,国务院或有关部门先后发布《国营企业招用工人暂行规定》《劳动人事部关于招工考核择优录用的暂行规定》等文件,规定企业招用工人,贯彻先培训后就业的原则,面向社会,公开招收,全面考核,择优录用;企业不得以任何形式进行内部招工,不再实行退休工人"子女顶替"的办法;企业招用工人,凡适合妇女从事劳动的工作,应当招收女工;企业招用的工人应符合年满 16 周岁等基本条件;各用人单位向农村招收工人时,在同等条件下应当优先录用退伍义务兵。

(二) 关于劳动合同

1986 年 7 月国务院发布的《国营企业实行劳动合同制暂行规定》是我国当时劳动合同制度方面的主要法规。其中规定,企业在国家劳动工资计划指标内招用常年性工作岗位上的工人,除国家另有特别规定者外,统一实行劳动合同制;企业招用一年以内的临时工、季节工,也应当签订劳动合同;签订劳动合同,应坚持平等自愿、协商一致的原则;劳动合同一经签订,就受到法律保护,双方必须严格执行。此外,在有关中外合资经营企业、私营企业的法规中,也规定了劳动合同问题。

（三）关于职业培训

1982年《宪法》明确规定，国家对就业前的公民进行必要的劳动就业训练。为此有关部门相继修改或制定了一些规章，如《技工学校工作条例》《关于加强和改进学徒培训工作的意见》《关于就业训练若干问题的暂行办法》等。与此同时，为了加强在职培训，国务院发布了《关于加强职工教育工作的决定》《关于举办职工中等专业学校的试行办法》。1990年7月经国务院批准，劳动部发布《工人考核条例》，规定实行工人考核制度，考核与使用相结合，并按照国家有关规定确定其工资待遇。此外还全面规定了考核的种类、内容、方法、组织管理等问题。

（四）关于工作时间与休息时间

我国《宪法》明确规定，劳动者有休息的权利。国家规定职工的工作时间和休假制度。但目前除在节假日、加班加点方面有规定外，尚无其他有关工时与休息休假的法律规定。

（五）关于工资方面

围绕工资制度改革，国务院发布了《关于国营企业工资改革问题的通知》及试行办法，《关于机关和事业单位工作人员工资制度改革问题的通知》及改革方案等政策性规定。此外，有关法规还就奖金与津贴制度、工资基金管理、限制工资扣除等问题作了规定。

（六）关于劳动安全与卫生

1982年2月国务院颁发《锅炉压力容器安全监察暂行条例》《矿山安全条例》和《矿山安全监察条例》，劳动安全监察工作得到很大加强，并逐步形成了国家监察、行业管理和群众监督相结合的体制。1984年7月国务院发出《关于加强防尘防毒工作的决定》，提出各地区、各部门的基本建设项目和全厂性的技术改造，其尘毒治理和安全设施必须与主体工程同时设计、审批，同时施工，同时验收、投产使用。1987年12月国务院发布的《尘肺病防治条例》规定，作业场所的粉尘浓度超过国家卫生标准，又未积极治理，严重影响职工安全健康时，职工有权拒绝操作。1989年3月国务院颁发的《特别重大事故调查程序暂行规定》，专门规定了对特别重大事故的调查办法。1992年颁布了《矿山安全法》，这是中国第一部专项劳动法律。

（七）关于女职工劳动保护

1988年7月国务院发布的《女职工劳动保护规定》，为中国首次系统规定女职工劳动保护的专门法规，它就女职工的招收、禁忌从事的劳动、产假及其待遇、有关保护设施等问题，作了全面规定。

（八）关于未成年工劳动保护

有关部门目前尚未制定专门法规，某些保护规定分散在有关法规中。如《尘肺病防治条例》第12条第3款规定：“不满18周岁的未成年人，禁止从事粉尘作业。”

（九）关于企业职工奖惩

1982年4月国务院发布的《企业职工奖惩条例》为这方面的主要法规。它明确规定了企业职工奖惩应遵循的基本原则，以及奖惩种类、适用条件、申诉程序等问题。1986年7月国务院又发布了《国营企业辞退违纪职工暂行规定》，作为前项法规的一种补充形式，规定凡是违反了劳动纪律或犯有某种严重错误、不够开除或除名条件的职工，符合该规定的适用条件即可予以辞退。

(十)关于社会保险

1978年5月经全国人大常委会批准,国务院于同年6月发布了《关于安置老弱病残干部的暂行办法》《关于工人退休、退职的暂行办法》。此外,1986年7月国务院发布《国营企业实行劳动合同制暂行规定》,1993年又发布了《国有企业职工待业保险规定》,初步建立了劳动合同制工人的养老保险制度,以及国有企业职工待业保险制度。

(十一)关于工会和企业民主管理

1988年4月全国人大通过的《全民所有制工业企业法》规定:"企业工会代表和维护职工利益,依法独立自主地开展工作。企业工会组织职工参加民主管理和民主监督""企业通过职工代表大会和其他形式,实行民主管理",并且还就职工代表大会所享有的职权作了具体规定。

(十二)关于劳动争议处理

这方面的主要法规为1987年7月国务院发布的《国营企业劳动争议处理暂行规定》和几经修改、于1993年颁布的《企业劳动争议处理条例》,系统规定了劳动争议处理的机构和程序。该规定适用于企业与职工之间因履行劳动合同发生的争议,以及因开除、除名、辞退违纪职工发生的争议。处理程序为调解、仲裁和法院审判。调解程序可由当事人自由选择决定;仲裁为起诉前的必经程序;法院审判为最终程序。

三、我国《劳动法》的立法过程

我国《劳动法》的起草经历了以下两个阶段:

(一)第一阶段

1979年1月,《劳动法》起草小组成立,并邀请了全国总工会、农业部、北京大学、北京经济学院、中国政法大学、中国社会科学院法学所等单位的有关人员和专家学者参加讨论和起草工作。1979年7月,《劳动法(草案)》初稿完成。1983年3月,《劳动法(草案)》第17稿完成。1983年3月29日,国务院常委会讨论并原则通过了《劳动法(草案)》。1983年7月,起草小组将修改后的第18稿作为《送审稿》提交全国人大常委会审议。1984年2月,根据全国人大常委会法制工作委员会有关领导同志的意见作了修改。由于种种原因,《劳动法(草案)》未能审定,起草工作中断。

但是,现实中的各种劳动关系亟待法律调整,改革的深化更增加了制定《劳动法》的迫切性。许多基层干部和职工群众经常以各种形式呼吁尽早颁布《劳动法》,全国人大代表和全国政协委员也多次提出议案和提案,希望《劳动法》尽快出台。

(二)第二阶段

1989年2月,起草工作又重新开始,劳动法研究小组和起草小组分别成立。1990年,由劳动部、国务院法制局、全国总工会、国家计委、国务院生产委、国家体改委、卫生部、人事部、机电部、能源部、农业部领导参加的《劳动法》起草领导小组和起草办公室成立,重新研究确定了《劳动法》起草的基本原则和主要内容,收集整理了近30万字的国内外资料,翻译出版了50多个国家的劳动法及单项劳动法律,并形成了新的《劳动法(草案)》。

1989年12月,华北、东北、西北、华东四个地区劳动行政部门、工会组织、企业行政代表和职工代表及有关专家200多人参加的讨论会先后召开,在全国劳动系统征求了意见,并在全国劳动厅局长会议和全国劳动政策法规处长会议上进行了讨论。1990年,起草小组8月在北京,11 月在成都、重庆、武汉又分别召开了有 100 多人参加的论证会,并两次组织有关专家进行了专门论证。同时,还向国务院各部、委、局、公司及社会团体、民主党派等 150 多个单位征求了意见。在起草领导小组和国务院法制局的具体指导下,反复修改 8 稿,形成了《劳动法》第 27 稿。1991 年 7 月,经领导小组讨论通过,起草小组将《劳动法(草案)》送审稿报送了国务院。

国务院法制局将送审稿发往各省市征求了意见。有关部门对全部意见进行了逐条整理。从各地返回的意见看,认为草案基本可行、希望尽快颁布是主导意见。针对一些需要再修改的问题,起草小组又在调查的基础上作了进一步修改,形成了提请国务院常务会议审议的《劳动法(草案)》。

1994 年 1 月 7 日,国务院第 14 次常务会议审议通过了《劳动法(草案)》,认为制定《劳动法》十分迫切和必要,条件已成熟,并提请全国人大常委会审议。全国人大常委会经过认真审议,于 1994 年 7 月 5 日通过了《劳动法》,并决定于 1995 年 1 月 1 日起实施。

四、保障民生的现行立法

(一) 保障民生之本的《就业促进法》

就业乃民生之本。我国人口多,劳动力总量过大,就业压力十分突出。要建立促进就业的长效机制,将促进就业的各项工作纳入法制化轨道,就需要制定《就业促进法》。2007 年 1 月 20 日,国务院向全国人大常委会提请审议《就业促进法(草案)》。2007 年 2 月,十届全国人大常委会二十次会议对草案进行了初次审议。2007 年 8 月 30 日十届全国人大常委会二十九次会议通过《就业促进法》,该法从 2008 年 1 月 1 日起施行。2015 年 4 月 24 日,十二届全国人大常委会十四次会议在《关于修改〈中华人民共和国电力法〉等六部法律的决定》中,对《就业促进法》进行了修改。

实施就业援助,帮助就业困难人员实现就业,是就业促进工作中的一项重要内容。《就业促进法》规定各级人民政府应当建立健全就业援助制度,采取税费减免、贷款贴息、社会保险补贴、岗位补贴等办法,通过公益性岗位安置等途径,对就业困难人员实行优先扶持和重点帮助。

(二) 保障特定群体民生的《残疾人保障法》

《残疾人保障法》自 1991 年 5 月 15 日施行,在保障残疾人的合法权益中发挥了重要作用。随着我国经济社会的发展,残疾人特定的民生需要更加充分的保障。为此,民政部、中国残疾人联合会起草了《残疾人保障法(修订草案)(送审稿)》,于 2006 年 10 月报请国务院审议。2008 年 1 月 23 日国务院第 206 次常务会议讨论通过《残疾人保障法(修订草案)》。

2008 年 4 月 24 日,十一届全国人大常委会二次会议高票通过了修改后的《残疾人保障法》,这是十一届全国人大常委会通过的第一部法律。新修改的《残疾人保障法》进一步明确政府在残疾人事业发展中的主导地位,设立多种途径保障残疾人的民生权利,全面保障残疾人的康复权、教育权、劳动权、文化生活权和社会保障权,充分尊重残疾人的知情权、参与权和决策权。

2018 年 10 月 26 日,十三届全国人大常委会六次会议修改了《残疾人保障法》,与 2006 年 12 月 13 日第 61 届联合国大会审议并通过的《残疾人权利公约》相衔接,进一步明确了权利平等原则。新法在康复、教育、劳动就业、文化生活和社会保障各章,都规定了国家保障残疾人享有康复服务、平等接受教育、劳动、平等参与文化生活、享有各项社会保障的权利。同时,新法加大了对残疾人的社会保障力度,把第六章“福利”更名为“社会保障”,分别对贫困残疾人的社会保险补贴、基本医疗、康复服务、必要的辅助器具的配置和更换,生活不能自理的残疾人的护理补贴作出了规定。此外,新法强化了无障碍环境建设,将第七章“环境”更名为“无障碍环境”,并对相应内容进行了大量充实。

(三)惠及全民的《社会保险法》

《社会保险法》素有民生基本大法之称,涉及养老、医疗、失业、工伤、生育五大险种,是关乎每个公民的基本生存条件和基本生活保障的法律。

多年来,我国在社会保险领域已经颁布了大量的行政法规、规章和相关文件,但缺少一部统一的基本性法律。1993 年进入立法程序的《社会保险法》在 2010 年 10 月 28 日由十一届全国人大常委会十七次会议通过,自 2011 年 7 月 1 日起施行,并于 2018 年 12 月 29 日由十三届全国人大常委会七次会议进行了修改,该法对社会保险的原则、各险种的覆盖范围、社会保险待遇项目和享受条件、社会保险经办机构、社会保险基金监督、各项社会保险的缴纳领取等作出了明确规定。

(四)保障老有所养的《老年人权益保障法》

1996 年 8 月 29 日,八届全国人大常委会二十一次会议通过了《老年人权益保障法》,该法从 1996 年 10 月 1 日起施行。其后,为适应我国政治、经济、社会、文化状况的变化,全面保障老年人从国家和社会获得物质帮助、享受社会服务和社会优待、参与社会发展和共享发展成果的权利,该法在 2012 年 12 月 28 日、2015 年 4 月 24 日、2018 年 12 月 29 日先后进行了修改。

【背景材料】

调研《劳动法(草案)》的两件事①

在我国《劳动法》制定过程中,全国性的调研与专题性调研交替进行。在这些过程中,有两件事让人印象深刻。

一件是有关工会组织的。我们到珠三角的一家跨国饲料工厂调研时,该厂的外籍经理对《劳动法(草案)》中有关工会的规定提出了异议。他认为工会组织与他的工厂无关,如果工人要搞工会必须到厂外去搞。他的这一说法一方面表现了改革开放之初到我国投资外商的恣意与自大,另一方面也暴露了他们对于劳动法的无知与抗拒。只不过,他的说法起到的是与他本意相反的效果,反而让我们认识到制定和实施劳动法对于保护工人利益的重要性,认识到在工厂建立工会组织对于维护劳动者权益的必要性。

另一件是有关退休年龄的。在我国《劳动法》起草过程中,我就退休年龄开展了全国性调研。刚从学校出来的我,也第一次感受到行政力量对于课题调研的超强效应。当我以劳动部政策法规司的名义把调研问卷寄送给各省、自治区、直辖市劳动厅后,陆续收到了由他们组织的各个领域各个层级和各个群体的反馈意见,丰富多彩又实在具体。接着,我本人又选择了几个地区进行调研,由各地劳动部门组织召开了多次一线工人座谈会,了解到了一线工人的真实想法和真切需求。虽然最后没有完成在《劳

① 参见黎建飞:《谨慎看待弹性退休》,《光明日报》2012 年 7 月 5 日。

动法》中明确规定退休年龄这一重大的历史任务，但调研工作及成果对于我后来的研究和表态产生了久远的影响。调研之初，我认为“弹性方案”是大家都能接受的，即以 60 岁为法定退休年龄，上下浮动 5 岁，让劳动者自己作出选择，提出申请。当回到我当过工人的工厂调研时，师傅们面对提前、延后和维持现有退休年龄这三种方案的意见中表现出来的经验和智慧，至今令人难忘。这些工人师傅是在大型央企当工人多年的，他们首先提出反对的就是这个“弹性方案”。他们的理由简单明了，却是来源于一线工人的切身体会：如果工厂实现“弹性退休”，必然会在工人中制造新的矛盾，也会成为工厂负责人新的腐败之源。因为是否延后退休工人可以选择，但能否延后退休却是工人不能选择的。其一是退休时的状态与退休时的工种密切相关，二线工种、辅助工种都能延后，但第一线工人即便干到法定退休年龄身体都有可能吃不消。于是，越不干活的人越能延迟退休，长时间领取远高于退休金的工资，享受相应的福利待遇；越是贡献大的人越只能提前退休，较早失去相应的工资与福利待遇。再者，提前或者延后退休的申请可以由工人提出来，但是否得到批准则不是工人所能决定的，这里面也有相当大的寻租空间。

【背景材料】

《劳动法》立法中的争论与坚持①

在《劳动法》的起草工作中，我印象最为深刻的就是《劳动法》第 16 条中的规定，即“建立劳动关系应当订立劳动合同”。

《劳动法》第 16 条的规定，意味着除了劳动合同关系外，没有其他劳动关系。但这句话，在当时却争论了四年之久。过去在计划经济体制下，国家实行的多数是固定工制度。1 亿多的工人中，有 70% 是固定工。固定工意味着工厂保障一切，在工厂里生老病死。但如今，市场经济体制要求实行劳动合同制。如何处理这个问题，国家很慎重，而这是一个两难的问题。

一种观点是，“老人老制度，新人新办法”；另一种则是一刀切。前者则会带来两种模式长期并行，触发工人内部矛盾的问题；而后者则是若打破这个界限，进行并轨，则存在巨大的社会成本等问题。最终，我们的国家还是很有魄力，进行了一刀切的处理。

作为立法学博士，我在参与《劳动法》起草工作中也提出了很多专业的建议。当时有提法，要在《劳动法》中加入强制性鉴证，也就是所有劳动合同都要在劳动部门进行盖章才能生效，并缴纳鉴证费用。我认为鉴证是一种自愿行为，不能成为一种强制性规范。后来在我的建议下，这一条也就没有加进去。此前，在生产责任章节，有人建议将“安全第一，预防为主”的宣传性标语加进去，我也同样从专业角度提出了反对。

【背景材料】

公共卫生事件中的劳动关系

2020 年 1 月 31 日，北京市人力资源和社会保障局、北京市教育委员会共同发布了《关于因防控疫情推迟开学企业职工看护未成年子女期间工资待遇问题的通知》，为应对公共卫生事件对劳动关系的冲击，其第 1 条规定“每户家庭可有一名职工在家看护未成年子女，视为因政府实施隔离措施或采取其

① 摘编自代秀辉：《黎建飞为劳动者权益保护事业而奋斗》，《法制日报》2018 年 11 月 5 日。

他紧急措施导致不能提供正常劳动的情形,其间的工资待遇由职工所属企业按出勤照发”。该规定在一周后即被纠偏,2020年2月7日人力资源社会保障部、全国总工会、中国企业联合会/中国企业家协会、全国工商联《关于做好新型冠状病毒感染肺炎疫情防控期间稳定劳动关系支持企业复工复产的意见》承认“部分行业企业面临较大的生产经营压力,劳动者面临待岗、失业、收入减少等风险,劳动关系不稳定性增加,劳动关系矛盾逐步凸显”,要求“企业与职工共担责任共渡难关”。为了“在兼顾企业和劳动者双方合法权益的基础上,帮助企业尽可能减少受疫情影响带来的损失”,2020年2月12日,相应规定被修改为:“需要在家看护未成年子女的职工,应当落实请假制度。”

在应对公共卫生事件对劳动关系的冲击时,事前往往缺少针对性立法,在事中出台的应对性立法通常会经历以传统方式调整劳动关系的不适,再对这种不适进行相应的修正。这样的变化与发展轨迹,也是社会与法律变化发展的一般规律。正如梅因在《古代法》中所述:“社会的需要和社会的意见常常是或多或少走在‘法律’的前面的。我们可能非常接近地达到它们之间缺口的接合处,但永远存在的趋向是要把这缺口重新打开来。”①

---

① 〔英〕梅因:《古代法》,沈景一译,商务印书馆1959年版,第15页。

第二章

劳动法的立法目的

《劳动法》的立法目的贯穿于整个劳动法律规范体系之中，研究和领会《劳动法》的立法目的和精神，才能准确掌握和运用《劳动法》。根据我国《劳动法》第 1 条的规定，其立法目的包括保护劳动者的合法权益，调整劳动关系，建立和维护适应社会主义市场经济的劳动制度，促进经济发展和社会进步几个方面。

第一节 劳动法立法目的的意义

一、立法目的的意义

任何法律都有其立法目的，因为立法是人的一项活动。如同人的其他活动一样，立法是人的一项有目的的活动。马克思正是依据人的活动的目的性把人的自觉与其他动物的本能区别开来。"蜘蛛的活动与织工的活动相似，蜜蜂建筑蜂房的本领使人间的许多建筑师感到惭愧。但是，最蹩脚的建筑师从一开始就比最灵巧的蜜蜂高明的地方，是他在用蜂蜡建筑蜂房以前，已经在自己的头脑中把它建成了。劳动过程结束时得到的结果，在这个过程开始时就已经在劳动者的表象中存在着，即已经观念地存在着。他不仅使自然物发生形式变化，同时他还在自然物中实现自己的目的，这个目的是他所知道的，是作为规律决定着他的活动的方式和方法的，他必须使他的意志服从这个目的。"①人的目的是人的活动的动力源泉，也直接规定了活动的指向、过程和结果。立法是人为了满足人的法律需要而进行的活动。在立法中，立法者首先须有明确的立法目的，才能着手具体的立法活动，使整个立法活动始终围绕着立法目的展开，并根据立法目的对立法活动进行控制和调整。

根据立法目的，我们能够准确地理解法律规范背后蕴含的立法者的主观追求，剖析该法律文件的价值取向，确定贯彻实施该项法律规范时的准确含义。正如美国各法院解释美国宪法的首要原则时所明确宣告的："宪法解释的首要规则是贯彻制宪者的意图和目的。"②"每一宪法条文的解释都须表达制宪者的意图。"③

---

① 《马克思恩格斯全集》(第 44 卷)，人民出版社 2001 年版，第 208 页。

② 〔美〕詹姆斯·安修：《美国宪法判例与解释》，黎建飞译，中国政法大学出版社 1999 年版，第 68 页。

③ "美国最高法院历来宣称其解释宪法的行为准则是，一贯坚持宪法解释的目的和效果是发现制宪者或通过宪法的人民的意图。"〔美〕詹姆斯·安修：《美国宪法判例与解释》，黎建飞译，中国政法大学出版社 1999 年版，第 68 页。

二、劳动法立法目的的意义

我国《劳动法》的立法目的,也同样贯穿于整个劳动法律规范体系之中;各项具体的劳动法律制度和法律规范必须旗帜鲜明地为其立法目的服务。认真研究和领会《劳动法》的立法目的和精神,才能在《劳动法》的贯彻实施中准确掌握和运用之。

我国《劳动法》第 1 条规定:"为了保护劳动者的合法权益,调整劳动关系,建立和维护适应社会主义市场经济的劳动制度,促进经济发展和社会进步,根据宪法,制定本法。"根据这条规定,我国《劳动法》的立法目的包括保护劳动者的合法权益,确立、维护和发展稳定和谐的劳动关系,促进经济发展和社会进步三个方面。

我国《劳动法》立法目的的意义首先是在立法过程中的指导作用。把"保护劳动者的合法权益"作为《劳动法》的根本目的是经历了一个认识过程的,在《劳动法(草案)》最初的数稿中,这句话一直表述为"为了保护劳动者和用人单位的合法权益"。应当说,这样的表述更加符合法律的普遍形式,因为作为调整社会关系的法律是以"公平""正义"为归依的。而"公平"在法律的调整功能中最明显的体现就是平等地保护法律关系双方当事人的合法权益,也平等地约束双方当事人的相关行为。从表面看,中国《劳动法》把保护劳动关系单方行为人的权益作为自己的首要目的,对另一方当事人是"不公平的",但实际上这样才能实现劳动关系双方当事人真正的公平和平等。

由法律维持社会公平和正义的方式决定,劳动法应当担负起维护作为"弱者"一方的劳动者合法权益的任务。对于生存能力相对弱小的社会成员,由法律来帮助其达成平等。法律帮助社会成员达成平等的手段是对侵犯弱者的强者行为进行制约和制裁,从而完成弱者自身不能与强者达成的平等或者平衡的社会目标。人类社会的法律从根本上说就是弱者的法律,"法律关切的是竞争制度下的不幸的受害者,而不是那些获得利益的幸运儿"①。

第二节 劳动法立法目的的内容

一、保护劳动者的合法权益

劳动者的合法权益,是指劳动者依照国家法律法规的规定,在劳动方面享有的各种权利和利益。我国《劳动法》把保护劳动者的合法权益作为首要目的,也是由我国社会主义法律的本质决定的。在社会主义国家,法律所体现的是人民的意志,是以维护广大人民利益为其根本目的的。劳动者是社会财富的创造者,是社会生活的主体,《劳动法》应当体现和保护劳动者的各种需要和利益。同时,劳动者的利益需要是劳动者从事生产劳动的内在动因和动力。当劳动者的这种利益需要得到满足和保护时,劳动者便有了劳动的创造性。《劳动法》正是以法律手段来满足、支持和保护劳动者不断得到这些物质利益的需要。总之,如果不将保护劳动者的合法权益作为《劳动法》的基本立法目的,《劳动法》本身也会失去其制定的意义。

另一方面,保护劳动者的合法权益,也是稳定劳动关系、实现正常劳动秩序、促进社会经

① 〔英〕J. M. 奥利弗:《法律和经济》,张嵛青译,武汉大学出版社 1986 年版,第 32 页。

济发展和社会进步的前提与保障。劳动者的合法权益得不到有效的保护,和谐稳定的劳动关系以及正常的劳动秩序便不可能存在。劳动者的合法权益长期不被重视或者遭受侵害,必然影响社会经济的发展。而劳动者合法权益受到保护的程度,又是反映一个国家社会进步的重要标志。因此,保护劳动者的合法权益,是我国《劳动法》的最基本的立法目的。

为了保障《劳动法》保护劳动者合法权益的立法目的得以真实地实现,我国《劳动法》依据《宪法》的规定,在法典的内容体系中,建立了完善的保护劳动者合法权益的法律制度体系。具体包括:(1) 法律规范结构体系。具体表现为《劳动法》总则中第 3 条的规定,以及以后各章中有关保护劳动者合法权益的规定。(2) 法律规范内容体系。具体表现为《劳动法》中对劳动者就业权益的保护,民主管理权益的保护,休息权益的保护,劳动报酬权益的保护,生命安全和身体健康权益的保护,女职工和未成年劳动者权益的特殊保护,职业教育和职业培训权益的保护,劳动保险和福利方面权益的保护以及权益遭受侵害时的法律保护等。(3) 权益保护的法律措施和方法。包括行政保护方法、民事保护方法、经济保护方法、刑事保护方法。

二、确立、维护和发展稳定和谐的劳动关系

我国《劳动法》的立法目的,不仅在于保护劳动者的合法权益,而且在于确立、维护和发展用人单位与劳动者之间稳定和谐的劳动关系。

确立用人单位与劳动者之间的稳定和谐的劳动关系,其实质是要求用人单位与劳动者建立劳动关系时,必须在平等自愿、协商一致的基础上,充分考虑双方各自的利益要求,依法形成一种良好的、健康的劳动关系,不隐含发生冲突的各种人为因素。这一立法目的,在我国《劳动法》中,主要通过第二章“促进就业”以及第三章“劳动合同和集体合同”法律制度保证实现。根据就业促进立法,建立起劳动者之间平等就业的社会就业机制,使劳动者在与用人单位确立劳动关系时,不因民族、性别、宗教信仰等不同而在就业方面有所差别。通过劳动合同法律制度,建立平等自愿、协商一致的确立劳动关系的原则,保障用人单位与劳动者之间意志的合理实现,为确立稳定和谐的劳动关系构建了和谐的人际环境。

维护用人单位与劳动者之间稳定和谐的劳动关系,就是指通过各项法律制度和法律措施,使已经确立的良好的劳动关系得到巩固。稳定和谐的劳动关系,是《劳动法》立法目的对劳动关系存在质量的一种经常性和长期性的要求,确立良好和健康的劳动关系,仅仅是稳定和谐的劳动关系存在的良好开端和基础,它并不能保证正常的劳动秩序的实现。因此,《劳动法》不仅要求确立稳定和谐的劳动关系,而且更重要的还在于维护和巩固已经确立的稳定和谐的劳动关系。这一立法目的,在《劳动法》中具体表现为:通过劳动纪律和劳动监督等立法,防止和制裁劳动过程中破坏劳动关系稳定和谐的越轨行为;通过签订集体合同巩固已经形成的劳动关系;通过劳动争议的处理,解决和消除用人单位与劳动者之间的冲突和矛盾,以维护稳定和谐的劳动关系。

发展用人单位与劳动者之间稳定和谐的劳动关系,是我国《劳动法》确立、维护、发展稳定和谐的劳动关系,建立社会主义市场经济的劳动制度立法目的中一个重要目的层次。这一目的不仅将稳定和谐劳动关系置于发展变化之中,使其更切合实际和便于实现;同时,还对稳定和谐的劳动关系提出了更高的要求,即最大限度地激发劳动者的劳动积极性和创造性,以及高涨的劳动热情,使稳定和谐的劳动关系不断地提高其存在的质量。

三、促进经济发展和社会进步

所有的有关市场经济的立法,都直接或间接地在为经济建设服务。我国《劳动法》将促进经济发展和社会进步作为一项重要的立法目的,通过立法确认了经济发展与社会进步之间的辩证关系,即将“效率优先,兼顾公平”的原则在《劳动法》中具体体现出来。

我国《劳动法》在其法律规范的具体内容中,也对此作了相应的规定,具体表现在:

(一)以促进社会进步为目标,确立和贯彻了平等原则

《劳动法》不仅确立了这一原则,而且将这一原则贯穿于《劳动法》的各项具体法律规范之中。如保障劳动者就业权的平等行使,保证职业选择权的平等性,保证取得劳动报酬的平等性;通过劳动安全卫生与劳动保护、职业培训、社会保险、劳动争议的处理等统一的规则,保障平等原则在各方面的贯彻实行。

(二)以促进社会进步为目的,建立职业培训制度

《劳动法》不仅在总则中将提高职业技能,遵守劳动纪律和职业道德作为劳动者的基本义务,将发展职业教育作为国家的责任,并且通过第八章“职业培训”专章对国家、用人单位和劳动者个人在职业培训中的地位、作用、职责和义务作了专门规定。

(三)通过逐步提高劳动安全卫生、劳动保护条件和水平以及提高劳动保险待遇等规定,促进社会进步

《劳动法》对劳动安全卫生规章和标准、劳动保护设施和劳动保护用品、女职工和未成年工的特殊的劳动保护、多层次的广泛的社会保险制度和社会保险水平等均作了详细而具体的规定。

【背景材料】

平台经济蕴含社会法变革①

当社会需要法律调整时,法律的出现还需要一段时间,这个时间中特定社会关系的当事人一方或者双方可能付出非理性的代价,而且这个代价还会被后来的立法证明是不合法的。当下,社会变革与社会法,劳动关系与劳动法就处于这样一种状态中。由于互联网的发明、运用和普及,人类处于前所未有的变革时代。互联网直接催生了平台经济,这是人类历史上没有过的,也是法律没有调整过的。劳动法产生于工厂,是工业社会的产物,也是工业社会在劳动关系领域的法律标识。在工业社会逐渐被网络社会取代的过程中,现有的劳动法和社会保险法已难以削足适履,新的立法未见时,外卖骑手、网约车司机等平台经济的参与者,或者说传统经济下的劳动者率先付出了沉重的代价。具体而言,平台经济引发了如下变化:

第一,平台经济改变了传统经济的生态环境,也改变甚至摒弃了劳动法和社会保险法适用的对象和条件。

第二,平台经济摒弃了劳动关系的主体。劳动关系的一方是雇主或者说用人单位,一方是雇员或者说劳动者。平台既不认为自己是雇主或者用人单位,更不承认实施劳动行为者是雇员或者劳动者。这就使得劳动法既失去了适用的对象,也没有了调整对象。

---

① 摘编自黎建飞:《平台经济蕴含社会法变革》,《检察日报》2021年3月17日。

第三，平台经济改变了劳动条件。工业社会的劳动法是建立在劳动者除劳动力外一无所有的基础上，雇主为劳动者提供全部的劳动条件，包括生产设备、工作场所和原材料等。平台经济由参与者自带生产工具和自备全部的劳动条件。由此，劳动法不能再对雇主提出生产条件和强制性规定。而且，参与者的收入也不便纳入工资的范畴。

第四，平台经济摒弃了社会保险。我国职工保险经历了从单位保险向社会保险的过渡，现在已建成了完善的社会保险体系。对劳动者而言，参与社会保险的前提是有一个用人单位，而且由这个用人单位为劳动者缴纳绝大部分社会保险费。但是，平台经济并不与平台参与人建立劳动关系，更谈不上为其缴纳社会保险费。负责任的平台经营者可能为参与人购买商业保险，不负责任的就什么都没有。而无论是商业保险还是其他，都不能有效地转移参与人的劳动风险。

据此，平台经济呼唤以下社会法变革：

第一，劳动基准社会化。雇主或者用人单位在平台经济中实际消失，但是相对方的劳动风险并没有改变。因此，应当继续传统经济模式中的劳动基准。只不过，这些劳动基准的义务人不再是雇主或者用人单位，或者说不仅仅是雇主或者用人单位，而是社会本身，即全社会都应当贯彻国家法定的劳动标准，无论是以什么名义使用劳动者。

第二，劳动保护社会化。劳动保护在任何时候都是不可或缺的，因为它事关劳动者的生命安全和身体健康。虽然在平台经济中由于雇主或者用人单位的缺失，执行国家劳动保护规定的主体产生了疑问，但国家制定的劳动保护规定是没有任何变化的，全社会都应当遵守这些规定，尤其当社会成员使用劳动者时。

第三，劳动保险社会化。劳动保险是当劳动者不能或者永久不能劳动时的生活保障，因此是不可或缺的。当劳动保险被称为“社会保险”时，就表明了这种保险的社会化。但是，由于目前的社会保险依然以雇主或者用人单位为缴费的主要义务人，所以平台经济中的社会保险就必须做出改变，即以社会本身为缴费义务人。

第四，用工成本的社会化。这是从总体上说的，因为不管平台以什么形式使用劳动者，传统经济模式下的两个考量基准没有变化，一是平台的收益来源于平台参与者的劳动，劳动创造价值的基本规则在平台经济中没有变化。二是平台经济的参与者在经济中的劳动风险没有变化，甚至是愈演愈烈。有鉴于此，我们可以通过对平台征收各项相关的税费来实现平台经济中社会法的社会化，即以新增平台经营中的税种和税赋来实现对平台经济中实际劳动的付出者的切实保护。

【典型案例】

保姆受损该谁赔[①]

2020 年 12 月，华某入驻某互联网护工平台，后经平台面试通过，华某被介绍至黎某父母家中，负责照顾患脑萎缩的黎某父母。2021 年 7 月 8 日上午，华某在黎某父母家发烧，自行服药后并无缓解，体温从 38.8℃ 上升至 40℃。上午 10 点左右，华某在微信群中联系黎某告知自己发烧。约半小时后，黎某妻子回复微信，认为华某身体无法胜任工作并要求换人，黎某将华某发烧事宜及时告知平台。其间，黎某母亲多次提醒华某就医。下午 1 点左右，黎某及家人、平台员工先后到达现场，在发现华某昏迷后，第一时间拨打 120 送医，华某经抢救无效死亡，死因是由发热引起的急性呼吸衰竭。

① 摘编自李菁：《住家保姆高烧死亡，家属向雇主和平台索赔 158 万元被法院驳回》，澎湃新闻，2022 年 11 月 23 日，https://www.thepaper.cn/newsDetail_forward_20864877，访问日期：2024 年 9 月 1 日。

上海市奉贤区人民法院经审理认为:首先,平台无须担责。合同约定平台系信息服务提供方,提供的是促成交易的中介服务,故平台不应承担雇主责任。其次,雇主无过错,故雇主不应承担责任。最后,华某自身存在过错,应由其自身承担。根据《民法典》第 1192 条,法院判决驳回华某家属的全部诉讼请求。

这是第一个保姆死亡后,中介和事主都不承担责任,由保姆本人自负其责的案件。几十年来,中国社会经历了如下案件:上海保姆周岱兰坠楼受伤案,普陀区法院判决雇主赔偿 6.5 万元;上海市首起保姆意外死亡案判决——保姆因为自己不慎撞碎玻璃门受伤致死,雇主虽无过错但仍要承担无过错赔偿责任,赔偿死者家属 7 万元;北京张先生老父因保姆失火死亡,向中介追责赔偿案。

1995 年 8 月 4 日劳动部《关于贯彻执行〈中华人民共和国劳动法〉若干问题的意见》把保姆排除在《劳动法》之外,对雇主与保姆的关系不认为是劳动关系,一系列问题就此产生。保姆由中介介绍而来时,能否问责中介一直都是个问题。现在加上了平台,剪不断理还乱的关系又罩上了一层神秘的高科技面纱。

【典型案例】

全国首例涉代驾软件交通事故纠纷案①

代驾司机发生交通事故,车主、代驾人、代驾软件运营商及保险公司,应当由谁担责?2015 年 3 月 9 日,上海市浦东新区人民法院对国内首例涉代驾软件交通事故纠纷案作出判决:中国平安财产保险股份有限公司上海分公司在机动车保险范围内承担赔偿责任,超出保险范围的损失部分由代驾软件运营商北京亿心宜行汽车技术开发服务有限公司基于雇佣关系承担。

陶老伯骑着电瓶车被正在工作中的代驾司机赵先生撞了,赵先生拒绝赔偿,说这是职务行为,让陶老伯找公司赔偿。该代驾平台手机软件运营公司也不愿意埋单,说自己只是平台,与代驾司机之间没有雇佣关系。2014 年 10 月,陶老伯将代驾人赵先生、车主、平安财险上海分公司告到了浦东法院,请求判令赔偿医药费等 11.79 万余元。审理中,法庭依法追加该代驾平台作为被告。

本案主审法官谈卫峰表示,代驾赵先生与该代驾平台之间应为雇佣关系。"第一,委托代驾服务协议在潘先生与该代驾平台之间签订,赵先生并非协议当事人,他是接受该代驾平台的指令实行代驾;第二,赵先生系经考核并认可的代驾驾驶员,服务过程中,须遵守公司的规章制度及行为规范,穿着统一制服,佩戴胸卡,也就是说,他在工作时间内接受公司的管理。第三,赵先生根据公司制定的标准收取费用,对代驾费没有议价权,仅以付出的劳动获取相应报酬。"所以,法院认为这些都符合雇佣关系的一般特征,因此赵先生事发时是在执行职务行为。根据法律规定,雇员在从事雇佣活动中致人损害的,雇主应当承担赔偿责任,因此,陶老伯超出保险理赔范围的损失部分,应由该代驾平台承担。

法院支持陶老伯医药费等 12.66 万余元的赔偿请求,由于这笔损失可在交强险及商业三者险限额内足额赔付,因而亿心宜行公司无须再支付赔偿费用;对于不属保险责任范围的律师代理费及停车费 3716 元,法院判决由该代驾平台公司全额赔偿。

杨立新教授点评:本案的典型性在于,对于代驾发生的交通事故损害,适用相关法律,妥善确定了应当承担的侵权责任。从此案中我们也可以看出两点:第一,不是任何实践中的新问题都需要新的法律法规予以规范,而是可以依照现有的相应法律规定确定责任。第二,浦东法院在司法实践中发现问题后,向相关部门发出司法建议,取得很好的社会效果,这个做法值得提倡。

---

① 摘编自杨轶然:《人民法院报评出 2015 年度人民法院十大民事行政案件》,《人民法院报》2016 年 1 月 7 日。

第三章

劳动法的调整对象和主体

任何一个独立的法律部门,都必须有自己特定的调整对象。我国劳动法的调整对象是劳动关系。正确理解劳动法所调整的劳动关系,才能准确把握《劳动法》的适用范围。

第一节 劳动法的调整对象

劳动法的调整对象是劳动关系,劳动关系是劳动者在运用劳动能力、完成社会劳动的过程中与用人单位之间产生的社会关系。劳动在社会中的地位和重要性,决定了产生于它的劳动关系的地位和重要性;劳动关系的地位和重要性,决定了其必须由一个独立的部门法加以调整,以保证法律对社会关系调整的有效性。

一、劳动关系的要素

(一) 劳动者

在中国,作为劳动关系一方当事人的"劳动者",是为用人单位提供劳动力的自然人,常常也被称为"职工""工人"和"雇员"。劳动法律关系所涉及的劳动者,是指依据劳动法律和劳动合同规定,在用人单位从事体力或脑力劳动,并获取劳动报酬的自然人。

作为劳动者,必须具备法律规定的条件:

1. 年龄条件

我国劳动法规定,公民的最低就业年龄是 16 周岁。不满 16 周岁不能就业,不能与用人单位发生劳动法律关系。法律禁止用人单位招用未满 16 周岁的公民就业,否则将承担相应的法律责任。对有可能危害未成年人健康、安全或道德的职业或工作,劳动法规定从业年龄不应低于 18 周岁。如劳动法禁止用人单位招用不满 18 周岁的劳动者从事过重、有毒、有害的劳动或者危险作业。劳动年龄主要受劳动者生理条件和受教育程度的影响,但也不排除非生理因素发挥重要作用的可能。比如我国就属于劳动者的法定劳动年龄偏高的国家,这并不是因为中国劳动者的劳动生理条件比许多国家都差,而主要是受中国劳动就业人口众多的制约,规定相对偏高的劳动年龄在一定程度上可以推迟劳动者的就业时间,从而相对延缓社会的就业压力。

与劳动年龄直接相关的还有劳动年龄的上限问题。这个问题常被忽视。劳动年龄的法定化表明一国公民劳动年龄的存续是由法律规定的,当法律期限来临,就意味着劳动年龄的终了。一个超过法定劳动年龄的人如同一个未到法定年龄的人一样不应当再从事劳动法意义上的劳动,更不能如同一个正常的劳动者那样享受全部的劳动权利,尤其是劳动者的社会保险权利。

【背景材料】

退休与返聘中的问题

在讨论退休与返聘问题时,我们首先需要理解法定劳动年龄这一概念,在此我们要强调"法定"和"劳动年龄"两个要件。所谓"劳动年龄",是指一个人具有能够进行劳动或者参加劳动能力的年龄,处在法定劳动年龄相当于具有民法上的"民事行为能力",即这个人具有劳动能力,能够参加劳动,能够成为劳动法所定义、所调整、所保护的劳动者。民事行为能力是指民事主体能以自己的行为取得民事权利、承担民事义务的资格,进言之,民事行为能力为民事主体享有民事权利、承担民事义务提供了现实依据。"劳动年龄"也是如此。

现实中一个人是否具有劳动能力,我们不能一概而论,但在法律的框架内,我们必须强调的是"法定"要件,即劳动者处在法定劳动年龄的劳动能力,而不是其自身实际具有的劳动能力。劳动法规定了劳动年龄的下限,也规定了劳动年龄的上限。对于前者,人们很敏感,因为大家都知道不能使用童工。但是,对于后者,人们就几乎没有感觉了。因此,社会上才会存在大量的"返聘"现象。

在法律意义上,无论是低于劳动年龄下限的人,还是超过劳动年龄上限的人,都会被法律视为没有劳动能力、不能进行劳动的人,不能够成为劳动法所定义、所调整、所保护的劳动者。但这是在理论上。在实践中,各式返聘、各种超龄劳动并不少见。产生这种现象的一个重要原因是我国现行法律规定的退休年龄或者说劳动年龄的上限过低,与当前社会不断延长的平均寿命相对冲突。由此,在实践中产生了两个问题:

第一,劳动者虽然达到了法定退休年龄、却没有享受退休待遇且仍在工作,其与用人单位之间存在劳动关系吗?

对此,司法实践中有不同的理解和做法。有的法院在处理此类案件时将之认定为劳动关系,有的法院则认定为劳务关系。究其原因,与最高人民法院的两个司法解释有关。一个是从 2010 年 9 月 14 日起实施的最高人民法院《关于审理劳动争议案件适用法律若干问题的解释(三)》第 7 条的规定:"用人单位与其招用的已经依法享受养老保险待遇或领取退休金的人员发生用工争议,向人民法院提起诉讼的,人民法院应当按劳务关系处理。"这一条并没有说能否"享受养老保险待遇或领取退休金"的事,但人们根据该条进行了反推,有的法院就认为劳动者虽然达到了法定退休年龄,但其又未能从社会获得退休福利待遇作为生活保障,所以应当按照劳动关系处理。另一个司法解释是 2010 年 3 月最高人民法院行政审判庭《关于超过法定退休年龄的进城务工农民因工伤亡的,应否适用〈工伤保险条例〉请示的答复》([2010]行他字第 10 号),该答复认为:用人单位聘用的超过法定退休年龄的务工农民,在工作期间内,因工作原因伤亡的,应当适用《工伤保险条例》的有关规定进行工伤认定。人们从中看出最高人民法院倾向的意见是已达到法定退休年龄、未开始依法享受养老保险待遇的人员,与用人单位之间的用工关系是劳动关系。

第二,退休后返聘中双方当事人出现的各种争议应当按照什么方式处理?

比如,工资拖欠是劳动争议吗?甚至可以说他们之间的这项争议是"工资争议"吗?以及,员工在返聘工作中受到了伤害,比如上下班途中的交通事故,患病后的病假及其治疗等,在实践中都是很难按照劳动关系来认定、按照劳动争议来处理的。

【典型案例】

退休返聘的死亡赔偿①

2021 年 6 月,孙某与甲公司签订《退休返聘协议》,约定甲公司返聘孙某从事修边工作,因孙某系退休人员,甲公司无法为其缴纳社会保险,故甲公司承诺为其购买一份意外伤害险,孙某如有意外,可由保险公司按规定赔付。协议签订后,孙某入职甲公司。事后,甲公司向 A 保险公司投保雇主责任保险,被保险人为甲公司,未为孙某购买意外伤害险。2021 年 9 月,孙某因交通事故身亡。孙某亲属向侵权人索赔并获得生效判决确认。之后,孙某亲属认为甲公司未按约购买意外伤害险构成违约,遂诉至法院,要求甲公司、A 保险公司赔偿 66 万余元。

一审法院认为,甲公司在 A 保险公司投保的是雇主责任险,被保险人为甲公司,A 保险公司承担责任的前提是甲公司应当承担雇主责任,现甲公司对于孙某发生交通事故死亡无责任,孙某亲属主张 A 保险公司承担赔偿责任没有依据。孙某与甲公司在《退休返聘协议》中虽约定甲公司为孙某购买一份意外伤害险,但未约定保险险额,也未约定不购买保险的违约责任,且孙某亲属已经向侵权人索赔并获得生效判决确认,其再行向甲公司主张索赔无事实和法律依据。遂判决驳回孙某亲属的诉讼请求。孙某亲属不服,提起上诉。

江苏省淮安市中级人民法院认为,《退休返聘协议》约定甲公司应为孙某购买一份意外伤害险,既有用人单位规避风险的意义,也有保护劳动者合法权益的价值,甲公司对于孙某的承诺应为有效承诺,但甲公司未依约投保受益人为孙某的人身险,而实际投保的雇主责任险是受益人为甲公司的财产险,构成违约。综合双方对于投保险额约定不明、意外伤害险赔偿档次及本案实际情况,遂改判:甲公司赔偿孙某亲属 15 万元。

2. 劳动能力条件

由于劳动只能由劳动者亲自进行,因此劳动者必须具有劳动能力。而且,对于一些特定的行业,劳动者的劳动能力还必须满足该行业的特殊要求,如从事餐饮业的人不能患有传染病。特定劳动关系中的劳动只能由劳动者本人去实现,不能由第三人代理,这与民事法律行为依法可以由他人代理进行的情况完全不同。20 世纪 80 年代,我国在城镇就业压力很大和实行固定工制度的情况下,国营企业曾在增加新职工时实行内部招收,在职工退休时实行子女顶替的政策。“这种‘内招’‘顶替’办法,造成职工队伍素质下降,也助长了职工待业子女的依赖思想。”②1986 年,国务院发布的《国营企业招用工人暂行规定》废除了“内招”和“子女顶替”,取而代之的是国营企业招用工人必须面向社会,公开招收,德智体全面考核,择优录用。这是符合建立劳动关系本身的客观规律的。

在更广泛的意义上,劳动者的劳动能力还应当包括劳动者必须具备的行为自由。因为有劳动能力的公民,还需要具有行为自由,才能以自己的行为去参加劳动。所以,被依法剥夺人身自由的公民,如被羁押、被判处有期徒刑的人,不能与用人单位建立劳动关系。也正是这个原因,劳动者失去人身自由便成为用人单位解除劳动合同的法定条件。

① 摘编自江苏省高级人民法院:《江苏省高级人民法院发布 20 起老年人民事权益司法保护典型案例(2021—2023)》,北大法宝,2023 年 10 月 23 日,https://www.pkulaw.com/pal/a3ecfd5d734f711dbb667f5e7aa77897235419084a5410c6bdfb.html,访问日期:2024 年 9 月 1 日。

② 《当代中国》丛书编辑部编辑:《当代中国的劳动力管理》,中国社会科学出版社 1990 年版,第 26 页。

(二) 用人单位

用人单位又称用工单位,常常也被称为企业主、资方、雇主、雇佣人等,中国在法律上统一称为用人单位。用人单位是指依法招用和管理劳动者,对劳动者承担有关义务者。

1998 年 10 月,国务院颁布了《民办非企业单位登记管理暂行条例》,在第 2 条将民办非企业单位界定为:企业事业单位、社会团体和其他社会力量以及公民个人利用非国有资产举办的,从事非营利性社会服务活动的社会组织。民办非企业单位是向社会提供公益服务,其目的不在于营利。因此,国家在税收等方面对民办非企业单位实行一些特殊的减免政策。民办非企业单位的盈余和清算后的剩余财产只能用于社会公益事业,不得在成员中分配。民办非企业单位主要分布在教育、卫生、文化、科技、体育、劳动、民政、社会中介服务和法律服务等领域。它们有与其业务活动相适应的从业人员,可以依法使用劳动者。①

2014 年 3 月 1 日起施行的《劳务派遣暂行规定》第 2 条第 2 款规定:"依法成立的会计师事务所、律师事务所等合伙组织和基金会以及民办非企业单位等组织使用被派遣劳动者,依照本规定执行。"从而把这些单位和组织也纳入了劳动法所调整的用人单位的范畴。②

(三) 劳动行为

劳动行为是劳动关系权利和义务所指向的对象。劳动者的首要义务是实施劳动行为,完成劳动任务和做好本职工作;用人单位的义务是支付劳动报酬。

由于劳动关系所指向的是劳动行为,所以,劳动关系建立后,劳动者必须加入用人单位的生产和工作中去,成为该单位的一名职工,对内享受本单位职工的权利,承担本单位职工的义务。用人单位作为生产经营活动的组织管理者,在要求劳动者完成生产工作任务的同时,必须为劳动者完成双方约定的劳动行为提供劳动条件,这些劳动条件既包括了生产场所、机器设备和劳动工具,也包括了劳动保护装置和安全卫生防护用品。

二、劳动关系的特征

(一) 劳动关系只产生于劳动过程之中

劳动过程是劳动关系产生的前提和基础,没有劳动过程,便不可能产生劳动关系;凡不属于劳动过程中产生的关系,都不是劳动关系。根据这一特点,劳动法所涉及的范围只限于劳动过程之中。

(二) 劳动关系只能在劳动者和用人单位之间产生

只有劳动者同用人单位之间在劳动过程中发生的社会关系,才属于劳动关系,并属于劳

---

① 国家机关虽然在一定意义上也是用人单位,但其中的公务员却并不纳入劳动法的调整范围。例如,杨烈义 1975 年到公安局工作,由公安局支付工资。1991 年 2 月,杨烈义在公安局下属单位济源市保安公司(独立法人)办理了招工手续,招工表上有公安局及济源市保安公司的公章,但杨烈义仍在公安局工作,工资由公安局支付。1998 年 12 月,公安局通知杨烈义停止工作以后未支付给杨烈义工资和生活费。2000 年 7 月,杨烈义向济源市劳动仲裁委员会申请劳动仲裁,仲裁委员会裁定公安局在裁决生效后 10 日内为杨烈义安排工作,济源市保安公司负连带责任。该裁决生效后,杨烈义即申请立即执行。在执行中,公安局提出异议,济源市人民法院裁定,因超过法定的申请仲裁时效,故该仲裁裁决适用法律错误,裁定不予执行,并送达双方。杨烈义遂向济源市人民法院提起诉讼,法院认为:杨烈义在公安局已工作 23 年,这期间杨烈义的工资一直由公安局支付。因此,可以认定济源市公安局与杨烈义之间存在着劳动关系,公安局是杨烈义的用人单位,判决原告胜诉。济源市公安局不服一审判决,上诉称:公安局属于国家机关,不属于《劳动法》规定的用工单位范围,请求予以改判。见金福海主编:《劳动法案例教程》,北京大学出版社 2006 年版,第 20 页。

② 澳大利亚等普通法国家对"雇主"的规定简单明了:"Employer, a person for whom is performed under a contract of employment."See Andrew Stewart, *Stewart's Guide to Employment Law*, 4th ed. (Annandale, NSW: The Federation Press, 2013), p. 385.

动法的调整范围。而且,劳动者与用人单位之间的劳动关系还应当具有排他性,即作为自然人的劳动者,在同一时间只能与一个用人单位签订劳动合同、建立劳动关系。任何劳动者都不能与两个用人单位同时签订劳动合同、建立劳动关系;任何两个用人单位也不得同时与一个劳动者签订劳动合同、建立劳动关系。

(三) 劳动关系的存在,必须以劳动为目的

用人单位与劳动者形成劳动关系,其目的在于完成劳动过程,为社会生产产品或者提供服务。没有这一特定目的,劳动关系便无存在的价值和意义。因此,依据这一特点,作为劳动关系一方的用人单位,必须依法享有用人的权利;劳动者必须具备劳动的权利能力和行为能力。例如用人单位依照法律或合同的规定,有使用和管理劳动者的权利。根据《劳动法》的规定,用人单位可以与职工签订有固定期限、无固定期限或者以完成一定工作任务为期限的劳动合同;还可通过制定用人单位的内部劳动规则实现用工权。企业依法制定的用人单位内部劳动规则,是劳动合同的附件,与劳动合同一样具有同等法律效力。

由于劳动合同的目的在于劳动过程的完成,而不是劳动成果的给付,劳动者的劳动成果是归属于用人单位的,也就是说,劳动者是在用人单位的组织指挥下,为了最终实现用人单位的利益而劳动的。因而在劳动关系存续期间,劳动者和用人单位之间所形成的关系便具有了特殊性。比如,劳动者受到伤害或者遭遇困难,无论用人单位是否有过错,都要承担相应的法律责任,如工伤中的无过错赔偿,生育期间的待遇由用人单位负担等。即使劳动者遭遇的困难与用人单位无关,用人单位也不能就此免责,如由用人单位负担劳动者患病或非因工负伤期间的治疗费、康复费和工资等。与此相反,即使是由于劳动者自身的原因给用人单位造成损失,也不能按照民事关系中赔偿实际损失的原则要求劳动者赔偿,而且,在赔偿金的给付上,不宜比照民事赔偿中可以强制劳动者以个人及家庭财产来履行支付义务的规则,而可以采取从劳动者的工资中加以扣除的方式。为了保障劳动者及其家庭成员的基本生活,扣除额还应当严格限定在法律规定的范围内。①

(四) 劳动关系既具有法律上的平等性,又具有实现这种关系的隶属性

劳动关系的双方当事人,在法律上享有平等的权利,劳动者向用人单位提供劳动或服务,用人单位支付劳动报酬,双方的权利义务在平等自愿的基础上通过劳动合同约定。但是在劳动关系目的的实现过程中,用人单位负有对生产的组织、指挥、协调和监督的职责,劳动者必须接受用人单位的组织指挥,遵守用人单位制定的各项规章制度和劳动规则。

正是由于劳动者本身所具有的再生产特征,其与用人单位建立的劳动关系就不仅要规定用人单位与劳动者本人的权利义务关系,还要涉及劳动者的直系亲属在一定条件下享有的物质帮助权;不仅要考虑劳动者领取工资后的吃饭穿衣问题,还要考虑解决劳动者及其家属的住房问题、劳动者子女受教育的问题和其他生活问题。为了解决劳动者因年老、疾病、工伤、残废、死亡等而暂时或永久丧失劳动能力,中断劳动不能获得劳动报酬时的困难,用人单位和社会不仅要负担劳动者本人的相应的社会保险待遇,而且要对劳动者所供养的直系亲属给予一定的物质帮助。

---

① 参见黎建飞:《劳动争议案件与民事案件辨析》,载中华人民共和国最高人民法院立案庭编:《立案工作指导与参考》(2002 年第 1 卷),人民法院出版社 2002 年版,第 304 页。

【背景材料】

事实劳动关系的司法认定①

一、河北省高级人民法院(2018)冀民申210号民事裁定书

本院经审查认为,根据诉讼中双方提供的证人证言等证据,申请人等人去被申请人处从事输送带安装工作,非被申请人的业务经营范围,且申请人等人不受被申请人制定的各项劳动规章制度管理,在申请人受伤后与其同去的许印章等人均未再去被申请人处完成输送带的安装工作;申请人申请再审亦未提交新证据,故其主张与被申请人存在事实劳动关系,缺乏证据证明。两审法院认定双方不存在事实劳动关系,认定事实和适用法律并无不当。

二、江苏省高级人民法院(2017)苏民申3838号民事裁定书

本院经审查认为,劳动和社会保障部《关于确立劳动关系有关事项的通知》第1条规定:"用人单位招用劳动者未订立书面劳动合同,但同时具备下列情形的,劳动关系成立。(一)用人单位和劳动者符合法律、法规规定的主体资格;(二)用人单位依法制定的各项劳动规章制度适用于劳动者,劳动者受用人单位的劳动管理,从事用人单位安排的有报酬的劳动;(三)劳动者提供的劳动是用人单位业务的组成部分。"本案中,王贞与公交公司未订立书面劳动合同。根据已查明的事实,公交公司的公交车辆由王贞负责清洁,清洗公交车辆并非公交公司的固定工种或岗位,具体清洁工作由王贞本人还是由他人代为完成,公交公司均未作要求,王贞不接受公交公司的考勤,无须在公交公司的管理、指挥、监督下劳动,公交公司的劳动制度对王贞没有约束力,不符合上述认定事实劳动关系的情形,一、二审判决认定双方不存在劳动关系,并无不当。王贞申请再审的理由不成立。

三、江苏省高级人民法院(2017)苏民申4258号民事裁定书

本院经审查认为,对于车辆实际所有人聘用的司机与挂靠单位之间是否形成事实劳动关系的问题,最高人民法院行政庭2007年12月3日作出的〔2006〕行他字第17号《关于车辆挂靠其他单位经营车辆实际所有人聘用的司机工作中伤亡能否认定为工伤问题的答复》中明确指出:"个人购买的车辆挂靠其他单位且以挂靠单位的名义对外经营的,其聘用的司机与挂靠单位之间形成了事实劳动关系,在车辆运营中伤亡的,应当适用劳动法和《工伤保险条例》的有关规定认定是否构成工伤。"2014年9月1日施行的最高人民法院《关于审理工伤保险行政案件若干问题的规定》第3条第1款第5项规定,个人挂靠其他单位对外经营,其聘用的人员因工伤亡的,被挂靠单位为承担工伤保险责任的单位。由此可见,为了保障因工伤亡职工的权益,促进社会公平正义,视挂靠人的聘用人员与被挂靠单位之间形成了事实劳动关系,要求被挂靠单位对挂靠人的聘用人员承担工伤保险责任。本案中,蔡发根等购买的车辆挂靠在全顺公司名下对外经营,而邱掌成系蔡发根等聘用的驾驶员。故二审判决从上述司法解释精神出发,为保障邱掌成的工伤保险待遇,认为其与全顺公司间存在劳动关系,并无不当。

四、湖北省高级人民法院(2017)鄂民申3443号民事裁定书

本案系确认劳动关系争议,根据刘春林的再审申请事由,本院归纳本案的争议焦点为:刘春林与正禄公司是否构成事实劳动关系。现评析如下:《关于确立劳动关系有关事项的通知》第1条规定:"用人单位招用劳动者未订立书面劳动合同,但同时具备下列情形的,劳动关系成立。(一)用人单位和劳动者符合法律、法规规定的主体资格;(二)用人单位依法制定的各项劳动规章制度适用于劳动者,劳动者受用人单位的劳动管理,从事用人单位安排的有报酬的劳动;(三)劳动者提供的劳动是用人单位业务的组成部分。"根据该规定,认定劳动关系应考量是否存在上述成立劳动关系的实质构成要件,即劳动者是否由该用人单位招用,工作安排和工资是否受该用人单位管理和支配。原审查明,湖北兴创世

① 摘编自林振富:《高院判例13则详解:事实劳动关系如何认定?》,华律网,2018年2月28日,https://lawyers.66law.cn/s2c0027c835e69_i442731.aspx,访问日期:2024年10月1日。

纪建筑工程有限责任公司承包松滋市北污南治(德胜村中心槽段)管网建设工程后,与正禄公司签订《建设工程施工劳务分包合同》,将钢筋及混凝土作业分包给正禄公司。正禄公司又与刘国红之间存在次一级的工程劳务分包关系。刘春林受雇于刘国红到该工地提供劳务,并非正禄公司招用。刘春林的工作安排和工资发放等不受正禄公司的管理和支配,而由刘国红管理和支配,因此,原审认定刘春林与刘国红之间成立雇佣关系,刘春林与正禄公司之间不存在事实劳动关系,具有事实依据和法律依据。农民工享受工伤保险待遇的前提条件是农民工与用人单位之间构成劳动关系。由于本案中刘春林与正禄公司之间不存在劳动关系,农民工应享受工伤保险待遇的规定与本案无关。至于刘春林的人身损害可以依据相关规定向有关主体另行主张赔偿。

五、湖北省高级人民法院(2017)鄂民申3178号民事裁定书

本院经审查认为,潘良华申请再审的焦点问题系其与盛源公司之间是否存在劳动关系。《关于确立劳动关系有关事项的通知》(劳社部发〔2015〕12号)第1条规定,用人单位招用劳动者未订立书面劳动合同,但同时具备下列情形的,劳动关系成立:(一)用人单位和劳动者符合法律、法规规定的主体资格;(二)用人单位依法制定的各项劳动规章制度适用于劳动者,劳动者受用人单位的劳动管理,从事用人单位安排的有报酬的劳动;(三)劳动者提供的劳动是用人单位业务的组成部分。即劳动关系的认定主要看劳动者是否提供劳动,双方是否形成劳动力的支配与被支配关系,亦即是否具备劳动关系的从属性,包括人格上、经济上和组织上三方面。据此,由于劳动关系本身的特殊性和复杂性,在没有订立书面劳动合同的情况下,可从以下方面判断双方是否存在劳动关系:劳动者是否接受用人单位的管理、指挥与监督;用人单位是否定期向劳动者发放工资,劳动者能否提供用人单位支付工资的记录,劳动者是否在经济上依赖用人单位;劳动者是否被纳入用人单位的生产组织体系从事劳动,与其他劳动者存在分工合作,而不是从事独立的业务或经营活动;劳动者是否自身完成劳务;劳动工具、原材料是否由用人单位提供;劳动者是否在用人单位指定的工作时间、场所工作,并受用人单位决定或受其控制;劳动者提供的劳务是否具有连续性;劳动者的工作性质是否日常;等等。(1)人格从属性方面。与劳动关系中劳动者通过应聘而向用人单位交付劳动力不同,潘良华系通过出资从盛源公司取得出租车经营权,进而从事相关行业,二者之间不存在劳动力的交付问题。(2)经济从属性方面。潘良华在经济上不依赖盛源公司,其劳动所得系自身营运所得,即扣除承包费、营运成本后归个人所有,自给自足,因而不存在潘良华提供劳动、盛源公司支付劳动报酬的对价关系。(3)组织从属性方面。潘良华驾驶车辆独立进行营运活动,不存在与其他司机的分工合作,基本不受盛源公司的管理、指挥与监督。盛源公司对驾驶员和营运车辆进行必要管理,并非基于隶属关系的劳动管理目的,而是基于出租车行业向社会公众提供出行服务的公益属性以及安全营运的行业管理需要;潘良华的工作地点亦可根据营运需要自行支配,工作时间相对自由,不受作息时间的限制。可见,潘良华与盛源公司并不具备劳动法上劳动者与用人单位之间人身、财产、组织上的隶属性,认定在《武汉市客运出租汽车经营合同》期限届满后二者之间具备劳动关系缺乏事实依据。综上,潘良华与盛源公司之间不存在劳动关系,潘良华的再审申请理由不能成立。

六、江苏省高级人民法院(2017)苏民申字第2087号民事裁定书

本院认为,王永爱在《劳动法》施行前于1989年经人介绍到原徐州市贾汪区人民政府大泉镇政府打扫卫生、清洁厕所,是编制外临时工。临时工是过去国家计划经济时代的特殊用工形式,劳动法实施后我国开始推行劳动合同制,过去意义上相对于正式工而言的临时工已经不复存在,用人单位在临时性岗位上用工,可以在劳动合同期限上有所区别。但本案没有证据显示大泉办事处和王永爱订立过劳动合同,双方当事人之间纠纷的本质仍属于行政事业单位在特殊的历史时期遗留的临时用工问题,是劳动用工改革中出现的特殊现象,不是履行劳动合同中的问题,由此引发的纠纷,应当由政府有关部门按照相关政策规定统筹妥善处理,不属于劳动争议。原审法院以不是劳动争议为由裁定驳回王永爱的

起诉,并无不当。

七、内蒙古自治区高级人民法院(2017)内民申1865号民事裁定书

本院经审查认为,关于鑫马公司与曹永安双方之间是否存在事实劳动关系的问题,从在建设部门备案登记的工程建设报建申请表等材料可认定苏永辉系鑫马公司开发的阿荣旗盛世家园项目负责人,从阿荣旗人民医院急救病历记载的呼救、联系电话号码与工程建设报建申请表中苏永辉的电话号码一致的情况可认定曹永安发病时是苏永辉拨打的急救电话,综合阿荣旗人民医院急救病历中记载的曹永安发病地点为盛世家园售楼处,可认定曹永安在盛世家园售楼处工作。盛世家园的开发建设单位为鑫马公司,曹永安受鑫马公司劳动管理,从事鑫马公司安排的有报酬的劳动,其提供的劳动是鑫马公司业务的组成部分,双方虽未签订书面劳动合同,但已构成事实劳动关系。

八、北京市高级人民法院(2017)京民申4711号民事裁定书

本院经审查认为,当事人应就自己所主张的事实承担举证责任。没有证据或证据不足以证明当事人的主张的,由负有举证责任的当事人承担不利的后果。无法与原件、原物核对的复印件、复制品,不能单独作为认定案件事实的依据。廖仕根仅提供了"北京华商远大电力公司关于加快支付长乐宝苑一期电力洽商工程款的函"等复印件,没有原件核对其真实性,二审判决不予采信,并无不当。廖仕根提供的其他证据,并不能证明其存在受华商远大公司的劳动管理、从事华商远大安排的有报酬的劳动等认定事实劳动关系所必需的条件,故其主张与华商远大公司存在劳动关系,缺乏依据。廖仕根的再审理由,缺乏事实与法律依据,本院不予支持。

九、贵州省高级人民法院(2017)黔民申2203号民事裁定书

本案争议焦点为申请人与被申请人是否存在劳动关系。经查,本案相关证据显示,被申请人周鸿的"工天统计表""工资计算单"及证人毛某证言,均证实周鸿于2014年9月至2015年8月期间在太平煤矿工作,其"工天统计表""工资计算单"系工友毛某所制作。周鸿在太平煤矿上班从事煤矿作业,其重要依据是太平煤矿所提供的《福泉市煤矿矿工入井(检身)升井(销号)登记表》明确记载周鸿有2天在太平煤矿上班作业。且上述证据与太平煤矿的员工林某在二审出庭作证的事实能相互印证。虽在二审中太平煤矿否认林某的员工身份,但该否认与其在一审中认可的该事实不符。林某作为煤矿作业相关班组的班组长,其证言具有证明力。根据上述事实,一审法院认定2014年9月至今周鸿与太平煤矿存在事实劳动关系。二审法院依照相关法律法规的规定,结合本案证据,改判确认周鸿与太平煤矿从2014年9月至今存在劳动关系,具有事实依据,并无不当。

十、重庆市高级人民法院(2017)渝民申1813号民事裁定书

本院经审查认为,本案争议的焦点为金港林业公司与王心彦之间是否存在劳动关系。王心彦经人介绍到金港林业公司从事林木加工工作,工资按计件计算。2015年12月12日,王心彦受伤住院,被诊断为右眼钝挫伤,右眼外伤性瞳孔散大,住院治疗3天。2016年3月4日,王心彦因肋骨骨折住院治疗20天。第三人梁锋系金港林业公司管理人员。另,金港林业公司为王心彦在平安养老保险股份有限公司投保了商业保险,该公司分别就王心彦2015年12月12日、2016年3月4日住院治疗进行理赔1461.05元和6096.86元。根据劳动和社会保障部《关于确立劳动关系有关事项的通知》(劳社部发〔2005〕12号)第1条规定:用人单位招用劳动者未订立书面劳动合同,但同时具备下列情形的,劳动关系成立。(一)用人单位和劳动者符合法律、法规规定的主体资格;(二)用人单位依法制定的各项劳动规章制度适用于劳动者,劳动者受用人单位的劳动管理,从事用人单位安排的有报酬的劳动;(三)劳动者提供的劳动属于用人单位的业务组成部分。本案中,金港林业公司认可王心彦于2015年11月初到其公司从事林木加工工作,工资按计件计算。王心彦在工作中接受金港林业公司管理人员梁锋的管理。王心彦提供的劳动属于金港林业公司的业务组成部分。王心彦与金港林业公司均具有法律规定的主体资格。此外,金港林业公司认为双方仅存在加工承揽关系,但亦不能举证证明。故一、

二审认定金港林业公司与王心彦之间从2015年11月起存在事实劳动关系并无不当。

十一、四川省高级人民法院(2017)川民申4431号民事裁定书

本院经审查认为，根据劳社部发〔2005〕12号《关于确立劳动关系有关事项的通知》第1条“用人单位招用劳动者未订立书面劳动合同，但同时具备下列情形的，劳动关系成立：(一)用人单位和劳动者符合法律、法规规定的主体资格；(二)用人单位依法制定的各项劳动规章制度适用于劳动者，劳动者受用人单位的劳动管理，从事用人单位安排的有报酬的劳动；(三)劳动者提供的劳动是用人单位业务的组成部分”的规定，确定用工单位与劳动者之间是否存在事实劳动关系，应从劳动者和用人单位的主体资格、劳动者是否受用人单位的管理和劳动纪律约束，并从用人单位领取劳动报酬等方面综合认定。本案并无证据证实成都干道指挥部对覃加友生前从事的门卫和保洁工作进行了管理和支配，并接受覃加友的劳动内容。相反，覃加友和唐雪兰的劳动服务对象系私人小区业主，其工作具有自收自支、自行安排等自主性。仅以覃加友在成都干道指挥部的家属院从事门卫工作，并曾每月从成都干道指挥部领取过300元费用等证据，不足以证明覃加友生前与成都干道指挥部存在劳动关系。况且，成都干道指挥部已于2015年2月起停止向覃加友发放“工资”，覃加友未经干道指挥部同意和安排，直接以上涨小区业主的物管费的形式，继续从事小区门卫等工作，足以说明覃加友并不受成都干道指挥部的管理和支配，其劳动报酬也不再来源于成都干道指挥部。故唐雪兰申请再审的理由，不能成立。原判认定覃加友与成都干道指挥部不存在劳动关系，并无不当。

十二、陕西省高级人民法院(2017)陕民申964号民事裁定书

本院认为，劳动和社会保障部《关于确立劳动关系有关事项的通知》第1条规定：“用人单位招用劳动者未订立书面劳动合同，但同时具备下列情形的，劳动关系成立：(一)用人单位和劳动者符合法律、法规规定的主体资格；(二)用人单位依法制定的各项劳动规章制度适用于劳动者，劳动者受用人单位的劳动管理，从事用人单位安排的有报酬的劳动；(三)劳动者提供的劳动是用人单位业务的组成部分。”根据《劳动争议调解仲裁法》第6条的规定，劳动争议发生后，主张存在劳动关系的当事人一方应对劳动关系建立的事实承担举证责任。本案中，李娜为证明李祥晨与天同公司之间存在劳动关系，向法院提交了杨海洋的证人证言、施工单及收条等证据。其中，证人杨海洋的证言在一、二审中的陈述前后矛盾。一审中称其与李祥晨自2015年3月始天同公司有活就给他们打电话干活，报酬按天计算，没活就无报酬，也不受天同公司的考勤管理，二审中又称其从2013年开始在天同公司干活，与其是劳动关系，上班就给钱，一个月只有一两天没有活干，月底给工资，并接受天同公司的考勤。因杨海洋两次陈述前后不一，且其与李祥晨及本案存在利害关系，故此证言不足以证明李祥晨与天同公司之间存在劳动关系。李娜提交的印有天同公司印章的施工单，称其是从李祥晨衣服口袋中发现的，但该施工单上仅是简单的施工草图，同样无法证明李祥晨与天同公司之间存在劳动关系。李娜提交的收条显示“今收到豁口、老杨、临潼兵马俑、双科厂、圣昆农业塑钢窗制作安装工程款叁万陆仟叁佰捌拾柒元整(36387.00元)”，但该收条无签名无日期，仅显示工程款的数额，且天同公司亦不认可是劳动报酬，故无法看出是天同公司向李祥晨支付的劳动报酬，亦不能据此说明二者之间存在劳动关系。因此，李娜在本案中提交的上述证据均不足以证明李祥晨与天同公司之间存在劳动关系。原审法院以天同公司法定代表人马丙利知悉李祥晨到其承建的圣昆厂房干活并给其支付劳动报酬为由认定双方之间存在事实劳动关系，证据不足。

十三、广东省高级人民法院(2017)粤民申4853号民事裁定书

本案争议焦点是姜国亮与德兴发塑胶厂是否存在劳动关系。本案中，姜国亮主张其与德兴发塑胶厂存在事实劳动关系，但姜国亮并没有提交可证明姜国亮系由德兴发塑胶厂聘用并由德兴发塑胶厂进行劳动管理和安排工作的证据，姜国亮主张德兴发塑胶厂对涉案财产保全没有提出异议可证明姜国亮系德兴发塑胶厂的员工也不能成立。从德兴发塑胶厂提交的《厂房租赁合同》、租金和水电费票据等证

据以及证人的陈述也可以看出,德兴发塑胶厂已将涉案厂房出租给吴大明经营使用,姜国亮系由他人介绍到吴大明处工作的。虽然姜国亮对《厂房租赁合同》等证据不予认可,但姜国亮也没有提交充分的反驳证据,且涉案《厂房租赁合同》、租金和水电费票据等证据能相互印证,可证明德兴发塑胶厂已将涉案厂房出租给吴大明经营使用的事实,姜国亮受伤后,由吴大明送姜国亮去医院并支付医疗费等事实也进一步印证了德兴发塑胶厂的主张。因此,姜国亮主张其与德兴发塑胶厂存在劳动关系证据不足,原审法院不予支持姜国亮的主张并无不当,姜国亮的该再审申请理由不成立,本院不予采纳。另外,姜国亮称本案应追加案外人吴大明参加诉讼或出庭质证不符合法律的规定,姜国亮主张原审法院程序违法依据不足,本院亦不予支持。

【典型案例】

网约车司机的劳动关系①

王建峰根据恒丰伟业公司的司机招聘广告去应聘司机,双方约定每月工资9000元、自2022年8月3日至9月5日从事司机工作33天。双方签订的合同通篇没有任何显示"北京恒丰伟业汽车销售服务有限公司"字样的描述。王建峰认为自己并非自动离职,而是被迫停职、退车。恒丰伟业公司未按司机招聘广告、面试约定、司机入职登记表标注支付王建峰任何工作薪资。恒丰伟业公司违反劳动法,欺诈劳动者权益。恒丰伟业公司不同意王建峰的请求及理由。

2022年10月10日,王建峰以恒丰伟业公司为被申请人向丰台区仲裁委员会提起仲裁前置程序。丰台区仲裁委员会于2023年3月2日作出京丰劳人仲字〔2023〕第8357号裁决书,裁决驳回王建峰的各项仲裁请求。

法院认定:王建峰与恒丰伟业公司存在劳动关系。原因包括:(1)恒丰伟业公司在58同城网站上发布信息急招商务出行司机,王建峰系看到该招聘信息后前往恒丰伟业公司应聘司机一职。(2)《委托扣款授权书》中亦约定了王建峰参加北京恒丰伟业车队运营。(3)《司机信息登记表》载明应聘职位为司机,并备注出租方设有奖励,全勤奖励金额6000元,油补奖励金额3 000元,要求王建峰按时缴纳合同约定的流水租金,每天在线计费时长达8小时(含早晚高峰期)以上方可。此证据证明王建峰系受恒丰伟业公司安排担任司机一职,且公司对王建峰的在线时长有要求,并规定全勤有奖励,这些均体现出公司对王建峰劳动时间的控制。(4)《委托扣款授权书》约定了王建峰获得的乘客车费要先上交恒丰伟业公司,超出540元租金的部分再由恒丰伟业公司进行分润;且王建峰每日任务额未达到540元,王建峰需要自行补足,以上可证明恒丰伟业公司对王建峰的报酬亦进行一定的控制。

第二节 劳动法的调整主体

一、劳动法调整主体的原则

劳动关系是涵盖面非常广泛的一类社会关系。依据不同的标准,劳动关系可划分为很多具体的种类,不同种类的劳动关系,有其自身的特殊性。就主体标准而言,劳动关系具体

① 摘编自"王建峰与北京恒丰伟业汽车销售服务有限公司劳动争议案",北京市第二中级人民法院(2023)京02民终9506号民事判决书。

包括了企业单位的劳动关系，事业单位的劳动关系，国家机关的劳动关系，社会团体和个体经济组织的劳动关系等。在企业单位的劳动关系中，又包括全民所有制企业的劳动关系，集体企业的劳动关系，私营企业的劳动关系，中外合资、中外合作和外商独资企业的劳动关系，联营经济组织的劳动关系等。

在市场经济条件下，竞争的公平性尤为重要，无论对劳动者，还是对用人单位都是如此。在同一用人单位将劳动者分为三、六、九等，在不同用人单位实行不同的法律制度都是与公平的市场环境不相容的。因此，我国劳动法在调整对象的主体范围上，首先确立了平等和公平的原则，摒弃了用人单位分所有制、劳动者分身份的过时模式，对中国境内的用人单位和劳动者一视同仁，适用统一的法律规范，实行统一的法律调整。

二、劳动法调整主体的范围

关于调整范围，立法机关在我国《劳动法》的起草过程中曾经设计过三种方案，这三种方案在起草过程中的不同稿中都多次甚至反复出现过。

（一）第一种方案

该方案主张《劳动法》应适用于所有用人单位和全体劳动者，当时称之为"大劳动法"。这一方案的语义与哲学背景应当是我国长期以来坚持的学说——人人都是劳动者。无论做什么工作，也无论职务高低，都是劳动者。而且，连宪法都规定了劳动者是国家的主人，所以，谁也不可能、不愿意被排斥在"劳动者"之外。同时，不劳动者不得食是社会主义社会分配个人消费品的一项原则。在生产资料公有制条件下，每个有劳动能力的社会成员都必须进行劳动，每个劳动者都按照共同的尺度——劳动——从社会领取个人消费资料。在这个意义上，任何社会成员的任何工作都是劳动者的劳动。因此，作为中华人民共和国成立以来的第一部劳动法，理所应当地需要将全体劳动者纳入其调整范围。这种理论看起来似乎可行，但现实却并不单纯。参与立法的全国总工会部门负责人的一席发言，最后终结了这一方案的可行性："农民如何实行八小时工作制？怎么计算工作时间和加班？在夏季农忙时，城里的下班时间可能是农民正要出工干活的时间。"

（二）第二种方案

该方案主张《劳动法》只适用于企业及其职工，当时称之为"小劳动法"。这一方案既符合劳动法起源于工厂法的历史渊薮，也会使《劳动法》的制定简单而且规范。因为正是由于劳动法起源于工厂法，劳动法的许多规范才能够准确有效地适用于工厂，能够准确有效地调整工厂生产劳动中形成的劳动关系。比如，统一的上下班时间，统一的操作规则，统一的流水作业，统一的工资形成机制与发放时间。然而，这一方案的不足也是显而易见的。其一是它只调整了传统生产模式下的第一产业和第二产业中的劳动关系，没有涉及现代社会与日俱增的第三产业甚至第四产业，而这些产业不仅是现代生产的象征，也代表着未来社会的发展方向。如果采用"小劳动法"的调整模式，必然使这些行业无法可依，或者等《劳动法》出台后，还要专门为这些行业再立"劳动法"，这显然是不合理且没有可能性的。

（三）第三种方案

该方案可以称之为"中劳动法"，是一部原则上适用于所有用人单位和与之形成劳动关系的劳动者的法律，但国家公务员则由专门的公务员法调整，而军人和以个人或家庭方式从事农业生产的农民，均不与用人单位建立劳动关系，因而也不纳入《劳动法》的调整范围。这一方案不仅符合市场经济建立统一的劳动力市场及制定相关规则的要求,也与国际惯例接轨,在适用范围上基本覆盖了所有的劳动关系,也对特殊情况作了具体的处理。因此,我国《劳动法》最后采用了这种方案。

根据我国《劳动法》第 2 条的规定,中华人民共和国境内的企业、个体经济组织和与之形成劳动关系的劳动者,适用本法。国家机关、事业单位、社会团体和与之建立劳动合同关系的劳动者,依照本法执行。同时,《关于贯彻执行〈中华人民共和国劳动法〉若干问题的意见》规定:“中国境内的企业、个体经济组织与劳动者之间,只要形成劳动关系,即劳动者事实上已成为企业、个体经济组织的成员,并为其提供有偿劳动,适用劳动法。”

【典型案例】

外卖骑手受伤的责任归属①

平台显示:外卖骑手黄某中午 1:00 接单,1:03 取消。在后面的工伤认定纠纷中,黄提交医院证明,其当天下午 3:00 因摔伤到医院骨科就医,诊断为摔伤骨折。黄自述其是在接单途中电动车滑行倒地后摔伤,因而取消订单后自行前往医院。然而,除了黄本人的自述外,没有事故报警记录,也就没有交警出警记录和事故的责任认定,他本人又记不得事发地点,所以也无法求证于“天网”。类似的案例还有:“有案无管辖”中的小朱,由于无法确定事发地点也无法查证案件事实,法院作出结论称本院没有管辖权;重庆外卖小哥王某 2016 年 11 月 12 日只完成了一次送餐服务,时间为当日中午 12 时 48 分。王某当晚 21 时 34 分驾驶摩托车与其他车辆碰撞后右胫骨中段粉碎性骨折,要求工伤认定未果。

平台经济的运营模式和工伤立法的扩大化共同导致了上列案件的窘况。平台经济将工厂放至社会、把车间延伸至家庭,与劳动法相伴而生的物理环境不复存在,时间也自便。由此,工伤认定的“三工”(工作时间、工作地点和工作原因)难以捉摸,工伤认定的难度加大也在所难免。

我国的工伤立法对于相关事项原本有所限定——“发生无本人责任或者非本人主要责任的道路交通机动车事故的”(1996 年《企业职工工伤保险试行办法》第 8 条),后来变为“受到机动车事故伤害的”(2003 年《工伤保险条例》第 14 条)。如果立法至此还不会导致太大问题,因为这些立法都严重依赖交通管理部门,任何造成伤害的道路交通机动车事故都有交警出现场,由交警进行事故认定和责任划分,后面的工伤认定也都是以交警的事故认定和责任划分为事实依据的,当再扩展至“受到非本人主要责任的交通事故或者城市轨道交通、客运轮渡、火车事故伤害的”(2010 年《工伤保险条例》第 14 条)时,争讼的伏笔就埋下了,因为城市轨道交通和客运轮渡只能与上下班途中的劳动者个人产生运输合同纠纷,不会与上下班途中的劳动者个人发生交通事故,从而也只能产生侵权赔偿和违约责任,当然也就不会进行交通事故责任认定。

当下,平台经济对上述麻烦进行了叠加和放大,因为外卖骑手上路已经不是上下班通勤了,而本身就是在上班了!城市交通于他们也不再是生活出行,而是生产劳动。因此,出现许多“剪不断,理还乱”的案件就成为必然。

---

① 摘编自黎建飞:《网络奇案:借你一双慧眼》,“黎说说”微信公众号,2020 年 11 月 13 日,https://mp.weixin.qq.com/s/SVWxMMHrNLLYnZFFziHWCA,访问日期:2024 年 9 月 1 日。

【典型案例】

外卖配送员的劳动关系

案例一:甲公司经营食品及蔬菜配送服务等,乙用自己的摩托车从事外卖配送工作。2019 年 1 月 4 日,李某驾驶机动车与乙驾驶的摩托车相撞,交警认定李某和乙负同等责任。乙要求确认与甲公司存在劳动关系,仲裁委员会于 2020 年 1 月 17 日裁决确认乙与甲公司存在劳动关系。一审法院判决双方是劳动关系。根据是劳动和社会保障部《关于确立劳动关系有关事项的通知》第 1 条的规定:"用人单位招用劳动者未订立书面劳动合同,但同时具备下列情形的,劳动关系成立:(一) 用人单位和劳动者符合法律、法规规定的主体资格;(二) 用人单位依法制定的各项劳动规章制度适用于劳动者,劳动者受用人单位的劳动管理,从事用人单位安排的有报酬的劳动;(三) 劳动者提供的劳动是用人单位业务的组成部分。"二审法院确认双方不存在劳动关系,双方为承揽关系而非劳动关系,被上诉人发生交通事故给自己或第三人造成损害,应自行承担经济责任。上诉人与被上诉人双方不存在劳动合同法意义上的劳动关系,该种用工模式并不完全符合法定的确认劳动关系成立的构成要件。

案例二:位于北方 B 城的某互联网公司在南方 C 城开展业务。B 城小朱在该公司网络平台上注册为业务员,随之在 C 城从事公司业务。一个月后,小朱在骑摩托车送货时摔伤,遂以"工伤"向公司要说法。公司称在注册时双方即已在线签署合作协议,约定双方是商业合作关系而非劳动关系,小朱点击了"已阅读",因此,小朱"工伤"之说不成立。申请工伤的前提是劳动者与用人单位有劳动关系。于是,小朱向 C 城劳动人事争议仲裁委员会申请劳动仲裁,请求确认其与公司之间存在劳动关系。C 城仲裁委员会裁决:小朱与公司存在劳动关系。收到裁决后的第 14 天,公司向小朱所在的 C 城某区人民法院起诉,请求确认双方不存在劳动关系。两个月后,C 城某区人民法院作出裁定:不予受理,因为无法确认"劳动合同履行地"属于该区法院管辖。根据最高人民法院的司法解释,劳动合同履行地不明确的,由用人单位所在地法院受理。公司不服上诉,两个月后 C 城中级人民法院作出终审裁定:驳回上诉,维持一审裁定。公司再去 B 城法院起诉,被 B 城法院拒绝,因为超过了 15 天。小朱的麻烦也随之而来:C 城仲裁委员会确认双方存在劳动关系的裁决生效了吗?

我国地域管辖实行原告就被告原则,这也是国际通行的惯例,有利于法院送达法律文书,节约诉讼成本、缩短诉讼周期和裁决的最终执行。劳动争议由劳动合同履行地或者用人单位所在地仲裁委员会管辖。这更主要的是便于证据的收集,尤其是在工伤案件中,事故发生地通常是案件重要的证据之源。在《劳动争议调解仲裁法》生效前适用的《企业劳动争议处理条例》中,曾经规定发生劳动争议的企业与职工不在同一个仲裁委员会管辖地区的,由职工当事人工资关系所在地的仲裁委员会处理。这也是为了便利证据的收集和裁决的执行。这些立法,制定于传统经济时期,适用于传统经济,也通行于传统经济。然而,在平台经济中,它们的适用就出现问题了。因为平台与职工经常都不在同一地区,劳动行为的实际发生地,也就是双方合同的履行地通常都在移动中。这里似乎也没有什么工资关系所在地,因为发放到银行卡中的钱几乎可以全球通存通取。

【背景材料】

跳跃于法律之外的案情

只有法律不能穷尽的案由,没有不跳跃于法律之外的案情。

当社会出现法律需求时,人们呼唤法律,期待法律解决问题——即便不能手到病除,至少也能照方抓药。与法律的稳定性不同,现实总是变动的。在现实中,社会关系可以在没有法律的状态下随意变动,也可以在调整它的法律生效后随机应变。如果说前者可以催生法律,促进法制的进程,后者却让法律力不从心,防不胜防。所以,古希腊的先哲才会叹息:给人类制定法律,非有神的精明不可!

一方面,法律是社会关系需求的被动反映,是以社会关系先在为前提的。另一方面,法律与社会关系是互动的。出台法律是为了规范社会关系,被规范的社会关系却并未规矩就范,而是学了孙大圣变出了许多新的态势。道家云:"道高一尺,魔高一丈。"民间说:"庙多鬼多。"我在参与立法中心有余悸:"不要低估社会成员将法律引向反面的想象力和创造力。"尽管当时特指的是《劳动法》第20条。这是一条为保护劳动者,尤其是满十年以上工龄的"老工人"而特设的条款,却在实施中演化成了劳动者,尤其是接近十年工龄的"老工人"谈虎色变的法律条款,被劳动者称之为"十年槛"。后来的《劳动合同法》第10条也在实施中背离了立法初衷,只不过这次是劳动者和他们的律师们占了先机。

就劳动法的滞后性而言,当下体现得最明显的领域非互联网+莫属。当很多的大型商场和购物中心面对淘宝、京东有招架之功无还手之力后,当出租汽车面对滴滴、优步漠然无助后,当朝九晚五的上班族变为自雇型劳动者后,当"劳动者"或者"雇员"的概念被"独立合同者"(contractor)、"独立职员"(independent employee)、"自雇人员"(self-employmee)取代后。劳动者从被雇主雇佣到被雇佣而不知道雇主是谁,再到自己雇佣了自己。那么,问题来了,谁是劳动者?谁来保护劳动者?怎样保护劳动者?以保护劳动者为己任的劳动法"尚能饭否"?以至于,美国加州大学教授、前劳工部长罗伯特·莱许忧心忡忡:20世纪以来我们获得的劳工权利将丧失殆尽!

歌德说:"我的朋友,理论是灰色的,而生活之树是常青的。"连云港职工虽然是在工作日,却是在午餐休息时间突发疾病死亡,能否认定为工伤?建筑公司以员工违反规章制度解除劳动合同,但因单位没有工会,被员工以"未事先告知工会"为由提起劳动仲裁,能否得到支持?Uber宁愿支付一亿美金给加州和马萨诸塞州的38万多名司机,也不承认他们之间存在雇佣关系该如何是好?用人单位解除劳动合同仅口头宣布不行,寄往非劳动者确认的地址也不行,径行登报新闻送达到底行不行?从签字考勤到打卡考勤再到指纹打卡考勤,现在花样翻新出手机定位考勤方式,会不会因侵犯员工的隐私而违法?总之,生活比文学丰富,案件比法律丰富。只有法律不能穷尽的案由,没有不跳跃在法律之外的案情。

还好,罗纳德·德沃金说过:"法律是一种不断完善的实践,虽然可能因其缺陷而失效,甚至根本失效,但它绝不是一种荒唐的玩笑。"法律如此,法学如是,劳动法与社会保障法不是玩笑,我也希望我编写的这本劳动法和社会保障法学教材不是玩笑。(笔者2016年春假于明德法学楼1014)

第四章

劳动就业法

我国是一个劳动力资源大国,就业问题十分突出。劳动就业的概念和基本要素限定了劳动法上就业的范畴和形式。劳动就业需要遵循国家促进就业等原则,尤其是平等就业和反对歧视原则。同时,必须在就业问题上突出对少年儿童的保护,严格禁止使用童工。

第一节　劳动就业概述

一、劳动就业的概念与要素

劳动就业,从就业制度角度而言,其实质是劳动力与生产资料相结合,使劳动过程得以完成,通过劳动过程的完成,生产出社会所需要的产品,推动社会的进步和发展。从劳动者的权利角度而言,劳动者依法享有的劳动权,只有通过劳动就业才能实现。在就业之前,劳动权利处于一种虚置状况;通过就业,劳动者与生产资料结合,劳动权才成为现实。在这些层面上,劳动就业包括了以下几个要素:

(一)公民正处于劳动年龄阶段

劳动年龄,是法律确认公民享有劳动权利能力的基本标志。我国规定男性的劳动年龄为16周岁至60周岁(未来将逐渐调整至63周岁),女性为16周岁至55周岁(未来将逐渐调整至58周岁)。但这并不排除在某些特殊情况下,劳动年龄可依照法定程序提前或延后。除法律有特殊规定外,任何人均不得与不满16周岁的公民订立劳动合同。同时,年满18周岁才是完全劳动能力的起始年龄。只有进入完全劳动能力年龄段的成年人才可从事法律没有限制的任何劳动。劳动年龄的上限即为退休年龄。退休年龄并不标志着劳动行为能力的实际丧失,只是意味着在法律上该公民失去了劳动能力,从此应当退出劳动领域。[①]

(二)公民具有劳动的行为能力

劳动就业以完成劳动过程、生产出社会产品为目的,因此,必然要求劳动者具有劳动的实际行为能力,包括特定职业和岗位的专业技术要求。比如,健康状况会影响劳动者的劳动行为能力,只有具备强健身体的劳动者才能更好地进行劳动。如果身体状况较差或者有特殊的情况,劳动者的工作范围就要受到相应的限制。如有些岗位不允许患有某种特殊疾病

① "人口总体可以依据其自然形态划分,年龄就是划分标准之一。通常可以对人口进行'劳动年龄'的划分,在劳动年龄上、下限之间的人口称为'劳动适龄人口'或者'劳动年龄人口'。劳动力人口的数量,与劳动适龄人口的数量大体一致。"姚裕群:《市场经济下的就业理论与就业促进》,中国劳动出版社1996年版,第33页。

的人担任,患有传染病的劳动者不得从事与饮食有关的工作。同时,劳动者的智力发育是否健全、文化水平高低、技术熟练程度,以及人身的自由状态都会对就业产生影响。

完全丧失劳动能力的残疾人不能从事任何劳动,部分丧失劳动能力的残疾人可以从事与健康状况相宜的工作。对于丧失劳动能力的人而言,所涉及的是社会救济问题,而非劳动就业问题。

(三) 必须有参加劳动的意愿

劳动就本质而言是劳动者的一项基本权利。权利的行使与否不具有强制性。对此。国际劳工组织第29号《强迫劳动公约》和第105号《废除强迫劳动公约》要求,批准国有义务在尽可能短的时间内,做到禁止所有形式的强迫或强制性劳动。第29号公约除规定了强迫或强制性劳动的定义外,同时规定了五种工作或服务不属于强迫劳动,即义务兵役制、某些公民义务、狱中劳役、紧急情况下需从事的工作和小型公用事业。

(四) 必须从事一定的社会劳动

劳动就业的基本作用,是将处于相对分离状态的劳动力与生产资料结合在一起,以实现劳动过程。因此,有必要将从事社会劳动作为就业基本要素,以使其与家务劳动相区别。

(五) 应取得相应的劳动报酬或经营收入

这一基本要素,使有报酬的劳动就业与无报酬的义务劳动相区别。就业是劳动者使自己的劳动力与社会生产资料相结合和取得相应报酬的结合。如果劳动者参加的是没有报酬的劳动,则实现的不是劳动就业权;同样,如果劳动者的收入不是基于劳动而取得的,那也不能称其为劳动就业。所以,参加社会劳动和取得相应报酬是劳动就业不可偏废的两个方面。

(六) 社会必须有劳动需求

"就业"并非劳动者自身所能完成的,还必须有劳动需求存在。当劳动力资源供给数量大于社会对它的需求数量时,必定在社会中出现失业。劳动者即便满足了上列全部要件也仍然找不到工作,甚至一些已就业的劳动者会失去工作。所以,当劳动力资源总量过剩时,必然造成一部分劳动力不能得到利用,这部分劳动者也就不能实现就业。这一因素为政府在劳动者就业中承担社会责任提供了依据。

【典型案例】

毕业生服务协议的法律效力①

小殷是上海市某高校2004届研究生,毕业后进入一家软件公司就业,与公司签订了服务3年的毕业生服务期协议。协议约定,公司负责为小殷办理上海市户口落户手续,小殷若在服务期内擅自离开公司将赔偿违约金3万元。2005年,小殷辞职离开了公司。软件公司以小殷违约为由向劳动仲裁部门申请仲裁,以落实户口是公司的特殊待遇为由,要求小殷支付违约金2.1万元并获得支持。小殷不服,向浦东新区法院提起诉讼,要求不支付违约金。

小殷告诉法官,他在离开前一个月就按规定向公司递交了辞呈,公司也批准了,因此不存在违约情况。同时他认为,落实户口并不是公司给予的特殊待遇。应届毕业生能否得到上海市户口,主要取决于上海市的有关政策规定和毕业生的自身条件,公司仅仅是办理手续而已,并且公司在办理户口时也

① 摘编自陈颖婷:《上海:辞职大学生不必向企业支付违约金》,《工人日报》2006年4月17日。

未支付与协议书约定的违约金3万元相应的对价。

被告公司认为，公司凭借自己的实力和声誉，才具有为外地高校应届毕业生办理上海户籍的能力，并在接收小殷后通过努力为他办理了上海户口落户手续，相对于其他未解决上海户口的毕业生而言，这是一种特殊待遇。为此，双方签订的劳动合同和毕业生服务期协议书都已明确约定，原告提前辞职应承担违约责任。

法院认为，根据《上海市劳动合同条例》规定，劳动合同当事人可以对由用人单位出资招用、培训或者提供其他特殊待遇的劳动者的服务期作出约定。而本案中，被告公司以办理上海户口落户手续作为提供的特殊待遇没有法律依据。非上海生源高校毕业生进沪就业能否办理上海市户籍，需符合《2004年进沪就业非上海生源高校毕业生办理上海市户籍工作的规定》中所规定的基本条件和具体要求，而这些基本条件和具体要求中，除与符合条件的在沪企业、事业等单位签订就业协议一项外，其余条件和要求均与非上海生源高校毕业生本人的知识结构、学历、毕业院校等相关情况有关。因此，对于与符合条件的在沪企业、事业单位签订就业协议的非上海生源高校毕业生来说，其是否能取得上海市户籍，主要取决于其本人的素质和相关条件，并经上海市高等学校毕业生就业管理部门审核批准。

因此，原、被告双方签订的毕业生服务期协议书约定3年服务期及相应违约金的相关内容与相关劳动法律、法规相悖，法院作出判决，支持了小殷的诉请，判定小殷不必支付违约金。

二、劳动就业的形式

（一）劳动者与用人单位直接洽谈就业

这实际上是劳动者竞争就业，即劳动者之间为获得就业岗位而参与公平竞争，常见的方式是参加用人单位的考试考核，考试考核合格者获得就业岗位实现就业。例如，国家每年在高等院校学生毕业之前在各地举办大规模的人才交流洽谈会，即将就业的高校毕业生通过洽谈会与有关的用人单位直接见面、洽谈、双向选择后实现就业。

（二）职业介绍机构介绍就业

即由职业介绍机构为劳动力供求双方沟通联系和进行职业指导，由双方订立劳动合同实现就业。职业介绍机构是指依法设立的、从事职业介绍工作的专门机构。按中国法律规定，职业介绍机构应有常年固定的服务场所、专职从事就业服务工作的工作人员和相应的工作设施，为求职者和用人单位沟通联系，提供就业服务，促进求职者和用人单位相互选择，为充分开发和利用劳动力资源服务。

（三）劳动者自己组织起来就业

这是劳动者在国家的扶持下，自愿组织起来通过各种集体经济组织实现就业，国家在资金、税收、场地等方面都给予政策照顾。劳动者自己组织起来就业又称劳动者自愿组织起来就业，它最早出现在20世纪70年代末，当时主要是鼓励返城知青组织起来，创办各种类型的自负盈亏的合作社或合作小组。这种就业形式在当时安置返城知青、缓解就业压力、促进社会稳定等方面起到了很好的作用，并一直延续下来。

（四）自谋职业

自谋职业是中国劳动者实现就业的重要途径，它是指劳动者通过从事个体工商经营、开办私营企业和进行合伙经营而实现就业的行为。随着市场经济的发展，自谋职业越来越受到重视，并在安置失业和下岗职工中发挥着越来越大的作用。

国家大力支持和鼓励失业人员通过自谋职业实现再就业,相关的政策有:一是税收减免,二是资金支持,三是减免工商等管理收费,四是培训补贴,五是免费服务。

(五) 特定人员的就业方式

1. 外国人在中国就业

1996 年 1 月 22 日,劳动部、公安部、外交部、外经贸部发布《外国人在中国就业管理规定》,允许外国人有条件地在中国就业。这里的外国人,指依照《国籍法》规定不具有中国国籍的人员。外国人在中国就业,指没有取得定居权的外国人在中国境内依法从事社会劳动并获取劳动报酬的行为。本规定适用于在中国境内就业的外国人和聘用外国人的用人单位,但不适用于外国驻华使领馆和联合国驻华代表机构、其他国际组织中享有外交特权与豁免的人员。

用人单位聘用外国人须为外国人申请就业许可,经获准并取得"中华人民共和国外国人就业许可证书"后方可聘用。用人单位聘用外国人从事的岗位应是有特殊需要,国内暂缺适当人选,且不违反国家有关规定的岗位。除经文化部批准持"临时营业演出许可证"进行营业性文艺演出者外,用人单位不得聘用外国人从事营业性文艺演出。

外国人在中国就业须具备下列条件:(1)年满 18 周岁,身体健康;(2)具有从事其工作所必须的专业技能和相应的工作经历;(3)无犯罪记录;(4)有确定的聘用单位;(5)持有有效护照或能代替护照的其他国际旅行证件。用人单位与被聘用的外国人应依法订立劳动合同。劳动合同的期限最长不得超过 5 年。劳动合同期限届满即行终止,或在履行审批手续后续订。

未取得居留证件的外国人(持 F、L、C、G 字签证者)、在中国留学、实习的外国人及持职业签证外国人的随行家属不得在中国就业。特殊情况,应由用人单位按本规定规定的审批程序申领许可证书,被聘用的外国人凭许可证书到公安机关改变身份,办理就业证、居留证后方可就业。外国驻中国使领馆和联合国系统、其他国际组织驻中国代表机构人员的配偶在中国就业,应按外交部《关于外国驻中国使领馆和联合国系统组织驻中国代表机构人员的配偶在中国任职的规定》执行。

因违反中国法律被中国公安机关取消居留资格的外国人,用人单位应解除劳动合同,劳动部门应吊销就业证。用人单位与被聘用的外国人发生劳动争议,应按照《劳动法》和《劳动争议调解仲裁法》处理。

2. 台港澳人员在内地就业

台港澳人员在内地就业是指台、港、澳人员依法应聘受雇于内地用人单位,从事一定社会劳动并取得劳动报酬或经营收入的行为。

2018 年 7 月 28 日,国务院宣布关于取消一批行政许可等事项的决定。依据国务院《对确需保留的行政审批项目设定行政许可的决定》(国务院令第 412 号)和《关于第六批取消和调整行政审批项目的决定》(国发〔2012〕52 号),国务院取消了台港澳居民在内地就业的许可事项。从此,台港澳居民来内地工作不再需要办理专门的"台港澳人员就业证"。在内地工作的台港澳居民可以工商营业执照、劳动合同、工资支付凭证或社会保险缴费记录作为就业证明材料,依法享有各项劳动保障权益。在失业后可按规定进行失业登记,享受公共就业服务。取消审批后,人力资源和社会保障部在台港澳人员就业服务、社会保障、失业登记、劳动权益保护等方面出台配套政策措施,并指导督促地方人力资源社会保障部门抓好落实。

【典型案例】

分流职工的职业介绍①

原告詹某某，女，43岁，上海某某制版彩印厂工人。被告：上海某某制版彩印厂。双方建有劳动合同关系。被告因多年亏损，生产任务不足，实施职工分流。被告单位工会主席王某经与某某区总工会职业介绍所联系，将原告介绍至该区政协餐厅工作。按被告关于实施职工分流的若干办法，职工输出期间的报酬由接受方支付，但养老金、公积金及其他福利待遇，仍享受本企业在职上班职工同等待遇。原告于1994年9月28日起到餐厅工作，1995年3月被餐厅辞退。由于被告一直未向原告言明其经职业介绍所至餐厅工作的性质及报酬等有关问题，加之在实施职工分流中手续不合规范，致原告误认为自己是作为下岗人员被介绍到餐厅工作的，故被辞退后未及时回厂报到，同时，又未向被告请求支付下岗工资，致被告不知道原告被辞退停工事实。直至同年9月，被告通知原告缴纳养老金时，方知原告停工，然后即通知原告上班。

1995年10月19日，原告以被告扣发其1994年9月至1995年9月的下岗工资，及复工后未按规定发放企业职工最低工资为由，向所在区劳动争议仲裁委员会申请仲裁，该会于1995年12月1日裁决：对原告请求补发下岗工资一节不予支持；对原告请求复工后按企业最低工资标准补发工资一节予以支持，被告补足原告工资差额人民币473元。原告对仲裁裁决不服，向法院提起诉讼。

法院认为原、被告的劳动关系合法有效。原告由被告经与某某总工会职业介绍所介绍至该区政协餐厅工作，依照有关政策，期间报酬可由用工单位支付。现由于被告手续不合规范，造成原告误解，未能及时回原单位工作，被告应对由此造成原告的损失作适当补偿。现被告自愿补偿原告人民币800元，可予准许；被告未按企业最低工资标准支付原告工资，应予纠正。判决被告支付原告1995年12月至1996年3月工资差额计人民币326.40元，并一次性给付原告人民币800元。同时，驳回原告其他诉讼请求。案件受理费人民币58元由原、被告各半负担。

第二节 劳动就业的基本原则

一、平等就业原则

（一）平等就业原则的含义和意义

平等就业是指中国公民不论其民族、种族、性别、文化程度、宗教信仰如何，均享有平等地获得就业机会的权利。具体包括两个方面的内容：一是就业资格的平等。只要是中华人民共和国的公民，就业资格人人平等，不因民族、种族、性别、宗教信仰和文化程度的不同而受歧视。一切有劳动能力和就业愿望的人，不分民族、种族、性别、宗教信仰等状况都能平等地依其兴趣、爱好、技能并结合社会的需要自由地选择职业。二是就业能力衡量尺度的平等。在劳动力资源严重供大于求、就业机会相对不足的就业环境中，平等就业还意味着公民在就业过程中均享有平等竞争的权利，即社会对公民的劳动行为能力要以同一尺度和标准衡量，通过公平竞争择优吸收劳动力就业。

① 摘编自“詹某某诉上海某某制版彩印厂劳动报酬纠纷案”，北大法宝，https://www.pkulaw.com/pfnl/a25051f3312b07f3730b15f4f6f838837ebc6f78f2a4eb09bdfb.html，访问日期：2023年11月8日。

与平等就业相对的是就业歧视。国际劳工组织认定的“歧视”主要是指基于种族、肤色、性别、宗教信仰、政治见解、民族、血统或社会出身等原因,采取的有损于就业或职业机会均等或待遇平等的区别、排斥或优惠措施。歧视性措施可能是以法律形式存在的,也可能是以事实或惯例形式存在的。“就业歧视”中的“就业”不仅包括获得就业和特定职业,而且包括获得职业培训、就业条款和条件。中国法律明确禁止就业歧视。

(二) 平等就业的法律保障

我国《劳动法》第 12 条规定:“劳动者就业,不因民族、种族、性别、宗教信仰不同而受歧视。”根据这项原则,要求用人单位:(1) 不得在为劳动者提供就业机会时或者在招工简章中,有关于对民族、种族、性别、宗教信仰等方面的限制。(2) 不得在所从事的职业范围上有关于民族、种族、宗教信仰等方面的限制。如不能因为劳动者信仰宗教而限制其从事司法工作等。(3) 不得在劳动者所从事的专业范围内,包括就业前专业培训和中等专业以上学校学习,有关于民族、种族、性别、宗教信仰等方面的限制等。

我国《就业促进法》第 3 条规定了劳动者依法享有平等就业和自主择业的权利。劳动者就业,不因民族、种族、性别、宗教信仰等不同而受歧视。同时还在后面的条文中规定各级人民政府创造公平就业的环境,消除就业歧视,制定政策并采取措施对就业困难人员给予扶持和援助。用人单位招用人员、职业中介机构从事职业中介活动,应当向劳动者提供平等的就业机会和公平的就业条件,不得实施就业歧视。

劳动者平等就业的原则在实践中应该强调,凡是法律上没有限制的,用人单位不应当对劳动者作出职业限制的规定。现实中,用人单位利用劳动者供大于求的优势,在招聘中人为地设定一些近乎荒唐的条件,如身高、外貌;一些地区搞职业垄断,对异地劳动者实行“职业保留”,禁止和限制外地劳动者从事某些职业(或行业),而让本地劳动者独占这些职业或者享受就业优先权,均违反了平等就业原则。

【典型案例】

地域歧视的司法矫正①

依据《就业促进法》第 3 条和第 26 条,用人单位在招用人员时,基于地域、性别等与“工作内在要求”无必然联系的因素,对劳动者进行无正当理由的差别对待的,构成就业歧视,劳动者以平等就业权受到侵害,请求用人单位承担相应法律责任的,人民法院应予支持。

2019 年 7 月,浙江喜来登度假村有限公司通过智联招聘平台向社会发布了一批公司人员招聘信息,其中包含有“法务专员”“董事长助理”两个岗位。2019 年 7 月 3 日,闫佳琳通过智联招聘手机 app 软件针对喜来登公司发布的前述两个岗位分别投递了求职简历。闫佳琳投递的求职简历中,包含有姓名、性别、出生年月、户口所在地、现居住城市等个人基本信息,其中户口所在地填写为“河南南阳”,现居住城市填写为“浙江杭州西湖区”。据杭州市杭州互联网公证处出具的公证书记载,公证人员使用闫佳琳的账户、密码登录智联招聘 app 客户端,显示闫佳琳投递的前述“董事长助理”岗位在 2019 年 7 月 4 日 14 点 28 分被查看,28 分时给出岗位不合适的结论,“不合适原因:河南人”;“法务专员”岗位在同日 14 点 28 分被查看,29 分时给出岗位不合适的结论,“不合适原因:河南人”。闫佳琳因案涉公证事

① 摘编自“闫佳琳诉浙江喜来登度假村有限公司平等就业权纠纷案”,最高人民法院指导案例 185 号。

宜,支出公证费用1000元。闫佳琳向杭州互联网法院提起诉讼,请求判令喜来登公司赔礼道歉、支付精神抚慰金以及承担诉讼相关费用。

杭州互联网法院于2019年11月26日作出(2019)浙0192民初6405号民事判决:一、被告喜来登公司于本判决生效之日起十日内赔偿原告闫佳琳精神抚慰金及合理维权费用损失共计10 000元。二、被告喜来登公司于本判决生效之日起十日内,向原告闫佳琳进行口头道歉并在《法制日报》公开登报赔礼道歉(道歉声明的内容须经本院审核);逾期不履行的,本院将在国家级媒体刊登判决书主要内容,所需费用由被告喜来登公司承担。三、驳回原告闫佳琳其他诉讼请求。宣判后,闫佳琳、喜来登公司均提起上诉。杭州市中级人民法院于2020年5月15日作出(2020)浙01民终736号民事判决:驳回上诉,维持原判。

二、男女就业权利平等原则

(一)男女就业权利平等的意义

我国《劳动法》第13条规定:"妇女享有与男子平等的就业权利。在录用职工时,除国家规定的不适合妇女的工种或者岗位外,不得以性别为由拒绝录用妇女或者提高对妇女的录用标准。"妇女是一支重要的劳动力资源,为社会创造了巨大的财富。中国妇女对中国GDP的贡献份额达到41%,相对于世界其他地区的女性,位居世界第一。中国妇女劳动参与率约占63.3%,高于经济合作与发展组织(OECD)(57%)和亚太国家(62%)的平均水平。①

由于自身生理、身体及心理素质方面的原因,妇女就业机会和从事职业的岗位往往比男子要少,较男子承受着更大的压力;女性特殊的生理及身体条件,有很多劳动不适应;妇女生育补偿社会化程度低,致使企业不愿意招收女职工;家务劳动社会化程度低,妇女在双重负荷下参与竞争,使竞争力减弱。在经济体制或者经济形态转变过程中,妇女总是承受着比男性更大的压力。这些都增加了妇女劳动者就业的难度。因此必须对妇女就业给予保障,才能使妇女享受同男子平等的就业权利,为妇女创造更多的就业机会。

(二)男女就业权利平等的法律保障

依据男女就业权利平等原则,用人单位必须做到:

1. 向妇女劳动者提供与男性劳动者均等的就业机会

凡有适合妇女从事劳动的岗位,用人单位不得拒绝招用。妇女劳动者有权与男性劳动者一样参加招工报名、考核等活动,通过公开招收录用和竞争,获得劳动岗位。《劳动法》第13条规定:"妇女享有与男子平等的就业权利。在录用职工时,除国家规定的不适合妇女的工种或者岗位外,不得以性别为由拒绝录用妇女或者提高对妇女的录用标准。"

对于"不适合妇女从事的工种或者岗位"必须严格依据法律的规定来理解,不能由用人单位自行确定。国家对于不适合妇女的工种或者岗位具体规定在《女职工劳动保护特别规定》中,具体包括:(1)矿山井下作业;(2)体力劳动强度分级标准中规定的第四级体力劳动强度的作业;(3)每小时负重6次以上、每次负重超过20公斤的作业,或者间断负重、每次负重超过25公斤的作业。

为了保证这一原则的贯彻,保障妇女劳动者的合法权益,劳动行政管理部门应当对用人

① 参见王俊岭:《中国女性职场影响力提升》,《人民日报·海外版》2018年3月7日。

单位的招工工作加强管理和监督,对有适合妇女从事的劳动岗位而拒绝招收的,应限期改正或依法给予制裁。

2. 不得提高妇女劳动者的录用标准

向妇女劳动者提供与男性劳动者均等的就业机会,并不能保证男女就业权利平等原则的真正实现。因为即使给予均等的就业机会,如果录用标准和条件不平等,妇女劳动者的劳动权也无法得到保障。所以,男女就业权利平等原则,还要求用人单位不得提高妇女劳动者的录用标准。我国《劳动法》就业原则的这一要求具有十分重要的意义,它使妇女劳动者的就业平等权落到了实处。

尽管我国《宪法》早已确立男女平等原则,但由于只是原则性规定,在实际招工过程中,许多用人单位擅自提高妇女劳动者录用标准,使妇女劳动者的平等权经常被侵害。

【典型案例】

性别歧视的法律责任①

梁某某于2015年2月6日取得中式烹调师三级/高级技能职业资格证书。2015年6月28日在"58同城"网站上看到惠食佳公司发布招聘厨房学徒的广告,该广告中并无明确性别要求。梁某某于2015年6月29日前往名豪轩酒楼应聘,填写了入职申请表,但名豪轩酒楼未对其进行面试。名豪轩酒楼称当时因厨房学徒一职已经招满故没有安排梁某某面试。

梁某某于2015年7月在"58同城"网站上再次看到被告惠食佳公司发布同一岗位的招聘广告,遂申请广州公证处对"58同城"网站中惠食佳公司发布的招聘广告的网页进行公证,该公证处于2015年8月18日作出(2015)粤广广州第151670号公证书。该公证书显示招聘主体为惠食佳公司,招聘的职位为配菜/打荷(招8人),任职资格及其他条件载明"1. 男性……"

梁某某以侵犯就业平等权为由提起诉讼,广东省广州市海珠区人民法院依照《劳动法》第12条、第13条,《侵权责任法》第6条、第11条、第15条,最高人民法院《关于确定民事侵权精神损害赔偿责任若干问题的解释》第1条、第8条第2款,参照《女职工劳动保护特别规定》附录之规定,于2016年3月31日判决如下:一、被告惠食佳公司、被告名豪轩酒楼在判决生效之日起7日内连带向原告梁某某赔偿精神损害抚慰金2000元;二、驳回原告梁某某的其他诉讼请求。

一审宣判后,双方当事人均不服,向广州市中级人民法院提起上诉。中级人民法院2016年9月6日判决:一、维持广东省广州市海珠区人民法院(2015)穗海法民一初字第1322号民事判决书主文。二、惠食佳公司、名豪轩酒楼于判决生效之日起10日内向梁某某作出书面赔礼道歉(致歉内容须由法院审定,惠食佳公司、名豪轩酒楼如未在指定的期间内履行,法院将在广州地区公开发行的报纸刊登判决书主要内容,由此产生的费用将由惠食佳公司、名豪轩酒楼承担)。如果未按判决指定的期间履行给付金钱义务,应当依照《民事诉讼法》第253条之规定,加倍支付迟延履行期间的债务利息。一、二审案件受理费各500元,均由惠食佳公司、名豪轩酒楼负担。

---

① 摘编自"梁某某诉广东惠食佳经济发展有限公司、广州市越秀区名豪轩鱼翅海鲜大酒楼人格权纠纷案",《最高人民法院公报》2021年第1期。

第三节 特殊就业群体就业保障原则

一、特殊就业群体就业保障原则的含义

特殊就业群体是因特殊因素而在就业竞争过程中处于不利地位的人员的总称,具体包括妇女、残疾人、少数民族人员和退出现役的军人。这些人或者文化、技能条件较差;或者刚离开部队后尚无就业经历和技能;或者年纪增长而无一技之长;或者来源于经济落后地区;或者属于少数民族等。在特定的历史时期,也会因为政策、体制改革等因素产生特殊就业群体,如20世纪70年代末80年代初中国的“待业青年”,特别是其中的上山下乡返城青年,成为城镇就业的难题,也成为扶助的重点;再如90年代中后期的下岗工人等。

在这些特殊就业群体中,妇女、残疾人、少数民族人员和退出现役的军人是各个国家、社会和各个时期具有共性的就业条件不利者群体,因此,也成为各国就业扶助重点对象。

国家除了建立普遍适用的原则和制度规范之外,还应当对特定阶段的特殊问题作出特殊规定。因此,特殊就业群体保障制度成为《劳动法》必不可少的制度内容。《劳动法》在坚持劳动就业权利人人平等的前提下,对特殊群体的劳动者实行就业保障政策;在坚持劳动就业市场原则的基础上,对少数的劳动者就业群体实行政策性保护。

二、特殊就业群体就业保障的内容

(一)残疾人的就业保障

理解、尊重、帮助残疾人,是社会共同的责任。根据我国《残疾人保障法》第2条的规定:“残疾人是指在心理、生理、人体结构上,某种组织、功能丧失或者不正常,全部或者部分丧失以正常方式从事某种活动能力的人。残疾人包括视力残疾、听力残疾、言语残疾、肢体残疾、智力残疾、精神残疾、多重残疾和其他残疾的人。”这一定义与联合国、世界卫生组织和其他国家是一致的。残疾人是一个特殊的就业困难群体,为实现生存权的平等保护,应为残疾人就业提供特殊保障。

中国保障残疾人的就业措施有:

1. 残疾人的集中安置

集中安置是指安排残疾人在各类福利企业、医疗机构和盲人按摩医疗等单位劳动就业。福利企业是集中安排残疾人就业的具有福利性质的特殊生产单位。为了保护残疾人的劳动权益,保护残疾人福利性企业、事业组织的合法权益,要求在职工的招用、聘用、转正、晋级、职称评定、劳动报酬、生活福利等方面不得歧视残疾人。对于国家分配的高等学校、中等专业学校、技工学校的残疾毕业生,有关单位不得因其残疾而拒绝接收;拒绝接收的,当事人可以要求有关部门处理,有关部门应当责令该单位接收。残疾职工所在单位应当为残疾职工提供适应其特点的劳动条件和劳动保护。残疾职工所在单位应当对残疾职工进行岗位技术培训,提高其劳动技能和技术水平。

2. 分散吸收残疾人就业

残疾人按比例就业是指依据《残疾人保障法》的有关规定,机关、团体、企业事业组织、城

乡集体经济组织,应当按照一定比例安排残疾人就业,并为其选择适当的工种和岗位。省、自治区、直辖市人民政府可以根据实际情况规定具体比例。按比例就业应以市(直辖市、省辖市、县级市)为基本实施单位,以《残疾人保障法》和省级人大的实施办法为依据,以市政府令形式在全市统一实施。机关、团体、企业事业组织、城乡经济组织,要按照本省(自治区、直辖市)制定的有关法规所规定的具体比例,安排残疾人就业;暂时未达到比例的,应按财政部等部门发布的《残疾人就业保障金征收使用管理办法》交纳残疾人就业保障金。

3. 鼓励、帮助残疾人自愿组织起来从业或者个体就业

个体就业是指残疾人从事独立的生产、经营活动,取得劳动报酬或经营收入。市场监督管理、税务等有关部门要根据《残疾人保障法》和有关税收法律、法规的规定,制定、完善扶持残疾人个体就业和自愿组织起来就业的优惠政策,在核发营业执照、办理有关手续、减免税费和落实营业场地等方面给予优先和照顾。各级残疾人就业服务机构要认真做好扶持残疾人个体就业和自愿组织起来就业的工作,在选择项目、申办营业执照等方面积极、主动地做好服务,并帮助他们解决生产经营过程中遇到的困难。要积极协助有关部门,逐步将从事个体就业和自愿组织起来就业的城镇残疾人纳入社会保险范围。

【背景材料】

反残疾人就业歧视的法律价值①

正义是社会制度的首要价值。尽管正义有着一张普洛透斯似的脸,变化无常、随时可呈现不同形状并具有极不相同的面貌,但是,正义是人类社会始终不懈追求的目标。法律乃实现社会公平正义之利器。古希腊哲学家亚里士多德指出:"要使事物合于正义,须有毫不偏私的权衡,法律恰恰是这样一个中道的权衡。"肯定了法律对维护社会公平正义的重要作用。因此,世界各国不断完善本国的法律体系,努力使正义之光普照所有公民。

作为社会弱势群体,残疾人的权利总是被社会所忽视,正义的天平在保护残疾人权利时多少有些失衡。美国 1990 年《残疾人法》指出:"残疾人是一个被分离和孤立的少数人群体,因为他们无法主宰自己的身体,其对社会的参与和贡献能力也只能基于假定而评价,所以他们不得不面对各种约束和限制、忍受有意的不平等待遇并在社会中处于政治上的无权地位。"这种状况无论如何也不能说对残疾人是正义的,而且这种非正义在残疾人就业领域体现得更为突出。普遍存在的就业歧视,使许多有劳动能力的残疾人无法获得工作岗位;而这又进一步加重了残疾人在教育、医疗保障、社会生活等方面的不平等,形成恶性循环,为残疾人的经济自立和融入社会制造了重重障碍。

建立反残疾人就业歧视法律制度就是要禁止和消除针对残疾人的就业歧视,通过法律手段促进残疾人享有相应的公平和正义。一方面要实现对残疾人就业权利的平等保护,对于限制残疾人就业权利的"非正义法律""不管它们如何有效率和条理,只要它们不正义,就必须加以改造或废除"。另一方面,要对残疾人就业进行倾斜性保护,比如许多国家制定了按比例就业制度,以弥补残疾人曾经遭受的"非正义"。"由于出身和天赋的不平等是不应得的,这些不平等就多少应给予某种补偿。"

司法判决是彰显法律正义的最好体现。英国法官休厄特有句名言:"不仅要主持正义,而且要人们明确无误地、毫不怀疑地看到是在主持正义,这一点不仅是重要的,而且是极为重要的。"通过对残疾人就业歧视案件的司法判决,不仅能够维护残疾人当事人的合法权益,也能够使社会各界更加直观地

① 摘编自王治江:《反残疾人就业歧视法律制度研究》,华夏出版社 2014 年版,第 46 页。

了解残疾人的权利，形成维护残疾人权利的良好社会环境，从而使反残疾人就业歧视法律制度真正发出正义之光。

【典型案例】

消除残疾人就业歧视的公益诉讼①

广州市多家用人单位通过互联网招聘平台发布注明“不录用残疾人”的招聘广告，侵犯了残疾人平等参与社会生活的基本权利，相关职能部门未依法履职，损害了社会公共利益。

2021年12月2日，广州市黄埔区人民检察院检索各类人才市场招聘信息，发现多家用人单位侵犯残疾人平等就业权的线索。2022年4月19日，黄埔区院立案调查。注册地在黄埔区的广州盈某人力资源服务有限公司等用人单位在某大型互联网招聘网站上发布关于在黄埔区内用工的招聘广告，招聘要求中明确注明“无残疾”；注册地不在黄埔区、但发布包括在黄埔区内用工的招聘广告的广州某某斯电子科技有限公司、广州某兴人力资源有限公司、广州某信人力资源有限公司、广州市团某人力资源有限公司、佳某(广州)电子科技有限公司、广州晨某网络科技有限公司、广东迈某企业管理有限公司等用人单位，在某大型互联网招聘网站上发布的招聘要求中亦明确注明“无残疾”。而上述招聘岗位多为维修、装配、包装等普通工种，且无学历限制、无经验要求。

黄埔区院审查认为，国家法律明确要求保障残疾人劳动权利，为残疾人创造就业条件，禁止在就业中歧视残疾人。招聘广告中所招用的均为一般简单工种，并没有要求掌握特殊技能或者是对身体协调性要求较强的岗位，应当被认定为就业歧视，损害了残疾人平等就业的合法权益。作为监管部门，黄埔区劳动保障行政部门应当将残疾人就业纳入公共就业服务范围，依法维护残疾人劳动就业权利。

2022年4月21日，黄埔区院及时与区劳动保障行政部门进行磋商，督促其积极依法履行法定职责，并将注册地在同市其他区的用人单位发布的招聘广告中存在歧视残疾人的8条案件线索移送给5个基层检察院跟进调查。

（二）退出现役的军人就业

退出现役的军人就业的特殊保障，主要表现在就业形式上。我国《兵役法》和《退役士兵安置条例》规定，符合安排工作条件的义务兵退出现役后，由安置地的县级以上地方人民政府安排工作。国家建立以扶持就业为主，自主就业、安排工作、退休、供养等多种方式相结合的退役士兵安置制度，妥善安置退役士兵。退役士兵安置所需经费，由中央和地方各级人民政府共同负担。国家机关、社会团体、企业事业单位，都有接收安置退役士兵的义务，在招收录用工作人员或者聘用职工时，同等条件下应当优先招收录用退役士兵。退役士兵报考公务员、应聘事业单位职位的，在军队服现役经历视为基层工作经历。接收安置退役士兵的单位，按照国家规定享受优惠政策。根据《退役士兵安置条例》，退役士兵符合下列条件之一的，由人民政府安排工作：士官服现役满12年的；服现役期间平时荣获二等功以上奖励或者战时荣获三等功以上奖励的；因战致残被评定为5级至8级残疾等级的；是烈士子女的。符

① 摘编自最高人民检察院、中国残疾人联合会：《10件残疾人权益保障检察公益诉讼典型案例之二：广东省广州市黄埔区人民检察院督促消除残疾人就业歧视行政公益诉讼案》，北大法宝，2022年5月13日，https://www.pkulaw.com/pfnl/95b2ca8d4055fce11b8554473c02e95ef4767f1ab3e9c98fbdfb.html，访问日期：2022年5月15日。

合以上规定条件的退役士兵在艰苦地区和特殊岗位服现役的,优先安排工作。

国务院退役士兵安置工作主管部门和中央军委联合参谋部制定下达全国需由人民政府安排工作退役士兵的年度安置计划。中央国家机关及其管理的在京企业事业单位接收安排退役士兵工作任务,由国务院退役士兵安置工作主管部门下达。中央国家机关京外直属机构、中央国家机关管理的京外企业事业单位接收安排退役士兵工作任务,由所在地县级以上地方人民政府按照属地管理的原则下达。县级以上地方人民政府,应当根据符合安排工作条件的退役士兵人数和用人单位的实际情况,下达安排退役士兵工作的任务,并依法向社会公开。对安排退役士兵工作任务较重的县(市),可以由上一级人民政府在本行政区域内统筹安排。安置地县级以上地方人民政府应当按照属地管理的原则,对符合安排工作条件的退役士兵进行安置,保障其第一次就业。国家机关、事业单位、国有以及国有控股和国有资本占主导地位的企业招收录用或者聘用人员的,应当在同等条件下优先招收录用或者聘用退役士兵。安置地人民政府应当在接收退役士兵的 6 个月内,完成本年度安排退役士兵工作的任务。

退役士兵待安排工作期间,安置地人民政府应当按照不低于当地最低生活水平的标准,按月发给生活补助费。承担安排退役士兵工作任务的单位应当按时完成所在地人民政府下达的安排退役士兵工作任务,在退役士兵安置工作主管部门开出介绍信 1 个月内安排退役士兵上岗,并与退役士兵依法签订期限不少于 3 年的劳动合同或者聘用合同。合同存续期内单位依法关闭、破产、改制的,退役士兵与所在单位其他人员一同执行国家的有关规定。接收退役士兵的单位裁减人员的,应当优先留用退役士兵。由人民政府安排工作的退役士兵,服现役年限和符合本条例规定的待安排工作时间计算为工龄,享受所在单位同等条件人员的工资、福利待遇。

非因退役士兵本人原因,接收单位未按照规定安排退役士兵上岗的,应当从所在地人民政府退役士兵安置工作主管部门开出介绍信的当月起,按照不低于本单位同等条件人员平均工资 80%的标准逐月发给退役士兵生活费至其上岗为止。对安排工作的残疾退役士兵,所在单位不得因其残疾与其解除劳动关系或者人事关系。安排工作的因战、因公致残退役士兵,享受与所在单位工伤人员同等的生活福利和医疗待遇。符合安排工作条件的退役士兵无正当理由拒不服从安置地人民政府安排工作的,视为放弃安排工作待遇;在待安排工作期间被依法追究刑事责任的,取消其安排工作待遇。

自主就业的退役士兵享受系列扶持政策。义务兵和服现役不满 12 年的士官退出现役的,由人民政府扶持自主就业,并享受以下优惠政策:获得自主就业一次性退役金,由中央财政专项安排,部队在士兵退役时发放,地方政府也可以根据当地实际情况给予经济补助;县级以上地方政府应当采取多种措施,扶持退役士兵就业创业,并按照国家规定给予税收优惠,给予小额担保贷款扶持,从事微利项目的给予财政贴息,加大对从事个体经营的退役士兵的扶持力度;有劳动能力的残疾退役士兵,优先享受国家规定的残疾人就业优惠政策;用人单位招收录用或者聘用自主就业的退役士兵符合规定条件的,依法享受税收等优惠;自主就业的退役士兵入伍前通过家庭承包方式承包的农村土地,承包期内不得违法收回或者强制流转。

《军队转业干部安置暂行办法》规定担任团级以下职务(含处级以下文职干部和享受相当待遇的专业技术干部)的军队干部,有下列情形之一的,列入军队干部转业安置计划:

(1) 达到平时服现役最高年龄的;(2) 受军队编制员额限制不能调整使用的;(3) 因身体状况不能坚持军队正常工作但能够适应地方工作的;(4) 其他原因需要退出现役作转业安置的。

担任师级职务(含局级文职干部)或高级专业技术职务的军队干部,年龄50周岁以下的,本人申请,经批准可以安排转业,列入军队干部转业安置计划。因军队体制、编制调整或者国家经济社会发展需要,成建制成批军队干部的转业安置,由中央军委政治工作部与国家军队转业干部安置工作主管部门协商办理。中央和国家机关及其管理的在京企业事业单位计划外选调军队干部,经大军区级单位政治机关审核并报中央军委政治工作部批准转业后,由国家军队转业干部安置工作主管部门办理审批。

中央和国家机关京外直属机构、企业事业单位,应当按时完成所在地党委、政府下达的军队转业干部安置任务。需要增加编制、职数和工资总额的,其上级主管部门应当予以支持。对自主择业的军队转业干部,安置地政府应当采取提供政策咨询、组织就业培训、拓宽就业渠道、向用人单位推荐、纳入人才市场等措施,为其就业创造条件。党和国家机关、团体、企业事业单位在社会上招聘录用人员时,对适合军队转业干部工作的岗位,应当优先录用、聘用自主择业的军队转业干部。对从事个体经营或者创办经济实体的自主择业的军队转业干部,安置地政府应当在政策上给予扶持,金融、市场监管、税务等部门,应当视情提供低息贷款,及时核发营业执照,按照社会再就业人员的有关规定减免营业税、所得税等税费。

2020年11月11日,十三届全国人大常委会二十三次会议通过《退役军人保障法》,该法第五章专门规定了“就业创业”。国家采取政府推动、市场引导、社会支持相结合的方式,鼓励和扶持退役军人就业创业。各级人民政府应当加强对退役军人就业创业的指导和服务。县级以上地方人民政府退役军人工作主管部门应当加强对退役军人就业创业的宣传、组织、协调等工作,会同有关部门采取退役军人专场招聘会等形式,开展就业推荐、职业指导,帮助退役军人就业。服现役期间因战、因公、因病致残被评定残疾等级和退役后补评或者重新评定残疾等级的残疾退役军人,有劳动能力和就业意愿的,优先享受国家规定的残疾人就业优惠政策。

公共人力资源服务机构应当免费为退役军人提供职业介绍、创业指导等服务。国家鼓励经营性人力资源服务机构和社会组织为退役军人就业创业提供免费或者优惠服务。退役军人未能及时就业的,在人力资源和社会保障部门办理求职登记后,可以按照规定享受失业保险待遇。机关、群团组织、事业单位和国有企业在招录或者招聘人员时,对退役军人的年龄和学历条件可以适当放宽,同等条件下优先招录、招聘退役军人。退役的军士和义务兵服现役经历视为基层工作经历。退役的军士和义务兵入伍前是机关、群团组织、事业单位或者国有企业人员的,退役后可以选择复职复工。

各地应当设置一定数量的基层公务员职位,面向服现役满5年的高校毕业生退役军人招考。服现役满5年的高校毕业生退役军人可以报考面向服务基层项目人员定向考录的职位,同服务基层项目人员共享公务员定向考录计划。各地应当注重从优秀退役军人中选聘党的基层组织、社区和村专职工作人员。军队文职人员岗位、国防教育机构岗位等,应当优先选用符合条件的退役军人。国家鼓励退役军人参加稳边固边等边疆建设工作。

退役军人服现役年限计算为工龄,退役后与所在单位工作年限累计计算。县级以上地方人民政府投资建设或者与社会共建的创业孵化基地和创业园区,应当优先为退役军人创业提供服务。有条件的地区可以建立退役军人创业孵化基地和创业园区,为退役军人提供经营场地、投资融资等方面的优惠服务。退役军人创办小微企业,可以按照国家有关规定申请创业担保贷款,并享受贷款贴息等融资优惠政策。退役军人从事个体经营,依法享受税收优惠政策。用人单位招用退役军人符合国家规定的,依法享受税收优惠等政策。

(三) 少数民族人员的就业保障

我国是各族人民共同缔造的统一的多民族国家。迄今为止,通过识别并经中央政府确认的民族有56个。对少数民族人员就业实行特殊保护的政策,是我国民族政策的重要组成部分,是国家促进少数民族地区经济和社会发展的重要手段。我国《劳动法》和《民族区域自治法》都作了专门规定。

对于少数民族的劳动者的就业,国家采取扶持和帮助的特殊政策:

1. 优先招用少数民族人员。民族自治地方的用人单位在招收人员时,要优先招收少数民族人员

上级国家机关隶属的在民族自治地方的企事业单位招收人员时,也应当优先招收当地少数民族人员。民族自治地方每年编制内的干部和职工自然减员、缺额及国家当年新增用人指标由民族自治地方通过考核予以补充,对少数民族人员优先录用。上级政府在每年下达的"农业户口转非农业户口"计划中,划出一定指标用于民族自治地方在农牧民中招收少数民族职工。

2. 培养少数民族人才

民族自治地方的自治机关要采取各种措施从当地民族中大量培养各级干部和各种科学技术、经营管理等专业人才和技术工人。国家举办民族学院,在高等学校举办民族班、民族预科,专门招收少数民族学生,并且可以采取定向招生、定向分配的办法。高等学校和中等专业学校招收新生时,对少数民族考生适当放宽录取标准和条件,使少数民族学生高考升学率相应得到了较大提高。

第四节 禁止使用童工

童工是指未满16周岁,与单位或者个人发生劳动关系,从事有经济收入的劳动或者从事个体劳动的少年、儿童。未满16周岁的少年儿童,身体正处于发育成长时期,过重的体力劳动会损害他们的身体健康;其在心理上也不成熟,处于长知识、培养情操和基本素质的时期,尚不具备作为一个完全的劳动者的条件。使用童工不仅剥夺了少年、儿童身心健康发育的权利及受教育的权利,甚至会对国家和社会未来劳动力的供给水平发生影响。因此,禁止使用童工是各国劳动立法的重要内容。在我国,公民的最低就业年龄标准为16周岁,用人单位不得招用未满16周岁的未成年人。

我国对未成年人的保护,有《宪法》《劳动法》《未成年人保护法》等法律,1991年4月国务院颁布了《禁止使用童工规定》,2002年12月1日国务院实施新的《禁止使用童工规定》。这些法律法规构成了我国未成年人保护的法律法规体系,也都明确规定包括国家机关、社会团体、企事业单位、民办非企业单位、个体工商户在内的用人单位,均不得招用不满16周岁的未成年人(即童工);禁止任何单位或个人为不满16周岁的未成年人介绍就业,禁止不满16周岁的未成年人开业从事个体经营活动。凡用人单位使用童工的,将由劳动保障部门按

每使用一名童工每月处5 000元罚款的标准给予处罚，最高额度可达每人每月罚款1万元。

我国法律对于使用童工的禁止性规定具体包括：禁止国家机关、社会团体、企事业单位和个体工商户、农户和城镇居民使用童工。禁止各种职业介绍机构以及其他单位和个人为未满16周岁的少年儿童介绍职业。各级市场监督管理部门不得为未满16周岁的少年、儿童核发个体营业执照。父母或者其他监护人不得允许未满16周岁的子女或者被监护人做童工。

使用童工的行为属于犯罪，应承担刑事责任的有三种情况：(1) 拐卖、拐骗童工，主要适用有关拐卖、拐骗儿童类的罪名，包括拐卖儿童罪、收买被拐卖的儿童罪和拐骗儿童罪。(2) 强迫童工劳动，主要适用强迫劳动罪。(3) 非法使用童工的行为，最恰当的是适用雇用童工从事危重劳动罪。非法使用童工的情形主要有三种：使用童工从事高空、井下、放射性、高毒、易燃易爆以及国家规定的第四级体力劳动强度的劳动；使用不满14周岁的童工；造成童工死亡或者严重伤残。

在一些例外的情况下，让未满16周岁的少年儿童参加劳动不属于使用童工：

第一，未满16周岁的少年、儿童，参加家庭劳动、学校组织的勤工俭学和省、自治区、直辖市人民政府允许从事的无损于身心健康的、力所能及的辅助性劳动，不受关于禁止童工从事劳动的限制。但要禁止以“勤工俭学”为名使用童工。

第二，文艺、体育和特种工艺单位，确需招用未满16周岁的文艺工作者、运动员和艺徒时，必须遵守国家有关规定，并经未成年人的父母或者其他监护人同意。运动员系指专门从事某项体育运动训练和参加比赛的人员；艺徒系指在杂技、戏曲以及工艺美术等领域中从师学艺的人员；文艺工作者系指专门从事表演艺术的人员。经批准招用的文艺工作者、运动员、艺徒，用人单位应当切实保护他们的身心健康，促使他们在德、智、体等方面健康成长，并负责创造条件，保证少年、儿童依法接受当地规定年限的义务教育。

【典型案例】

落户服务协议的违约金①

2019年6月16日，刘某某入职某股份有限公司北京市分公司，双方签订了期限为2019年6月16日至2022年6月15日的劳动合同书，税前月均工资在13 000元左右。入职不到两年，2021年4月16日，刘某某因个人原因离职。

另外，双方在签订劳动合同时签订过一个有关户口事项的约定：(1) 甲方为乙方解决北京市户口并办理集体户口落户手续；(2) 鉴于甲方在户口办理服务中花费了大量的人力、物力，以及北京市落户资源的紧缺性，在甲方为乙方办理落户服务后，乙方自愿向甲方提供不少于5年的服务，服务期限为2019年6月16日至2024年6月15日；(3) 乙方在服务期内辞职或因违纪、违法问题导致被甲方解除合同，应当向甲方支付落户服务赔偿，赔偿标准为100万元整。后公司为刘某某办理了北京户口。

公司声称，刘某某的离职违反了双方的约定，2021年4月1日，因总部对落户服务协议相关内容进行了修订，故公司通知刘某某换签落户协议，将违约金总额由100万元下调至30万元，赔偿方式调整

---

① 摘编自毕陆名：《“我户籍迁回去了”，月薪1.3万员工取得北京户口后离职：入职不到两年！公司要求赔偿损失18万，法院判了》，每日经济新闻，2021年11月1日，http://www.nbd.com.cn/articles/2021-10-31/1974058.html，访问日期：2024年9月1日。

为5年内服务每满一年赔偿金额递减约定总金额的20%等,故公司要求刘某某赔偿损失18万元,具体损失为北京市户口的稀缺性等。

对此,刘某某认可上述证据真实性,并且主张其已经于2021年4月6日将北京户籍迁回吉林,劳动合同期限仅3年而服务期5年不合理,因公司变更其岗位至市场部导致岗位与合同约定不符造成其离职,故不同意赔偿损失。

公司申请仲裁,要求刘某某支付落户服务赔偿金18万元。仲裁委员会以仲裁请求不属于劳动人事争议仲裁受案范围为由决定不予受理。

公司向北京市海淀区人民法院提起诉讼,请求判令刘某某赔偿其经济损失18万元。海淀区人民法院认定,用人单位为其招用的劳动者办理了本市户口,双方据此约定了服务期,确因劳动者违反了诚实信用原则,给用人单位造成损失的,劳动者应当予以赔偿。

法院认为,刘某某与公司签订协议约定公司为刘某某办理进京落户手续,刘某某承诺在公司服务满5年,上述约定未违反法律法规的强制性规定,符合自愿公平原则。刘某某在知晓北京市户口落户指标为重要的稀缺资源,亦知晓其在服务期未满的情况下,在户籍进京手续办理完成后,工作不满两年即提出辞职,该行为违反了诚实信用原则,给公司在人才引进及招录同岗位人员等方面带来一定损失。根据刘某某未满约定工作年限的实际情况、公司损失情况,参照刘某某的月工资、离职原因等情况酌定刘某某向公司赔偿损失60 000元。对于公司过高的诉请,法院不予支持。

第五章

劳动合同法

劳动合同制度是劳动法中最为重要的制度。中国自 1986 年实施劳动合同制度以来,劳动合同已经成为调整劳动关系必不可少的法律机制。同时,劳动合同也是用人单位和劳动者发生劳动争议时主张权利的最为重要的依据。

第一节 劳动合同概述

一、劳动合同的定义和相关立法

(一) 劳动合同的定义

我国《劳动法》第 16 条第 1 款规定:“劳动合同是劳动者与用人单位确立劳动关系、明确双方权利和义务的协议。”第 2 款规定:“建立劳动关系应当订立劳动合同。”这就是说劳动合同是确立劳动关系的法律依据。用人单位与劳动者之间建立劳动关系,必须订立劳动合同。劳动合同一经订立,就成为规范双方当事人劳动权利和义务的法律依据。

从劳动关系双方当事人是否签订了书面劳动合同,可以将劳动合同在形式上分为口头劳动合同和书面劳动合同,在内容上则可将劳动关系分为事实劳动关系和法定劳动关系。前者是由劳动关系双方当事人以口头形式约定而产生的劳动事实,适用于短期劳动及以双方的互信为基础的劳动关系。在事实劳动关系中,还应当包括双方虽然签订有劳动合同,但该劳动合同因法定或者其他原因归于无效的情况。由于在事实劳动关系中双方的权利义务难于准确认定,而且劳动关系的终止或者解除具有相对的随意性,因而在现代社会不被提倡。

从劳动者就业方式的多样化,可以划分出多种形式的劳动合同,并由此决定了不同形式劳动合同的特定内容。长期以来,人们只习惯于所谓的正规形式的就业,劳动合同因而也只与在正规单位工作、具有正规形式工作的就业形式相联系。随着市场经济的健全和完善,在正规形式就业之外的其他就业形式日显重要。这些就业形式在劳动时间、收入报酬、工作场地、保险福利、劳动关系等方面不同于建立在工业化和现代工厂制度基础上的、传统的主流就业方式,是不同于传统的标准全日制就业形式的灵活多样的就业形式。

灵活就业者可以同时与不同的用人单位或雇主建立劳动关系,但工作时间要相应错开,与各用人单位或雇主之间的权利义务要清晰。在这一点上,它依然符合劳动者在同一时间只能与一个用人单位签订劳动合同、建立劳动关系的规范,只不过这里的“同一时间”更为灵活而已。

【典型案例】

加工承揽中的事实劳动关系①

曹某于2010年9月份开始在黄梅县某公司从事纺织品修剪、质检等工作,当时与公司签订了一份《加工协议》,内容主要有:乙方(曹某)为甲方(该用人单位)加工产品,须按甲方要求按质、按量、按期交货。乙方如需要甲方提供场地的,甲方视情况安排在甲方厂区内加工,乙方须遵守甲方的安全操作规程及公司各项规定。乙方在加工操作过程中,包括乙方在甲方厂区内作业及来往途中出现的安全问题均由乙方承担。2014年3月,曹某在下班途中发生交通事故致其左腿粉碎性骨折,经黄梅县交警大队认定曹某在本次事故中负次要责任。2014年5月18日,曹某向黄梅县劳动人事争议仲裁委员会提起确认劳动关系之诉。

黄梅县劳动人事争议仲裁委员会经审理认为,根据曹某的工作地点和加工费结算方式,公司有对曹某进行管理的意向,曹某向公司提供单纯劳务,受公司安排、管理,双方存在隶属性。这与单纯的加工承揽关系并不一样,因为"加工承揽关系中,承揽人的劳动力具有高度自主独立性"。《加工协议》中关于加工内容的约定并不明确,不同于加工承揽合同中对承揽内容有明确约定,反而类似于劳动关系中劳动者向用人单位提供持续性而非一次性、组成性而非独立性的劳动。报酬支付方面,《加工协议》载明,根据公司给曹某安排的工作内容按月支付报酬,此种方式与典型常见的劳动报酬持续性按月支付方式相同。此外,根据公司提交的曹某外加工结算单所载的加工明细可看出,曹某提供的劳动是公司的业务组成部分。

经过两次开庭审理,黄梅县劳动人事争议仲裁委员会作出裁决:确认曹某与该用人单位的事实劳动关系自2010年9月成立。

【典型案例】

快递骑手未接单期间的事故责任②

2019年4月14日10时20分,在北京市朝阳区朝阳路民航医院口西侧,刘光骑电动自行车与行人尚荣吉发生交通事故,造成尚荣吉受伤。交通队认定刘光负事故全部责任。拉扎斯公司为饿了么平台提供网络运营服务,事发区域饿了么平台的外卖配送服务由佩仁公司负责。刘光在饿了么平台注册为众包骑手,与佩仁公司签有合作协议,为饿了么平台外卖订单进行实际配送。刘光称事发在上班路上,未在接单派送期间。

尚荣吉提交医疗费发票金额为87 033.47元。尚荣吉据就医情况主张住院伙食补助费2 600元、交通费1 000元。法院委托北京市红十字会急诊抢救中心对其伤残等级、误工期、护理期、营养期进行评定,该机构于2020年9月14日出具鉴定意见:尚荣吉致残程度等级为十级伤残,误工期为120—180日,护理期为60—90日,营养期为60—90日。尚荣吉支付鉴定费3 150元。尚荣吉据鉴定意见主张90

---

① 摘编自佚名:《〈加工协议〉能否掩盖事实劳动关系?》,找法网,https://china.findlaw.cn/laodongfa/ssldgx/1153840.html,访问日期:2024年10月2日。

② 摘编自"尚荣吉与刘光等机动车交通事故责任纠纷案",北京市朝阳区人民法院(2020)京0105民初2762号民事判决书。

天的营养费5400元、残疾赔偿金151204元、90天的护理费15100元、被扶养人生活费22949.3元、6个月的误工费30000元、精神损害抚慰金10000元。尚荣吉主张残疾辅助器具费1800元、因衣物损坏造成的财产损失300元，提交了胸腰椎支具发票1800元。

法院认为，刘光负事故全部责任，事发时未在接单派送期间，亦非履行职务行为，故尚荣吉因本次事故造成的合理损失应由事故责任者刘光个人赔偿。

（二）劳动合同的相关立法

1949年11月中华全国总工会《关于劳资关系暂行处理办法》规定："私营企业主（以下简称资方）与被佣用之工人职员店员学徒及杂务人员（以下简称劳方）之间的关系，凡属本办法未规定者，得由劳资双方协议，签定集体合同或劳动契约规定之。"1951年5月劳动部发布的《关于各地招聘职工的暂行规定》规定："招聘职工时，雇用者与被雇用者，双方应直接订立劳动契约，须将工资，待遇，工时，试用期以及招往远地者来往路费、安家费等加以规定，并向当地劳动行政机关备案。"1954年5月劳动部《关于建筑工程单位赴外地招用建筑工人订立劳动合同办法》规定："建筑工程单位至外地招用临时工，不论招用期限长短，均应由招工单位（简称甲方）与工人或工人代表（简称乙方）按照工程所在地区劳动行政部门招工的规定签订劳动合同，并应严格遵守。"1956年年初，劳动部会同全国总工会起草了《中华人民共和国劳动合同条例（草案）》，1957年更名为《企业、事业、机关录用人员时签订劳动合同的暂行规定（草稿）》，规定："企业、事业、机关在录用新工人、新职员、新学徒、季节工、临时工以及其他单位调入或借调工人时，都必须签订劳动合同。"此外，该草稿还对劳动合同的内容、订立程序与解除合同的理由等作了规定。这个草稿曾发送各地讨论，但未正式公布施行。

从1980年开始，一些地方开始试行劳动合同制。1983年2月劳动人事部发出《关于积极试行劳动合同制的通知》，提出今后无论全民所有制单位还是县、区以上集体所有制单位，在招收普通工种或技术工种的工人的时候，用工单位与被招用人员都要订立具有法律效力的劳动合同，规定双方当事人的权利与义务。1986年7月12日国务院发布《国营企业实行劳动合同制暂行规定》，规定从1986年10月1日该规定施行起，企业在国家劳动工资计划指标内招用常年性工作岗位上的工人，除国家另有特别规定者外，统一实行劳动合同制；国家机关、事业单位和社会团体在常年性岗位上招用的工人，应当比照该规定执行；同时规定了劳动合同制工人的招收录用，在职、待业、退休期间的待遇，以及劳动合同的订立、变更、终止和解除等方面的法律制度。

随着我国劳动用工制度的发展，制定专门的劳动合同法的时机已经成熟。2005年11月，国务院常务会议审议了《劳动合同法（草案）》并提请全国人大常委会审议。2005年12月24日，十届全国人大常委会十九次会议对《劳动合同法（草案）》进行初次审议。2006年3月20日，草案全文向社会公开征求意见。在一个月的时间里，共收到各界意见191849件。2006年12月24日，《劳动合同法（草案）》修改稿再次被提请十届全国人大常委会二十五次会议审议。全国人大法律委员会对全国人大常委会委员的审议意见和社会各界的意见作出全面回应，对试用期期限、经济性裁员、无固定期限合同的签订和解除等作了多处修改。

2007年6月29日，十届全国人大常委会二十八次会议通过了《劳动合同法》，自2008年

1月1日起施行。2012年7月6日,针对《劳动合同法》实施中出现的问题,十一届全国人大常委会二十七次会议审议了《劳动合同法修正案(草案)》,并在中国人大网公布,向社会公开征集意见。到征集截止期2012年8月5日,共收到意见557243件,创下了历史之最。

2012年12月28日,十一届全国人大常委会三十次会议通过《关于修改〈中华人民共和国劳动合同法〉的决定》,对关于劳务派遣部分规范的内容进行了修订。

【背景材料】

《劳动合同法》的立法动因①

一、劳动合同签订率低,劳动者的合法权益得不到有效保护

全国人大常委会在劳动法执法检查中发现,中小型企业和非公有制企业的劳动合同签订率不到20%,个体经济组织的签订率更低。即使在东南沿海经济发达地区,非公有制经济组织的劳动合同签订率也很低。有些企业只与管理人员、技术人员签订劳动合同,而不与一线工人签订劳动合同。劳动合同签订率低的原因很复杂。许多用人单位不愿签订劳动合同,主要是为了降低用工成本,逃避缴纳社会保险费和解雇工人的法律责任。有些劳动者不敢提出签订劳动合同的要求,主要是由于在劳动力供大于求的形势下,劳动者处于弱势。在没有劳动合同的情况下,一旦出现劳动争议,劳动者就很难主张自己的权利;即使申请仲裁、提出诉讼,由于缺乏有力的证据,他们的合法权益也往往得不到有效保护。

二、劳动合同短期化,劳动关系不稳定

全国人大常委会劳动法执法检查显示,有60%以上的用人单位与劳动者签订的劳动合同是短期合同,多是一年一签,有的甚至一年几签。劳动合同短期化的主要原因是用人单位试图通过短期劳动合同,最大限度地自由选择劳动者,并减少因解除劳动合同而应向劳动者支付的经济补偿。有些企业花最低的用工成本使用工人最有活力的"青春期"。这种状况不仅损害了劳动者的合法权益,也影响了劳动者的职业稳定感和对企业的归属感,影响了他们为企业长期服务的工作热情。劳动合同法草案向社会公开征求意见的过程中,许多劳动者反映,每年他们都要为劳动合同到期时还能不能续签而担忧,一旦不能续签,个人及其家庭生活就会陷入困境。正反两面的经验都证明:劳动合同短期化,不仅损害劳动者的合法权益,企业自身发展也最终会受到影响。在现实生活中,有些劳动者因不能从企业的发展中受益而产生与企业的对立情绪,有的在遭受挫折、满心焦虑的情况下甚至作出损害企业利益的行为。由此可见,解决劳动合同短期化的问题,有利于劳动关系的稳定和谐,这不仅关系到劳动者的切身利益,也关系到企业的长远发展。

三、用人单位利用自己在劳动关系中的强势地位侵犯劳动者合法权益

在劳动力供大于求的背景下,用人单位利用自己在劳动关系中的强势地位侵犯劳动者合法权益的现象时有发生。有些用人单位滥用试用期,以劳动者在试用期内达不到录用条件为"理由",试用期满不予录用。由于劳动者在试用期内的工资待遇较低,又没有其他劳动保障,有些用人单位便通过设定较长时间的试用期规避对劳动者的法律义务。有些用人单位违反法律、法规规定,拖延、克扣工人工资,不按国家规定缴纳社会保险费。有些用人单位不执行劳动定额标准,随意延长劳动时间,不支付加班费。如此等等。有的用人单位甚至对劳动者实行强迫劳动,致使劳动者的合法权益受到严重侵害。

上述问题已经严重影响到劳动关系的和谐稳定,劳动争议案件和因劳动纠纷引发的群体性事件呈

---

① 余瑞冬:《人大法委会主任杨景宇介绍劳动合同法报告全文》,中国新闻网,2007年7月23日,http://www.chinanews.com.cn/gn/news/2007/07-23/985643.shtml,访问日期:2024年9月1日。

不断上升的趋势。劳动保障部的统计显示,1995—2006年的12年中,劳动争议案件数量增加了13.5倍;集体劳动争议也大幅增长,12年中的集体劳动争议案件数量增加了5.4倍。为了解决这些问题,在总结实践经验的基础上制定《劳动合同法》,完善劳动合同制度,合理规范劳动关系,是迫切需要的。

二、劳动合同的法律特征

(一) 劳动合同的主体由特定的用人单位和劳动者双方构成

劳动合同的当事人必须一方是企业、事业单位、机关、社会团体或私营业雇主,另一方是劳动者本人。两个单位之间有关劳务输出输入的协议不是劳动合同。

劳动合同是为劳动力使用而订立的合同,所以合同当事人一方必须是劳动力的拥有者,也就是其本身必须具有劳动力。这便决定了劳动合同当事人一方必须是作为自然人而存在的劳动者。拥有劳动力的劳动者的存在是劳动关系得以建立、劳动合同得以订立并得到履行的前提条件。同样,对劳动力的使用具有需求的用人单位作为相对方的存在也是必不可少的,因为劳动力的使用是劳动力为他人使用,或者说劳动者是为他人劳动。劳动者为自己所实施的劳动不是劳动合同意义上的劳动;一个劳动者也不是为另一个劳动者提供劳动,除非另一个劳动者是以雇主的身份出现,而此时他已不是一个劳动者了。

(二) 劳动合同的标的是劳动者的劳动行为

劳动合同订立后,劳动者一方必须加入用人单位的生产和工作中去,成为该单位的一名职工,享受本单位职工的权利,承担本单位职工的义务,即劳动者有获得报酬的权利,有获得社会保险和生活福利的权利,相应地有完成其劳动行为的义务;用人单位有权依照劳动合同的规定组织管理劳动者,使其完成约定的劳动行为,有义务支付劳动者的劳动报酬、为职工参加社会保险和提供生活福利。

以劳动行为作为劳动合同标的要求劳动者按照用人单位的指示提供劳动,劳动者提供劳动本身便是劳动合同的目的。因此,劳动合同是必须由特定的劳动者来履行的合同,而且劳动者向用人单位提供劳动的行为具有持续性。劳动行为的持续性决定了劳动合同期限的重要意义,也决定了持续期长短对于当事人双方权利义务的影响,即劳动合同期限越长,意味着劳动者对用人单位付出的劳动越多,劳动者享受的权利也就越多,用人单位对劳动者承担的义务也越多。

(三) 劳动合同一般有试用期限的规定

劳动过程是劳动力与生产资料两大要素组合的过程,也是劳动者智力与体力发挥的过程。劳动合同的试用期正是劳动者与生产资料组合的考察期,目的是使这两大要素实现最佳组合,取得最佳劳动效果。

劳动合同的试用期也被称为"试用劳动关系",并被界定为"一完整真正的劳动关系,但由于双方当事人同意试用,故其关系较易解除"[①]。从而形成了劳动合同中的一种特有现象,即合同有效期已经开始,合同也已经履行,但在一个特定的期限内双方当事人都可以相对自由地解除劳动合同,终止劳动关系。而且在此期间内,双方解除或者终止劳动关系的行

① 黄越钦:《劳动法新论》,中国政法大学出版社2003年版,第88页。

为都无须承担在劳动合同有效期内的其他时间应当承担的某些责任。

(四) 劳动合同的内容涉及劳动者完成再生产的过程

劳动力有自然老化的过程,劳动力还有本身再生产的特征。劳动合同订立时不仅要规定用人单位与劳动者本人的权利义务关系,还要涉及劳动者的直系亲属在一定条件下享有的物质帮助权。如果职工因年老、疾病、工伤、残废、死亡等原因,暂时或永久丧失劳动能力,中断劳动可能不能获得劳动报酬时,用人单位不仅要负担职工本人的社会保险待遇,而且要对职工所供养的直系亲属给予一定的物质帮助。

(五) 劳动合同的目的在于劳动过程的完成,而不是劳动成果的给付

劳动过程是一个复杂的体能与智能发挥的过程,有的劳动直接创造价值,有的劳动在间接地实现价值;有的劳动成果当时就能衡量,有的劳动成果则需要一定时间才能看到。因此,劳动合同的目的在于确立劳动关系,使劳动过程得以完成。

由劳动合同的这一目的决定,用人单位给付劳动者的劳动报酬应当是货币,而不应当发放产品。正因为劳动者从事劳动只在于完成生产过程,而不是为得到劳动后所生产的产品,所以,劳动者是以完成劳动过程来取得货币工资,以此满足本人及家庭的生活需要,而不是为了将产品拿回家自用。以产品来取代工资不仅违背了劳动合同的目的,也会损害劳动者的合法权益,因为用人单位不能在市场上销售的产品在劳动者手中更难以变现。

(六) 劳动合同履行中的从属性

这种从属性首先表现在劳动者实施劳动行为时,必须让渡自己对作息时间支配的自由,服从用人单位的时间安排。其次,在工作内容上,劳动者也不得自行决定劳动的方式和内容,必须按照用人单位的要求完成其劳动过程。在劳动过程中,劳动者必须接受用人单位的指示,且劳动者接受用人单位指示的范围比加工承揽、工程承包等更为广泛和具体。这种对于指示的从属性还进而扩展至对用人单位惩戒权的遵从。当用人单位对劳动者作出处罚决定,且该决定最后并未在法律上被否决时,劳动者就必须接受和遵守。劳动合同履行中的从属性也表现在经济形态上,即劳动者创造的劳动成果并不属于劳动者,而是归用人单位所有。

(七) 劳动合同权利义务的延续性

劳动合同权利义务的延续性渊源于劳动者劳动力再生产的自然属性。这种延续性表现在两个方面。一是在劳动合同的有效期内,劳动者即使未向用人单位提供劳动,在一定条件下对用人单位仍有劳动报酬的请求权,用人单位仍有支付劳动报酬的义务。例如,在劳动合同有效期内的节假日、休假、特别休假和劳动者参加其他法定活动时,虽未向用人单位提供劳动,但用人单位仍需支付劳动报酬。二是在劳动合同终止或解除后,用人单位仍对劳动者负有相应的责任。而且,这种责任涉及范围相当广泛。如在解除合同时支付经济补偿金,在劳动者的潜伏性工伤或职业病显现时承担赔偿责任。更为明显的是,用人单位为劳动者在劳动期间支付的各项社会保险费,是由劳动者在劳动合同关系消灭后,甚至是在劳动者完全解除劳动义务后享受。

(八) 劳动合同内容的法定性

合同的基本要义在于当事人双方的合意,这在劳动合同中也是一样的。有所不同的是,劳动合同的内容更多地具有法定性。这种法定性既表现在劳动合同内容直接由法律加以规定,双方当事人都无权变更,如劳动者的就业与退休年龄、安全与卫生的劳动条件、社会保险

费的承担与分担比例等;也同时表现在劳动合同内容只能在法律标准限度内选择,双方当事人都不能突破法定标准所许可的限度,如最长的工作时间、最长的加班加点、最低的工资数额等。

劳动合同内容的法定性的另一方面是法律责任归属的法定性。由于用人单位在劳动者劳动中的主导地位,劳动风险也由其承担。当劳动者在劳动中受到来源于劳动工具、原料、生产设备的伤害时,便产生了职业伤害赔偿,用人单位承担法律规定的无过错赔偿责任。反之,劳动者在劳动中对用人单位造成的损害,负赔偿责任仅以主观上的故意状态为限,对于过失行为则须依照过失轻重和损害结果的程度减轻或免除责任。并且,即便在劳动者必须承担赔偿责任时,仍需要以其承担责任的实际能力为限,如以扣除劳动者的工资作为赔偿支付时,每月的扣除额不得超过劳动者本人当月工资的20%,若扣除后的剩余工资部分低于当地最低工资标准,则按最低工资标准支付,以保障劳动者及其家庭的基本生活不受影响。

【背景材料】

《劳动合同法》对劳务派遣的限制

劳务派遣是《劳动合同法》规范的一项重要内容,也是《劳动合同法》实施中遇到的一个重大问题。《劳动合同法》颁布实施后,出现了劳务派遣单位数量大幅增加、劳务派遣用工规模迅速扩大的情况。劳务派遣用工存在的突出问题主要有:一是劳务派遣单位过多过滥,经营不规范;二是许多用工单位长期大量使用被派遣劳动者,有的用工单位甚至把劳务派遣作为用工主渠道;三是被派遣劳动者的合法权益得不到有效保障,同工不同酬、不同保障待遇的问题比较突出,参与企业民主管理和参加工会组织等权利得不到很好的落实,一些被派遣劳动者长期没有归属感,心理落差较大。劳务派遣用工制度的滥用不仅损害了劳动者的合法权益,而且对常规的用工方式和劳动合同制度造成较大冲击。这些问题如不尽快解决,必然会给和谐劳动关系和社会稳定带来负面影响。全国人大常委会在2008年和2011年对《劳动合同法》进行的执法检查中都明确要求,要严格规范劳务派遣用工,保障被派遣劳动者的合法权益。

一、《劳动合同法修正案(草案)》(2012年7月)

全国人大常委会法制工作委员会、全国人大内务司法委员会和财政经济委员会在分别与中央有关部门反复沟通协调的基础上明确了《劳动合同法》修改的原则和重点:一是严格规范劳务派遣用工,不能把劳务派遣变成用工主渠道;二是维护工人阶级主体地位,保障被派遣劳动者实现同工同酬等权利;三是加强对劳务派遣单位的管理,强化劳动行政部门的监督职责;四是规范劳务派遣既要积极又要稳妥,妥善处理好修法前后法律实施的衔接问题,实现平稳过渡。按照上述要求,由全国人大常委会法制工作委员会牵头起草了《劳动合同法》修正案草案,并经财政经济委员会第67次全体会议审议通过,提请常委会会议审议。该修正案草案的重要内容如下:

(一)严格限制劳务派遣用工岗位范围

《劳动合同法》第66条规定,劳务派遣一般在临时性、辅助性或者替代性的工作岗位上实施。为严格限制劳务派遣用工,修正案草案规定劳务派遣"只能"在"三性"岗位上实施,并对"三性"岗位的具体含义作了进一步界定。

(二)对设立劳务派遣单位实行行政许可

《劳动合同法》第57条规定,劳务派遣单位应当依照公司法的有关规定设立,注册资本不得少于50万元。由于劳务派遣单位准入门槛低、承担责任能力差,被派遣劳动者的合法权益受到侵害后难以获得有效赔偿。为促使劳务派遣单位依法经营,修正案草案规定,经营劳务派遣业务应当向劳动行政部门依法办理行政许可,并对取得许可的条件作了具体规定。

(三)切实保障被派遣劳动者享有与用工单位的劳动者同工同酬的权利

同工同酬是劳动合同法规定的一项重要原则。《劳动合同法》第63条规定,被派遣劳动者享有与用工单位的劳动者同工同酬的权利。用工单位无同类岗位劳动者的,参照用工单位所在地相同或者相近岗位劳动者的劳动报酬确定。自《劳动合同法》实施以来,有的用工单位对被派遣劳动者与本单位劳动合同制职工实行不同的工资福利标准和分配办法,有的被派遣劳动者的劳动报酬、社会保险、企业福利等与用工单位的劳动合同制职工相比差距较大。为落实被派遣劳动者同工同酬的权利,修正案草案增加了向被派遣劳动者支付的劳动报酬应当符合同工同酬原则的规定。

(四)增加对相应违法行为的处罚

根据上述修改内容以及进一步严格规范劳务派遣用工的要求,修正案草案对《劳动合同法》法律责任部分作了相应修改:一是增加规定,对未经许可擅自经营劳务派遣业务的,由劳动行政部门依法予以取缔,没收违法所得,并处以罚款。二是进一步明确规定劳务派遣单位、用工单位违反劳动合同法规定的,处以罚款,并适当提高了罚款额度;对劳务派遣单位并可吊销其经营劳务派遣业务的行政许可。

二、《关于修改〈中华人民共和国劳动合同法〉的决定》(2012年12月)

2012年12月28日,十一届全国人大常委会三十次会议通过了《关于修改〈中华人民共和国劳动合同法〉的决定》,对《劳动合同法》作如下修改:

第一,将第57条修改为:"经营劳务派遣业务应当具备下列条件:(一)注册资本不得少于人民币二百万元;(二)有与开展业务相适应的固定的经营场所和设施;(三)有符合法律、行政法规规定的劳务派遣管理制度;(四)法律、行政法规规定的其他条件。经营劳务派遣业务,应当向劳动行政部门依法申请行政许可;经许可的,依法办理相应的公司登记。未经许可,任何单位和个人不得经营劳务派遣业务。"

第二,将第63条修改为:"被派遣劳动者享有与用工单位的劳动者同工同酬的权利。用工单位应当按照同工同酬原则,对被派遣劳动者与本单位同类岗位的劳动者实行相同的劳动报酬分配办法。用工单位无同类岗位劳动者的,参照用工单位所在地相同或者相近岗位劳动者的劳动报酬确定。劳务派遣单位与被派遣劳动者订立的劳动合同和与用工单位订立的劳务派遣协议,载明或者约定的向被派遣劳动者支付的劳动报酬应当符合前款规定。"

第三,将第66条修改为:"劳动合同用工是我国的企业基本用工形式。劳务派遣用工是补充形式,只能在临时性、辅助性或者替代性的工作岗位上实施。前款规定的临时性工作岗位是指存续时间不超过六个月的岗位;辅助性工作岗位是指为主营业务岗位提供服务的非主营业务岗位;替代性工作岗位是指用工单位的劳动者因脱产学习、休假等原因无法工作的一定期间内,可以由其他劳动者替代工作的岗位。用工单位应当严格控制劳务派遣用工数量,不得超过其用工总量的一定比例,具体比例由国务院劳动行政部门规定。"

第四,将第92条修改为:"违反本法规定,未经许可,擅自经营劳务派遣业务的,由劳动行政部门责令停止违法行为,没收违法所得,并处违法所得一倍以上五倍以下的罚款;没有违法所得的,可以处五万元以下的罚款。劳务派遣单位、用工单位违反本法有关劳务派遣规定的,由劳动行政部门责令限期改正;逾期不改正的,以每人五千元以上一万元以下的标准处以罚款,对劳务派遣单位,吊销其劳务派遣业务经营许可证。用工单位给被派遣劳动者造成损害的,劳务派遣单位与用工单位承担连带赔偿责任。"

修改后的条款自2013年7月1日起施行。此前已依法订立的劳动合同和劳务派遣协议继续履行至期限届满,但是劳动合同和劳务派遣协议的内容不符合新规定中关于按照同工同酬原则实行相同的劳动报酬分配办法的规定的，应当依照新规定进行调整；新规定施行前经营劳务派遣业务的单位，应当在施行之日起一年内依法取得行政许可并办理公司变更登记，方可经营新的劳务派遣业务。具体办法由国务院劳动行政部门会同国务院有关部门规定。

【背景材料】

劳动合同主要条款释疑①

一、订立时间

劳动合同签订率低是制定《劳动合同法》的重要原因，解决这一问题也是该法制定中的重要任务。从 2005 年 12 月 24 日时任劳动和社会保障部部长田成平向第十届全国人大常委会第十九次会议所作《关于〈中华人民共和国劳动合同法（草案）〉的说明》中明确强调："劳动合同的订立，是劳动合同制度实施的基础"，到 2006 年 12 月 24 日全国人大法律委员会《关于〈中华人民共和国劳动合同法（草案）〉修改情况的汇报》、2007 年 4 月 24 日全国人大法律委员会《关于〈中华人民共和国劳动合同法（草案二次审议稿）〉修改情况的汇报》都将其列为专项报告内容②，以及《劳动合同法》第二章"劳动合同的订立"用了多达 22 个条文都足以说明这一点。

就劳动合同订立而言，用人单位雇用劳动者为其劳动表现为两种形式，即订立或者不订立劳动合同。就订立劳动合同本身而言，则又出现三种情形：先用工后订立、用工与订立同时、先订立后用工。针对这三种情形，《劳动合同法》分别规定了："用人单位自用工之日起即与劳动者建立劳动关系。""建立劳动关系，应当订立书面劳动合同。""已建立劳动关系，未同时订立书面劳动合同的，应当自用工之日起一个月内订立书面劳动合同。""用人单位与劳动者在用工前订立劳动合同的，劳动关系自用工之日起建立。"应当说，这些规定有针对性地明确了劳动合同订立与实际用工在时间上的法律规则，也较好地解决了"先用工后订立、用工与订立同时"这两种情形并以其他条文规定了相应的法律责任。但该法首次规定的"先订立后用工"情形，即"用人单位与劳动者在用工前订立劳动合同的，劳动关系自用工之日起建立"适用起来似乎就不太方便。

之所以说是该法首次规定，是因为在《劳动法》中，不仅在第 16 条第 2 款规定了："建立劳动关系应当订立劳动合同"，而且第 17 条第 2 款还强调："劳动合同依法订立即具有法律约束力，当事人必须履行劳动合同规定的义务"。之所以适用起来不太方便，是因为《劳动合同法》第 3 条第 2 款也规定："依法订立的劳动合同具有约束力，用人单位与劳动者应当履行劳动合同约定的义务。"但该法的这项规定却首次创设了一个时间差或者说在劳动合同订立与劳动关系建立之间开辟了一个空间，即虽然劳动关系双方当事人已经订立了劳动合同，但并不意味着双方已经建立了劳动关系，或者说在已经订立的劳动合同未实际履行前，双方并不存在劳动关系，或者质言之，双方当事人虽有已经订立的劳动合同却并不存在任何法律关系。

导致适用中麻烦的原因在于该法将劳动合同订立与劳动关系建立相分离，使一份生效的劳动合同并不能建立一个受到法律保护的劳动关系。劳动关系的建立是用人单位对劳动者承担法律责任的前提，所以，有劳动关系无劳动合同并不影响相关当事人的权利义务，有劳动合同无劳动关系则不能产生相关当事人的权利义务。

于是，问题就出来了。我们能够对一份已经生效的劳动合同视而不见，不赋予其法律效力，也不产

---

① 摘编自黎建飞：《劳动合同主要条款释疑》，载王利明主编：《判解研究》（2008 年第 1 辑），人民法院出版社 2008 年版。

② 参见全国人大常务委员会审订：《中华人民共和国劳动合同法》，中国人事出版社 2007 年版，第 23、30、39 页。

生法律后果,违约者也无须承担法律责任吗?如果回答是肯定的,就不仅违背了“对当事人而言合同就是法律”的法学基本原理,而且还直接与《劳动法》《劳动合同法》的明确规定相冲突。如果回答是否定的,接下来就会在四种情形下不知所措:其一是劳动者毁约,即劳动者到时并不来上班,用人单位不仅期待利益落空,而且增添重新聘用其他劳动者的费用和时间损失。其二是用人单位毁约,即劳动者到时无班可上,工作岗位或者缺失或者被他人抢占。其三是在此期间劳动者遭受意外伤害或者患病,用人单位要不要负责?怎样负责?因为如果坚持双方不存在劳动关系,用人单位自可不必担责;如果认同劳动合同的法律效力,用人单位就难辞其责。其四是在此期间一方提出解除或者终止劳动合同是否承担解约责任,是否适用劳动合同解除或者终止条款?

看看我国台湾地区学者黄越钦的说法:“劳动契约附期限之情形十分普遍,盖劳动契约之缔结与正式‘上班’之间往往有一定时间差距。此时即使契约已充分缔结完妥,但因契约附始期,故尚未生效值得注意。……在此期间内无工资义务自不在话下,至于在此期限内发生职灾或伤病自亦无何权利义务之可言。

“然则在此期间内,契约是否完全无任何效力?斯又不然,在此期限之内,双方互负契约履行之准备义务。……当然,此等义务违反之损害赔偿,只有在契约生效后始能主张。

“基于契约法之原理所发生缔约双方之‘说明义务’与‘保护义务’在劳动契约中并无例外,因此双方在缔约过程所发生之缔约过失或无效契约依赖利益之损害赔偿请求权均有成立之可能。

“在附始期劳动契约之缔结,如期限较长,则在契约生效前能否援用终止契约之理由使契约不生效力?例如劳方之工作能力资格不实已被发现,或雇主在缔约后期限开始前倒闭,此时即可以终止契约之理由,使其契约不生效力。”①

不难看出,台湾学者将此种情形限定在“附生效条件”的合同之列,并由此判定了这类劳动合同是未生效的劳动合同或者说不具备法律效力的劳动合同。在此前提下当然可以产生比较简单的法律后果,但这种前提并没有出现在我们的立法中。我们既没有将其规定为附期限的劳动合同,也便不是“附生效条件”的劳动合同。相反,我们以周延的主项明确规定“劳动合同依法订立即具有法律约束力”,则并无例外规定或者限制性规定。因此,在《劳动合同法》适用中,我们面对的麻烦是真实并现实地存在着的麻烦。

二、告知义务

告知义务来源于保险法中的最大诚实信用原则,而且原本是对保险人的要求,即“订立保险合同,保险人就保险标的或者被保险人的有关情况提出询问的,投保人应当如实告知”(《保险法》第16条第1款)。在这里,保险人如实告知投保人保险合同条款内容是一项无任何预设条件的法定义务。并且,《保险法》第17条第2款规定:“对保险合同中免除保险人责任的条款,保险人在订立合同时应当在投保单、保险单或者其他保险凭证上作出足以引起投保人注意的提示,并对该条款的内容以书面或者口头形式向投保人作出明确说明;未作提示或者明确说明的,该条款不产生效力。”这是以加诸保险人严格的法律责任来保证该项制度的适用。尽管后来告知义务也及于投保人,但这是以保险人就保险标的的有关情况提出询问为前提的。在这一前提下还设定了两个条件:一是有问才答,不问不答;二是所问范围限于“保险标的”。在投保人的法律责任上,更有别于加诸保险人者——采用的是主观归责加过失主义,将告知义务人主观上无过失的情况排除在外。且保险人不得以投保人违反如实告知义务而请求投保人履行该义务,或者请求损害赔偿,只能适用解除保险合同的救济方式。之所以有如此差别,也是因保险人与投保人之间的强弱之势。这与劳动法及劳动关系双方当事人的状况异曲同工。

但《劳动合同法》在规定告知义务时,并未细分用人单位与劳动者双方的不同内容,也未设定不同

① 黄越钦:《劳动法新论》,中国政法大学出版社2003年版,第130—131页。

的前提、限定劳动者的告知内容,也没有规定差异明显的法律后果。这会在适用中带来诸多麻烦和争议,尤其是对于劳动者。尤其是第 8 条将“了解劳动者与劳动合同直接相关的基本情况”规定为“用人单位有权”。①

首先的麻烦就出现在用人单位的权利依据上。例如,就业时用人单位要求劳动者体检是通行的惯例,但宪法学者蔡定剑却提出了挑战:“尊重人权应从尊重公民的具体权利开始,用人单位凭其强势地位随意要求对公民进行身体检查,是一种非常不文明的做法。……强制公民进行体检是一种什么性质的行为?从法律条文看似乎没有明确的规定。但只要稍加分析,就不难发现它是一种相当严重的违法甚至是犯罪行为。这种体检的合法性依其体检是否与工作性质之间有必要联系而定,只要能证明该项检查是从事该项工作所必需的,就应该认为有合法性。否则,就是非法的。但是,以上两种体检不能由招录机关作出随意的扩大的解释,而应受到司法的审查。实践中,一些用人单位不在上述目的和范围下,任意规定体检条件和标准,是严重违法的,它不但侵害了公民的人身权利,同时也侵害了公民的隐私权。建议就业促进法中明确规定,除非工作岗位的特殊需要或者为公共卫生安全防止传染病传播的需要可以对求职者进行体检,用人单位不得要求求职者进行体检或要求提供身体检查的信息。对违者应给予行政处分并令其纠正。”②

其次是在用人单位的权利限度上。诚如黄越钦所言:“又缔约过程中之意思表示固应依诚实信用原则为之,但其程度如何,应就双方利益状况衡量之,例如受雇人对自己曾经有前科记录一节,是否应坦诚告知?原则上,受雇人并无此义务,但如其前科与即将担任之工作有严重冲突时,即应坦白说明,例如曾有驾车肇祸前科者,应征幼稚园娃娃车驾驶。”③的确,劳动关系的标的是劳动行为,目的在于劳动过程的实现。只要劳动者有能力完成特定的劳动,他的过去或者未来与用人单位何干?这个道理 70 多年前就似乎整明白了:英格丽·褒曼第一次在纽约求职时对雇主说:我 15 年前在瑞典出生,有一个爸爸和一个妈妈。但这与我找工作有什么关系?

最后是在用人单位的权利意义上。用人单位与劳动者订立劳动合同的目的在于劳动的实现,那么,只要劳动者能够以其劳动行为履行劳动义务就实现了用人单位在劳动关系中的根本目的。用人单位用人追求“完人”似乎等同于在经济上追求效益最大化,但“人”并非一个抽象的指标,劳动者是活生生的人,是具有特定权利的社会的人,其找寻工作时的人格权利如同其工作权利一样应当受到足够的重视。只要我们坚持法律调整的是人的行为这一法的基本要义,坚信马克思所描述的,“对于法律来说,除了我的行为以外,我是根本不存在的”,我们就能有效地限定用人单位的“好奇心”,就能在用人单位以劳动者在订立劳动合同时某些“隐藏”挑战劳动关系有效性时正确地解读和适用《劳动合同法》关于劳动者告知义务的条款。

三、必备条款

《劳动合同法》第 17 条规定了劳动合同的必备条款,第 2 项为“劳动者的姓名、住址和居民身份证或者其他有效身份证件号码”。这在原《劳动合同法(草案)》第 11 条中被规定为“劳动者的姓名、居民身份证号码”。2006 年 4 月,中国人民大学法学院应立法部门之邀,“组织有关教师和学生研究”,就《劳动合同法(草案)》提出的修改意见和建议中就有:“《劳动合同法(草案)》并未排除对用人单位和非中华人民共和国居民的劳动者间订立的劳动合同的调整,因此,用人单位和非中华人民共和国居民的劳动者间订立的劳动合同也受本法调整,而非中华人民共和国居民的劳动者并没有居民身份证,又如何在劳动合同文本中载明劳动者居民身份证号码?建议该条改为:‘劳动者姓名、居民身份证号码或

① “基本情况”在我国《劳动合同法(草案)》中被罗列为“年龄、身体状况、工作经历、知识技能以及就业现状等情况”。

② 蔡定剑:《就业升学中的强制体检有违人权》,《南方周末》2007 年 8 月 1 日。

③ 黄越钦:《劳动法新论》,中国政法大学出版社 2003 年版,第 125 页。

其他身份证件号码'。"[①]

该项条款解决了非中华人民共和国居民劳动者在我国就业时订立劳动合同的主体要件，但也孕育了适用中的法律冲突。例如，某上市公司由一M国公司负责经营，M国公司派来一位64岁的总裁。根据我国相关行业的规定，该总裁必须与该上市公司订立劳动合同，否则不能取得从业资格，从而也不得涉及相关行业的经营。但他与公司订立劳动合同时首先就遇到了年龄上的障碍：虽然根据M国法律该总裁距离退休年龄尚有时日，但根据我国法律，他早已超过了法定退休年龄，不能与用人单位订立劳动合同、建立劳动关系。[②] 可见，在与非中华人民共和国居民劳动者订立劳动合同时如何协调法律冲突，进而在涉外劳动合同中如何认定其效力是一个现实的问题。

同样作为劳动合同主体要件规定的该条第一项也存在诸多问题：一是非法用工单位的问题。按照《工伤保险条例》第66条的规定和《非法用工单位伤亡人员一次性赔偿办法》第2条的规定，非法用工单位是指无营业执照或者未经依法登记、备案的单位以及被依法吊销营业执照或者撤销登记、备案的单位。二是用人单位在筹建中使用劳动者的问题。这些单位虽然可以包括在"无营业执照"项下，但一方面它们即将取得或者后来确已领取营业执照，另一方面它们在筹备阶段是需求用工也实际与劳动者建立了劳动关系甚至订立了劳动合同。同时也不排除另一种可能性，即它们最后并未得到营业执照。问题在于：这一期限内的劳动关系如何认定？劳动合同有无效力？甚或可以追问：这一期限内的劳动关系或者劳动合同是劳动关系或者劳动合同吗？应当由劳动法还是应当由其他法律部门来调整？三是股东责任问题，包括股东是否承担责任和应当承担何种责任的问题。因为当合法用工主体不存在时，劳动者付出的劳动和遭受的损失并不会随之消失，必须由相应的行为人来承担责任。

在上述三种情形中，这些用工单位要么没有或者不能齐备"用人单位的名称、住所和法定代表人或者主要负责人"的要件，要么所备要件不能满足法律的要求。对于它们的用工行为，在工伤赔偿中可以按照《工伤保险条例》的规定"由该单位向伤残职工或者死亡职工的直系亲属给予一次性赔偿，赔偿标准不得低于本条例规定的工伤保险待遇"。相关的争议在劳动仲裁领域也不存在障碍，但当案件诉诸人民法院时，"由该单位"中的"单位"就有了麻烦。因为人民法院立案审查中对"单位"的要求是符合法定要件且实际存在的单位，而不是一个疑似却实际上并不存在的单位，进而在结案的审判文书中也不可能出现这样一个疑似却实际上并不存在的单位，更不可能判决由该疑似却实际上并不存在的单位承担判决后果，在执行阶段无强制执行的法定对象。从字义上讲，"非法用工单位"不是"非法用工的单位"，而是"非法单位的用工"。于是，问题直接变成了：非法用工单位还能够被称为"单位"吗？还能够将其作为劳动法意义上的"用人单位"吗？

《劳动合同法》第93条对"不具备合法经营资格的用人单位的违法犯罪行为"作出了规定，并对由此造成的"劳动者已经付出劳动的"和"给劳动者造成损害的"情形作出了规定，即"该单位或者其出资人应当依照本法有关规定向劳动者支付劳动报酬、经济补偿、赔偿金"和"承担赔偿责任"。第94条规定："个人承包经营违反本法规定招用劳动者，给劳动者造成损害的，发包的组织与个人承包经营者承担连带赔偿责任。"这两条并未完全解决由用工主体瑕疵所造成的麻烦。因为第93条适用的前提是这些用工单位的"违法犯罪行为"，第94条适用的前提是"个人承包经营"，适用的对象是经营承包的个人。对于相应的法律责任，第93条规定为"该单位或者其出资人"，第94条规定为"发包的组织与个人承包经营者"，这两项规定都与劳动法范畴中的"用人单位"要件不符，或者说它们不是劳动法上的"用人单位"或者"雇主"，因此也就不符合劳动关系成立的基本要件，进而也就不能满足劳动争议双方当

---

① 《关于〈中华人民共和国劳动合同法（草案）〉的意见和建议》中"有关的教师和学生"为：黎建飞、姜武艺、刘文科、欧阳晓娴、廖喻莉、范爱莉。

② 根据我国《劳动合同法》第44条的规定，即便是一份有效的劳动合同也应因"劳动者开始依法享受基本养老保险待遇"而终止。

事人之一方必须是非自然人的法定要素。因为我国的劳动立法将劳动力的使用者界定为“用人单位”，并以此将家庭用工排除在劳动法的调整范围之外，即在主体上坚持一方必须是与作为自然人的劳动者相对的用人单位或者雇主，而不能双方都是自然人。①

劳动合同必备条款第4项是“工作内容和工作地点”，这应当是双方当事人约定的重要内容，也是一项能够约定清楚和明确的内容。但这些内容在实践中却并不乐观。笔者见过的劳动合同有约定：“工作内容：由用人单位安排”“工作地点：中国”的。如此约定真不如不约定！但《劳动合同法》并没有规定该项约定的底线在哪里，这究竟是一个需要实践来解决的问题还是一个需要立法本身加以明确的问题？在具体案件中如何掌握适用该项规定的范围？② 因为在实践中，工作内容和工作地点的变化常常是劳动争议的起因，也不时成为劳动者失去工作的起因。在劳动合同履行中，“工作内容”的变更多为劳动岗位的变化，“工作地点”的变更既有本地不同区域的变更，也有由本地向外地的变更；变更原因既有该用人单位的外迁，也有同一用人单位在外地设立了分公司。这些变更有悖于双方当事人订立劳动合同的初衷，并且常常为劳动者所难于接受。劳动者的难于接受又进而成为劳动合同解除的理由，使用人单位解雇劳动者成为合理。事实上，劳动合同约定的内容是不允许如此变更的，用人单位也无权单方面以改变“工作内容和工作地点”作为劳动者继续履行劳动合同或者就此解除劳动合同的选择条件。根据德国《解雇保护法》的规定，雇主无理由变更劳动者工作岗位，或者向劳动者提出改变工作地点并以此作为劳动合同继续履行的条件，都在法律上被认定为“不当解雇”，该类解雇自始不具备法律效力。

四、补充条款

《劳动合同法》第17条第2款规定了在劳动合同必备条款外，“用人单位与劳动者可以约定试用期、培训、保守秘密、补充保险和福利待遇等其他事项”。

三、劳动合同的补充条款

（一）试用期

在我国，试用期一直适用的是《劳动法》第21条的规定。由于在试用期内解除劳动合同更加有利于用人单位，该期限进而演化成用人单位解除劳动合同并规避支付经济补偿金的常用方式。为此《劳动合同法》对试用期进一步作了限制。

《劳动合同法（草案）》是以工作岗位的技术含量为标准对之进行限制的，即非技术性工作岗位的试用期不得超过1个月；技术性工作岗位的试用期不得超过2个月；高级专业技术工作岗位的试用期不得超过6个月。但纷繁复杂的工作岗位及其技术含量并不是一个容易确定的或者固定的标准，因而改以劳动合同期限的长短来确定试用期限，即《劳动合同法》第19条的规定：劳动合同期限3个月以上不满1年的，试用期不得超过1个月；劳动合同期限1年以上不满3年的，试用期不得超过2个月；3年以上固定期限和无固定期限的劳动合同，

① 这与黄越钦所述“凡在私法契约中雇用劳工，并将之纳入其劳动组织中者，即为雇主”，“不仅自然人得为雇主，法人亦得为雇主”是有区别的，同时我们并不认为劳动法属于“私法”，也不认为劳动合同属于“私法契约”。参见黄越钦：《劳动法新论》，中国政法大学出版社2003年版，第97页。在德国，雇主的概念是通过雇员来定义的，雇员的劳动合同的另一方当事人即为雇主。雇主可能是自然人、法人，也可能是商事合伙。参见〔德〕W. 杜茨：《劳动法》，张国文译，法律出版社2005年版，第21页。

② 紧接该条的我国《劳动合同法》第18条规定了“劳动合同对劳动报酬和劳动条件等标准约定不明确”的处理方法，却并未将工作内容和工作地点约定不明确的情形包括在内，且以该条所列方法也难以解决此项内容所面临的问题。

试用期不得超过 6 个月。同一用人单位与同一劳动者只能约定一次试用期。以完成一定工作任务为期限的劳动合同或者劳动合同期限不满 3 个月的,不得约定试用期。试用期包含在劳动合同期限内。劳动合同仅约定试用期的,试用期不成立,该期限为劳动合同期限。该条规定对于用人单位滥用试用期,将整个劳动合同期限约定为试用期,重复约定试用期、将试用期排除于劳动合同的正常期限外,不对试用期进行事先约定,在辞退劳动者时按其所需地将其工作期间解释为试用期,在试用期限届满后仍然不同劳动者签订劳动合同等情形是具有针对性并行之有效的。但接下来两个条文的适用状况就不容乐观了。

为了解决用人单位“压低试用期工资”①,在工资、社会保险和社会及本单位福利等方面对同一单位甚至同一岗位的劳动者实行差别待遇的问题,我国《劳动合同法》第 20 条规定:“劳动者在试用期的工资不得低于本单位相同岗位最低档工资或者劳动合同约定工资的百分之八十,并不得低于用人单位所在地的最低工资标准。”在适用中,“不得低于用人单位所在地的最低工资标准”是比较容易操作的,但“不得低于本单位相同岗位最低档工资或者劳动合同约定工资的百分之八十”却有些麻烦。第一,该项规定违反了同工同酬原则,对同一岗位付出等量劳动并完成同样生产任务的劳动者规定了差别待遇。既然已经完成了同样的生产任务,用劳动为用人单位创造了同样的价值,为什么只能拿到“工资的百分之八十”?第二,“相同岗位最低档工资或者劳动合同约定工资”更不具有操作性。因为“工资”的内涵与外延是不清晰的,在工资的内容上,劳动报酬的复杂构成使得何为“工资”常常见仁见智;在工资的形式上,用人单位可以根据自己的方式确定得五花八门。即便在本单位相同的岗位上,何为“最低档”甚或有无“最低档”都尚存疑虑,又如何以法律规则加以规范和调整?而“劳动合同”约定显然指的是本单位相同岗位上其他人订立的且不在试用期间的劳动合同。这就必须满足一个条件,即必须有人已经试用在先且超过试用期了。那么,对于一个新开的工厂,当全体员工都在试用期内又将如何衡量如何比较呢?

为了解决用人单位“试用期间任意解除劳动合同”的问题,我国《劳动合同法》第 21 条规定,在试用期中,除劳动者有本法第 39 条和第 40 条第 1 项、第 2 项规定的情形外,用人单位不得解除劳动合同。用人单位在试用期解除劳动合同的,应当向劳动者说明理由。这一条的后一句话实际上新增了用人单位在试用期间解除劳动合同的举证责任,这或许是问题的解决之道。但其他的规定却有些矫枉过正。该条所指引的“本法第 39 条”是关于劳动合同履行中因劳动者主观过错致用人单位利益受损而由用人单位单方面解除劳动合同的规定,是劳动合同解除中对劳动者后果最为严厉的一种。该条将第 1 项“在试用期间被证明不符合录用条件的”与劳动者的其他过错行为放在一起,表明立法对于用人单位在试用期间解除劳动合同的要求较之非试用期间更为宽泛,这也符合试用期是为了考察劳动者是否能够胜任工作这一劳动法领域中特有制度的本意。

但对于“第 40 条第 1 项、第 2 项规定”之外情形的排除却让人有些不得要领了。第 40 条共有三项规定,是对用人单位因客观原因解除劳动合同的规定,因而增加了给劳动者提前通知并支付经济补偿金的责任。“第 1 项、第 2 项”是劳动者因客观原因不能胜任工作,就试用期间的劳动者而言,这些情形本应是第 39 条第 1 项的法定内容,现在却另列于此,从而将

① 参见全国人大法律委员会:《关于〈中华人民共和国劳动合同法(草案)〉修改情况的汇报》,载全国人大常务委员会审订:《中华人民共和国劳动合同法》,中国人事出版社 2007 年版,第 31 页。

劳动者在试用期内的这些情形视为劳动者在非试用期内的情形，其法律效果是不言而喻的。第 40 条第 3 项是“劳动合同订立时所依据的客观情况发生重大变化，致使劳动合同无法履行，经用人单位与劳动者协商，未能就变更劳动合同内容达成协议的”。出现这些情况，即便对于非试用期间的劳动者，用人单位都可以与之解除劳动合同，但这项规定却将试用期间的劳动者排除在外。这就产生了一个悖论：用人单位能够与任何劳动者解除劳动合同，但不能与试用期间的劳动者解除劳动合同。如果为试用期劳动者提供的解雇保护应当优于非试用期间的劳动者，那么，劳动法领域的试用期制度还有存在的必要吗？

该条对于我国《劳动合同法》第 41 条的排除也不例外，几乎创造了试用期员工优于固定期限较长的员工和无固定期限员工的立法先例。

【典型案例】

新业态用工的司法裁判①

杜朝俊于 2020 年 12 月 14 日至 2021 年 11 月 28 日期间在饿了么沙河顶站工作，从事饿了么平台的外卖骑手工作。2020 年 12 月 14 日至 2021 年 6 月 30 日期间，饿了么沙河顶站的配送业务由天伦之乐公司承包。2021 年 7 月 1 日至 2021 年 11 月 28 日期间，该站点的配送业务又由兢择广州分公司承包。杜朝俊与兢择广州分公司、天伦之乐公司均未签订劳动合同。杜朝俊称其与兢择公司之间不存在劳动关系，但又主张其先后与天伦之乐公司和兢择广州分公司存在劳动关系。在杜朝俊从事骑手工作用于接单的 APP 中，有 2020 年 12 月至 2021 年 6 月的“江西天伦之乐实业发展有限公司—天伦之乐—沙河顶站全职骑手”和 2021 年 6 月至 2021 年 10 月的“浙江兢择商务服务有限公司—浙江兢择—沙河顶站全职骑手”的薪资账单。天伦之乐公司和兢择广州分公司均未为杜朝俊缴纳社会保险。

关于“杜朝俊与天伦之乐公司、兢择广州分公司之间是否存在劳动关系”的争议，一审法院认为：劳动和社会保障部《关于确立劳动关系有关事项的通知》（劳社部发〔2005〕12 号）第 1 条规定，“用人单位招用劳动者未订立书面劳动合同，但同时具备下列情形的，劳动关系成立：（一）用人单位和劳动者符合法律、法规规定的主体资格；（二）用人单位依法制定的各项劳动规章制度适用于劳动者，劳动者受用人单位的劳动管理，从事用人单位安排的有报酬的劳动；（三）劳动者提供的劳动是用人单位业务的组成部分。”参照上述规定，劳动者的人格及经济从属性是认定劳动关系的最核心标准。互联网平台用工虽然与传统劳动用工，在管理方式和生产资料配置方式等方面存在不同，但判断平台用工是否构成劳动关系，仍应以案件具体事实为基础，从双方是否符合劳动关系的本质特征来进行合理判断。

第一，关于人格从属性。（1）杜朝俊于 2020 年 12 月 14 日至 2021 年 6 月 30 日期间在天伦之乐公司沙河顶站点、于 2021 年 7 月 1 日至 2021 年 11 月 28 日期间在兢择广州分公司沙河顶站点担任全职骑手及站点管理员。天伦之乐公司、兢择广州分公司均通过钉钉软件、微信对杜朝俊进行考勤、休息休假等用工管理，杜朝俊需要提前申请，如果不上线、接单，则兢择公司会予以罚款。杜朝俊在蜂鸟团队 APP 上线，接受兢择广州分公司、兢择公司、天伦之乐公司的派单，对外提供配送服务。以上事实反映，兢择广州分公司、兢择公司、天伦之乐公司对于杜朝俊的工作时间、休息休假等基本劳动要素具有决定权，足以说明杜朝俊在提供服务过程中并无实质的自主决定权。在双方的劳动用工过程中，均体现兢择广州分公司、兢择公司、天伦之乐公司的意志。因此，兢择广州分公司、兢择公司、天伦之乐公司实际

① “浙江兢择商务服务有限公司广州分公司、浙江兢择商务服务有限公司等劳动争议案”，广州市中级人民法院（2023）粤 01 民终 19285 号民事判决书。

行使了对杜朝俊劳动全过程的指挥、管理和监督权,而非其抗辩的仅对服务质量后果进行监督管理。(2)蜂鸟平台A某某本身的信息和技术手段系平台从业者进行工作的重要生产资料,系由兢择广州分公司、兢择公司、天伦之乐公司向杜朝俊提供。虽然杜朝俊自备车辆从事配送业务,但是合理利用自有的生产工具是共享经济下优化资源配置的体现,相较于市场信息等核心生产资料而言,杜朝俊自备车辆的事实不足以成为否定劳动关系的独立要素。综上,可认定杜朝俊与兢择广州分公司、兢择公司、天伦之乐公司之间的劳动用工关系具有较强的人格从属性。

第二,关于经济从属性。(1)杜朝俊的工资薪酬按接单数量计算,由好活平台、订个活平台以"薪资"名义每月定期发放,并非好活公司、江苏诚淮企业管理有限公司与杜朝俊在《项目转包协议》约定的"服务费"。可见,杜朝俊劳动报酬的发放具有持续稳定的特点。(2)虽然本案中《浙江兢择商务服务有限公司与淮安恒皓企业管理有限公司"订个活"平台服务协议》约定兢择公司将配送业务发包给订个活公司,订个活公司再转包给有关商事主体,订个活公司与杜朝俊签订的《项目转包协议》约定杜朝俊承接订个活公司的配送业务并结算相应的服务费,但从实际配送业务的履行情况来看,兢择公司向杜朝俊派单,由杜朝俊接单对外提供配送服务,结合杜朝俊请假以及请求夜间调度工资需向兢择广州分公司申请的事实,可认定订个活并未参与配送业务的承包或转包,而仅系工资薪酬的代付主体。同理,虽然天伦之乐公司未提交其与好活公司签订的平台服务协议,但好活公司与杜朝俊签订的《项目转包协议》约定杜朝俊承接好活公司的配送业务并结算相应的服务费。从实际配送业务的履行情况来看,天伦之乐公司向杜朝俊派单,由杜朝俊接单对外提供配送服务,结合杜朝俊请假调休需向天伦之乐公司申请的事实,可认定好活公司并未参与配送业务的承包或转包,而仅系工资薪酬的代付主体。结合杜朝俊陈述的2021年6月天伦之乐公司将业务转给了兢择广州分公司的情况,可认定天伦之乐公司的操作模式与兢择广州分公司的操作模式完全一致。这与在平台用工模式下,部分劳动要素被拆分至其他主体的普遍做法一致,不足以否认杜朝俊与兢择广州分公司、兢择公司、天伦之乐公司之间的经济从属性特征。综上,杜朝俊作为兢择广州分公司、兢择公司、天伦之乐公司的全职骑手,对于交易价格和劳动对价均无决定权,且其从兢择广州分公司、兢择公司、天伦之乐公司处领取的工资报酬为其主要生活来源。因此,可认定杜朝俊与兢择广州分公司、兢择公司、天伦之乐公司的劳动用工关系具有相当的经济从属性。

此外,关于兢择广州分公司、兢择公司、天伦之乐公司提出双方已约定排除劳动关系的抗辩。一审法院认为,劳动关系属于身份关系,不仅涉及劳动者劳动权益的保护,也事关劳动用工秩序的维护。对于双方之间真实的法律关系性质,关键应从案件法律事实出发,审查是否符合劳动关系的从属性特征,而不能仅因双方在协议中对身份关系性质存在事先约定而排除劳动法律法规的适用,否则容易导致用人单位利用优势地位规避其应负的法律责任。在本案中,杜朝俊入职时应兢择广州分公司、兢择公司、天伦之乐公司的要求注册个体工商户,该个体工商户亦未实际经营。因此,兢择广州分公司、兢择公司、天伦之乐公司依据上述协议提出的抗辩主张不成立,一审法院不予采纳。

综上,杜朝俊和兢择广州分公司、兢择公司、天伦之乐公司均符合法律、法规规定的劳动关系主体资格。杜朝俊从事的外卖配送业务与兢择广州分公司、兢择公司、天伦之乐公司的经营范围相符,其提供的劳动是兢择广州分公司、兢择公司、天伦之乐公司的业务组成部分;在双方劳动用工的全过程中,兢择广州分公司、兢择公司、天伦之乐公司的指挥、管理与监督权具有决定性作用,杜朝俊并无相应自主权,双方之间劳动用工关系具有较强的人格从属性及经济从属性,故杜朝俊要求确认其与天伦之乐公司于2020年12月14日至2021年6月30日期间存在劳动关系、与兢择广州分公司于2021年7月1日至2021年11月28日期间存在劳动关系,与兢择公司不存在劳动关系,一审法院予以尊重。

（二）培训

有关“培训”的规定引人注目有三个方面的原因：一是用人单位对劳动者进行培训是法定义务吗？如果回答是肯定的，接受培训的劳动者就没有必要受到用人单位的约束。二是用人单位对劳动者进行培训是《劳动合同法》认可的约定违约金效力的两项条件之一。三是培训条款在我国《劳动合同法》制定过程中历经了多次修改。

对于第一个问题，如果要求以经营和营利为特征和目的的用人单位来义务培训劳动者，且培训后的劳动者可能为他人所用，恐怕有些理想化；但如果要求劳动者接受培训后必须受制于该用人单位，则又有违劳动权利原理和社会利益原则，因为提高劳动者的素质既是社会发展的需求，也是社会利益的体现。2006 年 12 月 5 日，在昆明召开的“中美劳动法合作项目劳动合同法研讨会”上，英国劳动法专家杰弗教授认为，这的确成为一个有争议的问题：如果一个雇主为雇员投资培训，使之有了新的技能，该雇员的技能是否应当属于雇主所有？在这方面历来存在意识形态层面的担心，即雇员提高劳动技能后对整个社会的发展有利，不应当只看到雇主的投入。所以，雇主为雇员所投入的培训费用不应当期待一个相当的回报。经过培训后的雇员用这种能力为其他雇主服务的可能性增大，可以从社会利益层面来加以解决。比如在英国，雇主可能是出于减少税负的考虑会送员工出去进行长时间培训。所以，从公共政策的角度看，职业培训应当与中国的教育政策等联系起来看：怎样鼓励用人单位提高员工的素质——用减免税收的办法会比较合适。①

对于第二个问题，我国《劳动合同法》第 22 条规定为：“用人单位为劳动者提供专项培训费用，对其进行专业技术培训的，可以与该劳动者订立协议，约定服务期。劳动者违反服务期约定的，应当按照约定向用人单位支付违约金。违约金的数额不得超过用人单位提供的培训费用。用人单位要求劳动者支付的违约金不得超过服务期尚未履行部分所应分摊的培训费用。”该项内容肯定了培训对劳动者的限制，这种限制通过两种方式实现：一是约定服务期，二是支付违约金。

前一方式的积极意义在于终结了用人单位随意与劳动者约定服务期的现象，进而可以在司法实践中认定此前在劳动合同中约定的服务期从此归于无效。将培训认定为约定服务期的前提，也确立了无培训即无限定的法定原则。这一原则也就自然而然地解决了诸如飞行员跳槽案中航空公司以培训为由高额索赔的问题。这一方式的消极意义是将培训及其责任归于劳动者承担，由接受培训后的劳动者为培训支付代价。这一方式在适用中的麻烦在于如何认定双方当事人所约定的服务期，其一是它的有效性，其二是它的合理性。前者要解决双方对服务期的约定是否有效，可能涉及的因素包括无培训约定、假培训约定等，后者可能涉及约定的期限过长过短、约定期限长短的依据是否得当等。

后一方式的积极意义也在于终结了用人单位随意向劳动者追偿违约金的现象，进而可以纠正长期以来司法领域受民事审判规则和合同法原理限制而产生的只要有双方的约定且看不出该类约定与法律的直接抵触便支持用人单位违约金诉求的现象，使劳动法领域中违约金过多过滥的弊端得到有效遏制。这一方式在适用中的麻烦在于如何确定服务期与违约金之间的关系。尽管立法明确规定了违约金的数额不得超过用人单位提供的培训费用，但

① 这次会议由劳动和社会保障部主办，就我国《劳动合同法（草案）》中的相关问题进行了研讨。杰弗教授的发言内容是笔者根据自己的会议记录整理的。

仍然存在两方面的问题,其一是何为培训费?培训费包括什么内容?曾有某汽车公司向其辞职员工索赔汽车驾驶培训费用,向法庭提交了经测算的3万余元费用,包括轮胎磨损费、车辆折旧费等,而当时当地汽车驾驶培训的市场价格不过2 000元。其二是培训费与服务期的比例如何计算?由于立法并未明确约定违约金与培训费之间的比例关系,又如何能够令当事人信服地裁判出"不得超过服务期尚未履行部分所应分摊的培训费用"?[①]

回顾培训条款在我国《劳动合同法》制定过程中的多次修改,有助于我们在适用中准确把握现行条款的立法意图。在2006年3月20日公布的《劳动合同法(草案)》中,该条表述为:"用人单位为劳动者提供培训费用,使劳动者接受6个月以上脱产专业技术培训的,可以与劳动者约定服务期以及劳动者违反服务期约定应当向用人单位支付的违约金。该违约金不得超过服务期尚未履行部分所应分摊的培训费用。"用人单位对于"使劳动者接受6个月以上脱产专业技术培训"的规定普遍难以接受,提交全国人大常委会讨论时委员们也有同感:"有些常委会委员提出,规定6个月以上脱产专业技术培训才能约定服务期,门槛太高。"[②]在2006年12月24日提交全国人大常委会审议的草案中,该条改为了"用人单位提供培训费用,对劳动者进行一个月以上脱产专业技术培训或者职业培训的,可以与劳动者约定服务期。劳动者违反服务期约定的,应当按照约定向用人单位支付违约金。约定违反服务期违约金的数额不得超过用人单位提供的培训费用。违约时,劳动者所支付的违约金不得超过服务期尚未履行部分所应分摊的培训费用。用人单位与劳动者约定的服务期较长的,用人单位应当按照工资调整机制提高劳动者在服务期间的劳动报酬。"但在审议中,"有些意见认为,按照国家规定,用人单位必须按照本单位工资总额的一定比例提取培训费用,用于对劳动者的职业培训。用人单位使用法定培训费用对劳动者进行职业培训,不能作为与劳动者约定服务期的条件。有些意见认为,约定服务期的情况比较复杂,除一个月以上脱产培训外,还有半脱产或者时间不足一个月却花费高额培训费用等情况。有些意见认为,只有在用人单位专门拨出经费,为劳动者提供特定项目的专门培训的情况下,用人单位才可以与劳动者约定服务期。"[③]于是,在2007年提交的第三次审议稿中,该条又改为:"用人单位在国家规定提取的职工培训费用以外提供专项培训费用,对劳动者进行专业技术培训的,可以与该劳动者订立协议,约定服务期。"经过审议:"有些常委委员提出,在实践中用人单位对特定劳动者进行专业技术培训所支付的专项培训费用是否在职工教育经费之外很难界定,建议规定只要用人单位为劳动者提供专项培训费用,对其进行专业技术培训,就可以与其约定服务期。"[④]于是,有了现行立法的规定。

培训条款在立法时的多次变化预示着适用中的不轻松。比如,职业培训费用在《劳动法》第68条中只有原则性规定,几乎没有适用的价值。1996年10月30日劳动部和国家经

---

① 在这个问题上,劳动部在《关于试用期内解除劳动合同处理依据问题的复函》中将"用人单位出资"对职工进行技术培训,特别限定为"指有支付货币凭证的情况",可能仍具有一定的参考价值,亦可参考该复函中"没有约定合同期的,按5年服务期等分出资金额,以职工已履行的服务期限递减支付"的规定。

② 全国人大法律委员会:《关于〈中华人民共和国劳动合同法(草案)〉修改情况的汇报》,载全国人大常务委员会审订:《中华人民共和国劳动合同法》,中国人事出版社2007年版,第33页。

③ 同上书,第39—40页。

④ 全国人大法律委员会主任委员杨景宇2007年6月28日在十届全国人大常委会二十八次会议上所作《全国人大法律委员会关于〈中华人民共和国劳动合同法(草案四次审议稿)〉修改情况的汇报》,载全国人大常务委员会审订:《中华人民共和国劳动合同法》,中国人事出版社2007年版,第47页。

贸委联合发布的《企业职工培训规定》第 21 条虽然明确规定“职工培训经费按照职工工资总额的 1.5%计取”，但如何计算、如何使用、如何监督、如何处罚都不是常人能够了然于胸的。在个案中，即便是法官可能也很难分清涉案的培训费用是国家规定的培训费，还是用人单位为劳动者提供的专项培训费用。再者，如果用人单位为某个特定的劳动者提供了专项培训费用，却未向本单位的其他劳动者提供国家规定的培训费用，当该劳动者主张该培训费用应为国家规定的培训费用时又该如何处理？

【典型案例】

培训费用与服务期约定①

2019 年 1 月 7 日，原告入职被告西安某某公司处从事工艺员一职，2021 年 10 月 11 日至 15 日、2021 年 11 月 8 日至 12 日、2021 年 12 月 6 日至 10 日，被告西安某某公司向原告提供欧洲粘接技师培训（EAS），支付了培训费 47 000 元，培训期间的差旅费 7 319 元。2022 年 1 月 5 日，双方签订《员工培训协议书》，协议约定：服务年限伍年，从 2021 年 10 月 1 日起计；赵某某无论基于何种原因与公司解除劳动关系的，在赵某某履行完工作职责（培训协议签订服务时间）或者是承担外训培训费用之后（培训费用扣除方法参见《培训管理制度》中第 10.2 款规定），证书原件将归还赵某某；《培训管理制度》中第 10.2 应支付的相应费用＝［外训费用/实际应服务期（天）］×未履行的服务天数（外训费用是指在培训活动中为员工支付的培训费、差旅费及培训期间的工资等各种费用的总和）。

2022 年 8 月 16 日原告向被告西安某某公司提交辞职报告，2022 年 9 月 5 日原告离职。被告向西安市阎良区劳动人事争议仲裁委员会申请仲裁，请求裁决赵某某赔偿外训培训费用共计 49 771 元。西安市阎良区劳动人事争议仲裁委员会于 2023 年 3 月 22 日作出阎劳人仲案字（2023）第 025 号裁决书，裁决：赵某某自本裁决书生效之日起 15 日内支付西安某某公司培训费用 44 229 元。

原告不服诉至本院。法院认为，被告西安某某公司为原告提供了专业技术培训，并为其支付了专项培训费用共计 54 319 元（培训费用 47 000 元+培训期间的差旅费 7 319 元）。嗣后，双方签订了《员工培训协议书》，约定服务期限为 5 年。原告离职，尚未履行完约定的服务期。故原告应该向被告西安某某公司支付培训费用 44 235 元（54 319 元÷1 826 天×1 487 天）。

（三）保守秘密

约定保守秘密条款的目的是、保护用人单位的经济利益，防止了解或掌握用人单位商业秘密的劳动者，故意或擅自泄露用人单位的商业秘密，给用人单位造成经济损失。商业秘密包括经营秘密和技术秘密。保守秘密涉及两个阶段：在劳动关系存续期间，劳动者有绝对保密义务；在劳动关系终止后，有相对保密义务，即“竞业限制”。

我国《劳动合同法》第 23 条规定：“用人单位与劳动者可以在劳动合同中约定保守用人单位的商业秘密和与知识产权相关的保密事项。对负有保密义务的劳动者，用人单位可以在劳动合同或者保密协议中与劳动者约定竞业限制条款，并约定在解除或者终止劳动合同后，在竞业限制期限内按月给予劳动者经济补偿。”第 24 条规定在解除或者终止劳动合同后，竞业限制期限不得超过 2 年。这两条规定涵盖了劳动关系存续与终止后的两个阶段，也

① 摘编自“赵某某、西安某某公司等劳动争议案”，西安市阎良区人民法院（2023）陕 0114 民初 1278 号民事判决书。

明确了竞业限制的期限和该期限内的经济补偿方式。这些规定有助于相关案件的审理。

但适用中的问题仍然是显而易见的。保守秘密与竞业限制虽密切相关但区别明显。两者分属特定劳动关系的不同阶段,前者属于与用人单位建立劳动关系的劳动者在劳动合同履行中约定的义务,后者则是与用人单位没有劳动关系后劳动者需要履行的劳动关系存续期间约定的义务。虽然两者都表现为一种不作为,但前者只需要"保持沉默",对劳动者的权益几无影响,后者则需要劳动者放弃熟知的工作,甚至回避熟悉的行业,对劳动者的就业和劳动报酬必然产生消极影响。于是,虽然两者都同样是劳动者为了用人单位利益而承担约定的义务,却有了"对价"上的差别:从理论上讲,一方承担另一方所要求的而非法定的义务,另一方应当为义务承担人支付相应的对价,以保持法律关系双方利益的平衡。但立法只规定了用人单位基于竞业限制给予劳动者经济补偿,保守秘密则未见明示。在实践中,用人单位长期习惯于将两者作为人工成本合并考虑,即与工资发放同时支付专项保密费常常被视同给予劳动者竞业限制补偿。依照现行立法,用人单位的惯例将面临挑战(尽管劳动者因"提前贴现"得到了实惠)。

同样面临挑战的还有给予经济补偿的标准与方式。现行立法没有明确竞业限制期间经济补偿金的标准,这会给适用带来诸多麻烦。因为这一标准并不是双方容易达成一致的,尤其是劳动者在合同订立或者存续期间更不太可能坚持自己的权利。《中关村科技园区条例》规定:"向负有竞业限制义务的原员工按年度支付一定的补偿费,补偿数额不得少于该员工在企业最后一年年收入的二分之一。"德国商法也规定,雇主于竞业禁止期间,每年至少应支付受雇人离职前一年年收入之二分之一作为补偿。我国《劳动合同法(草案)》曾规定:"用人单位与劳动者有竞业限制约定的,应当同时与劳动者约定在劳动合同终止或者解除时向劳动者支付的竞业限制经济补偿,其数额不得少于劳动者在该用人单位的年工资收入。"这项规定在标准上虽然偏高,但有规可循的法律规则依然是值得肯定的。尤其是"在劳动合同终止或者解除时向劳动者支付"也比现在的"在竞业限制期限内按月给予劳动者经济补偿"要来得实在(对受到限制的劳动者而言)。

(四)补充保险和福利待遇

我国《劳动法》第 75 条规定:"国家鼓励用人单位根据本单位实际情况为劳动者建立补充保险。"这在立法上确定了补充保险的地位,但仍然是半强制性的,即用人单位在不具备实施补充养老保险条件时可以不建立补充养老保险。因而,"补充保险和福利待遇"只是劳动合同中的约定条款。

在适用中应当注意的是:补充保险和福利待遇可以依据用人单位的经济实力而建立,也可以随着其经济状况的变化而连续或者中断,既不应当要求用人单位起始一致,也不应当强制用人单位始终如一,甚至应当允许有差别,不仅不同的用人单位之间无统一标准,即便是同一单位中的不同劳动者也可因人、因时而异。

这些道理在理论上说起来容易,但在法律适用中却并非易事。几年前,某高级人民法院受困于一件二审案件就是例证:某知名企业在如日中天时作出决定:达到一定年龄的员工愿意提前退休的,每月除退休金外还可以从企业领取高于退休金的薪酬。有员工依此决定与企业签订协议,办理提前退休并每月领取双方约定的薪酬。但三年后该企业的效益每况愈下,即便是在岗员工的工资也达不到这类员工的薪酬。企业便决定降低这些离岗员工的薪酬,纠纷也由此而起。法院面临的问题是:如果坚持合同法原理,则企业的行为难以得到支持；如果承认企业的行为属于“补充保险和福利待遇”，则企业的行为就并非不可接受。

第二节　劳动合同的订立、变更、终止与无效

一、劳动合同的订立

（一）劳动合同订立的条件

劳动合同订立的条件，是指用人单位和劳动者建立起权利义务约束的劳动关系后履行其义务、行使其权利的资格。

1. 用人单位订立劳动合同的条件

我国《劳动合同法》第 2 条规定，中华人民共和国境内的企业、个体经济组织、民办非企业单位等组织与劳动者建立劳动关系，订立、履行、变更、解除或者终止劳动合同，适用本法。国家机关、事业单位、社会团体和与其建立劳动关系的劳动者，订立、履行、变更、解除或者终止劳动合同，依照本法执行。第 96 条还规定，事业单位与实行聘用制的工作人员订立、履行、变更、解除或者终止劳动合同，法律、行政法规或者国务院另有规定的，依照其规定；未作规定的，依照本法有关规定执行。

2. 劳动者订立劳动合同的条件

劳动者订立劳动合同的条件，是指劳动者作为劳动合同的一方当事人必须具备的主体资格。订立劳动合同是公民实现自己的劳动权利、履行劳动义务的途径，订立劳动合同对当事人一方的劳动者也是有一定条件限制的。

（1）年龄条件。这是指劳动者订立劳动合同必须达到合法的劳动年龄。我国《劳动法》第 58 条第 2 款规定，未成年工是指年满 16 周岁未满 18 周岁的劳动者。这表明，年满 18 周岁的劳动者达到了订立劳动合同的条件；年满 16 周岁不满 18 周岁的劳动者依照《劳动法》的有关规定及劳动合同的约定，在劳动合同约定的权利义务关系不违背有关法律、法规的前提下订立劳动合同。

（2）劳动能力条件。劳动能力是指劳动者凭借自己的智力或体力完成某项工作的能力，各类劳动者的劳动能力差别很大，脑力劳动者的劳动能力与体力劳动者的劳动能力，成年工与未成年工的劳动能力都是有区别的，订立劳动合同时应根据合同的内容，分别与有相应劳动能力的劳动者订立，这样，才能保证劳动合同的正确履行。

【典型案例】

合同代签，双倍索赔①

2013 年 4 月 15 日，郭某入职某餐饮公司从事保洁工作，当月 24 日郭某在工作中受伤，被诊断为锁骨远端骨折（右），并住院治疗。人力资源和社会保障部门认定郭某所受伤害属于工伤，因工致残程度九级。餐饮公司为郭某办理了社会保险缴纳手续，郭某获得了相关的工伤待遇。

---

① 摘编自王琰：《他人代签劳动合同 法律效力如何认定》，《中国妇女报》2018 年 1 月 17 日。

郭某主张餐饮公司未与其签订劳动合同,起诉至北京海淀法院要求餐饮公司支付其2013年5月15日至2013年9月10日期间未签订书面劳动合同的二倍工资差额27500元,并承担诉讼费。餐饮公司答辩称,郭某住院期间因伤情所致无法本人签署劳动合同,已委托配偶邵某前来公司签订劳动合同,故再要求双倍工资并无依据。郭某则主张,邵某仅是其一般朋友,且并未告知其代签劳动合同一事。

海淀法院经审理认为,本案涉及四个层面的问题:其一,劳动合同能否由他人代签。《劳动法》《劳动合同法》均未禁止他人代理"劳动者本人"签订劳动合同,故代签劳动合同这一民事行为的法律效力不能一律视为无效,应区分情况予以认定。其二,郭某与邵某的身份关系。郭某主张其丧偶后并未再婚,邵某仅是其一般朋友,但该主张与郭某在医疗机构填写的《手术知情同意书》与《麻醉知情同意书》中载明双方是夫妻关系不符。载于第三方医疗机构的内容通常具备反映双方在生活常态中身份关系的特性,在医疗机构签署上述同意书的人员与患者具备密切身份关系是一般常理,故法院认为上述情形足以印证餐饮公司的主张,即郭某与邵某以夫妻的身份关系示人,而此种情形足以使他人善意地对此产生信任。其三,劳动合同是否由邵某代签。如是,其代签行为的法律效力如何?餐饮公司提交了郭某的劳动合同并主张系邵某代签,经法院释明,郭某表示邵某无法到庭。法院亦释明,不就劳动合同中是否为邵某的笔迹申请真伪鉴定,应承担相应法律后果。最终,法院采纳餐饮公司主张,认定劳动合同系邵某代签。《合同法》第49条规定,行为人没有代理权、超越代理权或者代理权终止后以被代理人名义订立合同,相对人有理由相信行为人有代理权的,该代理行为有效。退而言之,即便依郭某所述,其并不知晓邵某代签劳动合同事宜,但基于二人上述的特殊关系,餐饮公司有理由善意地相信邵某享有为郭某代签劳动合同的代理权,上述代理行为对餐饮公司而言应当有效。最后,《劳动合同法》第82条规定的二倍工资差额的性质并非劳动者的劳动所得,而是对用人单位违反法律规定的一种惩戒。其立法目的在于敦促用人单位与劳动者签订劳动合同,而非劳动者可以从中谋取超出劳动报酬的额外利益。

综上,针对郭某主张餐饮公司支付其未签订书面劳动合同期间的二倍工资差额的请求,法院不予支持。

(二)劳动合同订立的原则

我国《劳动法》第17条第1款规定:"订立和变更劳动合同,应当遵循平等自愿、协商一致的原则,不得违反法律、行政法规的规定。"从中可以看出我国《劳动法》的基本原则。

1. 平等自愿的原则

平等,是指用人单位和劳动者在缔结合同时法律地位上的平等。在订立劳动合同的过程中,当事人双方都是以劳动关系主体身份出现的,是平等主体之间的关系。双方都要依法在协商一致的基础上达成协议,用人单位不得借助于中国劳动力市场供大于求的现实,在订立劳动合同时对劳动者提出不平等的附加条件。

自愿,是指订立劳动合同完全是出自双方当事人自己的真实意志,是双方在意思表示一致的情况下,充分地体现了自己订立劳动合同的意图,经过平等协商而达成协议。自愿主要是指劳动合同的订立必须由当事人自己的意愿独立地完成意思表示,他人不得强迫对方完成这种意思表示。

2. 协商一致的原则

所谓协商一致,是指劳动合同的内容、条款,在法律、法规允许的范围内,由双方当事人共同讨论、协商,在取得完全一致的意思表示后确定。只有双方当事人就合同的主要条款达成一致意见后,合同才成立和生效。在实践中,常见的是用人单位事先拟好的劳动合同,由劳动者作出是否签约的决定。根据我国《民法典》的有关规定,采用格式条款订立合同的,提供格式条款的一方应当遵循公平原则确定当事人之间的权利和义务,并采取合理的方式提请对方注意免除或者限制其责任的条款,按照对方的要求,对该条款予以说明。

3. 遵守法律、法规的原则

订立劳动合同必须符合法律的要求,这是劳动合同有效并受法律保护的前提条件。否则,劳动合同当事人的权利不仅得不到保护,还要承担相应的法律责任。

订立劳动合同首先要求劳动合同的内容合法,其次是订立劳动合同的目的不能违背法律、法规的规定,也不得违背社会基本道德和善良风俗。当事人双方均不得以订立劳动合同的合法形式掩盖不法意图。劳动合同中约定的权利、义务关系也不得违背法律、法规的规定。例如劳动者不得与用人单位订立盗窃其他企业技术秘密的合同。此外,劳动合同必须采用法律规定的形式,主体应当符合法律规定的条件。

【典型案例】

代驾司机索赔二倍工资①

易洪斌于2022年3月入职被告公司担任车辆驾驶员。其间,被告未依法与原告签订劳动合同,现诉至人民法院,请求判决被告支付其2022年3月至2022年6月30日未签订书面劳动合同的二倍工资差额16446元。被告启顺汽车租赁公司辩称,启顺汽车租赁公司与原告系口头达成劳务协议而非劳动关系,原告为启顺汽车租赁公司提供代驾,约定按190元/每天计算劳务报酬,启顺汽车租赁公司已经按照约定付清了原告全部劳务费用和垫付的所有费用。启顺汽车租赁公司与原告并无从属关系,无管理与被管理、支配与被支配的关系,原告从未办理过任何入职手续,原告并非启顺汽车租赁公司员工。

法院查明:易洪斌于2022年3月7日经面试后在启顺汽车租赁公司处担任驾驶员,双方未签订书面合同。具体的工作模式为:启顺汽车租赁公司为易洪斌配备工作车辆,由启顺汽车租赁公司负责接单、派单,易洪斌每次出车报酬为190元,出车所产生的其他费用如油费、餐费等由易洪斌先行垫付后向启顺汽车租赁公司据实报销。2022年5月30日、5月31日、7月29日、8月15日,启顺汽车租赁公司向易洪斌共计转账10070元,转账凭证交易附言均注有"工资社保补助等"字样。

2022年9月14日,易洪斌向重庆市九龙坡区劳动人事争议仲裁委员会提起劳动仲裁申请,请求裁决启顺汽车租赁公司、启顺实业公司支付其未签订劳动合同的二倍工资差额。2022年9月21日,重庆市九龙坡区劳动人事争议仲裁委员会出具《超时未决定受理案件证明书》。

法院认为:1. 易洪斌与启顺汽车租赁公司虽未签订书面劳动合同,但启顺汽车租赁公司与易洪斌都符合法律规定的劳动关系主体资格;易洪斌提供的驾驶员工作属于启顺汽车租赁公司的业务组成部分,易洪斌根据启顺汽车租赁公司的指示开展工作,双方存在管理与被管理的关系;易洪斌举示的转账凭证能够反映出启顺汽车租赁公司持续、稳定、规律地支付易洪斌劳动报酬,形成了经济从属关系,应当认定易洪斌、启顺汽车租赁公司之间构成事实上的劳动关系。启顺汽车租赁公司辩称双方系劳务关系,但未举示充足的证据予以证明,且该辩解意见与其向易洪斌支付报酬时备注的信息自相矛盾,对其就此提出的相关辩解意见不予采纳。

---

① 摘编自"易洪斌与重庆启顺实业有限公司、重庆启顺汽车租赁有限公司劳动争议案",重庆市江北区人民法院(2023)渝0105民初9282号民事判决书。

2. 关于二倍工资差额的问题。易洪斌与启顺汽车租赁公司劳动关系存续期间为 2022 年 3 月 7 日至 2022 年 6 月 30 日，启顺汽车租赁公司应当于 2022 年 4 月 6 日前与易洪斌签订书面劳动合同，现启顺汽车租赁公司未依法与易洪斌签订书面的劳动合同，故启顺汽车租赁公司应当支付易洪斌 2022 年 4 月 7 日至 2022 年 6 月 30 日期间未签订劳动合同的二倍工资差额。根据易洪斌出示的转账凭证，其 2022 年 4 月、5 月、6 月的工资分别为 3 610 元、2 090 元、3 040 元，据此计算，启顺汽车租赁公司应向易洪斌支付 2022 年 4 月 7 日至 2022 年 6 月 30 日的二倍工资差额为 8 117.59 元，对易洪斌主张二倍工资差额的诉讼请求，本院在前述范围内予以支持，超出部分，不予支持。

（三）劳动合同订立的效力

《劳动法》第 17 条第 2 款规定："劳动合同依法订立即具有法律约束力，当事人必须履行劳动合同规定的义务。"这表明劳动合同从订立时就生效，双方当事人都必须履行，否则将承担相应的法律责任。其实，这只是劳动合同订立后生效的一种情况，或者说是一种最为普遍的现象。

劳动部办公厅在《关于劳动合同期限问题的复函》中，具体规定了劳动合同依法订立即具有法律约束力，劳动合同的生效时间一般应从劳动合同签订时，双方当事人在劳动合同文本上签字之日起计算。如果双方当事人在签订劳动合同时，在合同中明确约定合同生效的日期，则应从该日起计算。这就把劳动合同的生效时间具体规定为两种情况：签字日期和合同中明确约定的生效日期。

还有一些不正常状况，如先使用劳动者，其后再与之订立劳动合同，或者干脆就不再订立劳动合同。对此，我国《劳动合同法》第 7 条规定，用人单位自用工之日起即与劳动者建立劳动关系。第 10 条规定，已建立劳动关系，未同时订立书面劳动合同的，应当自用工之日起一个月内订立书面劳动合同。用人单位与劳动者在用工前订立劳动合同的，劳动关系自用工之日起建立。

【典型案例】

缔约过失的司法判例①

一、(2013)浦民一(民)初字第 31007 号案

公司通过电子邮件向候选人发出录用通知书，但该录用附有条件，即需要通过背景调查。随后，公司委托了一家咨询公司对候选人提供的背景材料进行调查。经过背景调查，候选人填写的信息中的学位及工作经历均有重大不实之处，而候选人在其向公司提交的信息表中明确声明其填写的所有情况均属实和完整，如果由于情况遗漏或失实而被拒绝申请，其表示理解。因此，上海浦东新区人民法院认为公司取消录用并无不当，因而未支持劳动者要求公司承担缔约过失责任的请求。

二、(2011)浦民一(民)初字第 33430 号案

上海浦东新区法院认为，公司于 2011 年 7 月 4 日向熊某发出的聘书有效起始日期为 2011 年 7 月 18 日，虽然聘书中约定公司将对熊某进行须令公司满意的背景调查，如不能满足，将取消该聘书，但公

① 摘编自许文燕：《小心！劳动者被取消录用，公司可能会承担缔约过失责任！（判决少见）》，"劳动法研究"微信公众号，2018 年 9 月 16 日，https://mp.weixin.qq.com/s/RlBVtywvWzS0IbVz3ed_qA，访问日期：2024 年 9 月 1 日。

司于2011年7月7日、2011年7月14日向熊某发出的电子邮件,明确要求熊某在报到当天和7月17日参加新店开张培训时必须带好“解除劳动关系证明函”或“退工单”(其中注明的原劳动合同的截止日期务必在加入公司的日期之前),熊某基于对公司的合理信赖根据公司的要求与原单位办理了解除劳动关系的手续后,公司却仅凭其所谓的供应商中智公司的报告(公司也无明确依据表明该报告中相关人员对熊某在原单位工作的评价属实)于2011年7月19日电话通知原告撤销聘书,明显有违诚实信用的原则,使熊某的利益受损,造成熊某损失,被告在缔约中确实存在明显的过失,应承担缔约过失责任。

三、(2017)湘0104民初3434号案

长沙市岳麓区人民法院认为,公司并未能举证证明朱某的履历与事实完全不符,且即使朱某自己填写的履历在个别时间上的表述与实际情况有出入,但其曾经的主要工作单位和工作经历并没有做虚假陈述。公司作为招聘单位,应该提前核实相关情况后再向朱某发出《录用通知书》,而不是在发出《录用通知书》后又认为朱某履历与事实不符,并以总公司取消指标为由拒绝朱某入职,公司存在缔约过失。

四、(2017)苏0591民初5383号案

苏州工业园区人民法院认为,公司拒绝录用颜某后造成颜某处于无业状态,产生工资收入损失。结合颜某原工资标准以及公司承诺给予的工资标准,颜某主张按13000元/月计算工资收入损失,本院予以采纳。关于期限,考虑到参照劳动合同法的相关规定,用人单位提前通知劳动者解除劳动合同的期限为一个月;入职不足半年的劳动者被违法解除劳动合同,用人单位应支付的赔偿金标准也为一个月工资,同时结合本案相关情形,本院酌情确定原告的工资收入损失为一个月工资13000元。

五、(2015)黄浦民一(民)初字第7213号案

上海市黄浦区人民法院认为,缔约过失造成的损失是一种信赖利益的损失,对这种损失的赔偿应以合同成立的可得利益为限,依据员工福利待遇通知书上劳动者的薪资,本院酌定由公司赔偿劳动者两个月试用期工资。

六、(2017)粤03民终17270号案

本案中,一审法院和二审法院的观点截然相反。一审中,深圳市宝安区人民法院认为,关于损失的认定,应当与公司缔约过失行为存在因果关系,且应当是不得超过合同实际履行时可以预期的数额。本案中,只要王某希望与被告公司缔结劳动合同关系,其必然需要和案外人(王某原用人单位)解除劳动关系,故其解除劳动关系所造成的损失并不与被告公司未与王某订立劳动关系存在必然因果联系,该损失是王某在决定是否与公司成立劳动关系时自己需要衡量的,其可期待的利益应当是其与公司成立劳动关系所能够获得的利益,而合同得以实际履行的情况下公司因其自身原因与王某解除劳动合同,其所需承担的是向王某支付违法解除劳动合同赔偿金的法律责任,根据《劳动合同法》的相关规定,数额为22 000元(22 000元×0.5个月×2倍),因此,公司所需承担的损失应当以22 000元为限。

二审中,深圳市中级人民法院认为,缔约过失责任是由于责任人的行为损害了对方因信赖双方会订立合同而实施的准备行为而产生的利益,故缔约过失责任相对应的救济方式是对信赖利益的弥补,与双方当事人订立合同后因履行该合同所产生的利益即履行利益存在本质区别。因为在缔约过失场合,合同并未订立,无法根据合同内容预判双方履行该合同所获得的利益。即使在格式合同情境下双方对合同内容已经知晓,但仍不能排除在合同订立时通过合意来改变某些合同内容的可能性,故以合同的履行利益作为缔约过失责任人的损害赔偿标准,显然不当。本案中,原审判决在认定公司构成缔约过失的情况下,依据双方没有签订并履行的劳动合同所约定的劳动报酬及违约条款确定王某因缔约过失而导致的损害赔偿范围,是错误的。

七、(2015)京朝民初字第 08234 号案

朝阳区人民法院认为,被告向原告发送了《录用通知书》,应视为被告向原告发出了录用原告的要约……原告已明确作出了接受录用的承诺,且该承诺发出时间在被告要约确定的时间期限之内,因此,原告作出的该承诺应认定为有效。基于以上分析,本院认为,原告与被告之间的纠纷属于劳动争议纠纷,原告应就该纠纷先行向劳动争议仲裁委员会申请仲裁,待仲裁裁决作出后,当事人对裁决不服的,可以向人民法院起诉。这一观点不同于前述其他案件的观点,即并未将此类争议作为涉及缔约过失责任的合同纠纷进行处理。

二、劳动合同的变更

劳动合同的变更,是指劳动合同在履行过程中,由于法定原因或约定条件发生变化,双方当事人对已生效的劳动合同条款进行修改或补充。

(一) 劳动合同变更的条件

劳动合同变更的条件是指引起劳动合同变更的要素。如果在劳动合同的执行过程中,客观情况发生了重大变化,原劳动合同的部分条款若不作修改或补充,则不能继续适应新的情况下双方或单方当事人的要求,那么劳动合同当事人可以依照法律、法规协商变更劳动合同。在下列情况下,可以变更劳动合同:(1) 经双方当事人协商达成一致意见的。(2) 订立劳动合同时所依据的法律、法规已经修改或废止的。(3) 劳动合同订立时所依据的客观情况发生重大变化,致使劳动合同无法履行的。

我国《劳动合同法》还规定:(1) 用人单位变更名称、法定代表人、主要负责人或者投资人等事项,不影响劳动合同的履行。(2) 用人单位发生合并或者分立等情况,原劳动合同继续有效,劳动合同由承继其权利和义务的用人单位继续履行。

(二) 劳动合同变更的效果

变更劳动合同时应注意:(1) 根据我国《劳动法》第 17 条的规定,变更劳动合同必须遵循平等自愿、协商一致原则和合法原则,在国家法律、法规允许的范围内经过充分协商,达成一致意见后,才能变更。(2) 变更劳动合同必须在原劳动合同的有效期内进行,即劳动合同期满前的这一段时间内,当事人一方或双方提出变更要求的。劳动合同期满属于合同终止,就不是变更的问题了。(3) 变更劳动合同,应当采用书面形式。变更后的劳动合同文本由用人单位和劳动者各执一份。(4) 劳动合同变更时,如在协商过程中达不成一致意见发生争议,任何一方都可以向当地劳动争议仲裁委员会申请仲裁。

【典型案例】

变更工作地点的四地判决①

一、北京法院的判决

即使劳动合同将工作地点约定为全国,用人单位也不能未经与员工协商单方变更工作地点。在北

① 摘编自徐晓丹、杨毅:《案例分析:公司与员工可否将工作地点约定为全国?》,“金杜研究院”微信公众号,2016 年 5 月 12 日,https://mp.weixin.qq.com/s/8sY1Yt6yAkWffeS5FkEnzw,访问日期:2024 年 9 月 1 日。

京西凤酒销售有限公司与李果劳动争议上诉案([2014]三中民终字第15908号)中,北京市朝阳区人民法院在一审程序中认为:虽然双方劳动合同约定工作地点是全国,但员工系湖南籍人,入职时工作地点亦在公司的湖南办事处。公司在湖南的办事处因故撤销,公司要求员工到北京工作,此属于双方劳动合同订立时所依据的客观情况发生重大变化,致使劳动合同无法履行,双方就此未能协商一致,公司应向李果支付解除劳动合同的经济补偿金。二审程序中,北京市第三中级人民法院认为公司以员工长期旷工违反员工手册和劳动合同约定与其解除劳动合同缺乏法律依据。一审法院判决认定事实清楚,适用法律正确,处理结果并无不当,应予维持。最终公司需支付员工解除劳动合同的经济补偿金。

二、上海法院的判决

虽然劳动合同约定公司有权单方调动员工,且员工必须服从,但是,因调动工作涉及劳动者工作地点的变化,仍应以双方协商一致为妥。在一创信兴(上海)计算机技术有限公司与李润峰劳动合同纠纷上诉案中,上海市第二中级人民法院认为:双方的劳动合同中虽约定公司有权根据工作需要、员工的工作表现以及管理的需要,对员工在公司内部作适当调动或调迁,员工应无条件服从安排,但因工作调动涉及劳动者的工资、工作地点、工作内容等多种情况变化,仍需以双方协商一致为妥,且用人单位对员工的调动要具有一定的合理性。2014年1月公司要将员工调至上海市工作,公司与员工就调动之事未经协商,且公司就调动问题未提供证据证明具有合理性。故公司在未与员工进行协商的情况下,强行以企业自主权的理由要求员工到岗,不具有合理性。最终公司需支付员工解除劳动合同的经济补偿金。

三、广东法院的判决

鉴于员工是自愿签署劳动合同,就应当受工作地点为全国这一条款的约束,而无权因工作地点变更拒绝继续履行劳动合同。在赵善宇等诉深圳市安奈儿股份有限公司案([2015]粤高法民申字第335—344号)中,广东省高级人民法院认为:根据《劳动合同法》第29条的规定,用人单位与劳动者应当按照劳动合同的约定,全面履行各自的义务。公司与员工的《劳动合同书》中约定员工的工作地点为全国。员工为完全民事行为能力人,对合同的内容具有注意义务和预见能力,且员工未能证明关于工作地点条款的理解存在被欺诈、胁迫或危难被趁等情形,亦未提供证据证明公司的生产经营范围仅限于深圳市。因此,员工因为工作地点变更不愿继续履行劳动合同的,有违诚实信用原则,也不属于有权获得经济补偿金的情形。据此,法院最终裁定驳回了员工的再审申请。

四、深圳法院的判决

鉴于双方在劳动合同中约定的工作地点为全国,公司有权根据经营需要在全国范围内调动员工的工作。在深圳市赢时通汽车服务有限公司与吴岩上诉案([2014]深中法劳终字第4953号)中,深圳中院认为:双方在劳动合同中约定工作地点为全国范围,因此公司有权根据其经营需要,在全国范围内调动员工的工作。员工不按照公司安排去新地点报到的,属于旷工,公司可以单方解除合同。故公司的行为没有违反劳动合同的约定和法律规定,并无不当,无须承担支付经济补偿金的责任。

【典型案例】

京沪两地法院认定的“客观情况重大变化”①

一、北京地区的案例

北京的法院对于“客观情况发生重大变化”的认定口径并不完全统一,总体上比较严苛。除了组织

---

① 摘编自许文燕:《别用错了!组织架构调整是否属于“客观情况重大变化”?》,“劳动法研究”微信公众号,2018年9月6日,https://mp.weixin.qq.com/s/ytbYtoSA5oTAH_gu2mwIZA,访问日期:2024年9月1日。

架构调整情况本身外,法院还会结合导致组织架构调整的背后原因、影响的人员范围等情况,综合判断情况变化是否具有充分的“客观性”。仅是简单的部门和岗位的合并、撤销导致员工原岗位不存在,而没有充分证明或说明背后的客观原因,法院更倾向于将组织架构调整认定为企业主动进行的内部调整,不具有充分的客观性,用人单位以“客观情况发生重大变化”为由解除劳动合同的法律风险比较大。

(一)(2017)京01民终2836号案

公司主张解除员工劳动合同系因客观情况发生重大变化,双方又不能就变更工作岗位协商一致。公司提交了董事会决议、会议纪要、邮件以证明其进行了组织架构调整,即取消原为独立的配餐市场业务线,将原有市场按行业类型划分为医疗、工商、跨国企业与政府机构4个板块,同时人力资源部根据本次组织架构调整方案重新评估岗位设定、人员编制等。北京市第一中级人民法院认为,公司重组公司结构,取消独立配餐市场业务线,建立分行业的垂直商业模式,系该公司根据生产经营需要,为应对市场变化主动采取的经营策略调整,不属于“订立劳动合同时的客观情况发生重大变化”的情形,公司以此为由解除与陈某的劳动合同,系违法解除。

(二)(2017)京02民终11011号案

公司主张,2016年10月母公司全球研发部下发关于亚太区消费品研发部门进行组织结构调整的决定,取消包装部,导致刘某所在的部门和岗位不复存在,该情况属于劳动合同法所指的“客观情况发生重大变化”。北京市第二中级人民法院认为,“公司所称取消包装部属于其公司内部运营调整,且双方在劳动合同中载明刘某的部门为技术部,上述情况变化不具有充分的客观性”。同时,公司虽然与刘某就变更劳动合同内容进行过协商且未达成协议,但系公司在协商岗位调整时大幅度降低刘某的工资标准及职位级别所致。因此,法院最终判定公司以“客观情况发生重大变化”为由解除员工劳动合同系违法解除。

(三)(2016)京02民终5940号案

北京市东城区人民法院认为,客观情况一般是指除劳动者和用人单位主动采取行为之外的不以双方主观意志为转移的情况。因用人单位自身经济情况发生重大变化、主动或者被动适应市场变化采取的调整产业结构、战略调整等经济行为均应属于客观经济情况的范畴。公司根据市场经营需要和自身经营状况进行企业改革和产业结构调整属于因客观经济情况发生重大变化,企业自行调整的范畴。根据双方往来邮件及仲裁庭审可得知,公司执行总裁张某在公司组织结构调整之初已告知包括吕某在内的全体员工,因公司整体战略构想和发展规划,依据精简、高效原则,进行商务体系、产品体系及支撑体系的公司经营结构调整;同时公司根据市场营销中心2015年组织结构调整要求,将市场营销中心下辖的组织结构进行重新设置定位,任命部门负责人,亦属于企业内部结构调整。吕某所在部门在本次组织结构调整过程中被合并为新部门,其所在岗位撤销,系企业经营自主权的行使,并无不妥。同时,在公司调整过程中,公司CEO和人力资源负责人均代表公司与吕某协商调岗及解除事宜,但双方终未达成一致。最终一审法院认定该解除系合法解除。二审中,北京市第二中级人民法院与一审法院持相同观点,维持原判。

(四)(2016)京03民终10830号案

公司主张,因部门重组合并,邵某原岗位被取消,客观情况发生重大变化,且双方就变更岗位未达成一致,故其有权解除劳动合同。北京市第三中级人民法院认为,邵某工作岗位的取消,系因内部部门合并而致,并且从合并后职位调整、保留情况看,该项调整并非订立合同时所依据的客观经济情况发生的重大变化。同时,就变更岗位一事,邵某并未同意,公司也明确表示未找到适合邵某的替代岗位,故一审法院认定公司的解除系违法解除并无不当。

二、上海地区的案例

上海的法院对于“客观情况发生重大变化”的认定口径比较宽松,只要用人单位有证据证明单位基于合理的原因进行了组织架构调整,法院通常会认定属于“客观情况发生重大变化”。上海的司法实践中,用人单位因组织架构调整,以“客观情况发生重大变化”为由解除劳动合同,被认定为违法解除的案例中,通常是因为用人单位没有提供充分的证据证明组织架构进行了调整,或者是没有与劳动者就协商变更劳动合同内容进行诚信磋商。例如,在(2015)沪二中民三(民)终字第197号案件中,二审法院认为,从时间上来看,即便公司确实不再设副总经理职位,但在同一天对张某作出免职、调岗及解除合同的一系列决定,未免仓促,原审法院对于该节处理并无不当(认定双方并没有就合同的变更进行过任何的商洽,公司的解约并不合法)。

(一)(2016)沪01民终8009号案

徐汇区人民法院认为,陈某与公司签订的劳动合同约定陈某在上海担任行政管理岗位,陈某实际担任上海分公司行政经理一职。2015年3月2日,公司决定将上海分公司行政部并入人事部,由姚某兼任合并后的上海分公司人力资源部经理。故陈某原工作岗位行政经理一职已被撤销,因他人已担任人力资源部经理一职,双方签订的劳动合同约定的陈某担任行政管理岗位客观上已无法履行。后公司提出将陈某调至泰州A公司负责行政管理的岗位,陈某未予同意,故双方就工作岗位和工作地点等变更经协商未达成一致,公司据此解除劳动合同,符合法律规定。二审中,上海市第一中级人民法院与一审法院持相同观点,维持原判。

(二)(2016)沪01民终4577号案

浦东新区人民法院认为,张某原隶属的消费电子事业部与数据通信事业部合并,成立新的数据与终端设备事业部,新的数据与终端设备事业部成立后,进行了相应的组织架构调整,重新确立了岗位和职责。因公司的上述部门的合并必然涉及员工工作岗位的变动或裁撤,故公司主张双方订立劳动合同时所依据的客观情况发生重大变化,双方间的劳动合同无法继续履行,并无不当。二审中,上海市第一中级人民法院维持原判。

(三)(2017)沪02民终5276号案

黄浦区人民法院认为,企业根据自身经营所需对组织架构、经营岗位所作的调整、设定均属企业经营自主权范畴,基于此致使劳动合同无法履行,应属因客观情况发生重大变化而致劳动合同无法履行之情形。根据查明的事实,本案即符合上述情形,因公司组织架构、业务范围的调整致乔某所在的岗位总裁办高级项目经理不再设立,原总裁办高级项目经理或调岗或与公司协商解约亦印证了前述情况,该情况应属客观情况发生变化。二审中,上海市第二中级人民法院与一审法院持相同观点,维持原判。

(四)(2017)沪02民终8634号案

嘉定区人民法院认为,维护劳动者合法权益的同时,亦应当尊重用人单位的经营自主权和用工管理权。根据公司提交的2014年及2015年度利润表及部分审计报告、2016年9月1日及2016年11月1日的组织图分析,公司因连续亏损进行组织机构的调整,徐某所在的针织流水线解决方案组被撤销,徐某的岗位随之亦撤销,双方劳动合同订立时所依据的客观情况发生重大变化,致使劳动合同已经无法履行。此外,公司董事会于2016年8月12日明确作出进行结构改革、精简人员、调派员工至其他关联公司等以期应对销售额不断下滑、连续亏损现状的决议,亦证实客观情况发生重大变化。一审法院认定公司系合法解除徐某劳动合同。二审中,上海市第二中级人民法院与一审法院持相同观点,维持原判。

三、劳动合同的终止

劳动合同的终止,是指劳动合同的法律效力自然消失或经判决、裁决而消失。劳动合同的终止,即当事人双方建立的劳动关系的终结。劳动合同的终止必须符合法定的条件。

除劳动合同期限届满终止外,下列情况下劳动合同也应终止:(1) 劳动合同双方当事人发生劳动争议,经劳动仲裁机关裁决或人民法院判决终止其效力的劳动合同应当终止。(2) 劳动者达到退休年龄,或者劳动者死亡、劳动者完全丧失劳动能力,劳动合同主体一方已不存在或不具有劳动能力,劳动合同关系自然终止。劳动者达到退休年龄,标志着劳动者自然退出工作岗位,尽管劳动合同尚未到期,也应在劳动者达到退休年龄之时,即行办理退休和终止劳动合同手续。(3) 用人单位因破产或依法被解散、撤销及其他法定事由,使得原劳动关系一方主体不复存在,劳动合同也应终止。(4) 劳动合同经劳动仲裁机关或人民法院确认无效后,即行终止。(5) 法律、行政法规规定的其他情形。

需要注意的是,女职工在孕期、产期、哺乳期内,劳动合同期满,不可以终止劳动合同,应顺延到孕期、产期、哺乳期满,再终止其劳动合同。另外,从事接触职业病危害作业的劳动者未进行离岗前职业健康检查,或者疑似职业病病人在诊断或者医学观察期间的;患病或者非因工负伤,在规定的医疗期内的;在本单位连续工作满 15 年,且距法定退休年龄不足 5 年的,劳动合同都应当续延至相应的情形消失时终止。用人单位与在本单位患职业病或者因工负伤并被确认丧失或者部分丧失劳动能力的劳动者终止劳动合同时,按照国家有关工伤保险的规定执行。

四、劳动合同的无效

无效劳动合同,是指因为违反法律、法规的规定,或者采取不正当手段订立,因而不具备法律效力的劳动合同。劳动合同违反法律、行政法规的规定,是违反了国家的意志和劳动者的意愿,因而是无效的;劳动合同当事人一方采取欺诈、威胁等手段,故意隐瞒真实情况,制造假象,使另一方当事人上当受骗或违背自己真实意愿而订立合同,违背了劳动合同的订立原则,侵害了一方当事人的权益,因而是无效的。

(一) 违反法律、行政法规强制性规定的劳动合同

劳动合同违反法律、行政法规是指劳动合同的内容违反法律、行政法规的强制性规定。强制性法律规定是具有强制性的法律规范,当事人在其订立劳动合同的活动中必须遵守,否则即属违法。这类强制性规范主要有劳动保护规定、工作时间规定、劳动者基本权利规定、对妇女和未成年人的特殊保护规定等。如有的用人单位限制妇女就业,或在合同中以不得于合同期间结婚或生育为条件,或在劳动合同中规定了较长的劳动时间。

(二) 欺诈、威胁或者乘人之危订立的劳动合同

欺诈是一方当事人故意捏造虚假情况,或者歪曲、掩盖真实情况,使对方陷入错误认识而与之签订劳动合同。如谎称福利待遇好、工资多、劳动条件优越等。威胁是指以某种现实或将来的危害使他人陷入恐惧而签订劳动合同的行为。如以伤害用人单位负责人相威胁而迫使其签订劳动合同。乘人之危是利用对方当事人的急迫需要或危急处境,迫使对方违背本意接受于其明显不利的条件,并作出不真实的意思表示的情形。

此外,用人单位免除自己的法定责任、排除劳动者权利的劳动合同也应归于无效。

无效劳动合同,从订立的时候起就没有法律约束力。确认劳动合同部分无效的,如果不影响其余部分的效力,其余部分仍然有效。根据这一规定,劳动合同被确认为无效以后,该劳动合同是从订立时起就没有法律效力。劳动合同被确认为部分无效的,其余的部分仍然

有效,如劳动合同中有关保守商业秘密的条款无效,并不影响其他条款的效力。

无效劳动合同的效力虽然自始就得不到承认,但是,并不是任何人都有权宣布劳动合同无效。我国有权确认劳动合同无效的机关是劳动争议仲裁委员会和人民法院。

无效劳动合同的订立和履行,会给当事人造成一定的损失。当劳动合同被确认为无效后,因无效劳动合同给一方当事人造成实际损失时,由有过错的一方负责赔偿。如用人单位使用童工造成其伤残的,用人单位要对损失承担相应的赔偿责任。

劳动合同被确认无效,劳动者已付出劳动的,用人单位应当向劳动者支付劳动报酬。劳动报酬的数额,参照本单位相同或者相近岗位劳动者的劳动报酬确定。

【背景材料】

劳动合同无效条款例析①

《劳动法》的实施加快了我国劳动制度改革的进程,作为其核心内容的劳动合同与每一位劳动者密切相关,成为每一位劳动者现实的劳动权利和义务的法律凭证。根据1994年8月24日劳动部《关于全面实行劳动合同制的通知》的规定,到1995年年底全国80%以上的企业和职工将全部实行劳动合同制,到1996年年底基本在全国范围内全面实行劳动合同制。劳动者的各项权益——就业、工资、福利待遇、社会保险的缴付与获取等都将依附于每一份具体的劳动合同。因此,劳动合同的条款是否合法、合理关系到劳动者的切身利益,应予以认真关注和高度重视。笔者从手边的劳动合同中择取几类当前具有普遍性的无效条款试加例析,以求教于同仁。

一、抵押金条款

劳动合同中的抵押金条款有各种名目:或说是"风险抵押金",或表述为"质量保险金""岗位定金",其实质都是劳动者在就业、上岗前先交一定数额的钱,以备企业日后认为劳动者有过失或劳动者要求解除劳动合同时扣留抵偿。

这种条款的无效性表现为三个方面:一是在资金来源上,劳动者支出费用的来源只能是工资。为了缴纳抵押金以谋求职业,新就业的劳动者需求助于父母亲友;已就业的则要拿出原有的工资。从《劳动法》角度讲,这是变相地扣发劳动者的工资和对劳动者就业附加不平等和非自愿的条件;从社会角度看,它直接降低了劳动者的实际工资,因为其部分收入又回到了企业。二是在专项法规中,国家已经明令禁止。1994年3月,劳动部、公安部、全国总工会《关于加强外商投资企业和私营企业劳动管理、切实保障职工合法权益的通知》第3条规定:"企业不得向职工收取货币、实物等作为'入厂押金',也不得扣留或者抵押职工的居民身份证、暂住证和其他证明个人身份的证件。对擅自扣留、抵押职工居民身份证等证件和收取抵押金(品)的,公安部门、劳动监察机构应责令企业立即退还职工本人。"同年8月,劳动部在关于国有企业和集体所有制企业能否执行上述规定的复函中再次强调:"当前,一些企业在与职工建立劳动关系时擅自向职工收取货币、实物等作为'入厂押金'或者'风险金',这一做法违反国家关于劳动关系当事人平等、自愿和一致建立劳动关系的规定,侵害了职工的合法权益,必须予以制止。劳动部、公安部、全国总工会曾于今年三月联合发出了《关于加强外商投资企业和私营企业劳动管理切实保障职工合法权益的通知》(劳部发〔1994〕118号),对制止企业收取抵押金(品)的问题做了明确规定。同样,国有企业和集体所有制企业也不得向职工收取货币、实物等作为'入厂押金'或'风险金'。对擅自收取抵押金(品)的,劳动行政部门应责令企业立即退还给职工本人。"三是这属于一种变相非

① 摘编自黎建飞:《劳动合同无效条款例析》,《中国律师》1995年第5期。

法集资。如某纺织企业的银行核定贷款额度远不能满足资金需求，厂长便在3 000多名职工身上找出路,要求每个职工交纳抵押金2 000元,违者下岗。半个月内收到600多万元,企业实现年利润100多万元。职工因此每人领到200元奖金,共计60万元。但600多万元的银行贷款利息应为80万元,企业由此便获利20万元。在某种意义上该企业职工还算幸运——与那些企业亏损、连本金都无从找回的职工相比。

二、生死条款

这是指在劳动合同中规定劳动者伤亡病残由本人负责，企业不管。这类条款多出现在建筑行业，尤其是转承包的建筑施工单位和出租汽车行业的劳动合同中。它的无效性主要在于直接违反我国《劳动法》，并与国际劳工公约和国际惯例相抵触。

我国《劳动法》第73条规定，劳动者在患病、负伤、因工伤残或者患职业病时依法享受社会保险待遇。为了使劳动者在因工作原因致伤致残或因职业伤害导致职业病，暂时或永远丧失劳动能力时得到必要的物质保障，工伤保险实行以下原则:(1) 无过错补偿原则，即无论伤害责任属于用人单位或者第三者或者劳动者本人，受伤害者都应得到经济补偿；(2) 个人不缴费原则，全部费用由用人单位单方面负担。这是因为保障劳动者的安全、为劳动者提供符合国家法定标准的安全卫生的劳动条件是任何用人单位的责任和义务。这种义务是用人单位单方面的义务，或者说是用人单位对国家承担的义务。这便是《劳动法》从私法体系中分离出来的重要原因。

现代工业生产使劳动者置身于电气机械设施之中，不安全因素增多(建筑和出租车行业更是事故高发行业),用法律来强制用人单位保障劳动者安全已成为各国的共识，国际劳工局还对工伤保险提出了三项要求:(1) 职业伤害事故的预防，即通过规定雇主支付职业伤害赔偿金，促使雇主积极采取措施防止工伤事故的发生。(2) 对受到职业伤害的劳动者给予经济赔偿和补偿，包括医疗照顾和补贴；临时丧失劳动能力时以充分满足生活需要为标准的补偿；永久性丧失劳动能力时以充分满足生活需要为标准的补偿；劳动者死亡时对其遗属一次性支付的补偿；劳动者永久丧失劳动能力或死亡时，为其供养的亲属定期支付的以保障基本生活为目的的补偿。(3) 对因工致残的劳动者或职业病患者的康复承担责任，包括综合协调使用药物；度假及教育措施，以使残疾人恢复正常人的工作和生活能力。

在劳动法中，为劳动者在患病或非因工负伤暂时丧失劳动能力时提供物质帮助，属于疾病保险或医疗保险范畴。疾病保险待遇主要有医疗待遇和疾病、负伤、残疾期间的生活待遇。疾病保险费用由用人单位、国家和劳动者个人三方合理分担。实行疾病保险有利于保证劳动者的身体健康，保证劳动者的基本生活需要，解除劳动者的后顾之忧，促进社会经济的正常运行。

三、暂不孕育条款

一些企业，尤其是女工相对集中的企业出于自身利益的考虑，在劳动合同中限定女工在一定期间内(如两年)不得怀孕生育；温和一点的则扣除女工孕育期间的工资并让女工自己负担怀孕生育的各项费用。这是劳动就业中的一种典型的性别歧视,违反了我国《劳动法》《女职工劳动保护规定》和《妇女权益保障法》，因而无效。

我国《劳动法》除规定了妇女劳动者的平等就业权、同工同酬权外，还辟专章规定对女职工的特殊劳动保护，即女职工经期、孕期、产期、哺乳期的特殊劳动保护。根据《劳动法》《女职工劳动保护规定》和《妇女权益保障法》的规定：各单位在录用职工时，不得以性别为由拒绝录用妇女或者提高对妇女的录用标准。而在劳动合同中以女性的生理特点附加限制性条款显然属于“提高对妇女的录用标准”。

我国企业职工生育保险制度始建于1951年，其法律依据是政务院颁布的《劳动保险条例》；国家机关和事业单位女工作人员的生育保险制度始建于1955年,其法律依据是政务院颁布的《关于女工作人员生产假期的通知》。两项制度虽然分别建立,但它们规定的待遇项目和标准完全相同，都规定女职工怀孕和在本单位医疗机构或指定的医疗机构分娩，其检查费、手术费、住院费和药费由所在单位负担，费用从医疗经费渠道开支。女职工产假期满，因身体状况仍不能正常工作的，超过产假期间的待遇按职工患病的规定办理。为了配合《劳动法》的实施,劳动部1994年12月发布的《企业职工生育保险试行办法》也明确规定:职工个人不缴纳生育保险费,由企业按其工资总额的一定比例承担。女职工产假期间的生育津贴按照本企业上年度职工月平均工资计发;女职工生育的检查费、接生费、手术费、住院费和药费由生育保险基金支付,女职工生育出院后,由生育引起疾病的医疗费,由生育保险基金支付,其他疾病的医疗费按照医疗保险待遇的规定办理;女职工产假期满后,因病需要休息治疗的按照有关病假待遇和医疗保险待遇规定办理;女职工生育或流产后,到当地社会保险经办机构领取生育津贴和报销生育医疗费。这些规定,体现了国家对女职工的关怀和保护,任何用人单位都应无一例外地严格遵守。

四、纯义务条款

有一种劳动合同只规定劳动者应尽的义务,只字不提劳动者应该享有的权利。这种劳动合同在内容上与劳动法的立法目的相悖,也违反了《劳动法》关于劳动合同必备条款的规定。

劳动法的根本目的在于保护劳动者、维护劳动者的合法权益。这也是它出现于人类社会并存在和发展的理由。与其他法律不同,劳动法出现在工业革命之后,它的本来含义就是专指工业革命之后出现的、以保护工厂劳动者为宗旨的、调整劳动关系的法律。最早的劳动法是1802年英国的《学徒工道德与健康法》,标题便表明它从社会道德和生理健康角度保护童工的立法目的。伴随着人类社会的发展和进步,劳动法扩大了它的保护范围和保护对象。在市场经济条件下,依法保护劳动者的合法权益更为迫切和必要。因为相对于用人单位而言,劳动者是弱者:一方面他面对着具有强大经济实力的组织;另一方面他承受着劳动力市场供大于求的就业压力,而就业是他得以生存的前提。因此,我国《劳动法》第1条第一句话就开宗明义地规定:"为了保护劳动者的合法权益",并把这一目的贯穿在整部法律之中。《劳动法》全面规定了劳动者的平等就业和选择职业的权利、获得劳动报酬的权利、休息休假的权利、获得劳动安全卫生保护的权利、接受职业技能培训的权利、享受社会保险和福利的权利、提起劳动争议处理和劳动诉讼的权利。对于这样一部以劳动者权利为本位的法律,用人单位怎么能走向它的反面呢?以《劳动法》为其法律渊源而签订的劳动合同中又怎么能通篇竟找不到一项劳动者的权利呢?

在劳动合同的内容中,《劳动法》要求必须规定劳动保护和劳动条件。因此,劳动合同的条款应明确劳动者在工作中应该享有的生产和工作条件。这是用人单位保障职工正常生产和工作所必需的基本要求,包括劳动场所和设备、劳动安全卫生设施等,以保障职工在人身安全及人体不受危害的环境下从事生产和工作,或者依照国家规定提供必要的劳动保护用品和保健食品。劳动报酬也是劳动合同的必备条款。在劳动合同中要明确规定劳动报酬不得低于当地的最低工资标准,必须以货币形式定期足额支付、不得拖欠或扣押、必须体现效率和公平的原则、确定工资增长的时间与条件、保证实际工资不因物价上涨而降低。此外,劳动者依照法律应当享受的医疗、工伤、疾病、生育和养老保险待遇也应在劳动合同中加以明确规定。只有这样,劳动合同才能在其本来意义上被称为劳动合同。

【典型案例】

解除劳动合同时的经济补偿金①

原告董策群主张:2021年8月16日,雅居乐共享公司第一次找其谈要解除劳动合同,拿出事前拟定的补偿协议要求其签署。其签收了解除劳动合同通知后,雅居乐共享公司问其要不要去番禺,其也

① "董策群、雅居乐共享服务有限公司等劳动争议案",广州市中级人民法院(2023)粤01民终7364号民事判决书。

不清楚情况。雅居乐共享公司违法解除劳动合同,应支付相应的经济赔偿金。

被告雅居乐共享公司、雅居乐置业公司答辩称:(1) 受疫情影响和国家对地产公司的调控,公司经营大受影响,需要调整员工岗位,董策群新岗位的职务、内容、工资都没有变化,但工作地点调整为番禺,其不同意岗位调整。(2) 2019 年 12 月时,公司员工集体转换劳动合同主体,董策群的工作内容没有发生变化。一审法院对该项诉请作如下评判:关于解除劳动合同的原因。依照最高人民法院《关于审理劳动争议案件适用法律问题的解释(一)》第 44 条之规定,雅居乐共享公司应对其作出解除劳动合同决定的原因负举证责任。雅居乐共享公司答辩称控股公司架构调整,需要调整岗位,但仅提交公司架构调整的方案,未能举证调整董策群岗位的必要性,也未提交证据证明在解除劳动合同前与董策群平等协商调整岗位,故应当承担举证不能的不利后果。

法院认定雅居乐共享公司解除与董策群的劳动合同系违法解除:(1) 关于工作年限。董策群提交的劳动合同变更协议书反映,2019 年 12 月 1 日起,雅居乐置业公司、雅居乐共享公司与其签订协议,约定将其调往雅居乐共享公司工作。鉴于雅居乐共享公司、雅居乐置业公司具有关联关系,而雅居乐置业公司未能举证董策群自愿变更劳动合同以及已支付经济补偿金的事实,故法院认定该次调动系非因劳动者原因的工作调动。依照最高人民法院《关于审理劳动争议案件适用法律问题的解释(一)》第 46 条之规定,对董策群主张应将其在雅居乐置业公司、雅居乐共享公司的工作年限合并计算,法院予以支持。结合劳动合同的订立情况,法院认定董策群在雅居乐共享公司、雅居乐置业公司处的工作年限为 3 年 7 个月。(2) 关于具体金额。依照《劳动合同法》第 47 条、第 87 条之规定,综合董策群 2020 年 9 月至 2021 年 8 月期间的月固定薪水、2020 年年终奖及专项奖金、每月餐补(2021 年 6 月除外)及旅游津贴等情况,雅居乐共享公司应支付违法解除劳动合同的赔偿金 175 329.2 元(21 916.15 元×4 个月×2 倍)。

二审法院认为:关于解除劳动合同赔偿金的问题,董策群在其上诉状的事实和理由部分已明确表示在 2021 年 6 月享受了雅居乐共享公司提供的午餐,并未取得餐补,故其主张将该月餐补计入其收入无事实依据,本院依法不予支持。一审法院计算其离职前十二个月的月平均工资理据充分,本院依法予以维持。

雅居乐共享公司、雅居乐置业公司因调整公司架构而解除与董策群的劳动合同,但未能证明其调整董策群的工作岗位具有合理性,也未能证明其解除劳动合同前已与董策群协商一致,本院对其主张依法不予支持。

第三节 劳动合同的期限和形式

一、劳动合同的期限

劳动合同的期限,是指劳动合同的有效时间,是劳动关系双方当事人行使权利和履行义务的时间。劳动合同订立后当事人双方即构成了受权利义务约束的劳动关系,各自都要以自己的行为来行使权利和履行义务。这种具有约束力的权利义务关系是有一定期限的。它可能是较长期的,也可能是短暂的。我国《劳动法》第 20 条第 1 款规定:“劳动合同的期限分为有固定期限、无固定期限和以完成一定的工作为期限。”根据上述规定,我们可以把劳动合同分为三类。

(一) 有固定期限的劳动合同

有固定期限的劳动合同,是指劳动合同当事人双方所订立的劳动合同规定了具体明确的起始时间和终止时间。劳动合同期限届满,劳动关系即告终止。经当事人双方协商同意,可以续订合同,但续订的劳动合同的期限也是具体明确的。定期劳动合同的具体期限可由当事人双方根据工作需要和各自的实际情况确定。定期的劳动合同运用范围广、应变能力强,既能保持劳动关系的相对稳定,又能促进劳动力的合理流动,同时也能减少不必要的劳动纠纷。

(二) 无固定期限的劳动合同

无固定期限的劳动合同,又称不定期的劳动合同,指劳动合同当事人双方订立的劳动合同没有规定明确的时间界限。订立无固定期限的劳动合同,除法律、法规规定外,当事人双方应当约定变更和解除劳动合同的条件。

无固定期限的劳动合同并不是针对短期性的劳动行为的,相反,劳动者长期在一个用人单位工作,掌握了较强的技术并有了连续工作的经验和岗位,更适合签订无固定期限的劳动合同。因此这种合同适用于技术性强,涉及尖端科学技术、需要保守秘密的行业,要求职工保持长期性工作岗位。一般情况下劳动合同约定的变更和解除劳动合同的条件没有发生,用人单位不得变更和解除劳动合同。只有在符合法定或约定的合同解除条件的情况下,劳动关系才可终止。与有固定期限的劳动合同相比,无固定期限的劳动合同对劳动者更有利。有固定期限的劳动合同到期后,用人单位可以拒绝与劳动者重新订立劳动合同。无固定期限的劳动合同不存在到期的问题,除非发生法定原因或基于双方之合意才可解除。

无固定期限的劳动合同具有一定的灵活性。我国《劳动法》第 20 条第 2 款规定:“劳动者在同一用人单位连续工作满 10 年以上,当事人双方同意续延劳动合同的,如果劳动者提出订立无固定期限的劳动合同,应当订立无固定期限的劳动合同。”“在同一用人单位连续工作满 10 年以上”,是指劳动者与同一用人单位签订的劳动合同的期间不间断达到 10 年,劳动合同期满双方同意续订劳动合同时,只要劳动者提出签订无固定期限劳动合同的,用人单位应当与其签订无固定期限的劳动合同。

针对实践中无固定期限劳动合同签订难的现象,我国《劳动合同法》第 14 条将相关条件修改为:(1) 劳动者在该用人单位连续工作满 10 年的;(2) 用人单位初次实行劳动合同制度或者国有企业改制重新订立劳动合同时,劳动者在该用人单位连续工作满 10 年且距法定退休年龄不足 10 年的;(3) 连续订立二次固定期限劳动合同,且劳动者没有本法第 39 条和第 40 条第 1 项、第 2 项规定的情形,续订劳动合同的。并且增加规定了:用人单位自用工之日起满一年不与劳动者订立书面劳动合同的,视为用人单位与劳动者已订立无固定期限劳动合同。

(三) 以完成一定工作为期限的劳动合同

以完成一定工作为期限的劳动合同,是指当事人双方把完成某一项工作或工程确定为合同起始和终止的期限。某一项工作或工程开始之日即为合同开始之时,此项工作或工程完毕,合同即告终止。

这种劳动合同实际上属于特殊的定期劳动合同,只不过表现形式不同。一般的定期劳动合同以时间的长短作界限,而以完成一定工作为期限的劳动合同是以一项工作或工程的起始与完成作界限的。它的特点是,既不是没有期限,也不是有确定的时间期限,而是以合同中规定的工作任务的完成作为合同期满的时间点。

【背景材料】

无固定期限劳动合同制度的价值①

我国《劳动合同法》设计的无固定期限劳动合同新规则,可以引导用人单位与劳动者建立较稳定长期的劳动关系,保证劳动者职业稳定,保证用人单位的用人规划预期和连续性,是一项双赢的法律制度。这一规范的核心制度价值在于为迅速变换的经济发展社会构建一个稳定和谐的劳动关系,保障劳动者的职业稳定权,促进社会稳定。

从全社会角度看,无固定期限劳动合同制度的建立和完善还具有保障社会政治经济秩序良好运行的价值。通过规范劳动者和用人单位的权利和义务,保护劳动者的合法权益,充分发挥劳动者的主观能动性,提高用人单位的劳动生产率和经济效益,减少纠纷,维护社会政治经济秩序的稳定。

对用人单位来说,某一劳动者在同一单位连续工作的时间越长,说明该劳动者对该单位的忠诚度越高,对该单位的贡献越大,俗话说"没有功劳也有苦劳",在劳动合同终止而劳动者又没有开始享受基本养老保险待遇的情形下,作为用人单位给予劳动者的补偿体现了对"老员工"忠诚度和贡献的"弥补",对劳动者度过重新就业期是非常重要的。同时,这种"弥补"往往促使劳动者更有归属感和安定感,从而更愿意提高专业技能,更愿意为同一单位连续工作,这对用人单位也是有利的。还要指出的是,我国《劳动合同法》并不是要求用人单位一使用劳动者就签订无固定期限劳动合同,而是在用人单位与劳动者连续订立了两次固定期限的劳动合同或者劳动者在该单位连续工作了十年后等情形中,才存在签订无固定期限劳动合同的问题,用人单位在相当长的用工期间内的自主权是非常大的。

因此,无固定期限制度是劳动法区别于传统民法的一项重要制度,是公法对私法加以干预的突出表现,或者说是公法通过私法(劳动合同)转化的表现。这项制度对构建和谐稳定的劳动关系、保障劳动者的职业稳定权、进而言之对构建和谐的社会人际关系具有十分重要的制度价值和功能,是其他任何制度不可替代的。

【背景材料】

服务期与劳动合同期限的责任区分②

第一,劳动合同约定的服务期和劳动合同期限的长度相等时,劳动合同的解除、终止或当事人直接违反服务期约定的,能否因此同时对劳动者适用两个责任?对此,要具体区分劳动合同基于劳动者自身原因(如辞职违反规章制度等)、用人单位原因(如用人单位未及时足额支付劳动报酬、未依法为劳动者缴纳社会保险费等)或客观无法履行(如劳动者患病、死亡、工伤或资方破产等)而终止这些不同的情形加以判断:(1)在劳动合同基于用人单位过错而解除时,依据我国《劳动合同法实施条例》第26条第1款,劳动者不须因此承担违反服务期约定的责任,当然也不存在违反劳动合同期限规定的责任,这是因为服务期约定的履行是由于资方原因而客观不能,对此应遵循资方应对自己的过错负责的原则,并根据公平正义原则而对劳方进行倾斜保护。(2)在劳动合同基于劳动者自身的原因解除时,如果劳动者存在过错,依据《劳动合同法实施条例》第26条第2款,劳动者应向资方承担因此违反服务期约定的违约金责任。否则,即是对劳动者倾斜过度,怂恿并纵容劳动者以不合法、不合理的方式规避服务期制度,或鼓励劳动者违法、不积极工作并损害资方利益,因而会在制度上产生双重危害。如果劳动者不存在过错,例如,劳动者辞职的,依据《劳动合同法实施条例》第26条第1款及《劳动合同法》第38

① 摘编自周贤日:《无固定期限劳动合同制度分析及其价值》,《中国发展观察》2008年第2期。

② 摘编自黎建飞、李敏华:《劳动合同服务期责任的法哲学思考》,《河南省政法管理干部学院学报》2009年第2期。

条第1款的规定，不属于违反服务期约定，劳方不承担向资方支付违约金的责任。进言之，如果劳动者辞职符合法定要求，那么劳动者不因此承担解除劳动合同的责任，但为避免劳动者以此规避服务期制度，劳动者不能因合法辞职而免于承担违反服务期约定的责任，即支付违约金；如果劳动者辞职不符合法定要求，那么劳动者要承担因解除劳动合同给对方造成损失的赔偿责任，当然也要承担违反服务期约定的责任，两种责任可并行。毫无疑问的是，劳动者非依法解除或终止劳动合同的，有同时承担因此所发生的赔偿责任与违反服务期约定的赔偿责任的可能。同理，劳动者违反服务期约定的，也有可能同时承担上述两种责任。再次，由于客观原因（如用人单位依《企业破产法》规定进行重整的），用人单位在承担因解除或终止劳动合同而产生的责任的同时，可免除劳动者违反服务期约定的责任，因该解除或终止所依据的客观情形属于不受劳动者意志左右的情形，资方选择解除或终止劳动合同也表明其放弃了对劳动者履行期限的要求。

第二，服务期短于劳动合同期限的，在劳动合同期限内，违反服务期约定通常就是违反劳动合同期限规定，除了要承担违反服务期约定的责任外，还有依法承担违反劳动合同期限规定的可能。

第三，服务期长于劳动合同期限的，在劳动合同期限内，两种责任间的交错关系如第一项所述。而当劳动合同到期时，服务期超过劳动合同期限部分的，如果劳动合同不能续期，服务期也将无法履行。服务期制度应是对劳动合同解除或终止自由的限制，否则，该制度会具有不确定性并使制度设计的目的落空，所以，为了保证服务期制度的有效性，应当允许续延劳动合同期限。但是，服务期制度最直接的受益者或受害者毕竟是资方与劳方，他们对自己的权益有根据各自的需要放弃、变更和捍卫的自由，只要他们能对此达成一致，就应当予以尊重，以避免法的僵硬性而带来的不利。《劳动合同法实施条例》第17条规定，劳动合同期满，但是用人单位与劳动者依照《劳动合同法》第22条的规定约定的服务期尚未到期的，劳动合同应当续延至服务期满；双方另有约定的，从其约定。笔者认为，该刚性规定有其合理性，但仍会因其过分拘泥于法律而产生不公正的后果，对该条应进一步细化，这样更能依双方的意愿使他们的利益得到充分保障。劳动合同期满、劳动合同终止后，劳资双方可续签新的劳动合同，从而使服务期约定得以继续履行。劳资双方同意续签劳动合同，但就具体内容无法达成一致时，应推定其与原劳动合同内容一致；劳方不同意续签劳动合同、资方要求履行服务期约定时，应尊重资方意见，推定劳动合同续延至服务期满，以防止劳方借此规避服务期约定；资方不同意续签劳动合同时，应认定其已放弃对服务期约定的履行要求，对此应当予以尊重，且不得要求劳方承担违反服务期约定的责任。

二、劳动合同的形式

劳动合同的形式，是指劳动合同当事人确立、变更、终止劳动权利义务关系的表现方式。劳动合同的订立、履行、变更和解除是通过双方当事人的意思表示来实现的，意思表示必须以一定的方式来体现，因此，劳动合同必须具备一定的形式。我国《劳动法》第19条规定，劳动合同应当以书面形式订立。因此，劳动合同的形式必须是书面的。

书面形式的劳动合同，是指直接使用书面文字形式表达双方当事人经过协商而达成的一致意见，确定权利义务。书面形式的劳动合同严肃、慎重，合同内容白纸黑字写得清清楚楚，准确可靠，有据可查，便于当事人行使权利、履行义务，也便于主管部门和劳动合同管理机关的监督检查。一旦发生争议，可以取得确切的证据，从而可以查明事实、分清是非，正确运用法律、法规处理争议。我国的相关法律也一贯要求劳动合同应当以书面形式订立。如1986年国务院颁布的《国营企业实行劳动合同制暂行规定》第7条曾规定：

"企业与被招用的工人签订劳动合同时……以书面形式明确规定双方的责任、义务和权利。"《外商投资企业劳动管理规定》第8条也曾规定:"劳动合同由职工个人同企业以书面形式订立。"

【典型案例】

劳动合同格式条款中的雇主责任①

姜某于2008年3月17日入职A公司担任行政助理工作,双方签订了劳动合同。2010年10月27日,姜某以个人原因向A公司提出辞职,2010年11月27日双方劳动关系解除。劳动关系解除后,姜某以2009年2月25日劳动合同到期后,其继续在原岗位工作,但A公司未与其续签合同为由,诉至仲裁委员会,要求A公司支付2009年2月26日至2010年2月25日期间未签订劳动的合同二倍工资的另一倍工资。庭审中,姜某提供了双方当事人于2008年3月26日签订的劳动合同,并对其关于合同终止日期的主张进行佐证。该份劳动合同的期限为2008年3月26日至2009年2月25日。A公司对于姜某提供的劳动合同的真实性予以认可,但主张姜某的劳动合同期限为2008年3月26日至2011年3月25日,所以不同意姜某的申请请求。

A公司提交了由其保管的姜某的劳动合同,对其主张的劳动合同期限进行佐证。该份劳动合同上记载的期限与A公司的主张一致。姜某对A公司提供的劳动合同真实性不予认可,主张合同落款处的乙方签字并非其本人所签。除其保管的劳动合同外,A公司未就双方当事人签订劳动合同期限的主张提供其他证据进行佐证。除落款处甲乙两方的签字盖章外,双方当事人提供的劳动合同所有条款均为打印,而非手写,且合同内容与劳动合同必备条款之规定相符合。

仲裁委裁决:用人单位与劳动者签署书面劳动合同是法律规定的义务,用人单位应当审核双方签署的劳动合同的内容,并确保交付给劳动者保管的劳动合同与用人单位保管的劳动合同内容一致。A公司认可姜某提交的劳动合同的真实性,本委对此证据予以采信;姜某提交的劳动合同内容与A公司提交的劳动合同内容相悖,A公司未能提供其他证据证明其关于劳动合同期限的主张。综上,本委对A公司提供的劳动合同及其关于劳动合同期限的主张均不予采信,对姜某关于劳动合同期限的主张予以确认。A公司在双方劳动合同到期后未办理续签手续,依据《劳动合同法》第82条第1款:"用人单位自用工之日起超过一个月不满一年未与劳动者订立书面劳动合同的,应当向劳动者每月支付二倍的工资"的规定,A公司应支付姜某2009年2月26日至2010年2月25日期间的另一倍工资。

第四节　劳动合同的解除

解除劳动合同是劳动合同从订立到履行过程中可以预见的环节,解除劳动合同是不可避免的客观现实。依法解除劳动合同是维护劳动合同双方当事人正当权益的重要保证。由于劳动合同的解除是在当事人未完全履行合同规定的法律行为的情况下发生的,当事人双方订立劳动合同的目的没有实现或没有彻底实现,必然会给一方或者双方的权益造成影响。因此,劳动合同的解除,涉及合同双方当事人的切身利益,必须依法进行。

---

① 摘编自詹璐璐:《姜某与A公司劳动合同格式条款约定相悖引发争议》,《工会博览》2011年10月上旬刊。

一、用人单位解除劳动合同及其限制

（一）解除劳动合同的权利及其演变

由雇主或者说用人单位解除劳动合同也称为“解雇”，在理论上，雇主的解雇权随着历史发展有所变化。早期学者认为雇主对于雇工有解雇的自由，雇主为了对其经营和投资负责，必须考虑经营成本，雇用或者解雇劳动者都属于雇主经营自由的基本内容，不应受任何干预。之后学者在此基础上提出了限制解雇权滥用的主张，即在肯定雇主的解雇自由权的前提下，认为必须具有正当的理由，否则不得解雇。基于劳动权是劳动者的基本权利并且关系到劳动者的生存大计的认识，此后该主张又进一步发展为必须有法律的明文规定，雇主才能行使解雇权，否则解雇是无效的。据此，各国劳动立法都对雇主或者用人单位解除劳动合同的条件作出了专门的规定；有的国家还制定专门的《解雇保护法》来限制雇主的解雇行为，保护劳动者的劳动权利。

（二）劳动立法的规定与限制

我国《劳动法》第 25—28 条，《劳动合同法》第 39—43 条规定了用人单位解除劳动合同的情形及其限制。用人单位解除劳动合同可以分为三种情形：

1. 用人单位根据劳动者在工作中的主观表现决定解除劳动合同

《劳动法》第 25 条规定：“劳动者有下列情形之一的，用人单位可以解除劳动合同：（一）在试用期间被证明不符合录用条件的；（二）严重违反劳动纪律和用人单位规章制度的；（三）严重失职，营私舞弊，对用人单位利益造成重大损害的；（四）被依法追究刑事责任的。”《劳动合同法》第 39 条在此基础上新增了“（四）劳动者同时与其他用人单位建立劳动关系，对完成本单位的工作任务造成严重影响，或者经用人单位提出，拒不改正的；（五）因本法第 26 条第 1 款第 1 项规定的情形致使劳动合同无效的”两项。前者可以解读为限制或者禁止兼职，后者“以欺诈、胁迫的手段或者乘人之危，使对方在违背真实意思的情况下订立或变更劳动合同的”可以适用于劳动者以假文凭求职等行为。具体而言，用人单位可以根据劳动者在工作中的以下几类主观表现决定解除劳动合同：

（1）劳动者在试用期间被证明不符合录用条件的。劳动合同的订立、履行的可能性很大程度上依赖于劳动者的劳动力使用价值，《劳动法》规定劳动合同的试用期就是对劳动者的这种使用价值的现实考察。

（2）劳动者严重违反劳动纪律和用人单位规章制度的。劳动纪律是组织社会劳动的基础，是人们从事社会劳动的必要条件。用人单位的规章制度是根据国家法律、法规制定的，它具体规定了劳动纪律的要求，是保证用人单位全体人员协调一致地进行劳动的行为准则。因此，劳动者必须遵守劳动纪律和用人单位的规章制度。

（3）劳动者严重失职、营私舞弊，对用人单位利益造成重大损害的。劳动者坚守工作岗位，尽心尽责地工作，按照劳动合同的约定完成工作任务是劳动合同的实质所在。劳动者擅离岗位，玩忽职守，损公肥私，给用人单位经济上造成巨大损失的，用人单位有权解除劳动合同。

（4）劳动者被依法追究刑事责任的。劳动者被判刑的，一般都是因为违反了法律的有关规定，给社会带来了危害；劳动者本人因被判刑影响了劳动合同的正确、及时履行，不仅因其失去人身自由而延误劳动合同履行的时效，也因其违法行为或犯罪行为本身违反劳动纪律和用人单位规章制度，使得用人单位的生产、工作秩序无法正常进行，使得劳动合同的履行成为不必要,用人单位有权解除劳动合同。

(5) 劳动者同时与其他用人单位建立劳动关系,对完成本单位的工作任务造成严重影响,或者经用人单位提出,拒不改正的。这是《劳动合同法》第 39 条第 4 项的规定,也是一项关于劳动者不得兼职的敏感性规定。对此,各国立法通常并不作出规定,尤其不在劳动立法中作出限制性规定。中国劳动立法的此项规定应当满足了用人单位的需要,在一定意义上也是符合劳动关系相关要素的。因为劳动立法强调了用人单位对于劳动者的诸多法定义务,同样要求劳动者履行相应的义务和责任,对雇主的忠诚义务应当是其中的应有之义。

(6) 劳动者因违反《劳动合同法》第 26 条第 1 款第 1 项规定的情形致使劳动合同无效的。《劳动合同法》第 26 条第 1 款第 1 项规定的情形是"以欺诈、胁迫的手段或者乘人之危,使对方在违背真实意思的情况下订立或者变更劳动合同的"。劳动者在订立劳动合同时故意制造假象或隐瞒事实真相,欺骗用人单位,诱使其形成错误认识而与之订立劳动合同,用人单位有权解除该项劳动合同。

劳动部《关于贯彻执行〈中华人民共和国劳动法〉若干问题的意见》第 39 条规定,用人单位依据《劳动法》第 25 条解除劳动合同,可以不支付劳动者经济补偿金。

【背景材料】

美国通用汽车公司雇员申诉制度①

第一条,所有的申诉按下列程序处理:

(一) 第一阶段:如果雇员有所不满,应立即与其工人代表一道首先与他的工长或所在工作班的监督人交涉;工人代表在必要时可以与首席工人代表交换意见,如果雇员的工长或工作班监督人不能立即解决问题,工人代表应用文字简洁表达雇员申诉的内容,指出其声称的资方所违反的合同条款。工长或工作班监督人应于二个工作日之内对申诉作出处理并说明其理由。

(二) 第二阶段:如果在第一阶段未能解决问题,首席工人代表和有关的工人代表应与工作班监督人或工长一道于二个工作日之内与公司的一名代表交涉,该代表的地位高于工作班监督人或工长。该公司职员应于三个工作日之内作出书面答复。

(三) 第三阶段:如果在第二阶段未能解决问题,申诉应移交给所在厂的工厂申诉委员会。该会应在三个工作日之内,将雇员的申诉问题与厂方交涉。厂方要在工厂申诉委员会交涉之后的三个工作日之内作出书面答复。

(四) 第四阶段:如果在第三阶段仍未能解决问题,双方都可以在五个工作日之内要求与各自外部的代表第二次会面。在会面之后的五个工作日之内,应给主动的一方以书面答复。

(五) 第五阶段:仲裁。如果申诉在工厂申诉委员会和厂方之间仍未得到满意的解决,任何一方可以将申诉提交给双方推举出的公断人仲裁。

一切案件在申诉程序的仲裁阶段,工厂申诉委员会和厂方应推举一名公断人作为仲裁人。只要公断人为双方所接受,公断人可以一直履行其职责。如果双方长期对公断人的选择问题不能取得一致意见,则按照美国仲裁协会的章程选择仲裁人。公断人的费用和其他仲裁程序的开销应由双方均摊。仲裁人的决定为最终决定,对双方均具有约束力。对于本合同的条款或本合同的补充规定,公断人无权对其内容添加或减少,也不得无视或修改。公断人无权制订或改变任何工作的工资率。公断人对于涉

① 摘编自魏潜明:《中外成功企业内部管理规则》,中国政法大学出版社 1993 年版,第 30—32 页。

及生产标准的争议事项无权进行裁定，但是可以将申诉退回而不作任何决定。经过申诉程序的四阶段之后，问题仍未得到解决，工会有权罢工。如果依照本条规定而采取了罢工行动，本合同的其他条款和条件仍然有效，而申诉未涉及的条款也服从仲裁。

第二条，工厂申诉委员会和厂方的目的是：上一条规定的程序应该作为和平解决双方之间可能发生的争议的手段。因此，如果公司与雇员或工会之间发生争议，公司、工会及雇员都不应使生产中断。

第三条，如果劳方违反了本合同的规定，使公司的经营中断，但此中断并不是国际工会或地方工会煽动、委托、认可、批准或支持的结果，而且在中断之后他们又立即采取了补救措施，那么不论是国际工会、地方工会还是他们的职员、代理人或代表，对此类法律诉讼无损害赔偿的责任。对于煽动违反本合同的雇员，公司可以采取的唯一的补救办法是，立即解雇或进行惩戒，对参与煽动者也可以惩戒。

第四条，如果在申诉程序规定的各阶段的时间期限内，公司对问题未作出处理，雇员的申诉将自动取得同意。如果在限定的时间内，工会未将其移交下一阶段，申诉被视为放弃。时间期限可由工会和公司书面决定延长，然后执行新的日期。

第五条，雇员认为雇主解雇他是不公正的，他得在解雇后的三个工作日之内提出抗议，公司在接到雇员提出的抗议之后，应在二个工作日之内作出答复。如果拒绝雇员的抗议，则按申诉程序作为申诉处理。

第六条，如果发现雇员被不公正地终止雇用，在本节的限制范围之内，应当使雇员恢复工作。恢复后的工作等级要与原工作相似，并按原来的工资率支付工资，对雇员被解雇期间的工资损失按其固定工资率给予赔偿。公断人已作出不同的裁决时，情况例外。

第七条，本合同包括的雇员或工会向公司提出包括补发欠薪在内的各种要求，如涉及首次提出书面申诉之前一个时期的权益，该申诉无效，除非雇员或工会不可能了解到他们有充足的理由在此前提出要求。在这种情况下，溯及既往的要求也只限于雇员用书面形式提出要求之前的六十天之内。

第八条，厂方与劳方谈判委员会之间达成的协议对工会的所有会员均具有约束力，但须由国际工会或地方工会批准的除外。

第九条，因本合同的解释问题发生的争执和由厂方办理的申诉应该按照本节规定的申诉程序处理，但在申诉程序中由劳方谈判委员会一级提出的申诉例外。

【典型案例】

删除源代码的法律责任①

李某于2019年8月入职宇宙公司，担任数字建模工程师一职，并加入公司“动力定位程序技术开发项目”。2020年5月15日，李与项目负责人发生口角后，将自己所编程序的源代码删除，并随之从宇宙公司离职。宇宙公司称李擅自格式化公司电脑中的硬盘，删除了自己8个多月的工作成果，给公司造成直接经济损失152 880元，以及机会成本、商誉等间接经济损失372 120元，遂从劳动仲裁开启索赔程序。最终，法院称用人单位亦应当承担相应的经营风险及用工成本，判决李某赔偿宇宙公司经济损失60 000元。法官表示李某有违职业道德，应当承担相应的赔偿责任。

笔者认为，这是一起刑事犯罪案件，不是民事赔偿案件。李某的行为构成毁坏财物罪或破坏生产经营罪，不是用人单位应当承担的用工成本或者经营风险。

劳动法之所以确立雇主责任制，要求雇主承担劳动者在劳动过程中的诸多责任，原因就在于劳动者的劳动成果与劳动者相分离，劳动成果归雇主所有。全部劳动法律的体系和制度都是建立在劳动者

① 摘编自张智全：《“离职擅自删源代码被判赔”的警示》，《北京青年报》2022年10月26日。

是在为雇主劳动,而不是在为其本人劳动的基础之上。劳动者完成劳动过程后得到劳动报酬形成一个完整的法律关系,劳动成果的归宿与处置均与劳动者无关,劳动成果的盈利与亏损亦与劳动者无涉。顺理成章,劳动者没有任何理由和可能去处置自己在劳动过程进行中或劳动过程完成后所形成的任何形态的劳动成果。

在理论上,如果劳动者可以对"自己"的劳动成果有自己的想法和做法,劳动者处置劳动成果归属"职业道德"范畴,那么,劳动法将全部改写为其他法律,现行劳动关系也将在社会面完成清零。

在现实中,如果劳动者可以对"自己"的劳动成果有自己的想法和做法,建筑工人就可以去把自己砌的承重墙敲掉,4S 店的师傅可以去把路边停放的汽车的车轮卸掉,铁路工人可以把自己安装的轨道拆了,筑路工人可以把高速路面挖空,航天发射员可以按下"返回"按钮把航天飞机弄回地球,或者程序员可以修改或者删除自己编写的代码,让航天员不再有与地球人相知相会的连接。

---

2. 用人单位根据劳动合同履行中客观情况的变化解除劳动合同

《劳动法》第 26 条规定:"有下列情形之一的,用人单位可以解除劳动合同,但是应当提前 30 日以书面形式通知劳动者本人:(一) 劳动者患病或者非因工负伤,医疗期满后,不能从事原工作也不能从事由用人单位另行安排的工作的;(二) 劳动者不能胜任工作,经过培训或者调整工作岗位,仍不能胜任工作的;(三) 劳动合同订立时所依据的客观情况发生重大变化,致使原劳动合同无法履行,经当事人协商不能就变更劳动合同达成协议的。"

劳动者患病或非因工负伤,按其在本单位工作时间的长短,给予一定时间的医疗期。根据有关医疗期的规定,医疗期为 3—24 个月,对于患某些特殊疾病(如癌症、精神病、瘫痪等)的职工,在 24 个月内尚不能痊愈的,经企业和当地劳动部门批准,可适当延长医疗期。

劳动者经过培训,仍不能胜任工作的,用人单位对其岗位进行调整,调整后经过培训仍然不能胜任新岗位工作的,用人单位有权解除劳动合同。

劳动合同订立时所依据的客观情况发生变化,例如所依据的法律、法规已经废止或修改,原劳动合同的履行无法可依,双方经协商不能就劳动合同达成变更协议的,用人单位可以解除劳动合同;又如不可抗力原因造成的劳动合同内容履行已经成为不必要,或者是劳动合同内容变更后劳动者不能胜任其工作,双方没有达成变更劳动合同协议的,用人单位可以解除劳动合同。

因客观情况变化导致劳动合同解除与因劳动者主观过错解除劳动合同不同,这里有了"提前通知"或者"预告"。预告的目的在于对劳动者的保护,所以劳动者接到解雇预告后,为了寻找新的工作可以在工作期间请假外出。

在《劳动合同法》第 40 条中,还新增了"或者额外支付劳动者一个月工资后"这样的字样,由此赋予了用人单位用支付一个月工资的方式来替代"提前 30 日以书面形式通知"的法定条件。这是根据《劳动法》实施以来,用人单位用支付一个月工资的方式解除劳动合同后,劳动者在此期间提出病假甚至工伤的诉求,导致劳动合同无法按期解除,进而引发相应的劳动仲裁和诉讼的后果,专门作出的规定,为用人单位解除了后顾之忧。

【典型案例】

医疗期内的解雇保护①

原告中苑出租汽车有限公司诉被告孟宪忠称：孟宪忠于1965年参加工作，1993年在原告处工作。1999年7月，双方签订劳动合同，履行期满后双方又签订了一份劳动合同，该劳动合同期限自2001年1月1日起至2001年12月31日止。2001年4月15日至2001年8月9日，孟宪忠因患肾积水、结石住院治疗。同年11月8日，孟宪忠因患糖尿病及右眼外伤后浑浊到海军总医院治疗，于同年12月14日出院，建议全休两周。孟宪忠出院后一直病休，未再上班。2001年12月28日，中苑公司作出与孟宪忠终止劳动合同的处理决定，并于当月31日制作《终止孟宪忠劳动合同的通知》，该通知于2002年1月22日送达给孟宪忠。孟宪忠因不同意终止劳动合同，于2002年3月12日向北京市劳动争议仲裁委员会申请仲裁，该仲裁委员会裁决中苑公司一次性支付孟宪忠2002年1月至8月病假工资等，但驳回了孟宪忠的其他申诉请求。

原告不服劳动仲裁裁决，向法院诉称：被告孟宪忠于2001年12月14日出院时医生建议"全休两周"。也就是说，于2001年12月28日以后即应正常上班：这表明他的治疗已经终结。我公司于2001年12月28日决定与孟宪忠终止劳动合同，并于2001年12月31日出具了《终止孟宪忠劳动合同的通知》，该行为是符合法律规定的。而北京市劳动争议仲裁委员会于2002年8月26日作出的裁决认定事实有误，适用法律错误，特请求法院：(1) 认定《终止孟宪忠劳动合同的通知》是符合法律规定的。(2) 要求被告按规定办理终止劳动合同的手续。

一审法院审理后认为，双方当事人签订的2001年1月1日至2001年12月31日的劳动合同有效。医疗期是指企业职工因患病或非因工负伤停止工作治病休息不得解除劳动合同的时限。实际工作年限10年以上的，在本单位工作年限5年以上10年以下的为9个月。根据本案事实，孟宪忠于1965年参加工作，1993年由外地到京后，在原告处工作，孟宪忠的医疗期应为9个月，孟宪忠自2001年4月15日起间断休病假，可按15个月内累计，孟宪忠第一次病休时间为2001年4月15日至同年8月9日，第二次病休时间自2001年11月8日开始，此后孟宪忠未到单位上班，由此可以认定医疗期满的时间为2002年4月12日。中苑公司于2001年12月31日作出到期终止劳动合同的决定不当，应予撤销。孟宪忠与中苑公司的劳动关系至今仍然存续，故中苑公司请求法院认定《终止孟宪忠劳动合同的通知》符合法律规定及要求孟宪忠办理终止劳动合同手续的请求，均不予支持，依法撤销中苑出租汽车有限公司作出的《终止孟宪忠劳动合同的通知》。一审宣判后，中苑公司上诉，二审法院判决中苑出租汽车有限公司与孟宪忠签订的劳动合同的履行期限顺延至2002年4月孟宪忠医疗期届满之日起终止。

3. 用人单位因经济性裁员解除劳动合同

《劳动法》第27条第1款规定："用人单位濒临破产进行法定整顿期间或者生产经营状况发生严重困难，确需裁减人员的，应当提前30日向工会或者全体职工说明情况，听取工会或者职工的意见，经向劳动行政部门报告后，可以裁减人员。"《劳动合同法》还在第41条增加了可以解除劳动合同的情况，即企业转产、重大技术革新或者经营方式调整，经变更劳动合同后，仍需裁减人员的；其他因劳动合同订立时所依据的客观经济情况发生重大变化，致使劳动合同无法履行的。

① 摘编自"中苑出租汽车有限公司诉孟宪忠劳动争议案"，北京市高级人民法院(2004)高民终字第54号民事判决书。

经济性裁员,用人单位应按照法定程序与被裁减人员解除劳动合同:(1) 用人单位应提前 30 日向工会或全体职工说明情况,并提供有关生产经营状况的资料;(2) 提出裁减人员方案,包括:被裁减人员名单,裁减时间,实施步骤,依据的法律、法规规定,经济补偿办法;(3) 将裁员方案征求工会、全体职工的意见,并修改方案;(4) 向当地劳动保障行政部门报告裁减方案和工会、全体职工的意见,听取劳动保障行政部门的意见;(5) 公布裁减方案,与被裁减人员办理解除劳动合同手续,支付经济补偿金,出具裁减人员证明书。裁减人员时,应当优先留用下列人员:(1) 与本单位订立较长期限的固定期限劳动合同的;(2) 与本单位订立无固定期限劳动合同的;(3) 家庭无其他就业人员,有需要扶养的老人或者未成年人的。用人单位在 6 个月内重新招用人员的,应当通知被裁减的人员,并在同等条件下优先招用被裁减的人员。

【典型案例】

经济性裁员变违法解雇[①]

梁某于 2006 年 4 月 1 日开始到某铜业公司工作,最后一份劳动合同到期时间为 2014 年 4 月 1 日。合同到期后,梁某继续在公司工作至 2015 年 1 月 25 日公司春节放假停产。春节后,公司没有恢复生产,梁某也未再到公司工作。2015 年 3 月,公司向包括梁某在内的二十人以上企业职工出具《终止、解除劳动合同证明》,载明“兹有本单位职工梁某……因公司原因,本单位终止(解除)与该职工的劳动合同”。梁某解除劳动关系前 12 个月的平均工资为 2 996 元。

2015 年 4 月 9 日,梁某作为申请人,以公司为被申请人,向劳动人事争议仲裁委员会申请劳动仲裁。该委受理后,于 2015 年 5 月 26 日出具证明,载明该案至今未审理,不存在中止审理和延期审理等情形。梁某遂诉至法院。

法院认为:公司于 2015 年 3 月向包括梁某在内的二十人以上企业职工出具《终止、解除劳动合同证明书》,载明因“公司原因终止(解除)与该职工的劳动合同”,属于《劳动合同法》第 41 条规定的经济性裁员,公司未提供证据证明其进行经济性裁员符合该条规定,构成违法解除劳动关系;根据《劳动合同法》第 87 条,用人单位违反本法规定解除或者终止劳动合同的,应当依据该法第 47 条规定的经济补偿标准的二倍向劳动者支付赔偿金,故梁某诉请公司支付赔偿金,合法有据;公司辩称其不构成违法解除劳动关系缺乏依据,不予采纳。综上,法院判令某铜业公司支付给梁某违法解除劳动关系赔偿金 53 928 元。

(三) 用人单位解除劳动合同应当支付经济补偿

《劳动法》第 28 条规定,用人单位依据本法第 24 条、第 26 条、第 27 条的规定解除劳动合同的,应当依照国家有关规定给予经济补偿。用人单位解除劳动合同的经济补偿,是指解除劳动合同后用人单位给劳动者的经济上的补助。一般包括两方面:一是生活补助费,二是医疗补助费。这是为了使劳动者在被解除劳动合同以后,找到新的工作以前,其基本生活开支、继续医治疾病有必要的保障。

---

① 摘编自绍兴市中级人民法院:《居家办公=正常出勤? 企业能否随意调岗? 十大典型案例提示涉疫情劳动争议法律风险!》,“绍兴市中级人民法院”微信公众号,2020 年 4 月 30 日,https://mp. weixin. qq. com/s/2_2K7JYwFLtgiiyBPPI-4g,访问日期:2024 年 9 月 1 日。

《劳动合同法》第 47 条是关于经济补偿金计发标准的规定。该条第 1 款规定了经济补偿金的常态化计发标准,经济补偿按劳动者在本单位工作的年限,每满 1 年支付 1 个月工资的标准向劳动者支付。6 个月以上不满 1 年的,按 1 年计算;不满 6 个月的,向劳动者支付半个月工资的经济补偿。该条第 2 款规定了劳动者月工资高于平均工资 3 倍后的计发标准,即劳动者月工资高于用人单位所在直辖市、设区的市级人民政府公布的本地区上年度职工月平均工资 3 倍的,向其支付经济补偿的标准按职工月平均工资 3 倍的数额支付,向其支付经济补偿的年限最高不超过 12 年。立法在这里限定了两项支付标准:(1) 经济补偿金的最高数额为职工月平均工资的 3 倍;(2) 经济补偿金的最高年限为 12 年。二者体现了同一个立法意图:阻止劳动者获得过高的经济补偿金。这来源于劳动立法的本质要素:劳动法积极保护劳动者的劳动报酬,但也慎重对待劳动者的非劳动补偿。

【背景材料】

应当支付经济补偿金的八种情形①

一、劳动者"被迫离职"

一般来说,劳动者主动解除劳动合同是没有经济补偿的,但按《劳动合同法》第 38 条之规定,当用人单位存在某些违法情形时,劳动者可以单方随时解除劳动关系。这种情况下,虽然是劳动者提出解除劳动合同,用人单位仍应向劳动者支付经济补偿。用人单位的违法情形包括:未按劳动合同约定提供劳动保护或劳动条件;未及时足额支付劳动报酬;未依法为劳动者缴纳社会保险费;用人单位的规章制度违反法律、法规的规定,损害劳动者权益;因用人单位原因致使劳动合同无效;用人单位以暴力、威胁或非法限制人身自由的手段强迫劳动者劳动;用人单位违章指挥、强令冒险作业危及劳动者人身安全等。

相关案例:张先生在某置业公司工作了八年多,是一名行政部驾驶员。2013 年 7 月底,公司通知张先生从 8 月 5 日开始到集团下属的某物业公司工作,劳动关系、薪资标准、福利待遇均不变。张先生收到该通知后明确表示拒绝。8 月 5 日,张先生依旧到置业公司上班,但因门禁卡已被公司注销而无法进入办公区域。8 月 6 日,公司继续将张先生拒之门外。为了进入办公区域,张先生与公司保安发生冲突,还报了警。当天,张先生因病到医院就诊,医生开具了 12 天病假证明。8 月 19 日,张先生再次去公司上班,公司仍然拒绝张先生进入。8 月 20 日,张先生以公司注销他的门禁卡,强行阻止他提供劳动为由,书面通知公司解除双方劳动合同。张先生认为,置业公司与物业公司都是独立法人,被告未经原告同意擅自安排原告到物业公司工作,属于变更劳动合同的用工主体。原告拒绝这一安排后,被告强行阻止原告进入办公区域,属于不提供劳动条件。因此,原告书面通知被告解除劳动合同后,根据劳动合同法的相关规定,被告应当支付经济补偿金。2014 年 2 月,长宁区法院对此案作出一审判决,被告置业公司应支付原告张先生解除劳动合同的经济补偿金 3.2 万余元。

二、用人单位提出解约

《劳动合同法》第 36 条规定,用人单位与劳动者协商一致,可以解除劳动合同。用人单位依照法律规定向劳动者提出解除劳动合同并与劳动者协商一致解除劳动合同的,应当支付经济补偿。由此可见,在协商一致解除劳动合同时,究竟是由哪方提出的解约,是劳动者能否要求单位支付经济补偿金的

① 摘编自周斌:《八种离职情形,经济补偿一分也不能少》,网易,2014 年 11 月 22 日,http://news.163.com/14/1122/01/ABKB7FGV00014AEE.html,访问日期:2014 年 12 月 12 日。

关键。若解除劳动合同的请求是由用人单位提出的,那么用人单位理应依法支付经济补偿金;若由劳动者提出,则用人单位无须支付补偿金。

相关案例:刘某于1999年12月入职某公司工作,任该公司预算员。2012年,在市场竞争中,公司业务有所下降,经营发生困难。同年10月,公司提出与刘某解除劳动合同。后经公司与刘某协商一致,解除了劳动合同,并进行了工作交接,公司为刘某出具了离职证明。2013年3月份,刘某向当地劳动人事争议仲裁委员会提出仲裁申请,要求公司支付经济补偿金;公司认为是双方协商一致解除劳动合同,公司无违法行为,不应支付经济补偿金。经审理,仲裁委支持了刘某的请求。

三、用人单位非过失性解约

所谓非过失性解除,是指《劳动合同法》第40条规定的三种情形:(1) 劳动者患病或者非因工负伤,在规定的医疗期满后不能从事原工作,也不能从事由用人单位另行安排的工作的;(2) 劳动者不能胜任工作,经过培训或者调整工作岗位,仍不能胜任工作的;(3) 劳动合同订立时所依据的客观情况发生重大变化,致使劳动合同无法履行,经用人单位与劳动者协商,未能就变更劳动合同内容达成协议的。有以上情形之一的,用人单位提前30日以书面形式通知劳动者本人或者额外支付劳动者1个月工资后,可以解除劳动合同,但需支付经济补偿。

相关案例:朱某在一家木材加工厂上班,并签订了劳动合同。由于朱某身单力薄,虽然两次调整工作岗位,仍难以承受。今年7月,企业以朱某不能胜任工作为由,与其解除了劳动合同。此后,企业与他结清了工资。但朱某要求给予经济补偿。企业认为,朱某今年3月才上班,因不能胜任工作被解聘,不能享受经济补偿。按照《劳动合同法》,职工不胜任工作被企业解聘的,同样可以享受到经济补偿。朱某在该企业共工作了3个月,按照规定,可以获得半个月工资的经济补偿。

四、用人单位依法裁员的

《劳动合同法》第41条规定,有下列情形之一,需要裁减人员二十人以上或者裁减不足二十人但占企业职工总数百分之十以上的,用人单位提前30日向工会或者全体职工说明情况,听取工会或者职工的意见后,裁减人员方案经向劳动行政部门报告,可以裁减人员:(1) 依照企业破产法规定进行重整的;(2) 生产经营发生严重困难的;(3) 企业转产、重大技术革新或者经营方式调整,经变更劳动合同后,仍需裁减人员的;(4) 其他因劳动合同订立时所依据的客观经济情况发生重大变化,致使劳动合同无法履行的。用人单位依照以上规定解除劳动合同的,应当支付经济补偿。

相关案例:2013年1月29日,中华英才网宣布执行公司出售前的裁员计划。包括销售、技术和财务在内的200多人被裁,并拿到了离职补偿。根据员工们的介绍,公司总监、总经理级别的管理层基本全部被裁。让人意外的是,由于离职赔偿方案相对丰厚,被裁员工反而成了被羡慕的一方,200多名在职员工发起了集体抗议。

五、用人单位不续约

根据《劳动合同法》规定,劳动合同期满终止,除用人单位维持或者提高劳动合同约定条件续订劳动合同,劳动者不同意续订的情形外,用人单位应当向劳动者支付经济补偿。劳动合同期满终止,可能有以下四种情况:(1) 双方都不同意续订劳动合同的;(2) 用人单位不同意续订劳动合同,劳动者同意续订劳动合同的;(3) 用人单位同意续订合同,但是降低劳动合同约定条件,劳动者不同意续订劳动合同的;(4) 用人单位同意续订合同,且维持或者提高劳动合同约定条件,劳动者不同意续订劳动合同的。其中只有第四种情况不需支付经济补偿,其他三种情况都需支付经济补偿。

相关案例:田先生于2011年11月进入上海一家机械制造公司,从事装配钳工类工作,书面劳动合同期限至2013年1月31日。双方签订的劳动合同中明确约定,申请人如续签劳动合同,须在合同到期一个月前向公司提出,如未提出,视为申请人单方不愿意续签劳动合同。2013年1月31日,公司没有与田先生续签劳动合同,双方劳动关系终止。公司认为田先生未提出续订意向,导致劳动合同终止,因此公司不需要为此支付经济补偿金。经法院审查,双方签订的劳动合同真实有效,田先生没有按照合同约定提出续订的意向这一情况也属实。但法律规定,劳动合同终止,除用人单位维持或提高劳动合同约定条件续订劳动合同而劳动者拒绝的情形外,固定期限劳动合同因期满而终止的,用人单位应当向劳动者支付经济补偿。也就是说,用人单位可免除支付经济补偿义务的前提是劳动者拒绝续订,而不是劳动者没有提出续订。本案中,这家机械制造公司未能证明公司维持或提高了劳动合同的约定条件而田先生拒绝续订劳动合同,因此仲裁委员会裁决公司需支付田先生经济补偿金。

六、用人单位破产等原因解约

根据《劳动合同法》的规定,用人单位被依法宣告破产、吊销营业执照、责令关闭、撤销或提前解散的,劳动合同依法终止,用人单位应向劳动者支付经济补偿。最高人民法院《关于审理劳动争议案件适用法律若干问题的解释(四)》(已失效)第 13 条规定,《劳动合同法》施行后,因用人单位经营期限届满不再继续经营导致劳动合同不能继续履行,劳动者请求用人单位支付经济补偿的,人民法院应予支持。《企业破产法》第 113 条规定,破产财产在优先清偿破产费用和共益债务后,依照下列顺序清偿:(1) 破产人所欠职工的工资和医疗、伤残补助、抚恤费用,所欠的应当划入职工个人账户的基本养老保险、基本医疗保险费用,以及法律、行政法规规定应当支付给职工的补偿金;(2) 破产人欠缴的除前项规定以外的社会保险费用和破产人所欠税款;(3) 普通破产债权。《企业破产法》明确将"应当支付给职工的补偿金"列入第一清偿顺序,充分体现了保护弱势劳动者的合法权益的立法精神。

相关案例:老刘是某国有企业职工,2009 年到 2010 年企业长期停产,公司已严重亏损,资不抵债。2010 年 7 月,公司申请破产,经法院依法裁定,进入破产程序。2011 年 3 月破产清算组进驻公司,2011 年 7 月破产终结。公司破产,老刘也成了失业者。老刘多次提出支付经济补偿金的要求,均遭到拒绝。本案中老刘因公司破产而被终止劳动合同,可依法获得经济补偿金,且可作为第一顺序而优先受偿。

七、用人单位解聘拒绝订约劳动者

《劳动合同法实施条例》第 5 条规定:"自用工之日起一个月内,经用人单位书面通知后,劳动者不与用人单位订立书面劳动合同的,用人单位应当书面通知劳动者终止劳动关系,无需向劳动者支付经济补偿,但是应当依法向劳动者支付其实际工作时间的劳动报酬。"第 6 条规定,用人单位自用工之日起超过一个月不满一年未与劳动者订立书面劳动合同的,应当与劳动者补订书面劳动合同;劳动者不与用人单位订立书面劳动合同的,用人单位应当书面通知劳动者终止劳动关系,并支付经济补偿。但是,对于劳动者拒绝订立书面劳动合同并拒绝继续履行的情形,上海市高级人民法院《关于适用〈劳动合同法〉若干问题的意见》认为:应视为劳动者单方终止劳动合同。这种情形下,用人单位应当支付劳动者已实际工作期间的相应报酬,但无须支付经济补偿金。

相关案例:2012 年 9 月刘某在经过笔试和面试之后,被一家公司正式录用从事销售工作。双方口头约定:公司每月支付基本工资 2000 元,另外根据刘某的销售业绩,每月再给予其提成。2012 年 10 月初,公司书面通知刘某要求订立劳动合同,但刘某未与之订立,公司随即书面通知刘某终止劳动关系。刘某与公司交涉,要求支付经济补偿金。公司自用工起一个月内,书面通知刘某要求签订劳动合同,由于刘某不与公司订立劳动合同,公司即书面通知刘某终止劳动关系并无不妥,刘某提出要求公司支付经济补偿金缺乏依据,但公司应该支付刘某在公司实际工作时间的劳动报酬。如果是用工之日起超过一个月后,劳动者拒签呢? 分两种情况。其一,超过一个月不足一年,劳动者拒签,用人单位可终止劳动关系。但此时,用人单位需承担未签劳动合同期间的双倍工资,以及终止劳动关系的经济补偿金。其二,超过一年,劳动者拒签的,此时双方已经形成无固定期限的劳动关系,用人单位不可以单方面终止劳动关系了。

八、以完成一定工作任务为期限

《劳动合同法》第 15 条第 2 款规定:"用人单位与劳动者协商一致,可以订立以完成一定工作任务为期限的劳动合同。”同时《劳动合同法实施条例》第22条规定:“以完成一定工作任务为期限的劳动合同因任务完成而终止的,用人单位应当依照劳动合同法第四十七条的规定向劳动者支付经济补偿。”需注意这与固定期限劳动合同期满终止,是否应当支付经济补偿的规定不同。劳动合同期满终止,除用人单位维持或者提高劳动合同约定条件续订劳动合同,劳动者不同意续订的情形外,用人单位应当向劳动者支付经济补偿。而劳动合同因任务完成而终止的,不管双方是否愿意续签,用人单位都应当向劳动者支付经济补偿金。

相关案例:2010年10月份,张某进入一家私营企业工作,主要从事该公司中央空调安装调试工作。企业与张某约定,以安装中央空调为一项任务,安装调试结束正常运转劳动合同即终止。2011年12月底,中央空调安装完毕,并按照企业要求调试正常运转交给企业,企业验收后表示合格,按约定支付劳动报酬,并且办理终止劳动合同及退工的登记备案手续。张某在办理手续时向企业提出要求支付经济补偿金,企业不同意。仲裁委员会认为,双方当事人签订了以完成一定工作任务为期限的劳动合同,因任务完成而终止劳动合同的,企业应该支付张某经济补偿金。

【对劳务派遣人员支付经济补偿金的特别规定】

《劳务派遣暂行规定》第12条规定:“有下列情形之一的,用工单位可以将被派遣劳动者退回劳务派遣单位:(一)用工单位有劳动合同法第四十条第三项、第四十一条规定情形的;(二)用工单位被依法宣告破产、吊销营业执照、责令关闭、撤销、决定提前解散或者经营期限届满不再继续经营的;(三)劳务派遣协议期满终止的。”第15条规定:“被派遣劳动者因本规定第十二条规定被用工单位退回,劳务派遣单位重新派遣时维持或者提高劳动合同约定条件,被派遣劳动者不同意的,劳务派遣单位可以解除劳动合同。被派遣劳动者因本规定第十二条规定被用工单位退回,劳务派遣单位重新派遣时降低劳动合同约定条件,被派遣劳动者不同意的,劳务派遣单位不得解除劳动合同。但被派遣劳动者提出解除劳动合同的除外。”第16条规定:“劳务派遣单位被依法宣告破产、吊销营业执照、责令关闭、撤销、决定提前解散或者经营期限届满不再继续经营的,劳动合同终止。用工单位应当与劳务派遣单位协商妥善安置被派遣劳动者。”第17条规定:“劳务派遣单位因劳动合同法第四十六条或者本规定第十五条、第十六条规定的情形,与被派遣劳动者解除或者终止劳动合同的,应当依法向被派遣劳动者支付经济补偿。”

(四)对用人单位解除劳动合同的限制

我国《劳动法》第29条规定:“劳动者有下列情形之一的,用人单位不得依据本法第26条、第27条的规定解除劳动合同:(一)患职业病或者因工负伤并被确认丧失或者部分丧失劳动能力的;(二)患病或者负伤,在规定的医疗期内的;(三)女职工在孕期、产期、哺乳期内的;(四)法律、行政法规规定的其他情形。”

1. 劳动者患职业病或者因工负伤并被确认丧失或者部分丧失劳动能力的

劳动者在劳动过程中,可能会遇到有毒有害气体、粉尘、危险物品、工业噪声、强光、高温、低温造成的伤害。劳动者被确认为患有职业病的,其所在单位应根据职业病诊断机构的意见,安排其医疗或疗养,经医疗或疗养后,被确诊为丧失劳动能力或部分丧失劳动能力的,用人单位不得与之解除劳动合同。如果部分丧失劳动能力的,用人单位可以调整工作岗位,安排其进行力所能及的工作;如果是被确认为完全丧失劳动能力的,用人单位应当依据国家有关社会保险的规定安排其生活。因工负伤是指劳动者在工伤事故中负伤或者在工作区域内受到因工作原因或者属于劳动法规定范围内的其他原因造成的伤害。劳动者因工负伤被确认为完全丧失劳动能力的,用人单位依据国家有关工伤保险待遇的规定安排劳动者的工作和生活,不得与之解除劳动合同。

2. 劳动者患病或者负伤,在规定的医疗期内的

劳动者患病、负伤停止工作,进行诊疗和休养,在医疗期间内用人单位不得依据《劳动法》第26、27条的规定解除劳动合同。

3. 女职工在孕期、产期、哺乳期内的

在生产、工作过程中,女性劳动者在月经期间、生育期间及哺乳期间受到特殊的劳动保护。女性劳动者在怀孕期间、产假期间、哺乳期间用人单位不得依据《劳动法》第26、27条的规定解除劳动合同,这是对女性劳动者孕期、产期、哺乳期特殊保护的具体体现。

【典型案例】

违反职业道德的解雇①

每个人都知道有职业道德,但并非所有人都知道具体的职业道德。每个岗位都有自己的职业道德,也有全岗均适用的职业道德。《劳动法》第3条规定,劳动者应当"遵守劳动纪律和职业道德"。

张某入职一家公司已有20年,担任运营维护部高级经理,与公司签订了无固定期限劳动合同。2021年8月6日,公司以张某擅自盗取公司机密邮件为由,与张某解除劳动合同。张某负责公司所有邮箱的注册工作,2021年7月15日公司人力部门负责人发现发送给公司总裁的邮件同时向另一邮箱地址发送,经调查该邮箱为张某私自设置,目的为盗取公司及公司高管邮件。法院认为张某未经公司同意且在公司不知情的情况下擅自将公司高管的邮件设置转发自己查阅,违反了劳动者最基本的职业道德,根据《劳动法》第3条的规定判决支持该公司解除与张某的劳动合同。

这个判决无疑是正确的!这也再次证明了立法的乏力与司法的能力。不用说《劳动法》第3条"职业道德"的概括性用语没有具体的内容,原则性规定也不宜用来裁判,即便是《劳动法》第25条和承续它的《劳动合同法》第39条中的两个"严重"、一个"重大"、"规章制度"、"影响"和"损害"都不能具体界定,更不能一网打尽形式多变的行为和后果,无论是违反职业道德,还是违反规章制度,还是"严重""重大""影响"和"损害"。

4. 接触职业危害作业的劳动者在特定时间内的

《劳动合同法》第42条规定:从事接触职业病危害作业的劳动者未进行离岗前职业健康检查,或者疑似职业病病人在诊断或者医学观察期间的和在本单位连续工作满15年,且距法定退休年龄不足5年的,以及法律、行政法规规定的其他情形,用人单位不得解除劳动合同。这进一步对于特定的劳动群体加强了解雇保护。

特别需要提及的是《劳动合同法》对于用人单位违法解除劳动合同的处罚性规定。依据《劳动合同法》第48条,用人单位违法解除或者终止劳动合同,劳动者要求继续履行劳动合同的,用人单位应当继续履行;劳动者不要求继续履行劳动合同或者劳动合同已经不能继续履行的,用人单位应当支付双倍赔偿金。

① 摘编自林靖:《员工擅自查看高管邮件被辞退?法院:不构成违法解除劳动合同》,"北京日报客户端"百家号,2022年10月9日,https://baijiahao.baidu.com/s?id=1746214398091340652&wfr=spider&for=pc,访问日期:2024年9月1日。

二、劳动者解除劳动合同及其应注意的事项

根据我国《劳动法》第31、32条和《劳动合同法》第37、38条的规定,劳动者解除劳动合同可分为以下两种情形:

(一)解除合同需提前通知用人单位

劳动合同既然是劳动者自愿签订的,当然也有权自愿解除,只要这种解除符合法律、法规的规定。特别是在市场经济条件下,鼓励劳动力的合理流动,更应当允许劳动者根据实际情况选择职业,充分发挥特长。因此《劳动法》和《劳动合同法》都对劳动者解除劳动合同作出了规定,为劳动者行使上述权利提供了法律依据。

劳动者行使上述权利时必须提前30日以书面形式通知用人单位,以避免给用人单位造成不必要的损失。《关于〈中华人民共和国劳动法〉若干条文的说明》第31条第2款规定:“本条规定了劳动者的辞职权,除此条规定的程序外,对劳动者行使辞职权不附加任何条件。但违反劳动合同约定者要依法承担责任。”

(二)解除合同无须提前通知用人单位

在如下情形中,劳动者解除劳动合同无须提前通知用人单位。

1. 在试用期内

试用期既是用人单位考察劳动者是否具备录用条件的考察期限,也是劳动者选择用人单位的选择期限。为此,劳动者在试用期内,认为无须继续履行合同的,可以随时通知用人单位解除劳动合同。《劳动法》这条规定实施若干年后,在制定《劳动合同法》时为了回应用人单位的呼声,改为了“在试用期内提前3日通知”。这或许只是一个小小的改动,却在实践中带来了不小的麻烦:当劳动者在试用期内通知用人单位解除劳动合同,但却未提前3日时,该如何认定劳动者的解除行为及其所在的期间?

2. 用人单位以暴力、威胁或者非法限制人身自由的手段强迫劳动

订立劳动合同,应当遵循平等自愿、协商一致的原则。采取欺诈、威胁等手段订立的劳动合同无效。以暴力、威胁或者非法限制人身自由的手段强迫劳动者劳动,是严重侵犯劳动者人身权利的行为,情节严重的构成犯罪,应依法对直接责任人员追究刑事责任。

“用人单位违章指挥、强令冒险作业危及劳动者人身安全”是法律所禁止的行为,因此赋予劳动者以即时解除权是必要与合理的。

3. 用人单位不按劳动合同规定支付劳动报酬或者提供劳动条件

不按劳动合同规定支付劳动报酬包括延期支付、少付、不付劳动报酬等;不按劳动合同规定提供劳动条件,主要是指劳动环境差、没有必要的劳动保护措施,甚至有危及职工生命、健康等因素的存在等,两者都侵犯了劳动者正当合法的劳动权益,劳动者当然有权随时通知用人单位解除劳动合同。与此相关的“未依法为劳动者缴纳社会保险费”同样是法律所禁止的行为,劳动者可以即时解除劳动合同。

4. 用人单位的规章制度违反法律、法规的规定,损害劳动者权益的

5. 用人单位因《劳动合同法》第26条第1款规定的情形致使劳动合同无效的

(1)以欺诈、胁迫的手段或者乘人之危,使对方在违背真实意思的情况下订立或者变更

劳动合同的;(2) 用人单位免除自己的法定责任、排除劳动者权利的;(3) 违反法律、行政法规强制性规定的。

【背景材料】

"末位淘汰"的司法指导[①]

2010 年年底,最高人民法院发布了《关于案例指导工作的规定》。这标志着案例指导制度从理论设计变成了制度实践。在指导性案例 18 号中,劳动者王鹏在中兴通讯(杭州)有限责任公司(以下简称"中兴通讯公司")分销科从事销售工作,后因分销科解散等原因转岗至华东区从事销售工作。中兴通讯公司的《员工业绩考核办法》将员工考核结果分为四等,并将第四等认定为不能胜任工作。在 2008 年下半年、2009 年上半年以及 2010 年下半年的考核中,王鹏的考核等级都为末位等次。中兴通讯公司由此解除了与他的劳动合同,并支付了部分经济补偿金。劳动仲裁与法院审判结果均认为,中兴通讯公司单方解除劳动合同的行为违法,应支付相应的赔偿金。最高人民法院在公布该案正式文本时总结了"裁判要点":"劳动者在用人单位等级考核中居于末位等次,不等同于'不能胜任工作',不符合单方解除劳动合同的法定条件,用人单位不能据此单方解除劳动合同。"[②]

在指导性案例的文本结构中,"裁判要点"是对整个案件核心问题的集中概括,体现了案件中适用的基本规则,甚至能够直接被后案的法官在判决书中援引。"指导性案例所确定的裁判要点,对人民法院审理类似案件、作出裁判具有指导作用,即在根据法律、有关司法解释作出裁判的同时,各级人民法院在审判类似案件时应当参照,并可以作为裁判文书的说理依据加以引用。"[③]就指导性案例 18 号而言,其裁判要点集中在"末位等次"与"不能胜任工作"的关系上。

"末位淘汰"是从西方管理经验中引进的一种激励机制,一般是将位于考核结果最末端的员工予以淘汰。从积极的方面来说,末位淘汰机制能够促使劳动者为了降低自身的职业风险而在本职工作中更加努力,从而为单位带来更好的效益。但是,末位淘汰机制也存在着一定的法律风险,尤其是将处于末位的劳动者淘汰时(指导性案例 18 号即属此种情况)。"末位淘汰"并非严格的法律术语,但在社会生活中广泛存在,且直接关系到劳动者和用人单位之间的基础关系,因此法律应当有所回应。在立法需要稳定而无法精确细化的背景下,司法便成为法律回应"末位淘汰"的直接领域。最高人民法院通过指导性案例的方式,向各级司法机关展示了其回应过程及其结论。

从指导性案例的形成过程来看,根据《关于案例指导工作的规定》,最高人民法院是将一些已经判决的案例遴选为指导性案例,并要求各级人民法院在审判类似案件时予以参照。因此,每一个指导性案例都兼具双重身份:被遴选之前的普通案件和被遴选之后的指导性案例。前者的效力仅仅及于自身,而后者的效力则遍及各级人民法院。由此,也可以将指导性案例 18 号分为两个层次进行分析:作为普通案件,指导性案例 18 号是如何形成针对末位淘汰的判决的,又有哪些理由予以支持;作为指导性案例,指导性案例 18 号的判决结论是如何对类似案件产生影响的,而对这些影响又该如何评价。由于性质、地位、评价标准和效力范围等方面的不同,以上双重身份之间存在着明显的断裂。这一点在指导性案例 18 号之上也有表现:作为普通案件,指导性案例 18 号的结论具有坚实的合法性与合理性基础;但作为指导性案例,该案件的扩展却存在着诸多问题。

---

① 摘编自孙光宁:《"末位淘汰"的司法应对——以指导性案例 18 号为分析对象》,《法学家》2014 年第 4 期。

② "中兴通讯(杭州)有限责任公司诉王鹏劳动合同纠纷案",最高人民法院指导案例 18 号。

③ 张先明:《用好用活指导性案例努力实现司法公正——最高人民法院研究室负责人就案例指导制度答记者问》,《人民法院报》2011 年 12 月 21 日。

【典型案例】

开具离职证明不得附加条件①

袁某于2016年2月1日入职某软件开发公司,从事客户经理工作,双方订立了为期3年的劳动合同,约定袁某的月工资为8000元。2017年4月10日,袁某因个人原因向软件开发公司书面提出离职,告知软件开发公司将于5月10日离职。5月10日,袁某要求软件开发公司办理离职手续,软件开发公司要求与袁某订立竞业限制协议后方可同意袁某离职。袁某认为订立竞业限制协议将严重损害其本人的权益,故未同意订立。软件开发公司拒绝为袁某开具离职证明并办理社会保险关系转移手续。此后,袁某自行离职,未再到软件开发公司出勤工作。随后,袁某应聘某销售公司,销售公司向袁某发出了录用通知,但因袁某无法提供离职证明及办理社会保险关系转移手续而未能入职。

2017年9月11日,袁某向仲裁委员会提出仲裁申请,要求软件开发公司开具离职证明、办理社会保险关系转移手续并支付未办理上述离职手续而造成的经济损失。仲裁委员会审理后认为,袁某依法享有辞职权,软件开发公司不应以任何理由阻止袁某行使该权利。软件开发公司不依法开具离职证明并办理社保转移手续的行为,客观上造成了袁某无法入职新用人单位的事实并导致其产生经济损失,故裁决支持袁某的仲裁请求。

【典型案例】

竞业禁止补偿低无效②

未约定给予劳动者竞业禁止经济补偿,或者约定的竞业禁止经济补偿数额过低、不符合相关规定的,该竞业禁止条款对劳动者不具有约束力。

王云飞于2005年8月29日到施耐德上海分公司工作,双方签订了劳动合同,并签订了《保密和竞业禁止协议》。2007年4月30日,王云飞从被告施耐德上海分公司处离职。被告称其于2007年7月7日得知原告在菲尼克斯公司工作。被告认为菲尼克斯公司与其存在业务竞争关系,原告离职后到菲尼克斯公司工作的行为违反了双方签订的《保密和竞业禁止协议》中确定的竞业禁止义务。2007年7月17日,被告向上海市普陀区劳动争议仲裁委员会申请劳动仲裁,要求原告承担竞业禁止违约金66600元,并继续履行双方约定的竞业禁止义务。2007年9月20日,上海市普陀区仲裁委员会裁决原告承担竞业禁止违约金66600元,但对施耐德上海分公司的其他请求不予支持。原告不服该仲裁裁决,于2007年9月25日提起本案诉讼。庭审中,原告认可自己在菲尼克斯公司工作,但认为该公司与被告只存在一些产品的交叉互补,不存在业务竞争关系。

被告施耐德上海分公司于2007年6月向原告王云飞的银行账户汇入24814.50元。被告述称该笔款项是截至2007年4月原告的报酬,包括基本工资6800元、竞业禁止补偿金20400元,上述费用扣除保险费和税费后,实发数额为24814.50元。

南京市鼓楼区人民法院一审认为:原告王云飞与被告施耐德上海分公司签订的《保密和竞业禁止协议》所约定的竞业禁止经济补偿金仅为原告离职前一个月的基本工资,即使根据被告的陈述,其实际支付给原告的竞业禁止经济补偿金也仅是原告三个月的基本工资,仍低于《江苏省劳动合同条例》规定的标准。因此认定,涉案《保密和竞业禁止协议》中的竞业禁止条款对原告不具有约束力,即使原告

① 摘编自张晶:《2018年北京劳动争议仲裁10大典型案例评析》,《劳动午报》2018年10月22日。

② 摘编自"王云飞诉施耐德电气(中国)投资有限公司上海分公司劳动争议纠纷案",《最高人民法院公报》2009年第11期。

从被告处离职后又到菲尼克斯公司工作的行为违反了该竞业禁止义务，原告亦不应承担违约责任。

【典型案例】

主播跳槽判赔 4900 万元①

2017 年 8 月，虎牙直播官方微博发布了一则关于江海涛的违约声明，称 2016 年 10 月，江海涛与虎牙直播签订了独家合作协议，合同期至 2018 年 1 月 31 日。2017 年 8 月 27 日，江海涛在未与虎牙直播沟通的情况下，单方面宣布离开虎牙直播并在其他平台进行直播。"该行为已严重违反双方合作协议，构成单方面违约。"此后，虎牙直播将江海涛诉至法院。

一审法院认定江海涛违约成立，并认为其违约行为恶意明显，判决江海涛向虎牙公司支付违约金 4 900 万元及案件受理费等费用。江海涛不服判决，向广州中级人民法院提起上诉。广州市中级人民法院认为，一审法院审理程序并无不当，并认定江海涛 2016 年 10 月至 2017 年 8 月在虎牙公司平台直播，江海涛的收益达 1 118 万余元。广州市中级人民法院驳回了江海涛的上诉，维持原判，赔偿虎牙直播违约金 4 900 万元，并承担二审案件受理费等各项费用 40 余万元。

违约金为何会如此之高？广州市中级人民法院二审判决书显示，这个违约金数额主要是根据虎牙直播和江海涛签订的合同得出的。2017 年 1 月，虎牙公司（甲方）、江海涛（乙方）与关谷公司（丙方）签订了《虎牙主播服务合作协议（预付）》。该协议约定，乙方承诺在合作期间内，不得在与甲方存在或可能存在竞争关系的现有及未来的网络直播平台及移动端应用程序（包括但不限于斗鱼直播等平台）以任何形式进行或参与直播，包括任职、兼职、挂职或免费直播；不得承接竞争平台的商业活动。如果乙方未经甲方同意擅自终止或违反约定，在甲方以外的其他网络平台进行直播及解说，则构成重大违约，甲方有权收回乙方在甲方平台已经获得的所有收益，要求乙方赔偿 2 400 万元人民币或乙方在甲方平台已经获取的所有收益的 5 倍（以较高者为准）作为违约金，并赔偿由此给甲方造成的全部损失。

法院在判决书中称，国内直播平台竞争激烈，诱使竞争平台的主播在合同期内违约，争夺流量与用户，为广大游戏参与者树立了不良榜样，结合主播的收入情况、原告的投入及损失情况，非相对较高的违约金不足以制止违约行为。2018 年 2 月，斗鱼直播平台发布针对网名"蛇哥 Colin"的游戏主播违约及侵权的法律声明，认为其有擅自到其他平台进行直播等违约和侵害商誉的行为，要求其赔偿 4 000 万元。2018 年 9 月，虎牙直播发布公告称，网名"虎牙雷藏"的游戏主播因在其合同有效期间，"公然宣布跳槽第三方直播平台进行直播，违反双方协议，构成单方面违约"。虎牙直播将通过法律手段追究其不低于 1 000 万元的违约责任。

作为劳动法学者，我们关注的是：平台与主播的法律关系是什么？他们订立的是民事合同，还是劳动合同？

【背景材料】

职场监控违法

用人单位对劳动者的监控在不断翻新的科技手段的加持下愈演愈烈，从工位到厂区，从工作场所到远程场景，从办公楼室到家庭居所。劳动者在劳动中如芒刺在背，似身陷囹圄。

---

① 摘编自屈畅、李铁柱、施世泉：《网络主播违约跳槽被判赔 4900 万元》，《北京青年报》2018 年 11 月 22 日。

这是违法的,应当叫停!

《劳动法》第96条规定,以暴力、威胁或者非法限制人身自由的手段强迫劳动的,由公安机关对责任人员处以15日以下拘留、罚款或者警告;构成犯罪的,对责任人员依法追究刑事责任。对《劳动法》中的术语应当进行劳动意义上的解读,进入数字时代对其含义则应当进行数字化的理解。

劳动法意义上的"限制人身自由强迫劳动"不是指采用拘留、禁闭或者其他强制手段限制他人按照自己意志支配自己身体活动的自由的行为,而是指采用强制手段迫使劳动者不得不依照雇主的指令进行劳动,包括且不限于将劳动者关闭在工作场所,锁定在车间工位,使用专人进行盯梢,雇专人进行强制等。

在数字时代,劳动法意义上的限制人身自由强迫劳动是采用数字化手段迫使劳动者不得不依照雇主的指令进行劳动,包括且不限制上述的种种,只不过是变有形为无形,变围墙为电桩,变间歇为持续,变专人为摄录,变实景为存储。两相比较,后者对劳动者的伤害有过之而无不及,有加剧而无减弱。

在劳动中限制人身自由是对劳动者人身自由权的侵犯,在居家办公中对劳动者进行抓拍是对劳动者住宅权的侵犯。对劳动者的劳动进行监控是对劳动者尊严的侵犯,"对雇员隐私的侵犯也会损害雇员士气和劳动关系"。

【背景材料】

公共卫生事件中劳动合同的履行与应对

当公共卫生事件(如非典、新冠疫情等)导致劳动合同实际履行不能后,在双方当事人利益最大化和符合社会利益的原则下,不宜轻易行使劳动合同解除权,使双方的劳动关系归于消灭,而应当在下列形式中让劳动合同继续存在,并在公共卫生事件缓解或者结束后,继续履行双方原已存在的劳动合同。

一、履行中止

在国家立法层面上尽快确立劳动合同履行中止制度既是维护劳动关系稳定的需要,也是在公共卫生事件中维护劳动关系双方当事人利益的需要,更是在特殊时期有效保护劳动者权益的重要举措。在立法中,应当明确规定劳动合同中止的情形,尤其是在公共卫生事件突发时的相关情形,规定劳动合同履行中止的条件、履行中止的一般期限和特殊期限、劳动合同履行中止的程序要件、劳动合同恢复履行的条件和程序以及劳动合同履行中止争议的法律救济途径等。

二、停薪休假

公共卫生事件期间劳动者有班不能上,不同于其主动选择的有班不去上,用人单位也无须如常地支付不上班劳动者的工资。对于劳动者而言,他们更愿意保留一份已有的工作,待公共卫生事件过后不用再去劳动就业市场经历"一职难求"的挣扎。对于用人单位而言,为熟知其的劳动者留下一份工作,为熟悉工作的劳动者保留一个岗位,也远远好于重新招聘一个不熟练的新劳动者。这无疑是在公共卫生事件条件下无可选择之选择,也是对于用人单位和劳动者在另外意义上的双赢。

三、共享员工

共享员工是在不同用工主体之间调节阶段性用工的紧缺或富余,将闲置员工调配至有需求缺口的用工主体,实现社会劳动力资源的优化配置。共享员工的供给方降低了存量人力成本,共享员工需求方解决了用工短缺,共享员工本人也获得了劳动报酬。这是一种多方共赢式的合作用工模式。这种模式在公共卫生事件发生后,其积极意义和应用价值更为突显。2020年2月3日,某商超电商开启"员工共享"邀请模式,与多家餐饮企业达成合作,仅三天时间就有1 200多人加入这支共享用工队伍。

四、新增岗位

在公共卫生事件中,公益岗位的开发也是保就业的有效之策,可以有效地帮助因公共卫生事件而就业困难的社会群体,尤其是家庭中零就业人员群体的就业,能保障在公共卫生事件突发的特殊时期有特殊就业困难的人员就业。应当在国家层面上进行专项立法,对国家在公共卫生事件中帮助困难群体就业的措施进行常态化立法确认,尤其要明确相关资金的来源由国家财政承担等重要事项,用以保障劳动者在特殊时期的特殊需求,维护社会的安全和稳定。

五、裁减员工

在公共卫生事件期间,应当更好地平衡劳动关系双方当事人的相关权益,在强调保护劳动者合法权益的同时,应当比平时更加关注企业遭遇的特殊困难。对于那些受公共卫生事件影响严重的企业,对于不得不进行裁员的企业,相关部门和社会各方应当比平时给予它们更多的理解和包容。对于《劳动合同法》第41条规定的裁员条款,无论在内容上还是在程序上,都应当进行更加宽松的学理和司法解释,给予企业在公共卫生事件这样的特殊时期裁员以更多的灵活性和操作性,以保障企业生存,避免双方当事人两败俱伤,劳动关系受到根本性损害。

第五节 集体合同①

一、集体合同和集体谈判

(一)集体合同

集体合同又称团体协议或集体协议。我国《劳动法》第33条规定:"企业职工一方与企业可以就劳动报酬、工作时间、休息休假、劳动安全卫生、保险福利等事项,签订集体合同……集体合同由工会代表职工与企业签订;没有建立工会的企业,由职工推举的代表与企业签订。"在形式上,中国的集体合同包括了专项集体合同、行业性集体合同和区域性集体合同。

专项集体合同,是就某项内容签订的专项书面协议。比较多见的是女职工权益保护专项集体合同。这是用人单位与本单位女职工根据法律、法规、规章的规定,就女职工合法权益和特殊利益方面的内容通过集体协商签订的专项协议,它对用人单位和本单位的全体女职工具有法律约束力。通常,专项集体合同里规定企业与女职工建立劳动关系应当订立劳动合同,实行男女同工同酬;在企业工会委员会、职工民主管理和进修、培训、出国考察、挂职锻炼时企业必须安排一定比例的女职工参加;根据女职工的生理特点,对月经期、孕期、产期和哺乳期的女职工给予特殊保护;企业不得在孕期、产期、哺乳期降低女职工基本工资或终止、解除其劳动合同;单位每年对女职工(含离退休女职工)进行一次妇科检查等。

行业性集体合同是指在一定行业内,由行业性工会联合会与相应行业内各企业,就劳动报酬、工作时间、休息休假、劳动安全卫生、保险福利等事项进行平等协商所签订的集体合同。例如2006年3月27日,山东省机械电子工会与省机械工业办公室的首席代表分别在《山东省机械行业集体合同》上签字,由此,全国第一份行业集体合同在济南诞生。该合同内

① 本节相关内容已由笔者提交给 Conference on Employee Participation and Collective Bargaining in the Era of Globalisation(Hamburg,16-17 May 2014)并作大会发言,后整理出版。See Jürgen Basedow et al. (eds.), Employee Participation and Collective Bargaining in Europe and China(Tübingen:Mohr Siebeck,2016).

容涉及职工工资、工作时间和休假、保险福利、劳动争议等多个方面。全省3 000余家企业、科研院所和300多万企业职工,包括农民工、协议工都适用该集体合同。该合同有许多"闪光点":明确规定职工最低工资在当地最低工资的基础上上浮20%—50%;工资要与企业效益同步增长,工资增幅不得低于利润增幅三个百分点;企业应以货币形式按月足额支付工资;职工在企业连续工作满8年,职工提出订立无固定期限劳动合同的,企业应与其订立无固定期限劳动合同。

区域性集体合同是指在一定区域内(指镇、区、街道、村、行业),由区域性工会联合会与相应经济组织或区域内企业,就劳动报酬、工作时间、休息休假、劳动安全卫生、保险福利等事项进行平等协商,所签订的集体合同。发展区域性集体合同制度,需要注意以下几点:(1) 区域性集体合同是不适合在大范围大区域内推行的,由于企业性质差异、各行业劳动者需求不同等,在一个较大区域内协商签订集体合同往往比较困难,即使签订集体合同也往往因为缺少针对性而难以实施。(2) 区域性集体合同的优势主要在基层(镇、村、街道)较小的区域内体现,我们应当发挥好基层工会熟悉当地企业和劳动者的优势,就当地某些特殊情况、特殊需要订立区域性集体合同。

(二) 集体谈判

集体谈判是企业工会或职工代表与相应的企业代表,为签订集体合同进行商谈的行为。我国在计划经济体制时期不存在集体谈判制度。20世纪90年代初,我国开始引入集体协调制度。由于计划经济时期职工终生就业的体制已不再适用,通过行政干预协调各方利益的办法也就难以奏效,社会经济转型需要有效的劳动关系制度来适应和调整,重建和改进我国的劳动关系调整机制变得日益迫切和必要,集体谈判因此出现在我国。

集体谈判是签订集体合同的前提和必经阶段,集体合同只是谈判的最终结果。集体谈判要经过反复多次的讨价还价,谈判的过程实际上也是双方求同存异、逐步达成共识、解决矛盾和分歧的过程。在实践中,有的地方在推行集体合同制度的过程中,不是将协调劳动关系作为推行集体协议制度的目的,而是把集体协议这种手段当成了目的。重签约、轻协商的现象普遍存在,没有真正形成协商谈判机制。其结果只能是协商谈判流于形式,协议合同仅仅停留在纸上,不能发挥应有的作用。①

2014年9月25日,广东省人大常委会公布修订的《广东省企业集体合同条例》,首次确立了工资集体协商制度,并为这一制度的启动设定了门槛——半数以上职工提出涨薪等集体协商要求,企业方就必须作出回应。《广东省企业集体合同条例》自1996年开始施行,2014年对该条例的修订曾备受争议,一些企业对"工资集体协商制度"的反对较为强烈。一般修订地方性法规二审即可通过,这部法律进行了三审。广东省人大常委会法工委表示,当前广东省因职工要求加薪等经济利益诉求引发的争议事件时有发生,由于缺乏详尽可操作的法律制度规范,实践中存在部分企业漠视职工合理诉求和职工停工、怠工无序化并存的现

① 南京最早建立工资集体协商制度的企业都是较早来到南京的外资企业。每年春季南京市总工会都会在全市范围内发起大规模的工资集体协商要约,但由于相关法规的强制力不够,再加上企业管理者不肯给员工交底,这项工作困难重重。《江苏省集体合同条例》规定,一方提出协商要求,另一方应当在收到要求之日起20日内以书面形式予以答复,不得拒绝或者拖延,否则由劳动保障行政部门处以3 000元以上3万元以下罚款。但南京没有一家企业受到过这一处罚,很多企业管理者也根本不让员工知道企业的经营状况。参见黄昆:《"工资集体协商"为何成走过场?》,《金陵晚报》2014年10月22日。

象，对劳资双方的权益都造成了损害。这个条例的成功修订，有助于推动集体协商制度向规范化和效率化的方向发展。[①]

要让集体协商制度真正发挥作用，应该处理好三个关系：一是要处理好劳动者群体意识强烈和谈判技能低下的关系。在当前劳资力量严重不平衡的情况下，需要更加有效地发挥组织的作用，专业化和法制化地维护和发展工人群体的权益。二是要处理好劳动者诉求表达机制和矛盾调处机制的关系，将利益协调机制和权益保障机制有机地结合起来。三是要处理好劳资纠纷中的效益与公平的关系。对于直接涉及劳动者切身利益的规章制度，或者涉及基本权利的重大事项，必须经过劳资双方的集体协商，在这一过程中落实劳资双方对公平的认可。[②]

【背景材料】

集体合同与劳动合同的区别[③]

集体合同是在劳动合同的基础上产生和发展起来的，但两者有明显的区别：集体合同是由雇主或雇主团体与由工会代表的全体职工订立的；劳动合同是由雇主与单个雇员，即用人单位与劳动者个人订立的。集体合同不仅规定企业或者行业的一般劳动和生活条件，而且涉及劳动关系的各个方面；劳动合同规定劳动者个人和用人单位的权利和义务。集体合同的效力高于劳动合同，集体合同适用于企业全体职工；劳动合同仅对劳动者个人有约束力，且不得违背集体合同的相关规定。当集体合同规定了本企业的最低劳动标准时，劳动合同规定的各项劳动标准不得低于集体合同的规定。集体合同中的用人单位违反集体合同的规定，侵害了工会和全体职工的合法权益并造成损失时，应承担物质赔偿责任；工会不履行集体合同的规定，一般不承担物质赔偿责任。劳动合同的任何一方当事人违反规定都可能导致解除劳动合同，任何一方给对方造成经济损失时，都可能需要根据其后果及损失的大小予以赔偿。

【典型案例】

在集体合同上签字不能代替劳动合同的签订[④]

2009年11月11日，于某到纵横环球公司工作，岗位为质检员，月工资为1 500元，双方未签订劳动合同。自2010年4月起，于某的月工资增至1 700元。2010年10月26日，于某以工资太低为由申请离职，纵横环球公司同意其离职，但未与于某结清2010年9月和10月的工资。后于某向大兴区仲裁委员会提出申诉，要求纵横环球公司支付拖欠的工资2 700元、加班费10 656元、经济补偿金3 400元、因违反试用期规定应支付的1 000元、未签订劳动合同的双倍工资18 700元、垫付的保险费用6 000元。

2011年4月6日，大兴区仲裁委员会作出京兴劳仲字[2011]第0234号裁决书，裁决：一、纵横环

① 参见孙飞：《广东确立工资集体协商制度，半数职工提议即可与老板协商》，《菏泽日报》2014年9月29日。

② 据广东省劳动和社会保障厅透露，在企业推行工资集体协商遇到阻力——企业不愿谈，职工不敢谈、不会谈，工会不能谈。这种状况在中国各地都有不同程度的存在。“企业不愿谈”是因为担心工资集体协商加大企业成本，影响企业利益；“职工不敢谈”是因为担心提出协商要求被解雇；“职工不会谈”是因为对相关法规政策不了解、不熟悉；“工会不能谈”是因为组织不健全或者工作人员的“双重身份”障碍。参见张刃：《打破工资集体协商阻力需要多管齐下》，《工人日报》2007年9月4日。

③ 摘编自黎建飞：《劳动与社会保障法教程》，中国人民大学出版社2007年版，第197页。

④ 摘编自许庆涛：《集体合同上签字能否代替签订劳动合同》，《人民司法》2013年第4期。

球公司支付于某工资 2 700 元;二、纵横环球公司支付于某未订立劳动合同二倍工资的一倍部分 16 872.42 元;三、驳回于某的其他仲裁请求。于某接受了大兴区仲裁委员会的裁决,纵横环球公司不接受该裁决的第二项,起诉至大兴区人民法院。

一审庭审中,纵横环球公司提交以下证据:1. 公司管理制度,其中包含集体劳动合同制度,证明其公司实行集体劳动合同制度,新入职员工应遵守集体劳动合同;2. 会议签到表,证明于某学习过公司管理制度;3. 职工代表大会关于签订集体合同的决议,证明在 2007 年 8 月 3 日,职工代表大会通过表决,同意签订集体劳动合同;4. 集体劳动合同,证明其公司与工会签订了集体劳动合同,该合同期限为 2007 年 8 月 4 日至 2010 年 11 月 13 日;5. 集体劳动合同备案受理通知书,证明集体劳动合同已报送劳动行政部门备案。于某对证据 1 不认可,称没有加盖公章,其也没有看见过;对证据 2 真实性认可,但称不能证明其学习的是这个制度;对证据 3、证据 4 均不认可,称其没有见过,即使有集体劳动合同,因签订合同时其还未到纵横环球公司上班,该合同对其也不适用;对证据 5 真实性认可。

于某提交杨某的劳动合同书,证明纵横环球公司应当与其签订这样的劳动合同,因为杨某也是纵横环球公司的质检员。纵横环球公司对该证据的真实性认可,但称根据集体合同制度第 1 条的规定,其公司原则上不与职工签订劳动合同,如有职工要求签订的,其公司也可以考虑与其签订。上述事实,有京兴劳仲字[2011]第 0234 号裁决书、杨某的劳动合同书、会议签到表、集体合同备案受理通知书、集体劳动合同、职工代表大会关于签订集体合同决议及双方当事人陈述在案佐证。

北京市大兴区人民法院经审理认为:纵横环球公司与于某虽未签订书面劳动合同,但双方存在事实劳动关系。纵横环球公司同意支付于某 2 700 元工资,法院不持异议。纵横环球公司主张其公司与工会签订过集体劳动合同,该合同亦适用于于某,不同意支付其未签订劳动合同的双倍工资。《劳动合同法》第 55 条规定:"集体合同中劳动报酬和劳动条件等标准不得低于当地人民政府规定的最低标准;用人单位与劳动者订立的劳动合同中劳动报酬和劳动条件等标准不得低于集体合同规定的标准。"可见,用人单位与工会即使签订了集体劳动合同,也要与劳动者签订劳动合同。纵横环球公司未与于某签订劳动合同,应当按照《劳动合同法》第 82 条第 1 款的规定支付其未签订劳动合同的双倍工资。依照《劳动法》第 50 条、《劳动合同法》第 55 条、第 82 条第 1 款之规定,判决:一、原告北京纵横环球科技股份有限公司于本判决生效后 10 日内支付被告于某工资 2 700 元;二、原告北京纵横环球科技股份有限公司于本判决生效后 10 日内支付被告于某 2009 年 12 月 11 日至 2010 年 10 月 26 日期间未签订劳动合同双倍工资中的另一倍工资 16 872.42 元。如果未按照本判决指定的期间履行给付金钱义务,应当依照《民事诉讼法》第 229 条之规定,加倍支付迟延履行期间的债务利息。

二、集体合同的原则和效力

(一)集体合同的原则

《集体合同规定》第 5 条规定:"进行集体协商,签订集体合同或专项集体合同,应当遵循下列原则:(一)遵守法律、法规、规章及国家有关规定;(二)相互尊重,平等协商;(三)诚实守信,公平合作;(四)兼顾双方合法权益;(五)不得采取过激行为。"

强化平等原则是当前我国应当着力解决的问题。如果集体合同是在一方操纵下的谈判中订立的,则该集体合同的内容就有悖于公平合理、协商一致的原则,自然该合同也不可能得到双方当事人的严格遵守,集体合同的固有功效也就无从发挥。因此,平等是集体谈判的首要原则。为此,应从立法上加强职工谈判代表的力量,以增加与劳动力使用者的抗衡能力。根据我国法律规定,企业中没有成立工会,就由职工推举的代表与企业进行集体谈判,签订集体合同。

没有成立工会的情况一般存在于两种企业中：一是私营或小型集体企业，即企业职工人数达不到法定的可以成立企业工会的要求；二是三资企业。在这些企业中，与资方人数相同的职工代表，受其经济地位、专业知识等方面的局限，在实际谈判中很难真正取得与对方充分协商所必需的平等地位。因此，在未成立工会的企业中，地方总工会或相关的产业工会应代表职工团体，在该企业的职工代表的协助下一起参与集体谈判，同时应当允许职工方聘请律师、经济师等作为自己一方的谈判代表，使职工团体能在财力、人力、物力和专门知识与技巧方面获得帮助。[①]

(二) 集体合同的效力

集体合同对用人单位和职工双方具有约束力。行业性、区域性集体合同对该行业和地区的用人单位和劳动者均具有约束力。该行业和地区的劳动合同约定的工作条件和劳动报酬等不得比集体合同更低。

与此相关的，还有集体合同或者劳动合同与用人单位的内部规章制度在法律上应当优先适用哪个的问题。最高人民法院在《关于审理劳动争议案件适用法律若干问题的解释(二)》(2006 年 10 月 1 日起施行)中依法赋予了劳动合同和集体合同以优先效力。该司法解释第 16 条规定，用人单位制定的内部规章制度与集体合同或者劳动合同约定的内容不一致，劳动者请求优先适用合同约定的，人民法院应予支持。

确定集体合同的优先适用效力，主要是为了防止用人单位、特别是企业的经营管理者不正当行使劳动用工管理权，借少数人的民主侵害多数职工依法享有的民主权利，从而倡导运用协商对话、集体谈判的机制建立和谐的劳动关系，维护和推行集体劳动合同制度，促进劳动力市场管理秩序的规范化。这是最高人民法院负责人对于本项司法解释的本意进行的说明。

【典型案例】

集体合同效力优先[②]

曲师傅与某企业在劳动合同中约定，曲师傅的工资按月发，即一年领 12 次工资。合同履行期间，企业工会与企业经协商签订了一份集体合同，该份集体合同中约定，企业所有员工每年年终可获得一次第 13 个月的工资。但年终时，曲师傅没有得到第 13 个月的工资。企业对此事的答复是，双方签订的劳动合同中既然已约定了劳动报酬的支付次数，就应当按照劳动合同的约定履行，所以不能发给他第 13 个月的工资。

法院认为，《劳动法》第 35 条规定："依法签订的集体合同对企业和企业全体职工具有约束力。职工个人与企业订立的劳动合同中劳动条件和劳动报酬等标准不得低于集体合同的规定。"当劳动合同的内容与集体合同的内容不一致时，劳动合同中有关劳动条件和劳动报酬等标准的约定不得低于集体合同的规定，如低于集体合同规定的，适用集体合同标准。曲师傅与企业签订的劳动合同中虽然没有约定可以享受第 13 个月的工资，但工会与企业签订的集体合同中规定了第 13 个月工资的有关内容。根据《劳动法》的规定，企业应当补发曲师傅年终第 13 个月的工资。

---

① 参见沈同仙：《中外集体合同制度的比较和评析》，《中国法学》1996 年第 4 期。

② 摘编自张雷：《集体合同效力优先》，《沈阳今报》2004 年 10 月 20 日。

三、集体合同争议的解决

在集体协商过程中出现的纠纷,一方或双方当事人可以提交书面申请,由劳动和社会保障行政主管部门通过调解解决。如果当事人没有提出申请,劳动和社会保障行政部门可以在其认为必要时,通过调解解决纠纷。在集体合同履行中出现的纠纷,签订集体合同的有关当事人可以就争议进行谈判,当地政府的劳动行政部门也可以组织有关各方通过调解解决纠纷。如果当事人未能解决,可以通过仲裁解决纠纷。

对于集体合同争议是否应该纳入劳动争议的范畴之中,各国的做法不一。由于集体合同争议涉及人数多、范围广、社会影响大,如果处理不当往往会引发罢工、闭厂、游行等行为,容易引发其他的社会问题。所以,根据我国现有立法状况,一般认为集体合同争议不应纳入劳动争议的范畴之内,而是应当作为一类特殊的案件来处理。

当前的集体合同争议案件,大多数是通过行政处理方式解决的,进入仲裁程序或者法院诉讼的案件较少。这种现象的形成与集体合同争议案件是否属于劳动争议案件有关,而导致这种分歧的原因与相关立法有关。1994 年《集体合同规定》提出,因履行集体合同发生的争议,依据我国《劳动争议处理条例》处理。此后,很多省出台的集体合同条例中也作了相应规定。但是,此前于 1994 年 7 月 5 日颁布的《劳动法》中,就履行集体合同发生的争议是否属于劳动争议并没有作出明确的规定。在 2009 年修正的《工会法》中也没有明确的规定。[①]

四、工会与集体合同

(一)工会在集体合同中的作用

工会在集体合同中的作用有两项:一是签订集体合同。根据我国《劳动合同法》第 51 条的规定,集体合同由工会代表企业职工一方与用人单位订立;尚未建立工会的用人单位,由上级工会指导劳动者推举的代表与用人单位订立。二是申请仲裁或提起诉讼。用人单位违反集体合同,侵犯职工合法权益的,工会可以责令其依法承担责任。如果没有能够通过谈判解决纠纷,工会可以申请仲裁,也可以提起诉讼。

我国《劳动合同法》进一步赋予了工会在集体合同争议案件中以原告的身份提起诉讼的权利。从工会的实体权利来看,这种权利通常被理解为代表权。[②] 也有人认为在集体合同诉讼中工会应充当类似于诉讼代表人的角色。[③] 在集体合同中,工会是唯一的劳动者一方的主体,只有它有权提起诉讼,而单个劳动者是不能提起诉讼的。在这个意义上,工会应承担诉讼担当人的角色。诉讼担当人实施诉讼是基于法律的规定或他人的委托,为他人的权利或利益而以自己的名义实施诉讼,并且只能通过法律明确赋予其诉讼担当人的地位来实施诉讼,以实现实体法所确定的利益。从实体法来看,工会并非实体权利义务的承担者,而是劳动者利益的代表人,具有签订集体合同的权利。从程序法来看,工会尽管不是权利义务的承受者,但基于法律的规定,负有进行诉讼、维护集体合同的履行秩序的义务,基于此,工会可以以原告的名义进行诉讼,而诉讼结果的效力及于其所代表的劳动者。

---

① 最高人民法院 2020 年《关于审理劳动争议案件适用法律问题的解释(一)》对劳动争议的范围作了明确的界定,但没有将集体合同争议纳入其中。

② 参见杨汉平:《论工会的代表权》,《工会理论与实践(中国工运学院学报)》2002 年第 2 期。

③ 参见孙德强:《工会提起集体合同争议处理的程序及在其中的地位与作用》,《中国劳动》2004 年第 12 期。

(二)工会主席的权利保障

1. 岗位调整保护

工会主席、副主席任期未满时,不得随意调动其工作。因工作需要调动时,应当征得本级工会委员会和上一级工会的同意。这意味着,在工会主席、副主席任期内对其进行岗位调整应同时满足以下两个条件:第一,征得本级工会委员会的同意。工会主席、副主席是由民主选举产生,如果需要对其岗位进行调整,也应取得工会委员会的同意。这样既保障了选举人的意志,又尊重了选举人的民主权利。第二,征得上一级工会的同意。工会主席、副主席的选举结果依法应报上一级工会审批,因此在对工会主席、副主席岗位进行调整时也应将情况报告上级工会,以保障工会主席、副主席的权益。

如果企业违反规定对依法履行职责的工会工作人员无正当理由调动工作岗位,进行打击报复的,由劳动行政部门责令改正、恢复原工作;造成损失的,给予赔偿。上级工会要会同该企业党组织督促企业撤销处理决定,恢复该工会主席原岗位工作,并补足其所受的经济损失。在企业拒不纠正的情况下,上级工会要向企业的上级党组织报告,通过组织渠道促使问题的解决;或会同企业、行业主管部门,或提请劳动行政部门责令该企业改正。

2. 劳动合同期限保护

工会主席作为劳动者应依法与用人单位签订书面劳动合同,劳动合同期满,劳动合同即行终止。为了使工会主席不因劳动合同的到期终止而中断工会工作或者影响工会工作的完成,基层工会专职主席、副主席或者委员自任职之日起,其劳动合同期限自动延长,延长期限相当于其任职期间;非专职主席、副主席或者委员自任职之日起,其尚未履行的劳动合同期限短于任期的,劳动合同期限自动延长至任期期满。但是,任职期间个人严重过失或者达到法定退休年龄的除外。[①]

企业工会主席因依法履行职责,被企业无正当理由解除或终止劳动合同的,由劳动行政部门责令企业改正,上级工会要督促企业依法继续履行其劳动合同,恢复原岗位工作,并补发被解除或终止劳动合同期间应得的报酬。或者给予本人年收入二倍的赔偿,并给予解除或终止劳动合同时的经济补偿金。在企业拒不改正的情况下,上级工会可以提请劳动行政部门责令该企业改正,直至支持权益受到侵害的工会主席向人民法院提起诉讼。对于发生劳动争议,工会主席本人申请仲裁或者提起诉讼的,上级工会应当为其提供法律援助,并支付全部仲裁、诉讼费用。

3. 罢免保护

根据我国《工会法》第 18 条第 2 款、《企业工会主席产生办法(试行)》第 22 条第 3 款和《企业工会工作条例》第 28 条第 2 款的规定,罢免、撤换工会主席、副主席必须召开会员(代表)大会讨论,非经会员(代表)大会全体会员(代表)无记名投票过半数通过,不得罢免、撤换。

---

① 对于个人严重过失的认定,根据劳动和社会保障部办公厅《关于工会主席任职期间用人单位能否因违纪解除劳动合同问题的复函》(劳社厅函〔2005〕24 号)以及最高人民法院《关于在民事审判工作中适用〈中华人民共和国工会法〉若干问题的解释》第 2 条的规定,"个人严重过失"是指我国《劳动法》第 25 条第 2 项、第 3 项或者第 4 项规定的情形,即严重违反劳动纪律或者用人单位规章制度的;严重失职,营私舞弊,对用人单位利益造成重大损害的;被依法追究刑事责任的。发生上述情形之一的,用人单位可以解除劳动合同。但在实务操作中应当注意,在此种情况下解除劳动合同,也应依据我国《工会法》第 22 条和《劳动合同法》第 43 条的规定,在劳动合同解除前事先将理由通知工会,若工会认为用人单位违反法律、法规和有关合同,要求重新研究处理时,用人单位应当研究工会的意见,并将处理结果书面通知工会。

【典型案例】

北京首例工会主席被合资企业开除案①

唐晓东原是三环相模新技术有限公司的工会主席,他在这家中日合资企业任工会主席刚刚一年,便被公司解除了劳动合同,理由是唐晓东在任该公司总务部经理时出现过工作失误。此前,该公司没有工会。受职工之托,唐晓东找到北京市海淀区总工会表达了成立工会的意愿。2002年8月22日,工会成立大会如期召开,唐晓冬高票当选为三环相模公司首位工会主席,任期5年。

2003年11月3日,公司贴出《关于解除唐晓东总务部经理职务的决定》。海淀区总工会当天给公司发了传真:企业未征得工会同意,单方解除唐晓东行政职务是严重违反《工会法》的行为,必须立即纠正。但公司方面未恢复唐晓东的总务部经理职务,将其工资由4250元降到465元。2004年1月8日,在市、区两级工会和区劳动部门的关注和声援下,三环相模公司正式撤回处罚决定,补发了唐晓东的工资。

2004年9月2日上午7时左右,当唐晓东顺着人流准备走进公司大门时,却被看门的保安拦住,对方表示唐已不属于该公司的员工,不能入内。从此,他开始了长达四年的艰难诉讼。2008年12月16日,北京市第二中级人民法院作出终审判决,公司工会2007年12月12日罢免其工会主席的决定有效,唐晓冬与公司的劳动关系已于当日终止。

【典型案例】

工会主席任职未满被解雇②

2007年3月,胡海龙、杨敏江经员工民主选举,分别担任龙钻纸品厂工会主席、工会委员。但仅仅过了半年,该企业以合同到期为由,解除了与他们的劳动合同。此后,深圳市总工会不停地与企业进行协调,为胡、杨二人免费提供法律援助,并帮助其打官司。在企业对此置若罔闻的情况下,2009年12月,深圳市总工会对该企业的这一违法行为进行了公开谴责。2010年3月9日,全国总工会基层组织建设部部长郭稳才回答记者提问时表态“全国总工会坚决支持深圳总工会的这个做法”。2009年12月深圳总工会公开谴责企业非法解雇其工会主席,这一做法被视为对维护工会干部权益具有标志性意义。

2010年1月18日,官司进行了两年之后,最终以调解的形式结束,胡海龙、杨敏江所告的龙钻纸品厂与他们在深圳市中级人民法院接受民事调解,他们俩分别获赔两年工资2.6万元、1.9万元。

记者联系到两名当事人之一的杨敏江,在得知职业化工会工作者的工资由各级工会承担的这一消息后,杨敏江立即说:“这是大好事!”杨敏江说,他和胡海龙都仍在深圳,正在找新的工作。自从和企业打上官司,他和胡海龙两个人就像上了“黑名单”,至今没找到工作。他曾经去了好多厂应聘,但是人家一听他名字就会问“是不是和龙钻打官司的人”,然后就明确表示不要他来工作。杨敏江说,深圳市总工会想培养他去做专职工会干部,但是他现在的学历不够。他已经报考了湖北电大,现在在家自修准备参加考试。

---

① 摘编自崔红:《北京首例工会主席被合资企业开除案》,《北京晨报》2004年11月19日。

② 摘编自余颖、尹安学、王普:《企业工会主席被非法解雇至今未找到工作》,《羊城晚报》2010年3月9日。

第六章

劳动条件法

用人单位使用劳动者工作,必须为劳动者提供必要的劳动条件,这既是保障劳动者的身心健康的需要,也是社会化再生产的需要,归根结底是人类文明发展的需要。随着社会的发展,逐步提高劳动者的劳动条件是世界各国劳动立法的发展趋势。

第一节　劳动报酬的种类和法律原则

一、劳动报酬的概念和种类

(一) 劳动报酬的概念

凡是有正当职业的劳动者,每个月都可以从其单位领到一份工资。所不同的是,每个人的工资有多有少,有高有低。我国《劳动法》中所讲的工资具有其规范的内涵和外延。工资是指劳动者通过提供劳动从其所在用人单位获得的全部劳动报酬,包括用人单位以各种形式支付的基本工资、奖金、津贴、补贴、加班加点工资以及特殊情况下支付的工资等,但不包括支付给劳动者的保险福利费用及其他非劳动收入。

在劳动法的范畴内,工资包括了法定的最低工资和劳动关系双方当事人协商一致的工资,或者称之为"一般工资"。国际劳工组织 1949 年制定的《保护工资公约》和建议书涉及对劳动者一般工资的保护,该公约所称"工资"是指不论其名称或计算方式为何,由一位雇主对一位雇员,为其已完成和将要完成的工作或者已提供和将要提供的服务,可以货币结算并由共同协议或国家法律、条例予以确定而凭书面或口头雇用合同支付的报酬或收入。《世界人权宣言》第 23 条规定:"每个工作的人,有权享受公正和合适的报酬,保证使他本人和家属有符合人的尊严的生活条件,必要时并辅以其他方式的社会保障。"《经济、社会及文化权利国际公约》也要求"最低限度给予所有工人以下报酬:(1) 公平的工资和同值工作同酬而没有任何歧视,特别是保证妇女享受不差于男子所享受的工作条件,并享受同工同酬;(2) 保证他们自己和他们的家庭得有符合本公约规定的过得去的生活。"《欧洲社会宪章》规定缔约国承诺"承认工人有权获得使他们自己和他们的家庭维持过得去的生活的报酬"。

(二) 劳动报酬的种类

我国劳动者的劳动报酬,从其构成形式而言,主要有计时工资和计件工资;辅助工资形式主要有奖金和津贴。

1. 计时工资

计时工资是指按计时工资标准和工作时间支付给个人的劳动报酬。包括对已做工作按计时工作标准支付的工资,实行结构工资制的单位支付给职工的基础工资和职务工资或岗位工资,新参加工作职工的见习工资或学徒的生活费和运动员体育津贴等。根据计算工资的时间单位的不同,计时工资可分为月工资制、日工资制和小时工资制。计时工资的优点是操作简单易行,适用于任何企业和工种;缺点是以劳动时间作为计算工资报酬的依据,不能完全将工资报酬与劳动的数量和质量挂钩。

2. 计件工资

计件工资是指对已做工作按计件单价支付的劳动报酬。包括在超额累进计件、直接无限计件、限额计件、超定额计件等工资制度下,按劳动部门或主管部门批准的定额和计件单价支付给个人的工资;按工作任务包干方法支付给个人的工资;按营业额提成或利润提成办法支付给个人的工资。它是用一定时间内的劳动成果来计算的工资,即用间接劳动时间来计算工资,因此它是计时工资的转化形式。计件工资的优点是能够使劳动成果与劳动报酬直接联系起来,更好地体现了按劳分配的原则。缺点是容易因追求数量而忽视了质量,甚至影响安全生产。

3. 奖金

奖金是指支付给职工的超额劳动报酬和增收节支的劳动报酬。奖金是超额劳动报酬,是计时工资的辅助形式。奖金按劳动者付出的超额劳动来支付,是对劳动者作出优异成绩的一种奖励。奖金对于调动劳动者的生产积极性,更好地体现按劳分配的原则具有重要的意义。

奖金的种类很多,主要有以下几种:(1) 超产奖,按超额劳动成果的数额来计付。(2) 质量奖,在完成产量的前提下,以产品质量合格率作为考核标准。(3) 节约奖,在完成生产任务的前提下,按节约原材料、燃料消耗的数额计付。(4) 安全生产奖,在完成生产任务的前提下,按安全生产的情况给予奖励。

4. 津贴和补贴

津贴和补贴是指为了补偿职工特殊或额外的劳动消耗和因其他特殊情形而支付给职工的津贴,以及为了保证职工工资水平不受物价影响而支付给职工的物价补贴。津贴的种类繁多,主要可分为以下几类:为补偿劳动者在特殊劳动条件下的劳动消耗和额外劳动消耗而设的津贴,有矿山井下津贴、高温津贴、野外施工津贴等;为补偿劳动者特殊劳动消耗和额外生活支出而设的津贴,有林区津贴、山区津贴、驻岛津贴、艰苦气象台站津贴等;为特种保健要求而设的津贴,有保健津贴、医疗卫生津贴等。

5. 加班加点工资

加班加点工资是指按规定支付的加班工资和加点工资。

6. 特殊情况下支付的工资

特殊情况下支付的工资包括根据国家法律法规和政策规定,因病、工伤、产假、计划生育假、婚丧假、事假、探亲假、定期休假、停工学习、执行国家或社会义务等而按计时工资标准或计时工资标准的一定比例支付的工资,以及附加工资和保留工资。

7. 非全日制用工支付的工资

用人单位应当按时足额支付非全日制劳动者的工资。用人单位支付非全日制劳动者的小时工资不得低于当地政府颁布的小时最低工资标准。非全日制用工的工资支付可以以小时、日、周或月为单位结算。

（三）不属于劳动报酬的劳动收入

劳动者的以下劳动收入不属于劳动报酬范围：

1. 保险福利费用

保险福利费用是指各单位在工资总额以外实际支付给本单位全部职工个人的劳动保险和福利费用，包括丧葬抚恤救济费，生活困难补助费，各种非工资性补贴（如上下班交通费补贴、洗理卫生费、托儿补助费、计划生育补贴、冬季取暖补贴、防暑降温费等）以及实行公费医疗制度改革的单位直接支付给职工个人的医药费等。

2. 劳动保护方面的费用

劳动保护方面的费用指职工从单位得到的由劳动保护费开支的保健食品待遇、解毒剂、清凉饮料以及夏季冷饮费等。

3. 按规定未列入工资总额的各种劳动报酬

按规定未列入工资总额的各种劳动报酬包括创造发明奖、国家星火奖、自然科学奖、科学技术进步奖、合理化建议和技术改进奖，支付给运动员的名次奖、运动水平奖、破纪录奖和教练员的培训成绩奖，稿费、翻译费、讲课费、课题费，第二职业收入、兼职收入，以及各单位利用业余时间组织职工进行生产、咨询服务、科研、设计和其他活动，从得到的收入中支付给职工的现金和实物，从单位之间业务往来收取的回扣、好处费、手续费收入中给职工个人的提成等。

4. 实物折款

实物折款指职工个人从单位内外得到的，按规定未列入工资总额和保险福利费用的各种实物折款。

5. 财产性收入

财产性收入包括职工个人从银行和企业获得的存款利息、债券利息、股息和股金分红等。

6. 转移性收入

转移性收入包括职工从职工以外的其他人员处得到的赠送收入、亲友搭伙费、遗产收入以及从各种意外事故中得到的补偿和由于各种灾害从非营利机构得到的捐赠收入等。

7. 其他不属于劳动报酬的劳动收入

其他不属于劳动报酬的劳动收入指在上述各项收入以外职工得到的其他现金收入，包括实行租赁经营的单位承租人的风险性补偿收入，职工的误餐补贴、出国置装费以及职工从出差补助和调动工作的旅费和安家费中净结余的现金等。

【背景材料】

补助、补贴等是否计入工资总额？①

从理论上看，劳动者的工资应当是其基于向用人单位提供劳动所获得的相应报酬。对于劳动者工资的具体组成，由于实践中的情况较为复杂，劳动法、劳动合同法及司法解释等对此没有作出明确具体

---

①　摘编自最高人民法院民事审判第一庭编：《民事审判指导与参考》（总第 55 辑），人民法院出版社 2014 年版，第 238 页。

的规定。

但在1990年1月1日国家统计局发布的《关于工资总额组成的规定》中,对劳动者工资总额的组成予以了明确规定,即劳动者工资主要由六个部分组成:计时工资、计件工资、奖金、津贴和补贴、加班加点工资、特殊情况下支付的工资。该规定还对以上六种工资组成部分的具体内涵及外延进行了相应规定。根据这一规定,计入劳动者工资总额中的津贴和补贴,是指为了补偿职工特殊或额外的劳动消耗和因其他特殊原因支付给职工的津贴,以及为了保证职工工资水平不受物价影响支付给职工的物价补贴。一般包括补偿职工特殊或额外劳动消耗的津贴,如保健性津贴、技术性津贴、年功性津贴及其他津贴,以及为保证职工工资水平不受物价上涨或变动影响而支付的各种补贴。

国家统计局于同日发布的《关于工资总额组成的规定若干具体范围的解释》第4条中,对于工资总额中不包括的项目和范围也进行了相应规定,根据这一解释规定,劳动保险和职工福利、劳动保护方面的各种收入待遇,均不应计入工资总额,比如生活困难补贴、集体福利费、上下班交通补贴、取暖补贴、洗理费等。

结合劳动者工资的性质和上述规定的精神可以看出,在审理劳动争议案件需要确定劳动者工资总额的时候,不能对用人单位发放给劳动者的补助、补贴等一概而论,认为均应或者均不应计入劳动者的工资总额,而是应当具体分析这些补助、补贴的性质。需要注意的是,由于各地的房改政策不尽相同,所以用人单位发放给劳动者的住房补贴是否应当计入工资总额,还应结合各地的实际情况具体予以区分,对于那些专款专用、劳动者不能自由支配的住房补贴,一般不应作为工资对待;而对于那些以现金形式发放给劳动者并且劳动者可以自由支配的住房补贴,则可以考虑计入工资总额。

二、劳动报酬的法律原则

我国《劳动法》第46条规定:"工资分配应当遵循按劳分配原则,实行同工同酬。工资水平在经济发展的基础上逐步提高。国家对工资总量实行宏观调控。"这是我国劳动报酬法律调整的基本原则。

(一)按劳分配原则

按劳分配是指根据劳动者提供劳动的数量和质量分配个人消费品,等量劳动领取等量报酬,多劳多得,少劳少得,不劳动者不得。每个劳动者根据自己提供的劳动量,取得与他所提供的劳动量相当的消费品。

按劳分配原则是由生产资料的社会主义公有制所决定的,是公有制条件下劳动者对生产资料所有权的具体实现形式。在生产资料公有制条件下,社会每一个劳动者都平等地享有参加劳动的权利和义务,都应当尽自己之所能为社会劳动;社会则以劳动为尺度,在做了各项社会扣除后,按劳动者提供的劳动的数量和质量进行分配,多劳多得、少劳少得。

【典型案例】

普通债权虚构优先受偿的工资争议①

2014年,王某兴借款339 500元给甲茶叶公司原法定代表人王某贵,多次催讨未果。2017年5月,甲茶叶公司因所欠到期债务未偿还,厂房和土地被武平县人民法院拍卖。2017年7月下旬,王某兴为

① 摘编自"福建王某兴等人劳动仲裁执行虚假诉讼监督案",《最高人民检察院公报》2019年第3期。

实现其出借给王某贵个人的借款能从甲茶叶公司资产拍卖款中优先受偿的目的,与甲茶叶公司新法定代表人王某福(王某贵之子)商议申请仲裁事宜。双方共同编造甲茶叶公司拖欠王某兴、王某兴妻子及女儿等13人414700元工资款的书面材料,并向武平县劳动人事争议仲裁委员会申请劳动仲裁。2017年7月31日,仲裁员曾某明在明知该13人不是甲茶叶公司员工的情况下,作出武劳仲案(2017)19号仲裁调解书,确认甲茶叶公司应支付给王某兴等13人工资款合计414700元,由武平县人民法院从甲茶叶公司的土地拍卖款中提取并直接支付到武平县人力资源和社会保障局农民工工资账户,限于2017年7月31日前履行完毕。同年8月1日,王某兴以另外12人的委托代理人的身份向武平县人民法院申请强制执行。同月4日,武平县人民法院立案执行,裁定:(1)冻结、划拨甲茶叶公司在银行的存款;(2)查封、扣押、拍卖、变卖甲茶叶公司的所有财产;(3)扣留、提取甲茶叶公司的收入。

2017年8月初,武平县人民检察院发现此案。2017年8月24日,武平县人民检察院向武平县劳动人事争议仲裁委员会发出检察建议书,指出王某兴、王某福虚构事实申请劳动仲裁,仲裁员在明知的情况下仍作出虚假仲裁调解书,使得王某贵的个人借款变成了甲茶业公司的劳动报酬债务,损害了甲茶业公司其他债权人的合法权益,建议撤销该案的仲裁调解书。仲裁委员会撤销仲裁调解书后,2017年8月28日,武平县人民检察院向武平县人民法院发出检察建议书,指出王某兴与王某福共同虚构事实获取仲裁调解书后向法院申请执行,法院据此裁定执行,损害了甲茶业公司其他债权人的合法权益,妨碍民事诉讼秩序,损害司法权威,且据以执行的仲裁调解书已被撤销,建议法院终结执行。

2017年8月24日,武平县劳动人事争议仲裁委员会作出武劳仲决(2017)1号决定书,撤销武劳仲案(2017)19号仲裁调解书。2017年8月29日,武平县人民法院裁定终结(2017)闽0824执888号执行案件的执行,并于同年9月25日书面回复武平县人民检察院。王某兴、王某福因构成虚假诉讼罪被追究刑事责任,曾某明因构成枉法仲裁罪被追究刑事责任。

（二）同工同酬原则

同工同酬,是指用人单位对所有劳动者同等价值的劳动应付给同等的劳动报酬。在同一分配单位中,从事同种类工作、同样熟练程度的劳动者,不分性别、年龄、民族、种族,只要付出同等劳动,就应当领取同等报酬。

根据同工同酬原则,用人单位在工资支付过程中不得对于从事相同工作、提供同等价值劳动的劳动者因其性别、民族、年龄等方面的不同而支付不等量的报酬。实行同工同酬,充分体现了中国公民在法律面前一律平等,也是实行按劳分配原则的具体体现。只有实行同工同酬,才能保证中国公民享有真正平等的劳动报酬权。规定这一原则是为了保护全体劳动者的合法权益,防止发生性别歧视、民族歧视等各种歧视性行为。但它并不排斥用人单位对虽从事同种工作但技能和劳动贡献不同的劳动者支付不等量的报酬。但值得注意的是,除了在男女性别上不允许差别待遇外,在其他方面的差别待遇也是与同工同酬原则相背离的。

【典型案例】

补发同工同酬差额工资38万[①]

2000年7月,朱平印退伍后被分配到万和发电公司上班。单位并未与朱平印签订相关劳务合同。

① 摘编自“鹤壁万和发电有限责任公司与朱平印、鹤壁万和电力工程有限公司劳动争议纠纷案”,河南省鹤壁市山城区人民法院(2011)山民初字第4662号民事判决书。

“干同样的活，别人一月能拿几千元工资，自己仅能拿到几百元钱。”这让朱平印很苦恼。2007 年至 2009 年，朱平印的工资单显示：他的月平均实发工资分别是 434 元、545 元、541 元；2010 年 1 月至 9 月，朱平印月平均实发工资为 544 元。而同期，朱平印同单位正式工的工资则在 2 900 元至 3 400 元之间。向单位多次协商未果后，2012 年 10 月，他将自己的遭遇反映给劳动仲裁部门，提出要求单位支付其同工同酬工资等诉求。

2012 年 10 月，劳动仲裁部门作出裁决，要求单位支付朱平印 2000 年 8 月至 2010 年 8 月同工同酬工资差额 279 411 元；支付朱平印 2008 年 1 月至 2010 年 8 月双倍工资差额 111 441 元；为朱平印补缴养老保险金 59 812.12 元。朱平印所在单位接到裁决后，遂将朱平印及其下属第三方公司起诉到法院。单位认为，2000 年 7 月，被告朱平印与被告下属第三方公司签订劳动合同，与其建立了劳动关系。2004 年 10 月，朱平印由下属第三方公司内部派遣到原告公司工作。2010 年 10 月，原告与被告朱平印解除劳动合同。故朱平印与原告没有建立劳动关系，请求法院判令撤销劳动争议仲裁裁决。法院最终判决，朱平印的单位为朱平印补发 2000 年 7 月 22 日至 2010 年 10 月同工同酬工资差额 270 551 元；并为朱平印补发 2008 年 1 月至 2010 年 8 月的二倍工资差额 111 441 元。

第二节　最低工资制度

一、最低工资的概念和意义

最低工资是指劳动者在法定工作时间内，在提供正常劳动的前提下，用人单位应支付的最低劳动报酬。其中，法定工作时间是指国家规定的工作时间；正常劳动是指劳动者按照劳动合同的有关规定，在法定工作时间内从事的劳动。劳动者因探亲、结婚、直系亲属死亡按规定休假，以及依法参加国家和社会活动，也应当视为提供了正常劳动。

根据《最低工资规定》，下列各项不得作为最低工资组成部分：(1) 延长工作时间的工资；(2) 中班、夜班、高温、低温、井下、有毒有害等特殊工作环境、条件下的津贴；(3) 国家法律、法规、政策规定的劳动保险、福利待遇等。企业对职工进行培训的费用，按国家有关规定发放给职工的防护用品及企业自身的各项用品，职工所得的计划生育补贴、特别困难补助，因住房改革发给的职工住房补贴均不属于最低工资的组成部分。劳动部《关于实施最低工资保障制度的通知》（已失效）曾规定，用人单位通过贴补伙食、住房等支付给劳动者的非货币性收入不包括在最低工资内。此外，职工所得的非经常性奖金，如竞赛奖、体育奖、合理化建议奖等也不得纳入企业最低工资的范畴。

在中国实行最低工资保障制度，符合社会主义市场经济发展的需要，有利于保障劳动者个人及其家庭成员的基本生活，促进劳动者素质的提高和企业公平竞争。

二、最低工资制度的适用范围

2004 年 1 月，劳动部发布《最低工资规定》，将最低工资制度的适用范围确定为在中华人民共和国境内的企业、民办非企业单位、有雇工的个体工商户和与之形成劳动关系的劳动者。国家机关、事业单位、社会团体和与之建立劳动合同关系的劳动者，依照此规定执行。这一适用范围比此前的相关规定更为宽泛：1993 年的《企业最低工资规定》仅适用于中华人民共和国境内各种经济类型的企业以及在其中领取报酬的劳动者,而个体经济组织和与之形成劳动关系的劳动者,以及国家机关、事业组织、社会团体和与之建立劳动合同关系的劳动者则可参照执行。近年来,民办非企业单位作为一种新的社会组织形式开始出现,如一些民办学校、医院等,有必要将民办非企业单位纳入最低工资制度的适用范围以保障民办非企业单位劳动者的合法权益。在我国,企业最低工资制度适用于中华人民共和国境内各种经济类型的企业以及在其中领取报酬的劳动者,但乡镇企业是否能适用该制度则由省、自治区、直辖市人民政府决定。下列范围内的企业和劳动者不适用最低工资制度的规定:(1) 公务员和公益团体的工作人员;(2) 租赁经营企业或承包经营企业的租赁人或承包人;(3) 学徒、利用假期勤工俭学的学生、残疾人等。

第三节 工资支付保障

我国《劳动法》第 50 条规定:"工资应当以货币形式按月支付给劳动者本人。不得克扣或者无故拖欠劳动者的工资。"第 51 条规定:"劳动者在法定休假日和婚丧假期间以及依法参加社会活动期间,用人单位应当依法支付工资。"上述规定包括工资支付形式、支付对象、支付时间以及特殊情况下的工资支付等问题。

一、工资支付形式

工资应当以货币形式支付,不以实物形式支付。以货币形式支付工资符合国际通行做法。这是为了限制以至取消实物支付,使个人收入货币化、规范化,这有利于提高收入分配的透明度,加强对用人单位收入分配的财务监督,同时也有利于建立个人收入申报制度,强化个人所得税调节收入分配的功能;更为重要的是保障劳动者的收入。

二、工资支付对象

劳动者本人为工资领取人,用人单位应在工作地点将工资支付给劳动者本人,由劳动者本人直接领取。当劳动者本人因故不能领取工资时,也可以由劳动者授权的亲属代为领取。作出这一规定是为了使劳动者领取工资得到保障。按通常的做法,用人单位在支付工资时应向劳动者提供一份其个人的工资清单,列出应发工资额及其项目、扣款额及其项目、实发工资额等。为了便于查询,用人单位应当以书面形式记录支付工资的数额、时间、领取工资者的姓名及其签名。

三、工资支付时间

按照规定,工资应当按月支付。不论是实行小时工资、日工资、月工资等计时工资形式,还是实行计件工资形式,用人单位都要按月向劳动者支付工资。对实行年薪制的,则应每个月按一定比例预付。

四、禁止克扣工资

用人单位不得克扣劳动者的工资。劳动者在其于法定工作时间内提供了正常劳动的前提下领取足额工资,是劳动者的合法权益,受法律保护,任何单位不得克扣,否则便构成对劳动者合法权益的侵害。克扣或者拖欠劳动者的工资这种违法行为往往会导致严重的后果,必须给予高度的重视,并对相关行为人,尤其是用人单位的负责人和直接责任人给予法律制裁。

但是,在下列情况下扣除劳动者部分工资不属于克扣工资:(1) 劳动者本人过失造成事故,使单位或他人财产遭受损失时,按规定令其赔偿损失;(2) 劳动者本人违反劳动纪律旷工或事假超过一定期限,按本单位有关管理制度扣除一定数额工资;(3) 法院委托单位扣除的抚养费、赡养费或赔偿费等;(4) 劳动者应偿还用人单位的债务;(5) 法律规定应由劳动者本人负担的社会保险费用;(6) 法律要求用人单位代扣缴的其他费用。

五、特殊情况下的工资支付

我国《劳动法》第 51 条规定:"劳动者在法定休假日和婚丧假期间以及依法参加社会活动期间,用人单位应当依法支付工资。"在法律规定的特殊情况下的工资主要包括三方面的内容,即法定休假日的工资支付、婚丧假期间的工资支付、依法参加社会活动期间的工资支付。在这三种情况下,用人单位应按劳动者本人履行正常劳动义务时应得的工资额支付工资。

(一) 法定休假日期间的工资支付

法定休假日是指法律规定的放假节日。休息权是劳动者的一项基本权利,受到法律保护。法定休假日是休假制度的一种,依照规定,在元旦、春节、国际劳动节、国庆节以及法律法规规定的其他法定休假节日期间,用人单位应当依法安排劳动者休假。劳动者依照上述规定在法定休假日内休假,用人单位应当依法向劳动者支付工资,否则,即构成克扣劳动者工资的行为。

(二) 婚丧假期间的工资支付

婚丧假是结婚假和丧事假的总称,系指劳动者本人结婚以及其直系亲属死亡时其所在用人单位给予的假期(包括路程假期)。享受婚丧假是劳动者的合法权利。婚丧假期间由本单位给予 1—3 天的婚丧假。有的地方对于晚婚青年的婚假,除了国家规定的 3 天外,另给 10 天左右的带薪假。婚丧假期间(包括路程假)用人单位应向劳动者支付工资。

(三) 产假期间的工资支付

根据 1993 年人事部《关于机关、事业单位女职工产假期间工资计发问题的通知》,机关、事业单位女职工产假期间,其工资按下列各项之和计发:(1) 机关实行职级工资制的人员,为本人职务工资、级别工资、基础工资与工龄工资;(2) 机关技术工人,为本人岗位工资、技术等级(职务)工资与按国家规定比例计算的资金;(3) 机关普通工人,为本人岗位工资与按国家规定比例计算的奖金;(4) 事业单位职工,为本人职务(技术等级)工资与按国家规定比例计算的津贴(其中,体育运动员为本人的体育基础津贴、成绩津贴)。

【背景材料】

工资给付保证原则①

一、给付的种类与方式

劳动法中关于工资给付的种类与方式的规定,其规范属性属于绝对强行法,不得违反。

① 摘编自周贤日:《欠薪保障法律制度研究》,人民出版社 2011 年版,第 20 页。

我国《劳动法》和《工资支付暂行规定》对工资给付的种类和方式作了规制，主要的内容有：(1) 给付的种类。工资应当以法定货币支付，不得以实物及有价证券替代货币支付。(2) 给付的方式。用人单位应将工资支付给劳动者本人。劳动者本人因故不能领取工资时，可由其亲属或委托他人代领。用人单位可委托银行代发工资。工资支付时，用人单位必须书面记录支付劳动者工资的数额、时间、领取者的姓名以及签字，并保存签收记录（工资台账）2 年以上备查；应向劳动者提供一份劳动者个人的工资清单。(3) 给付的时间和次数。工资必须在用人单位与劳动者约定的日期支付，如遇节假日或休息日，则应提前在最近的工作日支付；工资至少每月支付一次，实行周、日、小时工资制的可按周、日、小时支付工资；对完成一次性临时劳动或某项具体工作的劳动者，用人单位应按有关协议或合同规定在其完成劳动任务后即支付工资；劳动关系双方依法解除或终止劳动合同时，用人单位应在解除或终止劳动合同时一次付清劳动者工资。

二、抵消禁止

工资原则上不得抵消，但因劳动者故意侵权行为所产生的赔偿请求权可以抵消。根据我国《工资支付暂行规定》，因劳动者本人原因给用人单位造成经济损失的，用人单位可按照劳动合同的约定要求其赔偿经济损失；该项赔偿额，可从劳动者本人的工资中扣除；但每月扣除的部分不得超过劳动者当月工资的 20%；若扣除后的剩余工资部分低于当地月最低工资标准，则按当地月最低工资标准支付。考察我国台湾地区“民法”第 339 条，原则上，工资应禁止抵消，但因受雇人故意侵权行为所致者，不在此限。根据《瑞士债法典》，雇主可以其请求权对劳工的工资请求权主张抵消，但以可扣押者为限，其因为劳工故意损害所产生的赔偿请求权不在此限。

三、收入处分权及其限制

这一问题事关劳动者的工资请求权可否让与或出售的问题。根据 1949 年《保护工资公约》第 6 条的规定，禁止雇主以任何方式限制工人自由支配其工资。因此，工资的处分以自由处分为原则，工人具有自由处分其工资的权利，雇主不得以任何方法限制。对劳动者收入处分权加以限制的约定无效，但经过工会同意的可作部分限制，至于对将来福利、职业训练等权利的期待权则绝对禁止让与或出售。

四、工资优先权

根据 1949 年《保护工资公约》第 11 条的规定，在雇主破产或司法清算的情况下，受雇工人应被列为特别优先清偿债权人。根据我国《工资支付暂行规定》第 14 条，用人单位依法破产时，劳动者有权获得其工资。在破产清偿中用人单位应按《企业破产法》规定的破产债权清偿顺序，首先支付其欠付本单位劳动者的工资。

【典型案例】

用人单位罚款违法

2020 年 12 月 20 日，某公司电线部员工唐某和其他两名员工因为上下午各上了两次洗手间，每个人被罚了 10 块钱。时隔一天，车间黄某等四名员工同样因为去了两次洗手间而被罚了 20 元。公司负责人曹先生说，这个规定是公司主管设定的，自己之前不知情。因为有些员工总是去厕所抽烟，工作时间偷懒，所以才设定了这个规定。对于“员工上班时间偷懒”的事，曹先生很无奈，公司主管多次和员工沟通，但效果很一般。

广东省东莞市人力资源和社会保障局要求公司立刻撤销罚款。根据《广东省劳动保障监察条例》第 50 条第 2 款，用人单位对劳动者实施罚款或没有法律、法规依据扣减劳动者工资的，由人力资源社会保障行政部门责令限期改正。曹先生表示,他们已经出示"撤销罚款"的公告。①

用人单位有权对劳动者罚款吗?没有!用人单位对劳动罚款违法吗?违法!

只有行政机关和司法机关这些有立法授权的主体才能对公民行使经济处罚权,且必须严格依照法定程序进行。曾经,企业罚款的法律渊源是1982年国务院发布的《企业职工奖惩条例》第12条。该条例已经在2008年1月15日被国务院明令废止。此后的《劳动法》和《劳动合同法》均不再有用人单位对劳动者罚款的任何规定。在立法上废止某一适用中的法律条款,清楚地表明了立法者对这一法律规范的态度,即给予相关行为和事项否定性评价,全体社会成员均不得继续为之。

用人单位与劳动者之间是平等的民事法律主体,任何一方均无权对另一方的财产进行单方面的占有或者处分。否则,用人单位拖欠劳动者工资,劳动者就可以把用人单位的机器设备拿去卖了,以此来保持法律上的平衡。显然,法律并不支持这种平衡。

劳动者的钱款来源于工资,罚款等同于变相地克扣工资,等同于将劳动者已有的劳动报酬由用人单位收回自用。用人单位是从哪里得来这种权力的?罚金刑在我国《刑法》中是一个单独的附加刑种,且基于罪责刑相适应原则主要用于经济类和财产类犯罪,以此强化刑罚对于相关犯罪的极具针对性的矫正和遏止功能。罚款则由行政法律规范加以规定,由行政机关或法律法规授权的组织科处。两者都不是用人单位能够行使的权力。劳动者上厕所是一种生理和心理性需求,与经济和财产类的违法犯罪相去甚远,而且在劳动者确有需求时,即使罚款也于事无补。

(四)依法参加社会活动期间的工资支付

依法参加社会活动是劳动者的政治权利,受法律保护。劳动者在法定工作时间内参加社会活动,应视为提供了正常劳动,用人单位应向劳动者支付工资。这里所讲的社会活动主要包括:(1)依法行使选举权或被选举权;(2)当选代表出席政府、党派、工会以及其他合法社会团体召开的代表大会;(3)出任人民法院陪审员或者证明人;(4)参加由用人单位安排和同意的会议或者其他活动;(5)《工会法》规定的不脱离生产的工会基层委员会委员,因工会活动每月占用生产时间不超过2个工作日时;(6)企业领导指定参加的会议或群众性工作时间;(7)其他依法参加的活动等。

(五)探亲假期间的工资支付

1981年3月国务院在《关于职工探亲待遇的规定》中规定,职工探望配偶和未婚职工探望父母的往返路费由所在单位负担;已婚职工探望父母的往返路费,在本人月标准工资30%以内的由本人自理,超过部分由所在单位负担。职工在规定的探亲假期和路程假期内,按照本人的标准工资发给工资。

(六)停工期间的工资支付

《工资支付暂行规定》第12条规定:"非因劳动者原因造成单位停工、停产,在一个工资支付周期内的,用人单位应按劳动合同规定的标准支付劳动者工资。超过一个工资支付周期的,若劳动者提供了正常劳动,则支付给劳动者的劳动报酬不得低于当地的最低工资标准;若劳动者没有提供正常劳动,应按国家有关规定办理。"

(七)企业依法破产时的工资支付

《工资支付暂行规定》第14条规定,用人单位依法破产时,劳动者有权获得其工资。在

① 摘编自马晶晶:《员工因连上2次厕所被罚20元,公司也被处罚!》,"劳动派"微信公众号,2021年1月18日,https://mp.weixin.qq.com/s/Q3keKwEC20uSHfkm20Xqvg,访问日期:2024年9月2日。

破产清偿中用人单位应按《企业破产法》规定的清偿顺序，首先支付其欠付的本单位劳动者的工资。

（八）关于特殊人员的工资支付问题

1. 劳动者受处分后的工资支付：(1) 劳动者受行政处分后仍在原单位工作，如留用察看、降级等或受刑事处分后重新就业的，应主要由用人单位根据具体情况确定其工资报酬；(2) 劳动者受刑事处分期间，其待遇按国家有关规定执行。

2. 学徒工、熟练工、大中专毕业生在学徒期、熟练期、见习期、试用期及转正定级后的工资待遇由用人单位自主确定。

3. 新就业复员军人的工资待遇由用人单位自主确定；分配到企业的军队转业干部的工资待遇，按国家有关规定执行。

【背景材料】

误工费的计算方法

一、最高人民法院对关于误工费的计算方法问题的答复（2014年10月31日）

根据2003年最高人民法院《关于审理人身损害赔偿案件适用法律若干问题的解释》第20条的规定，误工费根据受害人的误工时间和收入状况确定，误工时间根据受害人接受治疗的医疗机构出具的证明确定。就你来信中所提的问题，主要涉及误工费的计算方法，根据《侵权责任法》和上述司法解释的规定，误工费赔偿的是受害人因治疗期间所产生的误工损失。如果误工期间仅计算工作日，则应以工作日的工资收入为标准；如果误工期间包括休息日，则应以包括休息日在内的平均工资为标准。

附陕西省高级人民法院（2018）陕民申811号民事裁定书：关于张月荣及护理人员日工资标准的计算问题。虽然劳动和社会保障部《关于职工全年月平均工作时间和工资折算问题的通知》规定每年的计薪天数为261天，但该规定既非法律亦非行政法规。最高人民法院《对关于误工费的计算方法问题的答复》虽非严格意义上的司法解释，但其关于“如果误工期间仅计算工作日，则应以工作日的工资收入为标准；如果误工期间包括休息日，则应以包括休息日在内的平均工资为标准”之内容更为公平合理。本案中，张月荣的误工期间是连续计算的，其误工期间包括休息日在内，故应以包括休息日在内的平均工资为标准。据此，原审判决用年工资收入÷365天计算张月荣及护理人员的日工资标准，相对合理。张月荣关于原判在日工资标准计算方面适用法律错误之理由，不能成立。

二、《关于职工全年月平均工作时间和工资折算问题的通知》（劳社部发〔2008〕3号）

根据《全国年节及纪念日放假办法》（国务院令第513号）的规定，全体公民的节日假期由原来的10天增设为11天。据此，职工全年月平均制度工作天数和工资折算办法分别调整如下：

1. 制度工作时间的计算：年工作日：365天－104天（休息日）－11天（法定节假日）＝250天。季工作日：250天÷4季＝62.5天/季。月工作日：250天÷12月＝20.83天/月。工作小时数的计算：以月、季、年的工作日乘以每日的8小时。

2. 日工资、小时工资的折算：按照《劳动法》第51条的规定，法定节假日用人单位应当依法支付工资，即折算日工资、小时工资时不剔除国家规定的11天法定节假日。据此，日工资、小时工资的折算为：日工资：月工资收入÷月计薪天数。小时工资：月工资收入÷（月计薪天数×8小时）。月计薪天数＝（365天－104天）÷12月＝21.75天。

第四节　工资的属性与特殊保护

从劳动权益保护的角度出发,劳动者与破产法关系最为密切之处应当是工资和社会保险。在这二者中,更应当关注的是工资。这不仅因为工资是劳动者从事劳动的根本目的,还在于社会保险更多地是国家责任,可以直接运用国家权力来保障。

一、工资的财产属性与特殊保护

工资就其财产形态而言,就是"承认工人有权获得使他们自己和他们的家庭过得去的生活的报酬"。

从工资这种让劳动者及其家庭的生活能够过得去,或者换成通俗的话来说是能够活得下去的表述中,我们认识到工资在财产属性上具有两个方面的特性。

(一) 工资作为财产的一种存在形式,它是一种实际存在的财产

什么叫实际存在的财产呢?就是劳动者的工资是劳动报酬,劳动报酬是对劳动过程的一种报酬,而劳动所创造的价值已经物化到产品里面,或者说已经变成了它的服务形态。这种已经物化到产品里面的劳动力的价值,它不会消失,也不可收回。它是一种存在——存在于产品里面或者服务之中。而任何产品在劳动关系中,或者说在雇佣条件下是无条件归雇主所有的,所以劳动者通过劳动所创造的财富无条件地归雇主所有。

劳动者通过劳动所形成的财产不仅实际存在,而且不可消灭,因为劳动一旦付出就无法收回。比如说教师讲的课,课讲完了,教师讲课的劳动就已经进行并且已经完成。教师完成任务后没办法更改它,而学生所得到的知识也是教师没有办法收回的。这种状况实际上是由劳动导致了财产的增值,并且这种增值后的状况是无法改变、无法回复的。这也就决定了工资在财产状况上的实际存在、不可消失和不可逆转。工资关系在财产状况下有别于民事关系。在民事关系中,如果合同有瑕疵,双方或一方可以不再履行,可以主张恢复原状,可以主张合同无效,双方还可以回到原来的状况。

因此,对于工资的任何拖欠、任何克扣,都要采用"零容忍"规则,也就是说绝不允许任何人在任何情况下以任何理由克扣、拖欠工资,无偿地占有他人的工资。不允许雇主无偿地占有劳动者的劳动成果,就如同不允许一个人无偿地占有另一个人的财产一样;无偿地占有劳动者的劳动成果无异于到别人家里去把电视机搬走,无异于把他人的银行存款取走,这些都是同一个性质的问题。

(二) 工资作为财产的一种获得形式,它是一种通过支付才能得到的财产

工资在支付上的特性就在于工资是需要支付的。劳动者自己只能劳动,而劳动本身并不能回报工资,甚至也不能形成或者产生工资。工资必须由雇主在劳动过程以及劳动产品之外支付。由此,工资作为财产在获得上就有了特殊性。

首先,工资支付是不可逆转的。以合同无效为例,我们在民事合同、经济合同中,合同无效则自始无效是一项确定了的法律规则。因为无效的法律关系得不到法律的保护,所以应当让这种社会关系回到原来的状态,即双方的权利自始就得不到保护,双方所建立的法律关系退回到原来的状态。最简单的就是你把钱退给我,我把货退给你,我们不再进行这个交易了。但是,工资的支付不允许这样,在任何情况下,即使是无效合同,即使是无效劳动,只要

是劳动者已经付出的劳动,雇主都必须无条件支付劳动报酬。雇主已经为无效的、不受法律保护的劳动支付了工资的,当这种劳动关系被认定为无效后,也不能主张返还。比如说使用童工,这是一种典型的无效劳动关系、无效合同关系、无效劳动合同。但是雇主使用过童工后应当支付的各项劳动报酬都必须支付。而且,童工的往返途中费用、家长来接的费用都全部由雇主承担。法律在任何情况下都不会支持雇主对劳动成果的无偿占有,劳动者在任何情况下也不能容忍劳动成果为雇主无偿占有。如果我们让劳动关系回到原始状态,而劳动者已经付出的劳动又不能收回,就容忍了雇主对劳动者劳动成果的无偿占有和对劳动者的劳动价值无偿获取。所以,我国《劳动合同法》第 28 条规定:“劳动合同被确认无效,劳动者已付出劳动的,用人单位应当向劳动者支付劳动报酬。劳动报酬的数额,参照本单位相同或者相近岗位劳动者的劳动报酬确定。”

其次,工资支付是不能抵销的。不能让劳动者为了清偿雇主的债务来为这个雇主劳动。这在民事关系里可能是没有什么问题的,但在劳动关系里则是不被允许的。即便在劳动关系建立后,双方产生的其他债权债务关系也不能以工资来抵销。史尚宽先生多年前就阐述过:“抵销禁止亦为保护报酬之一重要手段。所谓禁止抵销者,谓雇用人不得以自己对于受雇人之不得扣押部分之报酬相抵销也。”①不允许工资与其他相对债权进行抵销,在工资和劳动关系中也不得设定抵销。这不仅是为了禁止债权人将劳动者变为“包身工”,更是为了保证工资无论在什么情况下都必须让劳动者拿回家去,都必须归劳动者所有,由劳动者支配。由此还可以引申出工资的不得替代、工资不得发放实物等法律规则。并且工资在支付上还产生了一项原则,那就是按时足额支付。“按时”之“时”的长度底线是不能由双方约定的,尤其不允许约定一两年后再支付。当前我国支付工资的时限最高是一个月,这在世界各国中也是最长的。工资支付的最高时限一般来说是半个月,对劳动者来说则越短越好。“及时贴现”和“落袋为安”这些经济学术语用在工资支付上是恰如其分的。“鉴于劳工全赖工资生活,工资给付时间若不确定,将影响其正常生活,因此不但给付时间不可延迟,且须定期发给。”②

最后,工资支付是不需等待的。因为每一个劳动过程的结束都意味着工资债权的形成,也都意味着以货币为表现形式的劳动者财产权的确立。而任何钱只有到自己手里才是最安全的,在别人口袋里都有一个没有实现的问题。我们甚至可以说,劳动者每一天劳动结束都形成了新的工资债权,都同时产生了雇主支付的延迟。雇主对于工资的支付既不是雇主实现利润后的支付,也不是其所占有的劳动产品转变为商品、进而由商品转化为货币后的支付,而是雇主已经使用了劳动者,并且已经占有了劳动成果的(该成果中有物化了的劳动价值)支付。这种支付是一种“已然性”支付,是一种过去式的支付。它不取决于雇主未来的经营状况,也不是劳动者等待劳动成果变现后的价格分配,而是来源于雇主已有的、与劳动过程和劳动成果无关的现成财产。法律尤其不认可雇主用出卖劳动者的劳动或者劳动成果后的收益来支付早已形成的劳动报酬。马克思曾经以雇主应当维护机器来证明雇主必须为劳动者的工伤负责,按此思路,同样可以不恰当地比喻:雇主对工资的及时支付义务就如同雇主支付水电费用不必等待使用水电后的产品获利一样。

---

① 史尚宽:《劳动法原论》,正大印书馆 1978 年版,第 43 页。

② 吴奎新:《劳工权益——例解劳动基准法》,永然文化出版股份有限公司 2004 年版,第 92 页。

二、工资的债权属性与特殊保护

国际劳工组织最早在1949年的《保护工资公约》中对于工资的一般性保护作出规定后，也对工资的特殊保护作出了规定:当企业倒闭或清算时,该企业的工人均应享有优先债权人的地位。工资构成一种优先债权,应在普通债权人提出任何分割资产的要求前予以全部支付。

1992年国际劳工组织就通过了全称为《在雇主无偿债能力的情况下保护工人债权公约》和相应的建议书。该公约首先对"无偿债能力"作出了定义:"就本公约而言,'无偿债能力'一词系指为集中解决各债权人的偿还要求,根据国家法律和惯例已就某雇主资产开始法律诉讼的这样一种状况。就本公约而言,会员国可以将'无偿债能力'一词的含义,扩展到因雇主财务状况方面的原因而使工人债权无法得到偿付的其他状况,例如,当雇主的资产额不足可证明有开始破产程序之必要时。"公约规定在雇主无偿付能力的情况下,须以优先债权保护工人因其劳动而产生的债权,以使工人能够在其他债权人获得其份额前从雇主的资产中得到偿付。

该公约规定的工人优先债权至少包括了四项内容:(1) 工人在雇主破产或本人雇佣关系终止前因工资产生的债权。(2) 工人在雇主破产或本人的雇佣关系终止前因假日报酬产生的债权。(3) 工人在雇主破产或本人的雇佣关系终止前因缺勤工资产生的债权。(4) 因雇佣关系终止而应得到的遣散金。

这四项内容在时间上跨越了劳动关系存续期间和劳动关系终止之后。这在破产程序上实际上既包括了破产前工人的工资,也包括了因破产而致劳动关系终止后的遣散金,或者我们所说的经济补偿金。这就产生了一个重要的时间点,一个完全不同于其他债权的时间点,即在破产清算开始后雇主对工人新产生的债务也受到法律的保护并且进入优先清偿程序。

这四项内容在范围上也对工资进行了全面的特殊保护,即不仅保护劳动者因实际付出劳动而产生的报酬,而且保护劳动者依法未实际付出劳动或者说在休息时不劳动而产生的劳动报酬,如公休日、法定节假日、带薪年休假时间的工资,进而还保护劳动者因工伤、疾病等原因不劳动而雇主依然需要支付的工资。

结合我国《企业破产法》第113条的规定:"破产财产在优先清偿破产费用和共益债务后,依照下列顺序清偿:(一) 破产人所欠职工的工资和医疗、伤残补助、抚恤费用,所欠的应当划入职工个人账户的基本养老保险、基本医疗保险费用,以及法律、行政法规规定应当支付给职工的补偿金;(二) 破产人欠缴的除前项规定以外的社会保险费用和破产人所欠税款;(三) 普通破产债权。破产财产不足以清偿同一顺序的清偿要求的,按照比例分配。破产企业的董事、监事和高级管理人员的工资按照该企业职工的平均工资计算。"该条在第1项中就将"工资"列在最前面,似乎充分体现了对工资债权的优先保护。但实际上,"工资"这个概念是我国目前在劳动法律领域最不清楚的概念,无论是法律、法规与规章,还是相关当事人,似乎谁都有自己对"工资"的解释,却谁也无法清楚与确切地界定"工资"的范围,无法将劳动者因劳动所得的收入全部纳入工资债权加以特殊保护。尤其是,当我们将破产债务限定为破产开始前所生之债后,劳动者因破产而终止劳动关系应当得到的经济补偿金就不可能被包含在受特殊保护的"工资"中了。余下的列举似乎也是劳动者的应得财产,但实际上与劳动者的直接关系不大。因为社会保险的费用如同税款一样是归国库存放和管理的，而不是由劳动者所有或者可以支配的。并且，就社会保险费而言，该条文的列举也不尽全面，例如生育保险和失业保险没有进入列举范围。

与此相关的是工资债权与担保债权的冲突问题。我国《企业破产法》第 132 条规定，本法施行后，破产人在本法公布之日（2006 年 8 月 27 日）前所欠职工的工资和医疗、伤残补助、抚恤费用，所欠的应当划入职工个人账户的基本养老保险、基本医疗保险费用，以及法律、行政法规规定应当支付给职工的补偿金，依照本法第 113 条的规定清偿后不足以清偿的部分，以本法第 109 条规定的特定财产优先于对该特定财产享有担保权的权利人受偿。也就是说，《企业破产法》为了更大程度地保护企业职工的利益，在第 132 条中规定，企业职工的利益在一定程度上优先于有担保债权人的担保债权。但如果工资债权产生于 2006 年 8 月 27 日以后，则采用担保物权优先于工资债权清偿的规定。事实上，物权担保的债权在破产中的优先地位在立法中就受到来自工资债权的挑战。虽然“担保债权的优先性要给予限制，规定担保物不再被别除在破产财产之外，当劳动债权得不到保障时，包括担保物在内的所有破产财产都将优先用于支付劳动者的工资、社会保险、劳动补偿等劳动性质的债权”的主张最后没有得到立法认可，但相关的论证和立法例证都既不充分也不必要。

除了相关的国际劳工公约的规定外，联合国贸易法委员会发布的《破产法立法指南》第二部分第五节“程序的管理”第 72 条也明确指出，在破产分配中可以考虑将工人工资、人身损害赔偿、环境损害赔偿置于有担保债权之前。法国在破产法中明确规定工资债权优先于担保债权进行分配。笔者不想再强调工资债权的重要性或者特殊性，只想说一点：如果工资可以成为担保债权，劳动者也会或者至少有可能循此路径保护自己的根本利益。但我们在法律制度上并没有为劳动者提供这一路径，尽管谁都知道工资于劳动者远比担保之债于债权人更加需要保护。当我们不能为一种最为重要的保护对象提供最为有效的保护时，我们已经不能理直气壮了；如果我们还以后者来排斥前者，剥夺前者应当得到的根本权益就更加不讲道理了。

【背景材料】

补签倒签劳动合同支付二倍工资的司法解答①

一、浙江省高级人民法院民事审判第一庭《关于审理劳动争议纠纷案件若干疑难问题的解答（一）》第 2 条

问：用人单位超过一个月未与劳动者订立书面劳动合同，但在一年内又补订了劳动合同的，是否应该向劳动者支付二倍工资？

答：用人单位超过一个月未与劳动者签订书面劳动合同，后在一年内又与劳动者补订了劳动合同，用人单位应向劳动者支付用工之日起满一个月的次日至补订劳动合同的前一日期间的二倍工资。实际补订日期，应根据补订的劳动合同落款日期及其他情形综合认定。

二、四川省高级人民法院民事审判第一庭《关于审理劳动争议案件若干疑难问题的解答》第 31 条

用人单位与劳动者虽然补签劳动合同，但未补签到实际用工之日的，对于补签固定期限劳动合同的，劳动者主张实际用工之日至补签前一日扣除一个月订立书面劳动合同宽限期的二倍工资差额，应

① 摘编自贺言：《【恒都法研】补签、倒签劳动合同是否还需支付二倍工资?》，“恒都律师事务所”微信公众号，2018 年 11 月 14 日，https://mp.weixin.qq.com/s/VUas7HS0wm_MDK_kOZ-F6A，访问日期：2018 年 12 月 20 日。

予支持。对于补签无固定期限劳动合同的,劳动者主张自应当签订无固定期限劳动合同之日至补签无固定期限劳动合同的前一日的二倍工资差额,应予支持。

三、广州市中级人民法院《民事审判若干问题的解答(劳动争议部分)》

问:(倒签型)用人单位与劳动者"倒签"劳动合同的,是否需支付"倒签"期间双倍工资?

答:对于"倒签劳动合同",常见有用人单位在用工初期未跟劳动者签订劳动合同,但在后来的劳动合同中约定工作期限不是从签订之日计算而是从用工之日开始计算,劳动者也同意按该时间签订的,应视为劳动者确认劳动合同期限已经涵盖未签劳动合同期限,属于劳动者的一种追认,用人单位无需支付双倍工资。

三、工资的价值属性与特殊保护

工资有什么价值?我们为什么这么关注它?尤其在企业破产"皮之不存"的状况下,我们为什么还要讨要工资?笔者认为,我们可以从价值角度探讨工资的以下三个特性:

(一)工资具有生存价值

如果我们继续沿用债的思维进行思考,那么,生存之债就是强调这个债的意义或者价值是不同于其他之债的。其他之债影响的是公司的经营状况,或者是另外一个公司的破产或者倒闭,最严重不过是两个甚或多个经营主体消灭。而工资对于劳动者而言,是全家人吃饭的问题,是全家人过不过得下去、能不能继续生存的问题。公司也可能会因为经营不善而终结,但在现有制度下,尤其在有限责任公司制度下,公司的破产与利害关系人及其家人的生存与否尚有相当一段距离,不会导致或者立即导致公司经营者或者股东的生存受到影响。而对于劳动者和家人来说,一旦没有工资,立即面临的就是生存问题。所以这是工资之债不同于其他破产债务的一个方面,它具有生存的价值和意义。

(二)工资的生存价值具有唯一性

它属于个人之债,这种个人之债也有别于公司之债。公司之债始终是一个集合之债,是多个股东之债,多个股东已经完成了他的投资行为,这个投资行为一旦形成,投资风险是明确的,投资者对于他的风险是明知的。但劳动者是一个个人,这个个人对他工资的追求也是很明确的——我全家都等着我这个月的工资拿回去,我家里上有老下有小,他们对于我的工资的等待有如"鸿雁于飞,哀鸣嗷嗷"[①]。

工资生存价值的唯一性还在于劳动者除了工资之外通常就别无他法养活自己,工资通常是劳动者唯一的生活来源。因此,工资的缺失就直接等同于生存能力的缺失,等同于生存可能性的消失。但对于公司、企业(或称"雇主")而言,用于投资的钱是与用于生活的钱相分离的,投资的失败并不直接等同于生活的无着。况且,投资是为了得到更多的收益,这也不同于劳动是生存的必需。

(三)工资价值体现的是劳动价值

劳动的特点在于它有别于其他所得,质言之,劳动者在劳动后是得不到任何劳动成果的。劳动成果无条件地归了雇主所有,劳动者能够得到的只能是工资。工资是劳动者劳动后唯一的追求。如果这个目的不能实现,劳动者从事劳动的全部目的将得不到实现,劳动者

① 《诗经·小雅·鸿雁》。

全部的劳动将会变成毫无意义。但劳动本身的价值并不是没有意义或者不存在或者随之消失的,而是实实在在地被他人所占有的。雇主通过占有劳动产品占有了包含在产品中的劳动的价值。若劳动者得不到工资,劳动价值将名亡实存,这是对劳动者的根本否定和严重伤害,必将最后伤害劳动本身。

四、工资的社会属性与特殊保护

与工资的社会属性相联系的是公司的社会责任。之所以在公司法上会产生揭开公司面纱、公司人格否定等主张,就是因为随着社会的发展,公司的社会面向逐渐增多,社会属性逐渐增强。

公司从它产生的第一天起就具有二重性,即一方面公司是个人的投资,另一方面它又是社会的存在。在生成形态上,公司是私人的资本载体,在人格意义上,公司是一个组织精巧的社会人。谢怀轼先生提出:从社会学方面进行研究,公司是个人结合而成的团体。公司可以无限地集聚资本与劳力并使二者很好地结合为一体(企业)。并且,公司是以营利为目的而组成的团体,必须把所得利益分配与成员。资本主义的基本矛盾——生产社会化与私人占有生产资料之间的矛盾——恰好体现在股份公司中。[①]

因此,在公司运行和发展的过程当中,即使就劳动关系而言,它也经历了从个人、从资本到社会这样一个发展过程。在工业革命早期,资本是唯一的,也是至高无上的。此时的法律对资本的保护也是竭尽全力的,比如说在劳动伤害中,法律推定工人自己认识到并且愿意承担劳动中遭受伤害的后果。也就是说,工业劳动有职业伤害风险,但这个风险由工人自担,因为工人愿意承担。进而发展到职业伤害风险由雇主在有过错的前提下承担,最后发展到现在的雇主无过错担责原则,即便伤害是劳动者在工作中的过错所致,也由雇主来承担责任,劳动风险无条件地转移给雇主。这一过程刻画出了一条清晰的发展轨迹,也就是劳动风险责任从劳动向资本的转移,从个人向社会的转移。

这一过程也体现在对劳动本身的认知上。在工业革命早期,劳动者的劳动仅仅也就是一个劳动,一个能够得到工资的劳动,工资的领取即为劳动的结束。但当历史发展到 19 世纪初叶,劳动者的权利就浮出了水面。英国 1802 年《保护童工法》引导劳动立法面世,而法国大革命也喊出了"不就业,毋宁死"的口号。从此就业成为一项权利,并且进入了宪法成为公民的一项基本权利。由于有了马克思主义理论,也由于社会的发展和进步,到了 20 世纪 30 年代,劳动的权利发展成了得到股东的利益,即在工厂中出现了工人持股的形式。这种形式进一步模糊了劳动与资本的界限,也在一定程度上起到了缓解社会矛盾的作用。

但是劳动者个人持股实际上依然难以解决劳动与资本的问题,因为不可能每个劳动者都去持股。尤其在现代社会中,在公司形态和公司组织形式下,个人的少量的持股根本改变不了公司的现状,改变不了劳动者仍然面临的困境,即使是股东型的劳动者,该被辞退的照样会丢掉工作,照样会成为失业者。正所谓:股东是股东,劳动是劳动。社会在进一步的发展中寻找着新的途径,这就是 20 世纪中叶,从 50、60 年代开始,尤其是到 70、80 年代,社会责任运动的兴起,这就更加强调要从社会责任的角度来对待劳动者,来处理劳动与资本的关

---

① 参见谢怀轼:《第十一讲 公司及公司法的一般理论》,中国民商法律网,2002 年 4 月 27 日,http://old.civillaw.com.cn/article/default.asp?id=12254,访问日期:2015 年 1 月 16 日。

系。比如说以前我们只强调对工资的保护,对最低工资的保护,社会责任运动则要求用人单位从工人的食堂、工人晚上的住宿、工人住宿地方的温度等方面来保障工人的权利。所以,一家知名公司原计划是在号称“火城”的地方建厂,但这样不仅工厂内部面临降温的问题,工人宿舍也必须达到适宜居住的温度,相关成本就会增高,最后迫于社会责任运动的压力,该公司只好放弃该计划。

如果从社会和社会责任的角度来理解工资的属性,工资债权就应当是一种绝对优先的债权。以此反观我国《企业破产法》第132条,可以看出:在这一条里面,产生的根本问题不是工资债权没有优先,而是优先的工资债权能不能优先于担保债权,这才是问题的实质。

担保债权不仅是已经发生的债权,而且是已经设定了担保的债权。所以尽管有人一再坚持、一再论证工资债权一定要优于担保债权,但是,如果从法律自身的观念来看,从民法的理论和传统来看,都不能接受这一主张。因为担保债权是确保债权人利益得以实现的法律制度,当特定财产作为债务履行的保障时,债权人得以基于该财产使自己的债权优先受偿,不必担心因债务人债务的增加而使自己的债权受到损失。这项制度从法律上排除了担保财产进入破产清算的可能性。所以,如果由于债务人的破产而推翻担保债权,让担保债权也要进入破产清算,担保财产也要进入破产财产,等于直接否定了担保债权的存在价值和法律意义。

这在民法理论上是没有任何问题的,但是在社会责任的意义上是不是应该有所考虑?我们的法律理论,以及由这种理论产生的法律条文不应当只是在理论上有一种完美的逻辑就可以了。虽然我们对汉人杜周所谓“前主所是著为律,后主所是疏为令;当时为是,何古之法乎!”[①]持批判态度,但他的话也说明了一个问题:法律是什么?法律是一种因时而生、因势而变的社会工具,没有必要因追求逻辑上的完美而牺牲现有的社会利益。在社会责任意义上,在工资对职工、对职工家庭的生存意义上,任何债权都应当为之让路。并且,既然我国《企业破产法》第132条能够将该法生效之前的担保债权放置于工资债权之后,那就说明即使工资债权优先于担保债权也并不意味着存在不可逾越的法律障碍。否则,如果是绝对不能接受的,为什么又可以因时而异呢?可见法律本身依然是立法者根据需要而制定的,并没有一个绝对不能逾越的界线,关键在于立法者对相关利益的偏爱与取舍而已。[②]

【背景材料】

股权激励是否属于劳动争议[③]

近年来,为增强自身的竞争力,越来越多的公司选择通过股权激励、虚拟股权、股票期权等方式来吸引、挽留人才,随之也引发了相关的法律争议。对于争议的管辖主体,实践中亦存在不同观点:股权激励本身属于公司法所规制的内容,但是相关争议又是用人单位与劳动者在履行劳动合同期间产生的争议,也可能属于劳动争议。早年间的司法实践倾向于认为其属于普通民事纠纷而非劳动争议。例如,劳动者要求公司支付其自2012年4月1日至劳动关系解除之日的股权激励99万元。针对该主张,法院在判决主文中写道:“罗玉良要求福田公司支付股权激励的诉讼请求,不属于劳动争议案件管辖范

---

① 《汉书·卷六十·杜周传第三十》。

② 参见黎建飞:《工资的属性与特殊保护》,《法治论坛》2008年第2期。

③ 摘编自钱雅茹:《静思劳舍201——股权激励是否属于劳动争议?》,“中联劳动法讲坛”微信公众号,2018年8月3日,https://mp.weixin.qq.com/s/NrvJdQgmTYFS77CazX_4ag,访问日期:2019年7月27日。

围，本案不予处理。”①

但是，随着相关争议越来越多，各地对此的司法实践也发生了变化。合肥市中级人民法院、合肥市劳动人事争议仲裁委员会于2018年7月联合发布了《审理劳动人事争议案件若干问题规范指引》，其中第10条明确规定：劳动者依据“劳动合同”“聘用合同”“协议”或“规章制度”的约定或规定，主张住房补贴的，属劳动人事争议，应予受理；用人单位以派送股权等方式进行用工激励或奖励，劳动者与用人单位就该股权分配发生纠纷向劳动人事争议仲裁委员会申请仲裁的，属劳动人事争议，应予受理。此外，北京、深圳等地的司法实践中也越来越倾向于将该等争议作为劳动争议来处理。

在“博彦科技（深圳）有限公司等与文坚劳动争议上诉案”②中，法官详细论述了股权激励争议属于劳动争议受理范围的原因：(1) 从获得涉案股票的起因来看，文坚得以获得以大幅低于市场价格的股权激励价格购买“博彦科技”限制性股票的资格，是基于其与博彦深圳公司较长时间存在劳动关系，同时也基于其对博彦深圳公司及博彦股份公司的生产经营作出的贡献和业绩，这体现了劳动关系中用人单位对劳动者基于身份关系及劳动成果予以福利或奖励的特征。(2) 从授予文坚涉案股票的较长期目的来看，博彦深圳公司与博彦股份公司是希望被激励对象能继续为公司服务且符合岗位要求及满足公司的绩效考核，从而有利于维持与激励对象的劳动关系及提高激励对象的工作积极性和能动性，促进公司业绩和价值提升，体现了用人单位对于劳动者激励管理的劳动关系特征。(3) 从激励利益的实现条件来看，上述限制性股票的解锁条件是劳动者在劳动中的成果需符合公司要求及劳动者不得存在损害公司利益或声誉的行为。这也体现了劳动关系中用人单位对劳动者管理的典型特征。(4) 从涉案股票解锁条件的考核事实依据来看，文坚的考核工作虽由博彦股份公司进行，但其考核依据仍是文坚在博彦深圳公司的工作表现和业绩，亦显著地体现了劳动关系中劳动者接受用人单位管理的典型特征。(5) 从法律性质来看，涉案股票属于用人单位因劳动者的突出劳动贡献以及为激励劳动者继续积极工作而向劳动者支付的附条件的具有经济性福利的薪酬。基于上述分析，本案中文坚获得授予的限制性股票应当属于薪酬组成部分，文坚因其限制性股票被回购注销引起的纠纷，具有劳动者接受用人单位管理、约束和激励的劳动关系典型特征，明显不同于平等民事主体之间的普通民事合同纠纷。

【背景材料】

公共卫生事件中的工资支付与调整

在公共卫生事件（如非典、新冠疫情等）期间，劳动者的工资支付难以直接援引《工资支付暂行规定》。《工资支付暂行规定》第12条设定的前提条件是“非因劳动者原因造成单位停工、停产”。公共卫生事件的发生既不能归因于劳动者，也不能归因于用人单位。公共卫生事件中劳动关系的双方当事人承受着同样的困难和损失，二者无差别地共同成为公共卫生事件的直接受损害者，也都无差别地不能履行劳动合同。对于这种无差别的损害与困难，解决的方案不应是强制一方当事人向另一方当事人继续承担支付义务，而应由社会来承担相应的责任——采用社会保险来保障劳动者在不能劳动时的生存和生活。这与人类社会在面对自然或者社会灾害时采用社会保障中的救灾救济制度一样，后者也是无差别地提供给每一位遭受灾难的社会成员，且没有任何先决或者附加条件。

① “罗玉良诉北汽福田汽车股份有限公司劳动争议案”，北京市昌平区人民法院（2015）昌民初字第10782号民事判决书。

② “博彦科技（深圳）有限公司等与文坚劳动争议上诉案”，广东省深圳市中级人民法院（2017）粤03民终1326号民事判决书。

第五节 工作与休息

一、工作权和休息权是劳动者的基本权利

劳动者的工作权和休息权是宪法规定的基本权利,二者是紧密联系的。我国《劳动法》对职工的工作权和休息权作了具体规定。

职工的工作权和休息权是通过工作时间制度和休息时间制度而体现出来的。工作时间是指劳动者在用人单位应该从事劳动或工作的时间。工作时间制度由法律加以规定,例如8小时工作日制度和5日工作周制度等。休息时间是指工人和职员在工作时间以外由个人支配的用于恢复身心、安排生活、料理家务、参与社交文体活动等方面的时间,包括工作时间中的间歇时间、两个工作日之间的休息时间、每周的休息日数、法定节日的休息等。

工作权和休息权作为宪法规定的职工的基本权利,在我国《劳动法》中得到了具体的保护,有其重要的现实意义。我国《劳动法》对职工的工作时间和休息休假用法律加以保障的主要目的,在于保障职工的身体健康。职工在一天的紧张劳动后,身心都已疲劳,只有经过休息,才能恢复体力,有健康的身体和充沛的精力去进行再生产,参加社会活动,进行业务学习、料理家务和个人生活以及教育子女,同时也有利于保证职工完成生产和工作任务,提高工作效率和劳动生产率。工作时间的规定,可以保障职工每天在法定的时间内工作;休息时间的规定,不仅仅是为了补偿职工因工作而导致的体力消耗,更重要的是利用闲暇时间学习业务和技术,提高工作能力和生产技术水平。只有这样,才能使职工更充分地利用工作时间,保证生产、工作任务的完成。

【背景材料】

全球22%劳动人口工作超时①

全世界的劳动队伍当中,六亿多人每个星期的工作时间在48小时以上,他们占了劳动队伍的大约22%。国际劳工组织发表的报告书说,多数国家把每星期的工作时间定为40小时。报告说,多数人是为了维持生计而做超时工作,但先进国家好些自雇人士也在长时间工作。

题为《全世界的工作时间》的报告书列出秘鲁为超时工作人数最多的国家,在2004年至2005年间,秘鲁50.9%的工人每星期工作48小时以上,排其后的韩国工人则有49.5%每星期工作48小时以上,埃塞俄比亚为41.2%,它们之后是亚美尼亚、危地马拉、阿根廷、墨西哥、以色列和新西兰。美国有18.1%的人长时间工作,排第19位,情况比日本、巴拿马、塞浦路斯和加拿大糟糕。有些国家只有2003年为止的统计数字,例如印度尼西亚(51.2%)、巴基斯坦(44.4%)、斯里兰卡(26.7%)和英国(25.7%)。

工作时间比较长是服务业常见的现象,尤其是批发和零售业、旅馆与饮食业、交通、库存、通信等需要轮班作业的行业。在制造业方面,全球劳动力多数是每星期工作35—45小时,发展中国家的工人工作时间则长一些。工人通常是为了增加收入而加长工作时间,雇主则是为了提高产量。在土耳其,工

① 摘编自佚名:《国际劳工组织报告书:每周48小时以上,全球22%劳动人口工作超时》,《联合早报》2007年6月8日。

人在 2003 年每星期工作 52.2 小时;在哥斯达黎加,工厂的员工在 2004 年每星期工作 50 小时。

在发展中国家,妇女自雇人士通常每星期工作 35 小时。男性自雇人士的工作时间则较长,因为女性多数在家中从事“无酬”的工作,包括照顾家里的老人和小孩。

二、工作时间和工作日

(一) 工作时间

工作时间是职工根据法律的规定,在用人单位完成本职工作的时间。它是劳动者为用人单位从事生产和工作的时间,是劳动的自然尺度,是衡量每个职工的劳动贡献和付给报酬的计算单位。工作时间一般以小时为计算单位,它包括每日工作的小时数以及每周工作的天数和小时数。工作时间由法律进行限制,用人单位安排劳动者工作不能突破法律的限制。

工作时间的主要表现形式是工作日。工作日是指法律规定的职工在一昼夜内的工作时间长度,是以日为计算单位的工作时间。工作时间包括日工作时间(即一昼夜内职工的工作时间)和周工作时间(即一周内职工的工作时间)。

根据我国《劳动法》和有关法规的规定,工作日分为定时工作日、不定时工作日和计件工作日。

【背景材料】

工作时间的三种模式①

员工的工作时间安排模式是随着社会与经济情况的变化、技术革新以及企业的组织形式的变化而不断变化的。从其发展历程来看,大致可以分为以下三个阶段:

第一阶段:在 20 世纪 60、70 年代以前,企业一般实行固定工时的安排模式,这种工时制度对员工上下班的起始时间、上班时间和加班时间的数量作出了严格的规定,它与大规模的流水线生产方式、严密的组织制度以及古典的管理理论相适应。

第二阶段:20 世纪 60、70 年代以后,世界经济的发展已经走出了资本主义的“黄金阶段”,经济危机的频繁爆发而带来的市场需求的不稳定,新技术革命对员工素质要求的提高,柔性生产方式的兴起,教育普及和女权运动而使更多的女性员工参与工作,人们对更高生活质量的追求,迫使企业主开始改变已有的工时安排模式,以适应上述情况的变化。1970 年年初,德国率先推出了上下班时间由员工自行决定、日工时数总量不变的弹性工时安排制度。由于它能方便员工安排自己的生活和工作时间,避免交通拥挤,有益于提高员工的工作效益,所以很快就在世界范围内推广开来。同时,也出现了满足各种不同需要的工时安排形式,例如工作分享制、非全日工时制、压缩工时制等等,这些工时制度安排形式已经体现了人性化管理和授权的理念。

第三阶段:知识经济时代的来临,宣告了人力资源管理新模式的到来。美国经济学家里夫金在其著作《工作的末日》中就认为,如果人们学会相互合作的话,信息技术将催生一种更为有效的生产制度,固定的全日制工作变得不再必要,人们拥有的是弹性工作时间和更多的自由时间。在实践中,组织形式的扁平化,外包的逐渐盛行,也使得工作时间模式发生了一些新的变化:其一,它更多地与员工的工

① 摘编自姜伟:《工作时间安排模式的发展趋势及运用》,《煤矿现代化》2007 年第 4 期。

作方式和雇佣方式的灵活性联系在一起。员工的工作方式的灵活性已经不仅仅体现在工作时间数量的调整上(例如,弹性工时制只是改变一个总的确定工时数量在一段时间内的分配),还体现在工时长度或者工作活动频率的变动上(例如临时工作制),以及工作地点的变动上(例如,远程上班或者家中上班制),或者是三者兼而有之,例如随叫随到制。其二,它正在逐步和员工的薪酬管理方式、福利方式以及就业保障融合。由于就业岗位的数量因为信息技术和自动化技术的广泛运用而正在迅速减少,企业开始承担一定的社会责任。例如德国大众公司利用弹性工时原理,设计并实行时间有价证券制度,将职工的加班时间、合理化建议和一部分报酬收入转化为基金,并通过基金运作而保值增值,方便职工灵活安排工作和休假时间,提升退休待遇,分享企业和社会发展的成果。这些新型的工时安排制度不仅使员工的个人需求和个人尊严得到满足,也有利于企业保持创新的活力。

(二) 定时工作日

定时工作日是法律规定的职工在每个工作日内固定的工作时间,是我国工时制度的主要形式。根据我国现行的工时制度,定时工作日又可分为标准工作日、缩短工作日、延长工作日。我国《劳动法》对定时工作日作了具体规定。

1. 标准工作日

标准工作日是法律规定的国家机关、社会团体、企业事业单位在正常情况下普遍实行的工作日制度。我国《劳动法》第 36 条规定,劳动者每日工作时间不超过 8 小时。

我国的标准工作日原先实行的是每日 8 小时,每周 48 小时,每周工作 6 天,给予一天的休息日。这一工作日制度是沿用《共同纲领》的规定。1995 年 3 月 25 日国务院发布了《关于修改〈国务院关于职工工作时间的规定〉的决定》,修改后的《规定》第 3 条规定:“职工每日工作 8 小时,每周工作 40 小时。”即从 1995 年 5 月 1 日起,中国的标准工作时间为每日工作 8 小时、每周工作 40 小时的 5 日工作周。

随着生产的发展和社会的进步,缩短工时已成为一种世界趋势。国际劳工组织 1919 年的 1 号公约规定标准工作时间为每天 8 小时,每周 48 小时;1935 年的 47 号公约又将之缩减至每周 40 小时。美国在 1937 年制定的《合理劳动标准法》中就已经规定,超时工作要以高报酬来体现。每周工作超过 40 小时以外的工作时数,雇主要付一倍半的工资。如果星期日工作,报酬加倍。从美国的公司管理者的角度来说,他们更愿意用提高工作效率来代替加班加点。除了节省超时加班费,也免去了能源、保安等花销,还能让职工回家享受私人生活。欧盟国家比美国对工作者的保护更进一步,对工作与加班的时间长度都作了严格规定,并多次在修订法律时更新。该法律已经被全部成员国接受。法律规定,每周每人工作/加班的时间不得超过 48 小时;每 24 小时内(一日内)工作不得超过 11 小时;工作日中最长每 6 小时必须有一次休息;在七天为一个循环的工作日中,必须有 24 小时休息日;夜间工作不得超过 8 小时。这些法律,涵盖公有制和私有制工作场所里的所有工作人员。

2. 缩短工作日

缩短工作日是职工在每个工作日的工作时间少于标准工作日工作时间的制度。一般情况下,主要适用于从事有毒有害作业的工种、条件艰苦或高度紧张的工作以及从事特别繁重体力劳动的职工。

我国《劳动法》未对缩短工作日作出明确规定,但在第 39 条规定:“企业因生产特点不能实行本法第三十六条、第三十八条规定的,经劳动行政部门批准,可以实行其他工作和休息办法。”这就为企业根据生产特点实行变通的工作和休息办法提供了法律依据。缩短工作日就是这种变通办法的一种。

适用缩短工作日的情况有以下几种:

(1)夜班工作时间。夜班工作时间一般是指当日晚上10时至次日早晨6时之间的时间。从事夜班工作的企业、事业、机关、团体等单位的职工,其工作时间比标准工作日减少1小时,同时按照规定发给夜班津贴。

(2)哺乳时间。哺乳时间是指有不满一周岁婴儿的女职工在工作时间内哺乳婴儿所占用的时间。国务院2012年4月28日公布的《女职工劳动保护特别规定》对此所作的规定是:对哺乳未满一周岁婴儿的女职工,用人单位应当在每天的劳动时间内为哺乳期女职工安排1小时哺乳时间;女职工生育多胞胎的,每多哺乳1个婴儿每天增加1小时哺乳时间。

(3)特殊劳动岗位。从事矿山井下作业、高山作业、严重有毒有害作业、特别繁重或过度紧张的体力劳动等岗位的职工,其每日工作时间应少于8小时。如一般有毒有害作业的工人,可以采用“三工一休制”,即工作3天,休息1天,或每日实行7小时工作制,以及实行“定期轮流脱离接触一个半月”,即工人每年轮流脱离原作业岗位一个半月,脱离期满后仍回原岗位工作。严重有毒有害作业工人,可以采用“三工一休制”与“定期轮流脱离接触”相结合的制度,即实行工作3天、休息1天的制度后,每年再轮流脱离原作业岗位1个月,或者采用每日6小时工作制,也可以采用定期轮流脱离接触两个半月的制度。

其他行业缩短工作日的形式有煤矿井下实行的4班6小时工作制,个别化工企业试行的“五班三运转”,以及建筑、冶炼、地质勘探、森林采伐、装卸搬运等行业根据本行业情况实行的不同形式的缩短工作日。

3. 延长工作日

延长工作日是指职工在每个工作日的工作时间超过标准工作日时间长度的工作日制度。它主要适用于那些生产受自然条件或技术条件限制的具有突击性、季节性特点的行业。如制盐业、制糖业、菜园、农场等。这些行业忙季可延长工作时间,闲季可缩短工作时间。延长工作日后,应该补休,无法补休时,可以补发工资。

目前,对于一些企业,我国已经实行了综合工作日制度。行业综合计算工时工作制是从部分企业的生产实际出发,允许实行相对集中工作、集中休息的工作制度,以保证生产的正常进行和劳动者的合法权益。因此,在审批综合计算工时工作制的过程中不宜再要求企业实行符合标准工时工作制的规定。但是,在审批综合计算工时工作制的过程中应要求企业做到以下两点:(1)企业实行综合计算工时工作制以及在实行综合计算工时工作制中采取何种工作方式,一定要与工会和劳动者协商。(2)对于第三级以上(含第三级)体力劳动强度的工作岗位,劳动者每日连续工作时间不得超过11小时,而且每周至少休息一天。

企业对符合下列条件之一的职工,可实行综合计算工时工作制,即分别以周、月、季、年等为周期,综合计算工作时间,但其平均日工作时间和平均周工作时间应与法定标准工作时间基本相同。(1)交通、铁路、邮电、水运、航空、渔业等行业中因工作性质特殊,需连续作业的职工;(2)地质及资源勘探、建筑、制盐、制糖、旅游等受季节和自然条件限制的行业的部分职工;(3)其他适合实行综合计算工时工作制的职工。

(三)不定时工作日

不定时工作日是指对按其职责要求很难实行定时工作日的职工所实行的工作日制度。

它适用于那些因工作职责范围和工作条件不受标准工作时间限制的工作,如外勤工作人员、专用汽车司机、铁路、水运、邮电等企业的部分职工;工作无法按时计算的人(如职业作家、外勤人员等);自行支配工作时间的人(如森林巡视人员以及某些勤杂人员等);因工作性质特殊,需要机动进行工作的人员(如出租汽车司机等)。不定时工作日也属于变通的工作和休息办法的一种。

目前,中国对不定时工作的工种尚无具体规定,由各地人民政府、产业部门、企业主管部门自行规定。劳动部在《关于企业实行不定时工作制和综合计算工时工作制的审批办法》中规定:企业对符合下列条件之一的职工,可以实行不定时工作制。(1) 企业中的高级管理人员、外勤人员、推销人员、部分值班人员和其他因工作无法按标准工作时间衡量的职工;(2) 企业中的长途运输人员、出租汽车司机和铁路、港口、仓库的部分装卸人员以及因工作性质特殊,需机动作业的职工;(3) 其他因生产特点、工作特殊需要或职责范围的关系,适合实行不定时工作制的职工。

国务院规定不定时工作日并非对工作时间毫无限制,而是基本上按照标准工作日执行。但是,当一日工作时间超过标准工时,超过部分不算加班加点,不发加班工资,而只是给予补假休息。对于实行不定时工作制的劳动者,企业应当根据标准工时制度合理确定劳动者的劳动定额或其他考核标准,以便安排劳动者休息。其工资由企业按照本单位的工资制度和工资分配办法,根据劳动者的实际工作时间和完成劳动定额情况计发。对于符合带薪年休假条件的劳动者,企业可安排其享受带薪年休假。

【典型案例】

法院审结不定时工作制异议案①

54岁的老金是某钢板加工公司的专职驾驶员。2007年9月28日,该公司向劳动保障局提出申请,要求对单位的6名驾驶员实行不定时工作制,申请期从同年10月1日至2008年9月30日。第二天,劳保局作出批复,同意该公司对包括老金在内的6名驾驶员实行不定时工作制,有效期为1年。

该钢板加工公司要求老金等7点上班,晚上7点下班。老金等认为,公司采取的每天工作12小时不定时工作制违法,故2008年12月16日,老金等将劳动保障局告上法庭,要求撤销劳动保障局对第三人某钢板加工公司作出批复的具体行政行为。

法院认为,根据相关规定,企业实行不定时工作制和综合计算工时工作制的,应向注册地的区县劳动和社会保障局提出申请,故被告具备对第三人申请作出审批的职权。因生产特点、工作特殊需要或职责范围的关系,适合实行不定时工作制的职工,企业可以实行不定时工作制。原告等人在第三人公司从事驾驶员岗位,工作性质具有一定的特殊性,第三人据此向被告申请对原告驾驶员实行不定时工作制,符合规定精神。被告在2007年9月28日受理原告申请后,进行了审核,并于同月29日作出批复,同意第三人单位对原告等6名驾驶员实行不定时工作制,该具体行政行为并无不当。鉴于诉争批复目前已自行失效,法院判决驳回老金等的诉讼请求。

---

① 摘编自陆晓晴:《沪首例当事人对劳保局不定时工作制批复提出异议案审结》,中国法院网,2009年2月16日,http://www.chinacourt.org/article/detail/2009/02/id/345549.shtml,访问日期:2014年12月14日。

（四）计件工作日

计件工作日是指职工以完成一定劳动定额为计酬标准的工作时间制度。计件工作日实际上是定时工作日的一种特殊形式。我国《劳动法》第 37 条对计件工作日所作的规定如下："对实行计件工作的劳动者，用人单位应当根据本法第 36 条规定的工时制度合理确定其劳动定额和计件报酬标准。"根据这一规定，计件工作日应有合理的劳动定额和计件报酬标准。而合理的劳动定额，应当以职工在一个标准工作日（每日 8 小时）或标准工作周（每周不超过 40 小时）的工作时间内能够完成的计件数量为标准，超过这个标准就等于延长了工作时间，侵犯了职工的休息权。从这个意义上说，合理确定计件劳动定额是实行计件工作日的关键。

劳动定额是指在一定的生产技术和生产组织条件下，为生产一定量的合格产品或完成一定量的工作所预先规定的劳动消耗标准，或是在单位时间内完成合格产品数量所预先规定的标准。劳动定额包括时间定额（生产单位合格产品或完成一定工作所需要的时间）和产量定额（单位时间内应完成的合格产品的数量）。劳动定额水平的计算，必须是在正常生产情况下，大多数工人按标准工作时间劳动能够完成的定额。

三、休息与休假的种类

休息时间是劳动者根据法律规定，在企业事业单位、机关团体以及其他组织任职期间内，不必从事生产和工作而自行支配的时间。它包括职工在法定工作时间之外用以消除疲劳、进行业务学习、参加社会活动和料理家务等所占用的时间。休息时间是职工依法享有的权利，是和职工的工作时间紧密相连的。没有工作时间，就谈不到休息时间；没有休息时间，就不能使职工的工作时间更好地得以利用。

休息时间的种类，随社会经济状况的发展而变化，并且因产业、行业的不同而不同。根据《劳动法》和其他法规的规定，我国现行的休息时间的种类和内容如下：

（一）一个工作日内的休息时间

一个工作日内的休息时间是指职工在每日的工作岗位上生产或工作过程中的工间休息时间和用餐时间，又称间歇时间。工间休息时间和用餐时间因工作岗位和工作性质的不同而有不同，一般休息一至两小时，最少不能少于半小时。间歇时间一般在工作 4 小时后开始，不算作工作时间。有的岗位由于生产不能间断，不能实行固定的间歇时间，应使职工在工作时间内有用餐时间。

有些单位实行工间操制度，即在上午和下午各 4 小时的工作时间中间，规定 20 分钟的休息时间，一般在工作两小时后开始，这种工间操时间与间歇时间不同，计入工作时间。

（二）两个工作日之间的休息时间

两个工作日之间的休息时间是指职工在上一个工作日结束后至下一个工作日开始的期间内所享有的休息时间。其长度应以保证劳动者的体力和工作能力能够得到恢复为标准，一般为 15—16 小时。实行轮班制的，其班次必须平均调换，一般可在休息日之后调换。在调换班次时，不得让工人连续工作两班。因为这既侵犯了劳动者的休息权，也会导致严重伤害劳动者的后果。

（三）休息日

休息日，又称公休假日，是劳动者劳动满一个工作周后的休息时间，即至少有一次连续 24 小时不间断的休息。我国《劳动法》第 38 条规定："用人单位应当保证劳动者每周至少休息一日。”

一般情况下,星期日和星期六(每隔一周)为公休假日。由于生产或工作需要(例如为居民服务的电报、电话、电视等业务),或者由于供电、供水以及为了减少交通的拥挤及能源供应的紧张,劳动者不能在星期日休息的,用人单位应安排其在一周内的其他时间休息。凡因工作情况特殊,劳动者在休息日必须轮流工作时,应给予相等时间的补休。定时或不定时工作日的职工,在休息日值班时,应在一周内补给与值班时间相等的休息时间。所以劳动部《贯彻〈国务院关于职工工作时间的规定〉的实施办法》规定:“企业根据所在地的供电、供水和交通等实际情况,经与工会和职工协商后,可以灵活安排周休息日。”上海市人民政府办公厅在《关于实施〈国务院关于职工工作时间的规定〉的通知》中也规定:“企业应根据全市水、电、煤气供应综合平衡的要求,妥善安排周休息日,各主管部门要加强协调、组织和监督。”

特殊行业实行缩短工作周,其休息日有特殊规定。我国《劳动法》第 39 条规定:“企业因生产特点不能实行本法第三十六条、第三十八条规定的,经劳动行政部门批准,可以实行其他工作和休息办法。”如接触有毒有害作业的劳动者实行的“三工一休”制度,纺织行业实行的“四班三运转”制度,每个职工在 8 天内可以休息两天。

(四)法定休假日

职工用于消除疲劳,料理个人生活,从事业余学习、文化娱乐和社会活动所需要的时间称为休息时间。休假是休息时间的一部分。除公休日休息和女职工保护休假外,职工休假有如下几种。

1. 节假日休息

我国《劳动法》第 40 条规定:“用人单位在下列节日期间应当依法安排劳动者休假:(一)元旦;(二)春节;(三)国际劳动节;(四)国庆节;(五)法律、法规规定的其他休假节日。”《全国年节及纪念日放假办法》于 1949 年 12 月 23 日由政务院发布,1999 年 9 月 18 日根据《国务院关于修改〈全国年节及纪念日放假办法〉的决定》第一次修订,2007 年 12 月 14 日第二次修订,2013 年 12 月 11 日第三次修订,2024 年 11 月 10 日第四次修订。

全体公民放假的节日:(1)元旦,放假 1 天(1 月 1 日);(2)春节,放假 4 天(农历除夕,正月初一、初二、初三);(3)清明节,放假 1 天(农历清明当日);(4)劳动节,放假 2 天(5 月 1 日、2 日);(5)端午节,放假 1 天(农历端午当日);(6)中秋节,放假 1 天(农历中秋当日);(7)国庆节,放假 3 天(10 月 1 日、2 日、3 日)。

部分公民放假的节日及纪念日:(1)妇女节(3 月 8 日),妇女放假半天;(2)青年节(5 月 4 日),14 周岁以上的青年放假半天;(3)儿童节(6 月 1 日),不满 14 周岁的少年儿童放假 1 天;(4)中国人民解放军建军纪念日(8 月 1 日),现役军人放假半天。

少数民族习惯的节日,由各少数民族聚居地区的地方人民政府,按照各该民族习惯,规定放假日期。

全体公民放假的假日,如果适逢星期六、星期日,应当在工作日补假。部分公民放假的假日,如果适逢星期六、星期日,则不补假。

2. 年休假

年休假是指除了公休假、节假日休息外,还要给职工享受保留工资的一段连续休息时间。中华人民共和国成立初期,曾在部分职工中试行过带薪年休假制度。后来,国家由于经济条件的限制,就中止了这一制度的实行。我国《劳动法》第 45 条根据中国当前的情况和部分单位试行的情况，又重新规定了这一制度，即："国家实行带薪年休假制度。"同时还规定了劳动者享受这一制度的条件："劳动者连续工作一年以上的，享受带薪年休假。具体办法由国务院规定。"

带薪年休假制度的实行，将使职工得到更好的休息，这有利于劳动者的身体健康，也有利于劳动者在经过充分的休息后以更充沛的精力投入生产和工作。有权享受年休假的工龄包括：(1) 实际工作过的时间；(2) 职工实际并未工作，但为其保留工作岗位（职务）和全部或部分工资收入的时间（其中包括因不正确解雇而造成的被迫旷工或调动到其他工作岗位及恢复工作的时间）；(3) 职工实际未工作，但为其保留有工作岗位（职务）并享受国家社会保险金的时间，照顾子女至 1 岁半的部分带薪休假时间不包括在内；(4) 法律规定的其他时间。

职工休假的次序由行政管理部门在取得相应工会机构同意后确定。年休假时间可定在一年中的任何时间，但不能扰乱企业、机关、团体的正常工作。年休假应每年 1 次按规定的期限安排，但在下列情况下应改期或延长：职工暂时丧失劳动能力；职工执行国家或社会使命；在法律规定的其他情况下。在特殊情况下，如职工在本年度年休假会给企业、机关、团体的正常工作带来影响时，经征得职工本人同意并同相应工会机构协商后可将其年休假改在下一工作年度。在这种情况下，劳动者在每一个工作年度内应在有权休假之日起 1 年内享受不少于 6 个工作日的休假。余下未休完的年休假可并入下一工作年度。禁止连续 2 年不给职工提供年休假及不给未满 18 周岁和因在有害劳动条件下工作而享受额外休假权的职工安排年休假。除了解雇未休假职工的情况外，禁止以货币补偿代替休假。

【典型案例】

公司支付员工年休假工资①

2006 年 1 月，黄女士进入上海某婚庆公司工作，双方签订劳动合同，黄女士担任公司的仓库管理员。其中，2007 年度约定月工资为 1 800 元，2008 年至 2009 年度约定月工资为 1 000 元。2008 年 6 月 3 日，黄女士向公司提出辞职，理由为公司在用工方面不规范、其自身利益受到侵害。同月 13 日，双方劳动关系解除。其间，黄女士就有关个人权益向劳动争议仲裁委员会申请仲裁，2008 年 8 月，仲裁委员会作出裁决，其中对黄女士提出的要求公司支付 2008 年年休假工资 688.5 元请求未予支持。

黄女士不服仲裁裁决，向南汇区法院提起诉讼。黄女士认为，因公司未按相关条例安排其年休假，现要求法院判令公司支付 2008 年应休未休年休假的工资报酬。公司方称，2008 年，黄女士在公司未做满整年，不应该享受年休假，故不同意支付黄女士年休假工资，要求法院驳回黄女士的这一诉讼请求。

法院审理后认为，根据相关规定，黄女士在公司工作已满 1 年未满 10 年，2008 年其年休假应为 5 天。黄女士在公司工作至 2008 年 6 月 13 日，根据工作时间折算，黄女士 2008 年应休未休年休假为 2.26 天。现公司未能提供证据证明已安排过黄女士休年休假，因此，作为公司方应支付黄女士未休年休假的工资报酬，判决上海某婚庆公司支付黄女士 2008 年未休年休假工资 561.10 元。

---

① 摘编自富心振：《公司未按条例安排年休假 上海首例辞职女工维权胜诉》，中国法院网，2008 年 12 月 10 日，http://www.chinacourt.org/article/detail/2008/12/id/335848.shtml，访问日期：2014 年 12 月 15 日。

3. 探亲假

探亲假是为解决与亲属分居两地职工的探亲问题给予的休假。1981年《国务院关于职工探亲待遇的规定》中规定,凡在国家机关、人民团体、全民所有制企业、事业单位工作满一年的固定职工,与配偶不住在一起,又不能在公休假日团聚的,每年给予一方探亲假一次,假期为30天;未婚职工探望父母,原则上每年给假一次,假期为20天;已婚职工探望父母,每4年给假一次,假期为20天。

第六节 延长工作时间及其限制

一、规定延长工作时间制度的意义

(一) 延长工作时间的含义

延长工作时间,也就是加班加点。加班是企业、事业等单位经过一定的批准手续,要求职工在法定节日或者休息日从事工作的时间。加点是企业、事业等单位经过一定的批准手续,要求职工在正常工作日延长工作时间。加班加点必然占用职工的休息时间,因此应严格按照法律、法规的规定执行。

(二) 限制延长工作时间的意义

1. 有利于促进企业、事业、机关等单位改进劳动组织,提高劳动生产率和经济效益

随着社会经济的发展和科学技术的进步,工时制度的总趋势是逐渐缩短工时。这就要求企业、事业单位应该采取先进技术等各种措施,不断提高劳动生产率和经济效益,降低产品成本,严格执行各种不同形式的岗位责任制和承包合同,在法定工作时间内完成生产任务,而不应通过加班加点、延长劳动时间和占用职工的休息时间来达到完成任务的目的。

2. 实行劳逸结合,保护职工的身体健康

我国法律对工作时间和休息时间的规定,是根据各个历史时期社会经济的发展和生产力水平而确定的。严格限制加班加点,是我国的国家制度所决定的,社会主义生产的目的是提供丰富的物质条件,改善人民的生活,保护人民的身体健康,而加班加点却是与这一目的相违背的。

3. 节约加班加点工资的开支

根据我国《劳动法》的规定,延长工作时间确实不能补休的,要支付高于劳动者正常工作时间工资的加班工资。过多地支付加班加点工资,会影响到企业经济效益的提高,也会增加生产和经营成本,减少利润收入。用法律形式对加班加点进行限制,对国家和企业都是有利无害的。

【典型案例】

午餐时间算工作时间①

小朱是一家保安公司的员工,被派驻到一住宅小区担任岗亭保安,负责外来人员及外来车辆进出

---

① 摘编自沈阳劳动法实务:《午餐时间1小时,算工作时间吗?》,"沈阳劳动法实务"微信公众号,2018年8月2日,https://mp.weixin.qq.com/s/_feTnSay5jdeZinOW6kNSg,访问日期:2018年11月11日。

的登记工作。公司与小朱签订的劳动合同中约定，小朱的工作是做一休一，日班工作时间是早上六点到晚上六点，其中有一个小时的午餐时间；晚班工作时间是晚上六点到次日早上六点，其中有一个小时夜宵时间。在工作了一年多后，因老家有事需要一段时间处理，小朱便向公司提出辞职。在结算工资时，双方因加班费的计算问题产生了分歧。小朱认为公司不应当将一小时的用餐时间扣除，于是向公司所在地的劳动人事争议仲裁委员会提出仲裁申请，要求公司补发加班工资。

小朱认为，尽管劳动合同中约定工作中有一个小时的用餐时间，但公司又规定不得脱岗、空岗，所以每次午餐他都是让机动岗位的同事替他顶个班，或者让同事帮他带个盒饭在岗亭中就餐；做晚班时更是不可能外出吃夜宵，都是自己在白天已经准备好干粮，所以这一个小时也应当计算在工作时间内。现在公司将这一个小时扣除，显然是没有道理的，应当补发加班费。公司则认为，除了劳动合同的约定，公司的考勤制度中也明确规定了所有员工的每餐用餐时间为一小时，小朱在入职培训中也学习过公司的各项制度，并签字承诺愿意遵守，所以这一小时的用餐时间不应属于加班时间。

劳动人事争议仲裁委员会裁决公司应当将用餐时间计算入加班时间，公司不服，向法院提起诉讼。

法院认为，根据公司对保安工作的要求，实际上小朱在用餐时仍在工作岗位上且仍处于实际工作的状态，公司扣除一个小时作为休息时间显然不合理，故公司应向小朱支付这段时间内的加班费。

二、延长工作时间制度的内容

关于延长工作时间的规定，我国先后颁布了相应的法规予以明确。我国《劳动法》在总结了原先规定内容的基础上，又作了新的规定。延长工作时间制度的主要内容有：

（一）允许延长工作时间的法定条件

我国《劳动法》第 42 条规定：“有下列情形之一的，延长工作时间不受本法第四十一条规定的限制：（一）发生自然灾害、事故或者因其他原因，威胁劳动者生命健康和财产安全，需要紧急处理的；（二）生产设备、交通运输线路、公共设施发生故障，影响生产和公众利益，必须及时抢修的；（三）法律、行政法规规定的其他情形。”

只要具备上述情形之一，就可以延长工作时间，而且可以不经过协商，由用人单位直接决定。这是因为上述情形都涉及公众利益，如不及时解决，必将影响到广大人民群众的生产、生活甚至生命安全，所以，通过延长工作时间及时解决这些问题就非常必要。

（二）限制延长工作时间的措施

由于延长工作时间直接涉及职工的休息权，我国《劳动法》对延长工作时间作了限制性规定。

1. 从手续和时间上限制延长工作时间

我国《劳动法》第 41 条规定：“用人单位由于生产经营需要，经与工会和劳动者协商后可以延长工作时间，一般每日不得超过一小时；因特殊原因需要延长工作时间的，在保障劳动者身体健康的条件下延长工作时间每日不得超过三小时，但是每月不得超过三十六小时。”

根据这一规定，可以看出，延长工作时间不是随意的，必须经过一定的手续、符合一定的条件才行，并且还必须把延长工作的时间长度限定在国家规定的范围以内。

2. 从发放延长工作时间的工资上进行限制

我国《劳动法》第 44 条规定：“有下列情形之一的，用人单位应当按照下列标准支付高于劳动者正常工作时间工资的工资报酬：（一）安排劳动者延长工作时间的，支付不低于工资的150%的工资报酬;(二)休息日安排劳动者工作又不能安排补休的,支付不低于工资的200%的工资报酬;(三)法定休假日安排劳动者工作的,支付不低于工资的300%的工资报酬。"

用人单位在休息日安排劳动者加班工作的,应首先安排补休,不能补休时,则应支付不低于工资的200%的工资报酬。补休时间应等同于加班时间。法定休假日安排劳动者加班工作的,应另外支付不低于工资的300%的工资报酬,一般不安排补休。

3. 劳动者对待延长工作时间的态度

劳动者对符合法定条件和手续的延长时间工作,应该给予支持,在延长时间的工作中,以积极的态度进行生产和工作,力争完成延长工作时间内的工作任务。

劳动者对不符合法定条件和手续的延长时间工作,有权向工会组织反映,要求工会组织与用人单位协商处理。在问题得不到解决时,劳动者也可以向企业主管部门反映,通过企业主管部门的监督制止企业不合法地延长工作时间。因延长工作时间引起劳动争议的,劳动者可以依照劳动争议的处理程序依法要求调解、仲裁,直至提起诉讼。

【背景材料】

长假在家候命应算加班①

"长假头三天加班费是三倍工资,后四天是两倍工资"已经为多数人熟知。但是老板要求带回家做的活儿算加班吗?不用去上班但需"随时候命"算加班吗?有关专家对此明确表示,这些行为都属于加班,应该按规定付给员工加班费。

"放假前,老板笑呵呵地告诉我不用加班,只要休息时'顺便'想出新项目的策划案就行了。但这意味着我至少4天什么也不能干,只能冥思苦想,与平时上班没两样!"就职于广告公司的金先生遇到了一个比较典型的问题:在家工作算不算加班?对这个问题,时任中国人民大学劳动法和社会保障法研究所副所长的黎建飞教授告诉记者:不论工作的行为在哪里发生,只要要求员工在长假期间做了单位的事,单位可从中受益,都属于加班,应按规定付给员工加班费。

黎建飞解释说,金先生的老板提出的要求是错误的、不合理的。老板如果需要员工加班,应该先征得其本人同意,在员工同意加班的基础上与其商定加班的具体时间、工作量,并按这个约定付给加班费。同样,"不用上班但需随时候命"的要求也是有违《劳动法》的。《劳动法》对加班方面规定的一个重要宗旨是:休息时间是劳动者的权利,无论是法定休假日(长假的前三天),还是公休日(长假的后四天),劳动者都有权利决定自己的休息方式,而"顺便干活""随时候命"的要求限制了劳动者的休息方式,又使雇佣者逃避了付加班费的责任。

【背景材料】

智能手机与工作时间

虽然合理使用智能手机可以提升工作效率,但如果因此而造成24小时随时待命的状态,就会适得

---

① 摘编自雷加:《长假引出法律话题,在家工作随时候命都应算加班》,新浪网,2004年10月4日,http://news.sina.com.cn/c/2004-10-04/02013830344s.shtml,访问日期:2014年12月15日。

其反,因为工作与生活不分家而导致过劳,反而会降低工作效率。很多企业已经意识到这一问题,并逐步开展纠偏措施。Atos是一家跨国IT公司,他们计划到2013年年底让员工逐步停用电子邮件,转而使用其他通信方式。从新年开始,德国汽车公司戴姆勒的员工也可以在假期自动删除收件箱中的电子邮件,以免上班后发现收件箱中的邮件泛滥成灾。不过,系统会自动向发件人回复一封邮件,告诉对方这封邮件正在临时由哪个人代为处理。戴姆勒发言人萨布瑞娜·施力普(Sabrina Schrimpf)表示,没人愿意全天24小时待命,下班后停止工作是很重要的,"即使是出差也不例外"。她还提到了该公司最近发布的一份报告:《平衡!——协调员工的工作与私人生活》(Balanced! —Reconciling Employees' Work and Private Lives)。对于身处不同时区的出差人员来说,要切断联系需要克服更多挑战。哈佛商学院领导学教授、《与智能手机共眠》(Sleeping With Your Smartphone)一书的作者莱斯利·珀洛(Leslie Perlow)认为,其中还存在涟漪效应。她说,这些人会在半夜飞来飞去,然后给随时待命的同事发回电子邮件。①

美国皮尤研究中心的一项研究发现,虽然手机是保持生产力的重要渠道,但如果要因此而随时待命,便会降低工作效率。对全美2 254名成年人的调查显示,44%的手机用户睡觉时把手机放在床边,67%的人患有"幻听症"——即使没有铃声或震动,也会查看手机。不过,认为没有手机照样可以生活的人群比例也在增加,从2006年的29%增长至37%。芝加哥Empower Public Relations公司CEO山姆·查普曼(Sam Chapman)表示,他原本患有幻听症,而且经常半夜三更用手机收发电子邮件。他睡眠质量很差,早晨起来困意重重,他认为自己对手机上瘾了。"我必须避免我身上发生的一切在我的员工身上重演。"他说。于是,查普曼制定了所谓的"黑莓关机"政策。他和他手下的20名员工在工作日的晚上6点到早上6点都会关闭手机,周末则会全天关闭,鲜有例外。"当我获得充分休息后,便会干劲十足。"他说。即使是出门在外,他也遵守这一政策。他还表示,这项举措提升了公司的生产力。珀洛教授也认为,如果企业鼓励员工偶尔切断与工作的联系,反而可以提升公司业绩。她说:"随时待命反而会有损工作效率。"②

【典型案例】

休息日开会算加班

一、基本案情

殷某担任某公司融资租赁部的大区总监,离职前月平均工资为27 997元。殷某认为开会属于加班,公司应向其发放加班工资,但公司认为开会不属于加班。在双方协商过程中殷某未参加日清日结会议及周会。公司以殷某严重违反公司规章制度(周六及平时加班)为由解除劳动合同。殷某向仲裁委员会申请仲裁,仲裁委员会裁决公司向殷某支付赔偿金84 990元。一审法院认为,殷某签字认可收到了该公司的《员工手册》,该手册作为单位的规章制度可以适用于殷某。殷某明知公司有日清日结会议以及周会的会议制度,多次不参加会议,该情形属于拒不执行合理工作安排的情形。一审法院判决公司向殷某支付加班工资81 416.56元。二审法院认为休息日参加会议系公司惯例,属于日常工作的组成部分,法院对上述工作已认定为劳动者加班,并判决用人单位向劳动者支付加班费。殷某若认为

① See Tanya Mohn, "Silencing the Smartphone," New York Times, Dec. 31, 2012, accessed Dec. 14, 2014, https://www.nytimes.com/2013/01/01/business/some-companies-seek-to-wean-employees-from-their-smartphones.html.

② 鼎宏:《纽约时报:手机24小时待命降低工作效率》,新浪网,2013年1月1日,http://tech.sina.com.cn/t/2013-01-01/14257941152.shtml,访问日期:2014年12月15日。

属于加班可以主张加班报酬,而非拒绝参加会议。判决驳回上诉,维持原判。①

二、本书评议

在《劳动法》中,加班被规定于"工作时间与休息休假"项下。立法明确限定了劳动者的工作时间,也清楚写明了劳动者的休息休假。"加班"是作为一种例外情形后缀于此的。这种立法结构表明的立法意图是关注劳动者的正常工作时间与休息休假。在劳动者正常工作之外的加班加点是特殊情形下的特别例外,是在多种限制条件下的不得已为之。

劳动者的休息时间可以用于休闲、娱乐、学习、亲子、健身、远足、吃饭、睡觉等等。它的概括性术语是:劳动者自由支配的时间。既然是自由支配的时间,那么,对劳动者工作之外时间的任何占有、干扰、限定或者借用,都是对劳动者休息权的侵犯。无论用人单位以什么样的形式行之,包括且不限于"规章制度"。

本案中,仲裁委员会与两级法院都认可下班后和周六开会是加班,裁决公司支付殷某加班工资。这个可以有!本案中,"若认为属于加班可以主张加班报酬,而非拒绝参加会议",这个真没有,也真的不能有!因为《劳动法》第41条关于加班的第一项规定中的第一句限定的前提就是"经与工会和劳动者协商"后。对这句话的常规理解是用人单位无权要求劳动者加班,除非经请求后由劳动者本人同意。而且这种同意是具体的而非概括性的,是一次性的而复数性的,是临时性的而非常态性的。因为《劳动法》第41条规定劳动者加班加点的前提之前提是"用人单位由于生产经营需要",怎能理解为立法在这里规定的"生产经营需要"是用人单位的常态化需求呢?

---

① 摘编自毕陆名:《月薪2.8万员工拒绝周六及平时加班遭开除,状告公司索赔近37万,法院的判决说理很精彩》,每经网,2021年9月14日,https://www.nbd.com.cn/rss/toutiao/articles/1912282.html,访问日期:2021年9月30日。

第七章

劳动保护法

加强劳动保护是劳动法维护劳动者合法权益的应有之义。随着中国市场经济体制的逐步完善,劳动用工制度及管理方式越来越多样化,同时也给劳动保护工作带来许多新的问题和挑战。劳动安全卫生方面的立法还涉及职业病的范围和法律责任,对女职工和未成年工的特殊劳动保护。

第一节　劳动安全卫生立法的概况和内容

劳动安全卫生是指劳动者在劳动中的安全和健康,保障劳动安全卫生的法律也被称为职业灾害防治法、工作环境权法,其立法目的都在于确保劳动者在安全的环境下工作,防止其身心受到危害。劳动安全卫生立法从法律规范上具体要求用人单位随着科技发展与社会进步,不断提高劳动者的安全卫生条件,确保劳动者得到安全的劳动条件与工作环境。

一、劳动安全卫生立法的概况

我国 1954 年《宪法》就明确规定:"中华人民共和国公民有劳动的权利。国家通过国民经济有计划的发展,逐步扩大劳动就业,改善劳动条件和工资待遇,以保证公民享受这种权利。""中华人民共和国劳动者有休息的权利。国家规定工人和职员的工作时间和休假制度,逐步扩充劳动者休息和休养的物质条件,以保证劳动者享受这种权利。"这为当时的劳动安全卫生立法提供了法律依据。

国家在劳动保护方面进行了大规模的立法工作,先后发布了有关安全技术教育,编制安全技术措施计划,防止沥青、汽油中毒,防止爆炸,防止矽尘危害,职业病范围及职业病患者处理,装卸搬运作业劳动条件,锅炉运行注意事项,工业企业设计暂行卫生标准等法规。1987 年 12 月国务院发布《尘肺病防治条例》,规定"作业场所的粉尘浓度超过国家卫生标准,又未积极治理,严重影响职工安全健康时,职工有权拒绝操作"。同年有关部门发布规章,扩大了职业病范围,规定了职业病患者的处理办法。《女职工劳动保护特别规定》是我国目前系统规定女职工劳动保护法律制度的专门法规。

我国《劳动法》第六章专章规定了"劳动安全卫生",以劳动基本法的形式对劳动安全卫生作了原则性规定。为进一步落实劳动法的规定,劳动部还颁布了一系列与劳动法相配套的有关劳动安全卫生的法规,如《劳动监察员准则》《未成年工特殊保护规定》等。

2002 年 6 月 29 日,我国《安全生产法》颁布,自 2002 年 11 月 1 日起施行,并于 2009 年 8 月

27 日、2014 年 8 月 31 日修正。该法规定了安全生产的法律原则、生产经营中的安全规则、从业人员的权利和义务、安全生产的监督管理、生产安全事故的应急救援与调查处理和法律责任。

我国《职业病防治法》经九届全国人大常委会二十四次会议于 2001 年 10 月 27 日审议通过。为了预防、控制和消除职业危害,防治职业病,保护劳动者健康,促进经济发展,《职业病防治法》在总结了中国职业病防治工作经验的基础上,借鉴了国外立法的做法。

2011 年 12 月 31 日,我国《职业病防治法》经修改后公布施行。该法进一步明确和理顺了相关部门在职业病防治当中的监管职责,加大了对职业病病人的保障力度,从诊断、鉴定、仲裁、救助等方面作出了详细规定,对违法行为的处罚力度加大,处罚或问责的内容增加,并将“高危粉尘”增写入法律条文中。2016 年 7 月 2 日、2017 年 11 月 4 日、2018 年 12 月 29 日,全国人大常委会对《职业病防治法》又作了第二次、第三次、第四次修改。

【背景材料】

我国职业危害现状①

(一)职业危害形势:1. 接触职业危害人数众多,患者总量巨大。我国产生有毒有害因素的企业超过 1 600 万家,受到职业病威胁的人数超过 2 亿。由于劳动者基数巨大加之较高的职业病发病率,我国职业病发病人数高居世界首位,而且每年以 10%的速度增长。据不完全统计,截至 2009 年,全国累计报告职业病 722 730 例,其中尘肺病累计发病 652 729 例;近 20 年来平均每年新发尘肺病近 1 万例。2. 职业危害分布行业广,中小企业危害重。3. 职业危害流动性大,危害转移严重。4. 群发性职业危害事件多发,在国内外造成严重影响。

(二)职业病发病特点:1. 职业病种类构成:职业病发病以尘肺病为主,历年来报告的职业病中,尘肺病约占到 80%,而尘肺病又以煤工尘肺和硅肺为主,例如在 2009 年报告的 14 495 例尘肺病新病例中(占所有职业病的 79.96%),煤工尘肺和硅肺占所有尘肺病的 91.89%。2. 职业病发病行业分布:据卫生部统计数据,职业病发病主要分布在煤炭、冶金、建材、有色等行业,例如 2009 年职业病病例数位列前 3 位的行业依次为煤炭、有色金属和冶金,分别占总病例数的 41.38%、9.33%和 6.99%。

【典型案例】

无奈的胜诉②

1998 年,李清刚满 18 岁,就像很多安徽的女孩子一样,她在花季中离开家乡离开父母,来到这个海边的城市。在那之前,她从来都没有见过海。大海对她来说,象征着她对未来生活的憧憬,有着梦幻一般的光芒。在亲戚的介绍下,她成了一家制鞋公司的修边工。那个时候,她不知道世界上还有苯这种东西,更想不到有一天她会成为一名苯中毒的受害者。

1999 年 8 月 6 日,正在流水线上工作的李清突然晕倒,工友们七手八脚地把她送到了市一院进行治疗。起初大家都以为李清是贫血,连李清自己也没有太当回事。因为在此之前,她也经常头晕,只是这次比较严重,她以为只要注意营养休息两天就没事了。但实际的情况却远远地超出了人们的想象。

---

① 摘编自正保建设工程教育网整理:《我国职业危害现状》,正保建设工程教育网,2014 年 10 月 23 日,http://www.jianshe99.com/anquan/ziliao/ch20141023102942132l1723.shtml,访问日期:2014 年 12 月 15 日。

② 摘编自心妍:《无奈的胜诉——一个花季少女的漫漫维权路》,《中国劳动保障报》2004 年 3 月 2 日。

她的身体状况不但没有好转反而每况愈下,院方开始怀疑李清身体的造血机能出现异状,这是白血病的临床表现。因此,他们申请职业中毒诊断小组进行鉴定。结果不出所料,1999 年 12 月 10 日,诊断小组公布了鉴定结果,证实李清系再生障碍性贫血,即人们常说的慢性重度苯中毒。

从那天起李清终于明白,原来她每天在车间里闻的那股呛鼻气味就是含有苯、甲苯和二甲苯成分的强挥发性胶水粘合剂所散发出的"三苯"废气。为了微薄的收入,她们这些年轻的少女每天淹没在高浓度"三苯"废气中工作十几个小时。而事先工厂并没有告诉她们这种工作环境将对身体产生怎样的危害,也没有采取有效的防护措施。

当时很多工伤事故都是以"私了"了结的,与李清一起因苯中毒而住院的附近县市的几名女工,均已与鞋厂达成调解协议,获得了几万元不等的赔偿。有关部门为李清调解 9 万,工厂不接受,后降到 6 万工厂还是不接受。就在这时,和她同在一家工厂的 5 名打工妹也因苯中毒住院,其中一位还在春节前去世了。李清悲从心来,她决定申请劳动争议仲裁,要通过法律途径来维护自己的权益,坚持不同意"私了"。

2000 年 7 月 21 日,经过市一院将近一年的精心治疗,李清的身体状况初步稳定下来,她决定出院返家养病。从此,李清的父亲李桂林开始了两地之间的长途奔波,为了给女儿讨回公道,几年来,他已经跑了不下 40 趟,仅 2003 年一年就跑了十几趟。

2001 年 10 月 11 日,职业中毒诊断组再次为李清进行诊断确认,她需继续治疗,1 年后复查。公司只支付了她 1999 年 8 月 6 日至 2000 年 7 月 20 日的医疗费用 10.19 万多元,2000 年 7 月 21 日至 2001 年 9 月 13 日的医疗费用未能支付。她多次就医疗费及补偿费一事与企业协商调解未果。

2001 年 10 月 25 日李清以急需医疗费用为由,向市劳动争议仲裁委员会仲裁庭提出仲裁请求,要求部分裁决该公司支付急需的医疗费用。

2001 年 11 月 6 日,市劳动争议仲裁委员会仲裁庭作出部分裁决,要求公司一次性支付该付而未付的医疗费用 7 393.5 元,并按每月 1 000 元预付 1 年(2001 年 10 月 11 日至 2002 年 10 月 11 日)的医疗费 1.2 万元。公司履行了上述义务。

2002 年 10 月 14 日,经职业中毒诊断组再次诊断,确认李清的慢性重度苯中毒尚未治愈,需要继续接受治疗。

2003 年 1 月 13 日,经劳动能力鉴定委员会确认,李清完全丧失劳动能力,四级伤残。

2003 年 2 月 28 日,劳动争议仲裁委员会仲裁庭作出裁决,公司应于该裁决书生效之日起 3 日内一次性支付给李清伤残抚恤费 266 675 元(包括已支付费用)。

公司不服劳动鉴定委员会的裁决,向市人民法院提起诉讼,但没有在指定的举证期限内依法提出鉴定申请。2003 年 6 月 10 日一审裁定维持仲裁裁决。

公司不服市人民法院的一审裁定,向市中级人民法院提起上诉。因该公司未在规定期限内预交二审案件受理费,市中级人民法院依法按该公司自动撤回上诉处理,2003 年 9 月 4 日,终审裁定各方均按一审判决执行。

2003 年 11 月 26 日市中级人民法院向受害人李清开具法律文书生效证明,限令公司在 12 月 25 日前支付应付的一次性伤残抚恤金 259 978.1 元。

看到法院的判决书,李桂林松了一口气,打了 3 年多的"马拉松"官司,也算是有了一个结果。然而,他最担心的事还是发生了——该公司以效益不好为由拒不履行法院判决。2003 年年底,李桂林又一次赶到南方,向人民法院提出强制执行申请。2003 年 12 月 29 日,人民法院执行庭接受申请立案执行此案。

2004 年 1 月底,刚刚回到家还不到一个月的李桂林又一次动身了。法院通知他有可能会庭外和解,他不知道发生了什么事,于是又匆匆地赶往南方。见过执行庭的负责人之后,他明白了。执行庭打算对他们进行庭外和解。调解人提出对方要出15万作为赔偿金,问他能不能接受。李桂林的心情很矛盾,想到自己打官司打了这么久,最后依然选择"私了",有点不甘心。同时"私了"意味着对方可以少付11万元,但另一方面,打了这么多年官司,他听说过太多执行庭也执行不了的判决,如果真的拿不到赔偿金,李清的后半生可怎么过?最后,他咬了咬牙,同意庭外和解。公司当场付清了15万元执行款,苯中毒纠纷最大的个人赔偿案宣告终结。

李桂林对拿钱给他的公司老板说:"15万元,我从来没见过这么多钱;但我宁愿一分钱也不要,我只要能还我女儿的健康;只要你能还我一个活蹦乱跳的女儿,你就是天下最好的老板,我给你烧香磕头都心甘情愿!"

二、劳动安全卫生立法的内容

(一)建筑物和通道的安全

工厂内的建筑物必须坚固安全,符合防火防爆的规定,发现建筑物有损坏或者危险征兆,应立即修理。厂区内的道路要求平坦、畅通,夜间要有足够的照明设备。道路和轨道交叉处必须有明显的警告标志、信号装置或者落杆。为生产需要所设的坑、壕等地,应该有围栏或者盖板。原材料、成品、半成品和废料的堆放,应该不妨碍通行和装卸时的便利。电网内外都应该有护网和明显的警告标志。

(二)机器设备的安全

机器设备的安全装置是劳动安全规程中的重要内容。为预防和避免工人在使用机器设备的过程中发生伤亡事故,我国劳动安全规程要求机器设备要有防护装置、保险装置、信号装置、危险牌示和识别标志等。

(三)电气设备的安全

电气设备是许多企业都普遍采用的设备。为防止工人在生产中发生触电事故和电气设备引起的火灾事故,我国劳动安全规程作出了相应规定。如1956年的《工厂安全卫生规程》(已失效)规定:电气设备必须设有可熔保险器或者自动开关。电钻、电镐等手持电动工具,在使用前必须采取保护性接地或者接零的措施。电气设备和线路的绝缘必须良好。裸露的带电导体应该安装于碰不着的处所;否则必须设置安全遮栏和显明的警告标志。行灯的电压不能超过36伏特,在金属容器内或者潮湿处所不能超过12伏特。

(四)劳动保护用品

为预防工伤事故的发生,保护工人在生产过程中的安全和健康,我国对向从事有关作业的人员发放劳动防护用品作出了规定。劳动防护用品使用一定的屏蔽体,采取阻隔、封闭、吸收、分散、悬浮等手段,保护机体的局部或全身免受外来有毒有害物质的侵害。防护用品对于保护劳动者的安全健康,防止职业病和慢性病损害的发生,减少或杜绝伤亡事故的发生十分重要。

(五)防止粉尘危害

劳动卫生规程要求,凡是有粉尘作业的环境,要努力实现生产设备的机械化、密闭化,设置吸尘、滤尘和通风设备,矿山采用湿式凿岩和机械通风。

1987年12月3日,国务院发布的《尘肺病防治条例》对防治粉尘危害作了全面规定。

要求有粉尘作业的企业、事业单位应采取综合防尘措施和无尘或低尘的新技术、新工艺、新设备,使作业场所的粉尘浓度不超过国家卫生标准。

(六) 防止有毒有害物质的危害

长期接触有毒有害物质会对劳动者的身体健康造成极大损害,甚至会中毒死亡。为防止有毒有害物质的危害,保障工人在劳动中的健康,劳动卫生规程对防止有毒有害物质的危害作了规定。作业场所中,有毒有害物质的浓度不得超过国家标准。有毒物和危险物品应该分别储藏在专设处所,而且应该严格管理。在接触酸碱等腐蚀性物质并且有烧伤危险的工作地点,应该设有冲洗设备。

(七) 噪音和强光的刺激

在从事焊接、锻压、风、电焊、冶炼等作业的环境中所产生的噪音和强光,对工人的视觉和听觉都有影响。为防止工业企业噪声的危害和强光的刺激,劳动卫生规程要求作业环境要有消音设备、达到有关规定的要求。发生强烈噪音的生产,应该尽可能在设有消音设备的单独工作房中进行。在有噪音、强光、辐射热和飞溅火花、碎片、刨屑场所操作的工人,应分别供给护耳器、防护眼镜、面具等。

(八) 通风和照明

工人从事生产劳动的场所,需要有整洁卫生的环境,通风良好,空气新鲜,照明合理,才有利于工人工作和保障工人的身心健康。我国《安全生产法》具体规定了生产经营单位相关的保障义务。

【背景材料】

智利矿难奇迹生还①

北京时间2010年10月13日上午11点10分左右,智利圣何塞铜矿矿难的首名升井矿工阿瓦洛斯搭乘特制救生舱回到地面,成功获救。

经过长达69天的漫长而痛苦的等待之后,命运终于向他们打开了生命之门。我们要赞叹生命的顽强,不是每一个人都有足够的勇气和能力,穿越那无尽的孤独和茫然的未知;我们要感慨生命的高贵,升井矿工从容的表情与自信的笑容,向人们传递出即便面对死神也不曾畏惧或放下尊严的信念。我们同样要讴歌生命的美好,29岁的艾端·泰特纳在井下迎来了自己女儿的诞生,克莲迪奥·雅尼兹被困期间向爱人求婚,成功升井之后毫无疑问他将抱得美人归。即便是被困后被发现有情妇的乔尼·博瑞斯,相信人们也只当这是一个甜蜜的尴尬。

置身于矿难频发的现实,圣何塞铜矿矿难的救援工作显然更能激起国人的感触和共鸣。按照习惯思维和通常的话语模式,此次矿难中井下矿工被困了69天,比历史上最长的被困时间还长了19天,最终33名矿工等来升井的时刻,称得上是救援史上令人惊叹的一大"奇迹",事实上,已经有不少媒体频频用上了这样的字眼。可是,此次矿难救援真的仅仅是一个奇迹吗?

矿难发生之后,矿场当局把希望寄托在受困矿工可能已抵达避难处,那里备有氧气、水与食物。17天之后,矿工们向地面传送了一张字条:"我们全部33人都在避难所里,我们状况良好。"这引发了普遍的庆祝活动。人们的自信是有理由的。正是这小小的避难所,以及不多的食物和水,为被困矿工提供

---

① 摘编自房媛:《智利矿难救援真不算奇迹,经验值得反思》,搜狐网,2010年10月14日,http://news.sohu.com/20101014/n275622778.shtml,访问日期:2014年12月15日。

了最基本的物质生存条件,使他们度过了最初的恐惧和惊慌,从而能够从容地面对困境,展开积极的自救活动。

圣史蒂芬第一矿井公司承担矿工安全方面的主要责任。有报道称,该公司多次忽视安全方面的警告,并因违反安全规定而遭到罚款。但即便如此,仍有一座避难所,为被困矿工开启了生命的通道。我们的避难所在哪里?或许有,但我们从未看到它的存在。吃着煤块喝着自己的小便生存下来,这叫奇迹,而吃着面包喝着纯净水得以生还,这不叫奇迹。

在遭遇矿难之后和被救援人员发现之前,被困矿工便迅速组织起来,首先成立了临时的领导小组,对给养进行了配给,并很快建立了生活区和日常生活秩序,甚至想到了用矿灯来分出白天和黑夜。这一切富有成效而具科学性的自救行动,显然是矿工在漫长的时间里能够保持精神状态的至关重要的原因。这与他们的个人素质有关,更是一种日常生活状态的自然延伸和体现。你很难想象,如果他们平时不是有尊严地活着,维护着最起码的权利,如果他们永远只是一群麻木而毫无权利可言的劳动"机器",他们可以如此理性地面对突如其来的灾难吗?

不要说智利矿难的救援成功是一个奇迹。当我们形容一次成功的救援为"奇迹"的时候,不免带有侥幸的意味。但智利矿难的救援过程虽然也充满了种种不测和未知,但并不侥幸,某种程度上甚至可以说是一种必然。纵然,智利的矿企和管理部门也和我们一样,存在各种各样的问题和弊端,但这次智利矿难中,有一些事实和经验还是很值得我们深刻反思和体会。

【典型案例】

毫无防范的职业中毒①

2003年11月26日上午8时左右,乔坤彩印公司负责安检的7名女工被安排清洗商标。因为刚印出的商标上有不干净的污点,需用一种名为"橡皮黄圆剂"的化学物品清洗。她们需要做的工作就是用一块布蘸上这种化学物品擦去商标上的污物。

女工们没有佩戴任何防护用品,"橡皮黄圆剂"刺鼻的味道熏得她们只能眯起眼睛。由于当日需处理两三千张商标,7名女工为赶任务一刻不停地工作。从上午8时至下午3时,她们共用完了10多瓶每瓶1000克的"橡皮黄圆剂"。其间,从上午开始,就有一名18岁的女工王凤银发生呕吐,其他女工也出现了不同程度的恶心症状。到了下午,王凤银的呕吐症状加剧,而其他几名女工再也忍受不住身体的不适,相继呕吐起来。除了呕吐,她们还都不同程度地头晕,视力也开始模糊,眼前出现重影。

7人都是外来打工者,两个是本省人,一个来自安徽,其余分别来自湖北、河南、陕西、江西。年龄最大的40多岁,最小的还不满18岁,其身份证都是假的。其中,一个中毒者还是孕妇,两个未婚。公司管理方随即派车把她们分两批送入医院进行急救。医院急诊医生初步诊断,7名女工属吸入性气体中毒。医生说,"橡皮黄圆剂"是无色透明的液体,其中的成分甲苯对人体有害,而对女性特别是孕妇身体的伤害尤其大。

据女工们反映,乔坤彩印公司有近900名员工,其中有一部分员工是通过劳动输出公司介绍进入的。挂有黄底牌的临时工都没有与乔坤彩印公司签订劳动合同,更不用说缴纳社会保险了。女工们说,中毒的车间是最近一个月才搬的地方。车间没有任何防范措施,公司也没有明确的警示提醒。同时,她们说,进入乔坤彩印公司工作后,该公司没有给员工进行必要的操作培训,也没有向员工发放过

① 摘编自江南:《苏州12名工人岗位上死伤,无人与单位签劳动合同》,新浪网,2003年12月7日,http://news.sina.com.cn/s/2003-12-07/06002304685.shtml,访问日期:2014年12月15日。

口罩一类的劳动保护用品。否则谁会不要命呢!

更大的悲剧发生在2003年11月27日傍晚。吴江区金家坝镇台商投资的天利生化公司,5名工人在清理发酵池废料时,窒息死亡。“11·27事故处理工作组”成员、金家坝镇宣传委员王益冰说,5名遇难工人中有两个来自江苏徐州,有三个来自山东,年龄最大的23岁,最小的只有19岁。

第二节　职业病的预防与治理

一、职业病报告制度

为掌握劳动卫生职业病的发病情况,制定防治措施,保护职工健康,提高劳动生产率,用人单位发生的职业病,由所在地区的卫生监督机构统一汇总上报。

我国职业病报告开始于1956年国务院颁发的《工人职员伤亡事故报告规程》中规定的急性中毒事故的调查、登记、统计报告。同年,卫生部和劳动部联合颁发了《职业中毒和职业病报告试行办法》,1959年因职业病诊断的可操作性问题而中断了该办法在全国范围内的统一执行。

1982年,卫生部和国家劳动总局联合颁发《关于恢复职业中毒和职业病报告制度的通知》。1984年修订的《职业中毒和职业病报告办法》于1988年更名为《职业病报告办法》(1998年废止)。1986年卫生部、劳动人事部《关于卫生部门和劳动部门在劳动卫生监察工作上的分工协作纪要》的通知,明确规定由卫生部门负责劳动卫生及职业病的统计报告工作。

(一)报告人

有毒有害企业、各级和各类职业病诊断机构、医疗卫生机构等。

(二)报告程序

统计报告工作由各级卫生行政部门组织实施并指定同级卫生监督机构承办。各级卫生监督机构确定专人具体负责资料的收集、整理、汇总、分析和上报。不论是隶属于国务院各部委的还是地方的企事业单位的卫生监督统计资料一律由所在地的卫生行政部门和卫生监督机构汇总上报。

(三)报告内容

经国家统计局审批、规定的7张报告表(卡),即有害作业厂矿劳动卫生情况年报表、有害作业工人健康监察年报表、生产环境有害因素测定年报表、尘肺病例报告卡、职业中毒和职业病报告卡、农药中毒报告卡和急性职业中毒患者现场劳动卫生调查表。对重大职业中毒事故(一起事故同时3人致病或者1人死亡、职业性炭疽1人)实行紧急报告制度,其报告程序为:最初接诊的任何医疗卫生机构或其他法定报告人得知上述事件发生后,应在12小时内报当地卫生监督机构,最先接到报告的卫生监督机构在勘验确认后,应立即报告同级卫生部门,同时应于24小时内电话报卫生部(现为国家卫生健康委员会,以下略),并在处理工作结束后5日内,将专题报告或《急性职业中毒现场劳动卫生调查表》报卫生部。

根据我国《职业病防治法》的规定,发生或者可能发生急性职业病危害事故的用人单位应当立即采取应急救援和控制措施,并及时报告所在地卫生行政部门和有关部门。卫生行政部门接到报告后,应当及时会同有关部门组织调查处理;必要时,可以采取临时控制措施。

【背景材料】

工伤期间的解雇

"工伤期间被开除,女总监实名举报"的报道让人觉得陌生。① 因为在工伤保险中没有"工伤期间"一说,在工伤立法中也没有"工伤期间"一词。网络中却有"工伤期间"的各种法律解答。现实中也有以"工伤期间"为由年届七旬不退休的,有以"工伤期间"为由退休后继续领取工伤待遇的。

工伤没有期间,工伤只是阶段;工伤不是持续性的,只是阶段性的;工伤不是过程,工伤只是结果;工伤与劳动合同和社会保险并不互相排斥,工伤与劳动合同和社会保险是相容并存。

劳动者在医院救治后,进入工伤保险程序。这个程序从"工伤认定"起步,符合法律规定的认定为工伤,否则不予认定。劳动者认定为工伤后,可能进入"劳动能力鉴定",前提是"经治疗伤情相对稳定后存在残疾、影响劳动能力的",劳动者所受工伤"不存在残疾、影响劳动能力的",无须进入这个程序。

接下来是"工伤保险待遇":(1) 工伤医疗保险待遇,前提是"因工作遭受事故伤害或者患职业病进行治疗"。(2) 辅助器具待遇,前提是"工伤职工因日常生活或者就业需要,经劳动能力鉴定委员会确认"。(3) 生活护理待遇,前提是"工伤职工已经评定伤残等级,并经劳动能力鉴定委员会确认需要生活护理的"。(4) 保留劳动关系、退出工作岗位的待遇,前提是"因工致残被鉴定为一级至四级伤残的",享受的伤残津贴在退休后停发。(5) 其他等级伤残领取伤残补助金的待遇。

有人说:员工在工伤期间是不能被公司辞退的。这个说法是不准确的。《劳动合同法》第 42 条的规定是:"在本单位患职业病或者因工负伤并被确认丧失或者部分丧失劳动能力的",用人单位不能按照该法第 40 条、第 41 条的规定解除劳动合同。这与员工工伤不能解除劳动合同相去甚远,与所谓工伤期间不能解除劳动合同更是风马牛不相及。

《劳动合同法》第 42 条的规定也有讨论的空间。工伤保险建立的理由和目的就是强制用人单位参加后,通过不间断地缴纳工伤保险的法定费用,把本单位员工的工伤责任全部转移给社会。员工工伤后,相关责任自有工伤保险来担负。现在的规定是让用人单位,继续承担"丧失或者部分丧失劳动能力的"工伤责任。

二、职业病防治工作的监督检查

县级以上人民政府职业卫生监督管理部门依照职业病防治法律、法规、国家职业卫生标准和卫生要求,依据职责划分,对职业病防治工作进行监督检查。

卫生行政部门履行监督检查职责时,有权采取下列措施:(1) 进入被检查单位和职业病危害现场,了解情况,调查取证;(2) 查阅或者复制与违反职业病防治法律、法规的行为有关的资料和采集样品;(3) 责令违反职业病防治法律、法规的单位和个人停止违法行为。

发生职业病危害事故或者有证据证明危害状态可能导致职业病危害事故发生时,卫生行政部门可以采取下列临时控制措施:(1) 责令暂停导致职业病危害事故的作业;(2) 封存造成职业病危害事故或者可能导致职业病危害事故发生的材料和设备;(3) 组织控制职业

① 参见强亚铣:《工伤期间被开除,女总监实名举报!公司最新回应》,搜狐网,2023 年 11 月 9 日,https://www.sohu.com/a/735114501_116237,访问日期:2023 年 11 月 15 日。

病危害事故现场。在职业病危害事故或者危害状态得到有效控制后,卫生行政部门应当及时解除控制措施。

三、违反职业病防治规定的法律责任

用人单位有违反《职业病防治法》规定的下列行为:(1) 未按照规定进行职业病危害预评价的;(2) 医疗机构可能产生放射性职业病危害的建设项目未按照规定提交放射性职业病危害预评价报告,或者放射性职业病危害预评价报告未经卫生行政部门审核同意,开工建设的;(3) 建设项目的职业病防护设施未按照规定与主体工程同时设计、同时施工、同时投入生产和使用的;(4) 建设项目的职业病防护设施设计不符合国家职业卫生标准和卫生要求,或者医疗机构放射性职业病危害严重的建设项目的防护设施设计未经卫生行政部门审查同意擅自施工的;(5) 未按照规定对职业病防护设施进行职业病危害控制效果评价的;(6) 建设项目竣工投入生产和使用前,职业病防护设施未按照规定验收合格的,由卫生行政部门给予警告,责令限期改正;逾期不改正的,处 10 万元以上 50 万元以下的罚款;情节严重的,责令停止产生职业病危害的作业,或者提请有关人民政府按照国务院规定的权限责令停建、关闭。

用人单位有违反《职业病防治法》规定的下列行为:(1) 未按照规定及时、如实向卫生行政部门申报产生职业病危害的项目的;(2) 未实施由专人负责的职业病危害因素日常监测,或者监测系统不能正常监测的;(3) 订立或者变更劳动合同时,未告知劳动者职业病危害真实情况的;(4) 未按照规定组织职业健康检查、建立职业健康监护档案或者未将检查结果书面告知劳动者的;(5) 未依照本法规定在劳动者离开用人单位时提供职业健康监护档案复印件的,由卫生行政部门责令限期改正,给予警告,可以并处 5 万元以上 10 万元以下的罚款。

用人单位有违反《职业病防治法》规定的下列行为:(1) 工作场所职业病危害因素的强度或者浓度超过国家职业卫生标准的;(2) 未提供职业病防护设施和个人使用的职业病防护用品,或者提供的职业病防护设施和个人使用的职业病防护用品不符合国家职业卫生标准和卫生要求的;(3) 对职业病防护设备、应急救援设施和个人使用的职业病防护用品未按照规定进行维护、检修、检测,或者不能保持正常运行、使用状态的;(4) 未按照规定对工作场所职业病危害因素进行检测、评价的;(5) 工作场所职业病危害因素经治理仍然达不到国家职业卫生标准和卫生要求时,未停止存在职业病危害因素的作业的;(6) 未按照规定安排职业病病人、疑似职业病病人进行诊治的;(7) 发生或者可能发生急性职业病危害事故时,未立即采取应急救援和控制措施或者未按照规定及时报告的;(8) 未按照规定在产生严重职业病危害的作业岗位醒目位置设置警示标识和中文警示说明的;(9) 拒绝职业卫生监督管理部门监督检查的;(10) 隐瞒、伪造、篡改、毁损职业健康监护档案、工作场所职业病危害因素检测评价结果等相关资料,或者拒不提供职业病诊断、鉴定所需资料的;(11) 未按照规定承担职业病诊断、鉴定费用和职业病病人的医疗、生活保障费用的,由卫生行政部门给予警告,责令限期改正,逾期不改正的,处 5 万元以上 20 万元以下的罚款;情节严重的,责令停止产生职业病危害的作业,或者提请有关人民政府按照国务院规定的权限责令关闭。

对用人单位违反《职业病防治法》规定,已经造成重大职业病危害事故,即发生有人死亡

或同时发生多人急性职业中毒的职业病,或者发生其他国家规定应作为重大职业病危害事故处理的病症,如职业性炭疽或放射性同位素与射线事故(简称放射事故);或者其他足以构成犯罪的严重后果的,即包括但不限于在事故发生后强迫职工继续劳动,因转移职业病危害而破坏环境资源,以暴力、胁迫方法阻碍卫生行政部门和进行职业病救治的人员依法执行公务以及扰乱社会秩序等行为,构成犯罪的,对直接负责的主管人员和其他直接责任人员追究刑事责任。

设备、材料的生产、经营者违反规定,造成职业病危害的,应依法追究其行政责任和刑事责任。根据我国《产品质量法》的规定,涉及人体健康和人身、财产安全的工业产品必须符合保障人体健康,人身、财产安全的国家标准、行业标准;未制定国家标准、行业标准的,必须符合保障人体健康,人身、财产安全的要求。国务院颁布的《放射性同位素与射线装置安全和防护条例》规定,生产、销售、使用放射性同位素和射线装置的单位,应当依照有关规定取得许可证,应当对本单位的放射性同位素、射线装置的安全和防护工作负责,并依法对其造成的放射性危害承担责任。生产放射性同位素的单位的行业主管部门,应当加强对生产单位安全和防护工作的管理,并定期对其执行法律、法规和国家标准的情况进行监督检查。

【背景材料】

高温劳动保护的域外立法①

我国《劳动法》第 52 条对用人单位在职业健康安全方面的义务作出了概括性规定,这足以成为劳动者在高温条件下主张劳动保护权利、要求用人单位履行相应义务的法律依据。国外也较少有专门针对高温情况下劳动保护的立法,职业健康法律中关于雇主一般义务的规定往往成为雇主为工人在高温条件下提供劳动保护措施的法律依据,也是劳动监察员确定雇主是否违反义务的法律依据,如美国《职业安全与健康法》第 5(1)条的规定、加拿大安大略省《职业健康与安全法》第 25(1)条的规定,以及加拿大魁北克省《有关职业健康与安全的法律》第 51 条的规定。除此之外,一些专业组织有关高温条件下劳动保护的标准也成为雇主为工人提供劳动保护的重要参考依据。比较常见的标准是美国政府职业卫生师会议所确立的物理因子职业接触阈值(Threshold Limit Value,TLV)以及加拿大对这一接触阈值进行简单化处理而经常采用的湿热指数。以下略引美国和加拿大在高温条件下劳动保护的实践,这些内容对我国的高温劳动保护应该具有一定的借鉴意义:

对劳动者在高温条件下提供劳动保护的前提是确立合理的“高温”标准,否则,对劳动者所提供的劳动保护的效果可能会大打折扣。劳动保护意义上的“高温”,不仅仅指空气温度意义上的“高温”,更指劳动者所感受的“高温”,并且后者更符合劳动保护的本意。除了空气温度外,空气的相对湿度、空气的流动速度以及热传播源都会在很大程度上造成或者加剧温度的提升。不论是美国政府职业卫生师会议所确立的物理因子职业接触阈值,还是加拿大所采用的湿热指数,都是以正常劳动者所感受到的温度为计算标准,而不是以天气预报信息或者室外空气温度为准。在前者,职业接触阈值的确定是为了确保劳动者的体核温度不超过 38 ℃;而后者即加拿大所采用的湿热指数,45 ℃为高温与否的临界值。根据湿热指数的计算公式,45 ℃的湿热指数在平均湿度为 77%的深圳(2009 年 6 月)对应的空气温度为 31.4 ℃。而《深圳市高温天气劳动保护暂行办法》中所确定的高温天气的起点则为 35 ℃。当

① 摘编自李满奎:《高温劳动保护的域外经验》,《检察日报》2009 年 8 月 20 日。

然，这并不意味着国外确定的高温标准也同样适合于我国，但是毫无疑问的是，我们应当在参考国际上通行的高温标准的基础上，统筹考虑空气温度、相对湿度等因素而确立更为合理的高温标准，而不能仅仅以天气预报的空气温度作为唯一的标准。

在美国和加拿大，在高温工作场所和高温条件下的劳动保护问题上，人们通常认为雇主、管理人员和工人都发挥着不可或缺的作用。所以，如果雇主让工人在高温工作场所工作，那么，他需要向管理人员如职业健康安全代表和工人提供有关在高温条件下劳动保护问题的培训。培训内容包括高温的形成原因，高温的危害，如何尽可能消除高温带来的危害，对中暑症状的识别（包括先兆中暑、轻度中暑和重度中暑），以及在自己或者同事出现中暑症状的情况下如何处理等。同时，雇主必须形成高温预案，对其高温工作场所进行降温、通风、隔热、除湿等处理，并且在管理上做出调整，采取调整工作时间、增加轮休次数、免费提供防暑饮料、提供降温衣物等措施来降低高温对劳动者的不利影响。

另外，美国和加拿大在高温条件下普遍采用的高温适应计划，对我国也有重要的借鉴意义。有研究表明，工人往往更容易在高温季节的初期出现中暑的情况，这主要是因为他们的身体对这种高温条件并不适应。这种适应期因个人的身体情况而长短不一，通常都在 1 周至 3 周左右。针对此种情况，美国和加拿大的雇主通常设计有高温适应计划，其内容通常为：对于此前未在高温环境中工作的工人，在高温条件下工作的第一天只安排 20%的工作量，此后每个工作日逐步增加 10%至 20%的工作量，直至增加到 100%的工作量；而对于此前在高温环境中工作过的工人而言，再次在高温条件下工作的第一天可以安排 50%的工作量，此后每个工作日逐步增加 10%至 20%的工作量，直至增加到 100%的工作量。这种高温适应计划充分考虑了人体对高温的适应原理，被证明是比较有效地降低中暑和其他由高温引起的疾病发病率的方法。

与国内《职业病目录》将中暑列为职业病的一种不同，在美国和加拿大，在符合“工作相关性”要求的前提下，中暑往往被视为因“事故”而造成的“伤害”。并且职业健康安全主管部门往往会根据其严重程度将之细分为几种类别，如热疹、中暑性痉挛、中暑性衰竭、中暑，这样更有利于“伤害”的认定和预防。不过，殊途同归，不管是将中暑认定为职业病还是认定为伤害，都将适用工伤保险（又称工伤赔偿）的相关规定：对于经治疗后恢复的工人，在医疗费用和误工损失方面予以赔偿；对于经治疗后未完全恢复而留有残疾的工人，对医疗费用、误工损失和非经济损失进行赔偿；而对于因中暑或相关疾病而死亡的工人，则按照规定支付一次性工亡补助金和遗属赔偿。

第三节 女职工的特殊保护

一、女职工特殊保护的概念

“女职工”一般是指全体女性工作者，既包括女性脑力劳动者，又包括女性体力劳动者。女职工特殊保护是世界各国劳动法和劳动保护工作的一个重要组成部分，女职工本身的特点决定了应当在法律上给予女职工特殊的劳动保护。

我国《劳动法》中所指的女职工包括所有从事体力劳动和脑力劳动的已婚、未婚的女性职工。女职工由于其生理特点，往往在劳动和工作中会遇到一些特殊的困难，同时她们还承担着生育和抚育婴幼儿的天职，如果在劳动中对于女职工的这些特点不予注意，不加以保护，不仅会影响女职工本身的安全和健康，而且会影响到下一代的安全和健康。

女性在一生中要经历“四期”,即经期、孕期、产期和哺乳期这几个特殊的生理时期。在经期时,女性常常会感到疲倦、神经紧张,情绪波动也较大,虽然仍能继续参加生产劳动,但体力与智力的发挥却受到了相当的影响。女性怀孕后,会出现一系列的生理反应,如呼吸加快、行动不便、出现生理性贫血等,怀孕后期常常需要离开工作岗位,只能休息或干一些极轻便的活。哺乳期的女性既要照看婴儿,又要康复身体。

在劳动能力方面,由于其身体结构和生理机能方面的特点,女性的身高、体重通常不及男性,负载能力、输氧能力、基础代谢能力通常弱于男性,因而女性从事体力劳动的能力通常不及男性,对劳动环境的适应能力通常也不及男性,特别是在高处、低温、冷水等较恶劣的环境中工作,对女性而言尤为不适。但是,女性的平衡能力强,耐力好,比较容易掌握准确的手部运动和需要高度集中注意力的工作,如电子、纺织等。女性在观察力、想象力、记忆力、形象思维能力和语言能力等方面都呈现出相当的优势,在从事艺术性、教育性、社交与服务性劳动方面,女性也有其独特的优势。

二、女职工特殊保护的立法

1949 年 9 月通过的《共同纲领》规定,保护青工女工的特殊利益。1952 年,纺织工业部和中国纺织工会全国委员会联合发布《关于保护女工、保护孕妇的通知》,具体规定了对纺织女工的特殊保护。1953 年修正公布的《劳动保险条例》规定女职工生育给产假 56 日,产假期间工资照发。1956 年 7 月,劳动部公布试行《关于装卸、搬运作业劳动条件的规定》,规定女工单人负重不得超过 25 公斤,两人抬运的总重量不得超过 50 公斤。1979 年 9 月颁发的《工业企业设计卫生标准》对工业企业的淋浴室、女工卫生室、孕妇休息室、乳儿托儿所等设施作了具体规定。从 1980 年起,国家劳动总局、中华全国总工会、中华全国妇女联合会、卫生部等 14 个单位,开始草拟女职工劳动保护专门法规。1988 年国务院发布的《女职工劳动保护规定》对女职工特殊保护问题作了集中规定,1992 年 4 月七届全国人大五次会议通过了《妇女权益保障法》,规定了女职工的特殊保护问题。

《劳动法》总结了我国在女职工保护方面行之有效的经验,吸收了我国在立法和实践上已经取得的成果,借鉴世界各国的通行做法,对女职工的特殊保护作了专章规定。

三、女职工特殊保护的意义

在我国社会主义制度的条件下,对女职工进行特殊保护,具有重要的政治意义和经济意义。

(一)体现社会主义制度的优越性

人民是国家的主人,对女职工进行特殊保护反映了人民的意志,符合人民的利益,彰显了社会主义制度的本质,体现了社会主义制度的优越性。

(二)促进我国生产力的发展

妇女是不可或缺的生产者和劳动力。在我国,妇女参加工作和劳动的范围很广,遍布各个行业,为了使女职工有充沛、持久的精力,以使她们在各项建设事业中充分发挥作用,必须关心她们的疾苦,认真做好女职工的劳动保护工作。这是调动广大女职工积极性的一项重要措施。

（三）关系到中华民族的兴旺发达和民族的优秀身体素质的延续与提高

妇女担负着孕育下一代的特殊义务，对女职工的特殊保护不仅是对女职工本身的保护，也是对下一代的安全和健康的保护。例如，女职工从事特别繁重的体力劳动和有毒有害作业，将会影响到胎儿和婴儿的发育和成长，甚至会造成流产、早产、胎儿的中毒死亡和畸形等。为了使下一代具备优秀的身体素质，必须从法律上保障怀孕和哺乳期的女职工在劳动过程中的安全与卫生。

（四）符合市场经济体制的现实要求

由于女职工在“四期”中会享受更多的假期，用人单位就不愿招收女职工，有的用人单位将工人出勤率与工厂经济效益和工人经济收入挂钩，对女职工的产假与事假、病假一样计算缺勤率，减少了产假女职工的工资收入，有的规定减工时不能减工作量，增加了孕期和哺乳期女职工的劳动强度。因此，只有健全女职工特殊保护的法律制度，才能使女职工特殊保护在改革中不被削弱，为女职工创造更多的就业门路。

【背景材料】

没有一种职业是百分之百的男性职业①

俄罗斯《消息报》撰文报道，在对5万多份具有工作经验的人的简历进行分析后，superjob. ru 网站的专家们得出了一个令人意想不到的结论。在50个最流行的职业中，没有一种是百分之百的男性职业，也就是说，俄罗斯没有一种职业令女人不敢问津。甚至连“私人司机”这种职位，都有1%的女性求职者应聘。但俄罗斯却有一个职业是百分之百的女性职业，那就是私人商务秘书。

研究还表明，在100个应聘系统管理员的人中，有96个人是男性。但男女律师的比例是均等的。65%的审计师是女性，文学编辑职位的求职者中女性更多，比例为67%。86%的会计、92%的旅游经理和97%的人事经理也都是女性。

按照Job. ru 网站的概述，服务业、零售业、会计师事务所、市场营销和贷款领域中女性从业者居多；而电脑产品和软件产品销售、机械制造、信息和通讯技术、汽车运输领域男性就业者居多，总经理一职也以男性为主。

Katarsis 训练中心经理、心理学博士加林娜·萨尔坦认为：“女性的心理构成决定了她们擅长战术，但在战略上不占优势。”由于很多女性情绪外露，不善于把私人事务和工作事务分开，她们很少能够成为领导。而且，生育也起着很大的作用。她说：“生完第一胎后，女性在职业生涯中就落后了2年。以后每生育一个孩子，落后的时间就更长”。

RosExpert 公司分析家伊林娜·帕申金娜认为：“从历史上来讲，人事经理以女性为主，主要会计师也是这样，但金融和投资经理却以男性为主。虽然普通律师常常是女性，但法律实践中的高级经理往往以男性为主，约占70%。市场营销师和公共关系经理男女大约各占半数。”

商界代表说，俄罗斯总经理中的男女之比现在为3：1，但女性人数开始慢慢增多。分析家认为：“过去3年来，担任总经理一职的女性比例增加了20%。”

---

① 摘编自俄新网：《俄罗斯没有一种职业是百分之百的男性职业》，俄罗斯卫星通讯社，2008年3月8日，http://big5. rusnews. cn/eguoxinwen/eluosi_shehui/20080308/42069626-print. html，访问日期：2014年12月15日。

【典型案例】

公司经理性骚扰实习生案①

崔某系加拿大国籍,于2005年12月29日进入英某尔(中国)有限公司上海分公司工作,属经理级岗位。双方签订的劳动合同第9.1条载明:“员工应通过培训、接收电子通知或查阅公司总部网站、公司当地网站或公司公告板熟悉、理解并遵守所有英某尔规章制度……”第11.2条载明:“如发生下列情况之一,英某尔可以解除本合同:……11.2.6严重违反英某尔规章制度以及惩戒条例……”崔某在工作中,与正在英某尔(中国)有限公司北京分公司实习的一名女实习生相识。2013年1月14日,崔某去北京开会,并事先与该女实习生相约在崔某下榻酒店见面。当日会后,双方在酒店房间内发生了超越一般朋友关系的亲密行为。

次日,女实习生向主管经理举报,称其受到崔某性侵犯。2013年1月23日,英某尔(中国)有限公司上海分公司对崔某进行调查时,崔某自认与已婚女实习生发生了亲吻、拥抱、脱衣等行为。2013年2月6日,公司向崔某发出解除劳动合同通知书,载明:“……因你的行为严重违反了英某尔的规章制度,根据《中华人民共和国劳动合同法》及相关法律法规、英某尔的相关规章制度与双方签订的《劳动合同》中关于解聘和终止的约定,公司决定从2013年2月7日起解除与你的劳动合同,而你在公司的最后工作日为2013年2月6日……”英某尔公司制定的《英某尔行为准则》中“雇员彼此平等相待”一节规定:“……英某尔完全反对,而且决不容许经理或同事骚扰雇员……”同时《英某尔行为准则》规定:“……任何违反《准则》的人都会受纪律处分,最严重的包括终止雇佣关系。”英某尔公司制定的《反骚扰规定》规定:“……由于违法骚扰行为比较难以界定,所以员工应在任何时候都举止专业且恭敬。违反本规定的行为举例包括:种族污秽,关于种族或者性的笑话;在工作中,或通过电子邮件,或通过任何英某尔的计算机网络传播不恰当的笑话、言论或图片;浏览色情视频或者软件。你不得寻求性需求,做出不受欢迎的性举动,或以口头、视觉行为的方式从事带有性属性的行为。”“如果发生骚扰事件,在遵守当地法律的前提下,无论员工或是经理,英某尔都将对违反规定者采取惩戒措施。惩戒措施包括从口头或书面警告直至立即解聘等一系列措施。”英某尔公司制定的《禁止暧昧关系规定》中,“主题”一节规定“英某尔经理绝不能与员工发生暧昧关系或性关系”。其中“认定问题”一节规定:“本规定适用于员工和直接或间接管理该员工的经理之间存在的亲密关系或性关系。如果你身居管理或领导职位,则直接向你或者你的下属汇报的员工均会被视为你所管理的员工。员工和处在矩阵型汇报关系中的经理之间的暧昧关系或性关系也适用于本规定。例如,员工虽处在该经理的工作监督下但又处于另一个组织结构内。对经理来说,即使与下属的关系是基于双方完全自愿,但经理也会被视为违反本规定。根据当地法律,如有以下违规行为,该经理将受到惩戒,情节严重的可导致解聘:发展与下属之间的暧昧关系、未将自己与下属之间的暧昧关系通知英某尔、在通知英某尔后继续与下属维持暧昧关系。”

崔某认为,其受公司指派前往北京开会,事先与女实习生相约在下榻酒店见面。会后在崔某房间内,双方对于女实习生的新工作进行讨论,随后出于自愿曾发生一些亲密行为,但其没有任何强迫行为,更没有发生公司指称的实质性行为。女实习生并未因此受到伤害,警方也没有介入调查。其行为不属于骚扰行为和暧昧行为。同时其并不知悉公司的《行为准则》《反骚扰规定》和《禁止暧昧关系规定》,公司仅对其进行过商业贿赂等方面的培训。女实习生并非公司员工,与其分属不同部门,不存在上下级关系,双方未利用工作时间见面,不适用上述三项规定。故崔某请求法院判令撤销公司作出的解除劳动合同通知;自2013年2月7日起恢复其与公司的劳动关系,继续履行劳动合同,并以月工资人民币71 409元的标准支付自2013年2月7日起至恢复劳动关系期间的工资。

---

① 摘编自李迎春:《七夕必读:经理因与女实习生酒店开房被解雇(终审判决)》,“劳动法库”微信公众号,2015年8月20日,https://mp.weixin.qq.com/s/h5_u5__tNFzBPeTRqnOBhg,访问日期:2016年7月15日。

主审法院认为:从本案查明的事实看,崔某在2013年1月14日出差期间,在英某尔(中国)有限公司上海分公司提供的酒店内与英某尔(中国)有限公司北京分公司的女实习生发生了超越正常关系的亲密举动。目前虽然尚无证据证明崔某存在违背该实习生意愿的行为,但是不论该实习生是否出于自愿,崔某的行为均违反了英某尔(中国)有限公司上海分公司的禁止性规定。此外,崔某和该实习生均系已婚人士,该行为亦有违道德准则。综上,英某尔(中国)有限公司上海分公司据此作出的解除劳动合同的决定合法有据。①

四、女职工特殊保护的内容

1988年7月国务院发布的《女职工劳动保护规定》,是我国首次系统规定女职工劳动保护法律制度的专门法规。它就女职工的招收、禁忌从事的劳动、产假及其待遇、有关保护设施等问题作了全面规定,使我国女职工的劳动保护工作有了较为明确的法律依据。

2012年4月18日国务院第200次常务会议通过了《女职工劳动保护特别规定》,自2012年4月28日起施行。新规定从三个方面对《女职工劳动保护规定》作了完善:一是调整了女职工禁忌从事的劳动范围;二是规范了产假假期和产假待遇;三是调整了监督管理体制。

(一) 女职工禁忌从事的劳动

由于女性的生理机能和身体结构都与男性不同,各种不良劳动条件及职业危害会对妇女的身体健康产生不良影响。我国《劳动法》第59条规定,禁止安排女职工从事矿山井下的劳动。因为矿山井下的劳动条件一般都是非常艰苦的,作业环境差,危险因素多,劳动强度大。从事矿山井下劳动是指常年在矿山井下从事各种劳动,不包括临时性的工作,如医务人员到井下进行治疗和抢救等。目前世界各国法律都规定禁止妇女从事矿山井下的劳动。

我国《劳动法》第59条同时规定:禁止安排女职工从事国家规定的第四级体力劳动强度的劳动和其他禁忌从事的劳动。《女职工劳动保护特别规定》将女职工禁忌从事的劳动范围规定为:(1) 矿山井下作业;(2) 体力劳动强度分级标准中规定的第四级体力劳动强度的作业;(3) 每小时负重6次以上、每次负重超过20公斤的作业,或者间断负重、每次负重超过25公斤的作业。

(二) 女职工孕期、经期、产期、哺乳期的特殊劳动保护

女职工在从事社会物质资料生产的同时,还肩负着人类繁衍的主要职责。月经期、怀孕期、生育期、哺乳期是完成这一人类自身繁衍所必不可少的时期,在女职工生理机能发生变化的期间,更需要对女职工加以特殊的保护。

1. 孕期保护

女职工在已婚待孕期间,禁忌从事的劳动范围为铅、苯、汞、镉等作业场所属于《有毒作业分级》标准中第三、四级的作业。女职工在怀孕期间,用人单位不得安排其从事国家规定的第三级体力劳动强度的劳动和孕期禁忌从事的劳动,对怀孕7个月以上的女职工不得在正常劳动日以外延长劳动时间,对不能胜任原劳动的,应当根据医疗机构的证明予以减轻劳

① “崔某与英某尔(中国)有限公司上海分公司劳动合同纠纷上诉案”,上海市第一中级人民法院(2013)沪一中民三(民)终字第1664号民事判决书。

动量或者安排能够适应的其他劳动。

【典型案例】

白领怀孕成了清洁工①

2007 年 7 月 30 日,原本担任上海某公司资深策划的杨华(化名),在怀孕后从人事部门接到一份换岗不换薪的合同,令她气愤不已。"我月薪 9 000 元,如果签了这份合同,估计就成了'史上最贵的清洁工'了。"

对这一岗位,公司如此描述:雇员负责公司所有员工的杯子清洁工作;负责公司内所有植物的养护工作;雇员负责清扫公司男、女厕所,负责地面、纸篓、马桶和洗手面盆等的清洁、消毒和卫生工作。同时,公司还可以随时要求雇员执行泡茶、买盒饭等其他工作。对清扫厕所一项,公司明确规定"厕所应当每天清扫 3 次,马桶和洗手面盆应当每天清洁,消毒 3 次以上,分为上午 1 次和下午 2 次"。杨华称公司人事部门出示这份劳动修改确认书后,还表示如果不签就算旷工。

杨华所在公司办公室的 Kitty 女士表示,项目解散后,公司确实没有其他岗位可以安排,这个项目的其余员工均已结束劳动关系。这份机动职位工作应该说工作量很轻微。公司只有 20 余人,只要每天打扫卫生间、洗洗杯子,每周浇一次花,实际工作时间每天累计不到 3 小时,也便于杨华灵活请假,且只要符合公司规定,公司均予以准假,从来没有为难她。Kitty 说,该员工恢复上班第一天就说需要看医生,公司也当即允许,到目前为止该员工没有来上过一天班。目前,公司已经考虑到孕妇需要随时休息,而且部分公司内的清洁工作还是由原清洁工作人员来完成,如擦玻璃、拖地、擦桌子、提纯净水、整理仓库等稍重体力的活都没有安排她做。从劳动强度来说,也符合国家规定,没有攀高、入水等国家禁止的一些劳动。更重要的是,公司给该员工重新安排新岗位后并没有减少一分劳动报酬和福利,月薪保持 9 000 元不变,公司一直坚持做到符合法律的要求。她认为,杨华不肯接受这份工作,实际上是轻视清洁工这一工种。

2. 经期保护

女职工月经期间机体抵抗力降低,双腿无力、酸软,如从事高处作业,易发生伤亡事故。从事低温冷水作业时,易致经血不畅,瘀积盆腔,引起痛经、闭经,有患疾病的危险。接触有毒物质,可能引起多量出血。不良的劳动条件对妇女月经期的健康是有明显影响的。在这方面不注意特殊保护,将会影响女职工的健康及其生育能力。我国《劳动法》第 60 条规定:"不得安排女职工在经期从事高处、低温、冷水作业和国家规定的第三级体力劳动强度的劳动。"

【背景材料】

女外卖骑手的方便

2023 年 2 月 12 日,一女外卖骑手在送外卖时于楼道中小便,被附近居民的监控拍下,后得知该骑

① 摘编自佚名:《上海一白领扫厕所月入 9000,成"最贵清洁工"》,大众网,2007 年 8 月 2 日,https://weifang.dzwww.com/shxw/200708/t20070802_2384735.htm,访问日期:2014 年 12 月 15 日。

手同时处于生理期。居民对此回应:这样很不好,如果着急可以找顾客借卫生间。①

1949年9月的《共同纲领》、1953年的《劳动保险条例》都有女职工生理期保护的专门规定。“一五”期间,公共汽车司机和售票员多为女性,由于没有固定的厕所大小便,以及月经时期间的种种不便,许多人得了膀胱炎等疾病。主管部门出面向沿途单位和居民借厕所,并且规定女职工在大小便时可提前一站下车。在停车场放置多箱卫生纸,供女职工经期免费使用。

1958年,中共中央发表《关于人民公社若干问题的决议》,提出:“在月经期内也一定要让妇女得到必要的休息,不做重活、不下冷水、不熬夜。”1988年国务院《女职工劳动保护规定》颁布实施后,多地规定从事野外作业的女职工在月经期间休假一天,对其他岗位的女职工给予经期照顾。

曾在英国留学三年的闫傲霜委员有个切身感受:“我在英国见到企业内部的劳动条款规定,从女员工怀孕开始,企业就不能辞退她,还要在她生完孩子后的几年内为她保留岗位。而在我们身边,很多企业动不动就会以生孩子影响工作为由辞退员工。”

3. 产期保护

产期保护是指对女职工在生育期间的保护。女职工在产期内,享受一定时期的生育假和生育待遇。产期保护,既包括正产,也包括流产。

我国《劳动法》第62条规定:“女职工生育享受不少于九十天的产假。”《女职工劳动保护规定》规定的女职工产假为90天。《女职工劳动保护特别规定》参照国际劳工组织有关公约关于“妇女须有权享受不少于14周的产假”的规定,将生育产假假期延长至14周(即98天)。对女职工流产的,《女职工劳动保护规定》仅原则规定“给予一定时间的产假”,实践中各用人单位给予的休假时间长短不一。为保障流产女职工的权益,《女职工劳动保护特别规定》参照劳动部《关于女职工生育待遇若干问题的通知》中关于流产假的档次划分,明确了流产产假,规定:怀孕未满4个月流产的,享受15天产假;怀孕满4个月流产的,享受42天(6周)产假。

4. 哺乳期保护

哺乳期亦称“授乳期”,即女职工用于哺乳其婴儿的时间。我国《劳动法》第63条规定:“不得安排女职工在哺乳未满一周岁的婴儿期间从事国家规定的第三级体力劳动强度的劳动和哺乳期禁忌从事的其他劳动,不得安排其延长工作时间和夜班劳动。”这里对哺乳期女职工的保护作了原则规定。

女职工在哺乳未满一周岁的婴儿期间,用人单位不得安排其从事国家规定的第三级体力劳动强度的劳动和哺乳期禁忌从事的其他劳动,不得安排其延长工作时间和在休假日劳动,不得安排其从事夜班劳动。哺乳期间的女职工禁忌从事的劳动范围有:(1)作业场所空气中铅及其化合物、汞及其化合物、苯、镉、铍、砷、氰化物、氮氧化物、一氧化碳、二硫化碳、氯、己内酰胺、氯丁二烯、氯乙烯、环氧乙烷、苯胺、甲醛等有毒物质浓度超过国家职业卫生标准的作业;(2)非密封源放射性物质的操作,核事故与放射事故的应急处置;(3)体力劳动强度分级标准中规定的第三级、第四级体力劳动强度的作业。

① 摘编自九派新闻:《女外卖员送外卖时在楼道里小便,居民:挺不好的,憋不住可以求助顾客》,搜狐网,2023年2月13日,https://roll.sohu.com/a/640390873_121019331,访问日期:2023年3月1日。

【典型案例】

哺乳期的变相解雇①

31岁的王女士是中国农业大学的博士,已在北京某科技有限公司工作两年多了,职务是公司研发部开发软件的项目经理,月薪近8000元。她自2004年3月起因生小孩休了四个月的产假,7月5日才回单位上班。但是上班没几天,公司便要求她当技术含量低的测试工程师,理由为休假过长对近一段时期的研发工作业务不熟。王女士不乐意,因为测试工程师每月工资只有3000多元。

"我7月份没有做什么具体工作,就是学习一些新的东西和看其他组项目的操作进程,因为我不同意换岗位,我的上级并没有给我具体分派工作。"王女士说,"我只领了135.76元的工资。"由8000元高薪降到135.76元,王女士实在接受不了。记者向该公司领导询问这135.76元的工资计算方法,答复是,虽然7月份她没做什么具体工作,但考虑到要照顾她的生活,还是按照测试工程师岗位标准发放了3000多元的工资,扣除上个月多发的2060元,再扣掉每天半小时的事假,最后统计为135.76元。该负责人解释说,王女士6月份的产假时间属于晚育的奖励产假,可以按照不低于基本工资的标准发放,因此公司认为6月份多发了她2060元。

王女士在家待岗半个月了,因为不能找别的工作,她觉得目前的处境很困难,希望劳动争议仲裁委员会能够解决此事。

第四节 未成年工的特殊保护

一、未成年工特殊劳动保护的概念和意义

未成年工的特殊劳动保护是指根据未成年工的身体发育尚未定型的特点,对未成年工在劳动过程中特殊权益的保护。

未成年工的身体尚在发育中,正在向成熟时期过渡。在安排未成年工劳动时要注意他们的生理特点。过重的体力劳动、不良的工作体位、过分紧张的劳动、不适合的工具等对未成年工的发育都会有影响。为了保障未成年工的正常发育和安全健康,除改善一般的劳动条件外,还需在工作时间、工作场所等方面给予特殊保护。

二、未成年工特殊劳动保护的主要内容

(一)最低就业年龄

根据我国有关招工制度的规定,未成年工是指16周岁至18周岁的少年劳动者,也就是说中国最低就业年龄为16周岁。特殊行业需要招收16周岁以下的人员(如文艺、体育等部门)时,需经劳动人事部门批准。

确定最低就业年龄必须考虑青少年的身体发育状况以及保障他们在就业前有受完整基本教育的时间。我国《劳动法》第15条规定:"禁止用人单位招用未满十六周岁的未成年人。文艺、体育和特种工艺单位招用未满十六周岁的未成年人,必须遵守国家有关规定,并保障

① 摘编自张静:《女博士休完产假月薪锐减7千,称被企业变相解聘》,新浪网,2004年9月24日,https://news.sina.com.cn/s/2004-09-24/01443752545s.shtml,访问日期:2014年12月15日。

其接受义务教育的权利。”《未成年人保护法》第 61 条规定：“任何组织或者个人不得招用未满十六周岁未成年人，国家另有规定的除外。营业性娱乐场所、酒吧、互联网上网服务营业场所等不适宜未成年人活动的场所不得招用已满十六周岁的未成年人。招用已满十六周岁未成年人的单位和个人应当执行国家在工种、劳动时间、劳动强度和保护措施等方面的规定，不得安排其从事过重、有毒、有害等危害未成年人身心健康的劳动或者危险作业。任何组织或者个人不得组织未成年人进行危害其身心健康的表演等活动。经未成年人的父母或者其他监护人同意，未成年人参与演出、节目制作等活动，活动组织方应当根据国家有关规定，保障未成年人合法权益。”

（二）未成年工的工作时间

为保障未成年工的正常发育和身体健康，在我国，一般情况下，对未成年工实行缩短工作时间制度，禁止安排未成年工从事夜班工作及加班加点工作。对某些招收 16 周岁以下的学徒的特殊行业，国家还专门规定了对学徒的保护制度。如《关于技工学校学生的学习、劳动、休息时间的暂行规定》中规定，未满 16 周岁的学生，在进行生产实习时的劳动时间为：第一学年每天不得超过 6 小时，第二学年每天不得超过 7 小时，第三学年每天不得超过 8 小时。随着工时的缩短，对未成年工的工作时间也会有新的相应的规定。

（三）禁止未成年工从事的劳动

我国《劳动法》第 64 条规定：“不得安排未成年工从事矿山井下、有毒有害、国家规定的第四级体力劳动强度的劳动和其他禁忌从事的劳动。”为了切实保障未成年工的身体健康，一般禁止未成年工从事严重有毒有害工种。禁止未成年工从事机械危险部位的检修工作等。对未成年工的保护，要根据本条和《未成年工特殊保护规定》的规定严格执行，否则，造成伤亡事故和国家财产重大损失者，要追究主管单位和直接责任者的责任；情节严重，构成犯罪的，要依法惩处。

未成年工患有某种疾病或具有某些生理缺陷（非残疾型）时，用人单位不得安排其从事以下范围的劳动：(1)《高处作业分级》国家标准中第一级以上的高处作业；(2)《低温作业分级》国家标准中第二级以上的低温作业；(3)《高温作业分级》国家标准中第二级以上的高温作业；(4)《体力劳动强度分级》国家标准中第三级以上体力劳动强度的作业；(5) 接触铅、苯、汞、甲醛、二硫化碳等易引起过敏反应的作业。

（四）未成年工的身体检查制度

为了保护未成年工的身体健康，按法定年龄招收未成年工时，应当对之进行全面的健康检查，取得身体合格证明以后，才能够正式录用。未成年工被录用后，也应在每年的一定时期，进行体格检查。

对未成年工进行定期的健康检查是用人单位的一项法定义务，用人单位不得以任何借口加以取消。1994 年 12 月劳动部颁发的《未成年工特殊保护规定》对未成年工定期健康检查制度作了具体规定：(1) 用人单位应在以下情况下对未成年工定期进行健康检查：安排工作岗位之前；工作满一年；年满 18 周岁，距前一次的体检时间已超过半年。(2) 未成年工的健康检查，应按劳动部统一制作的《未成年工健康检查表》列出的项目进行。(3) 用人单位应根据未成年工的健康检查结果安排其从事适合的劳动；对不能胜任原劳动岗位的，应根据医务部门的证明，减轻劳动量或安排其他劳动。

第八章

社会保障法

社会保障是现代社会中重要的法律制度。社会保障和社会保障法律制度的基本问题,包括社会保障的概念和特征,社会保障法的调整对象、特征和原则。回顾社会保障制度的历史沿革,可以了解中国社会保障法律制度的建立、发展和正在进行的社会保障制度改革。

第一节 社会保障法概述

一、社会保障法的概念和调整对象

(一) 社会保障法的概念

社会保障法是调整社会保障关系的法律规范的总称。既包括以基本法律形式出现的社会保障法,也包括其他法律、法规中有关社会保障的规范,还包括具有法律效力的关于社会保障事项的地方性法规和规章。

社会保障法在内容上除要对社会保障的项目体系、实施范围与实施对象、经费来源、待遇标准、计算公式、申请程序和审批程序等进行规范外,还应当包括:社会保障经办机构的性质与职能,社会保障组织的形式与地位,不同社会保障对象的管理,社会保障机构与相关部门的关系,社会保障基金的筹集、运用和支付。

【背景材料】

劳动法与社会保障法的关系①

社会保障法与劳动法的共通之处在于它们都是关注社会弱势群体的法律,而且社会保障法是在劳动法的基础上发展起来的。早期的劳动法从限制童工、改善劳动卫生条件开始为劳动者提供救助;工人中共济组织的成立实际上是社会保障的前身。为劳动者提供生存保障的劳动法中已经包含了社会保障的内容。即使是德国俾斯麦颁布的社会保障法典,也是以保障劳动者的基本生存状况为基本动因的。作为社会保障法主要成分的社会保险法以劳动关系为前提条件,目的在于解决劳动者的养老、疾病、工伤、失业和生育问题。

① 摘编自黎建飞:《略论劳动法与社会保障法的关系》,《中国劳动保障报》2003 年 12 月 2 日。

尽管如此,劳动法与社会保障法的区别仍然显而易见。

劳动法主要调整劳动者与用人单位之间的劳动关系,社会保障法调整国家、用人单位、公民(劳动者)、社会保障经办机构因社会保险、社会救助、社会福利、优抚安置等发生的关系。就直接关系而言,在内容上,社会保障关系可以分为社会保险关系、社会救济关系、社会福利关系、社会优抚关系。在主体上,社会保障关系涉及国家与社会成员之间的关系、社会保障机构与政府之间的关系、社会保障机构与社会成员之间的关系、社会保障机构之间的关系、社会保障机构与用人单位之间的关系、用人单位与劳动者之间的关系。就间接关系而言,在社会保障基金的管理与运营中,还涉及社会保障机构与投资市场不同主体之间的关系。这些关系都需要社会保障法从不同方面予以规范和调整。

劳动法调整的劳动关系的主体是用人单位和与之建立劳动关系或劳动合同关系的劳动者(公务员、军人等不适用劳动法);社会保障法的主体包括国家、用人单位、社会保障经办机构和公民(劳动者)。社会保障的对象应当是该社会的全体成员,尤其是那些丧失劳动能力以及需要某些特殊帮助的人。社会保障对于社会成员来说,应不分部门和行业,不分就业单位的所有制性质或有无职业,不分城市和农村,只要生存发生了困难,都应普遍地、无例外地给予基本生活的物质保障。社会成员之间只存在保障基金的筹集方式,保障的项目、标准以及所采取形式的不同,不存在能否享受社会保障待遇的差别。这是社会保障具有普遍性的体现。社会保障的这种普遍性不仅体现在社会福利通常由全体社会成员所享受,还体现在当该社会的局部地区出现自然或人为的灾害使当地的社会成员陷入贫困时,为其提供的物质帮助。在这个意义上,我国目前社会保障对象的范围还应当扩大。据统计,农民进城务工后,参加养老保险、医疗保险的比例分别只有3.4%和2.7%。在农村,养老保障制度的总覆盖率不足10%,农村社会养老保险的参保人口占农村总人口的7.6%。

同时,社会保障也会对社会成员中的特殊对象给予特殊帮助。社会保障的特殊对象主要包括因退休、失业、患病、伤残、生育等失去或中断收入来源而需要社会特殊帮助者。这些成员部分或全部丧失了劳动能力与竞争能力,因而收入中断、减少或丧失,影响了基本生活,需要社会给予的特殊保障。

劳动法的主要目的是协调劳动关系,保障劳动者的合法权益。社会保障法的主要目的是保障社会全体成员在遭受各种意外和风险时的基本生活,促进社会安全。社会保障法律制度被公认为社会安全网或社会稳定器。社会保障是社会按照一定时期生产力的发展水平,对生存发生困难的社会成员的基本生活需要予以物质帮助。这部分人的基本生活需要得不到保证,就会危及他们的生存,以致影响社会的安定。社会保障使社会成员具有安全感,人们可以在社会心理上保持平衡,从而没有后顾之忧地在安定的社会环境中生存并从事创造性的劳动。

劳动法调整的劳动关系的内容是劳动者的劳动;社会保障法调整的内容则是社会保障机构应当给予被保障人的各项待遇,包括社会保险、社会福利、社会救济和社会优抚待遇。社会保险是国家通过立法的方式,对劳动者在遇到生、老、病、伤、残、死、失业等困难,暂时或永久丧失劳动能力、暂时失去工作时,给予物质帮助的制度。社会福利,是为全体成员提供的各种福利性补贴和举办的各种福利事业的总称,包括一般的社会福利、职工福利和特殊的社会福利。社会救济,是指国家为那些因自身、自然和社会原因不能维持最低生活标准的贫困者提供帮助,以保障他们基本生活的制度。社会救济由社会救济、救灾救济和扶贫救济三部分制度构成。社会优抚是国家对维护国家安全或社会秩序作出贡献和牺牲的人员及其家属在物质上给予优待和抚恤的制度。社会优抚制度是伴随着军队的产生而产生,随着军队的发展而逐步完善起来的。社会优抚包括社会优待、伤残抚恤和死亡抚恤。

劳动法律关系强调权利与义务相统一的原则,而社会保障关系中的一些项目则并不要求权利义务的对等性。当人们的基本生活状况符合法律规定的条件时,他们就能够享受到社会保障的权利。社会成员在享受社会保障的机会和权利上带有较大的机会均等和利益均享的特征。凡是生存发生困难的社会成员,都可以均等地获得社会保障的机会和权利。而且每个社会成员从社会保障中获得的物质帮助是基本均等的。

在充分体现社会公平的前提下,社会保障法律制度也以其特有的方式促进社会的进步和发展。这在作为社会保障主要内容的社会保险制度中尤为明显。社会保险在为暂时或永久丧失劳动能力的劳动者提供基本物质保障的前提下,将劳动者享受保险的待遇与过去的劳动贡献挂钩,体现应有的差别。劳动时间长、劳动贡献大的,物质保障待遇相对就高,从而在维护社会稳定的同时也能鼓励劳动者在职时积极劳动,多劳多得,为社会多作贡献,将来也能更多地享受社会保障待遇。在社会救济方面,对残疾人和无固定职业、无固定收入的社会成员,既给予基本生活的保障,又根据不同的特点安置就业,鼓励他们从单纯接受救济转变为既接受救济又积极参加力所能及的劳动。对于因自然灾害及其他原因处于危难之中的社会成员,在给予物质保障的同时,鼓励他们发展生产,摆脱贫困。这些都使社会保障法具有了既保障社会稳定又促进社会发展的特征。

(二)社会保障法的调整对象

社会保障法的调整对象,是国家、各类单位和社会成员在社会保障活动中所发生的各种社会经济关系。或者说,社会保障法是以社会保障关系为其调整对象的。

社会保障法具体调整八个方面的关系:

1. 调整国家与全体社会成员之间的关系。即中央政府和地方各级政府与全体社会成员之间的关系。国家通过法律明确政府在社会保障中的职责、社会成员享受社会保障的待遇等。

2. 调整社会保障机构与政府之间的关系。即社会保障机构作为具体管理与实施社会保障项目的组织与政府之间的关系。国家通过法律明确社会保障机构的性质、任务、地位及其权利和义务。

3. 调整社会保障机构与社会成员之间的关系。即社会保障的组织管理者与参加者、享受者之间的关系。国家通过法律明确社会保障机构对社会成员的职责和社会成员参加社会保障的权利与义务。

4. 调整社会保障机构与用人单位和乡村集体组织之间的关系。即社会保障组织管理者与社会保障参加义务人之间的关系。国家通过法律明确用人单位缴纳社会保障费的义务、乡村集体组织发放社会保障款项和物资的职责。

5. 调整用人单位与劳动者之间的关系。即通过法律明确用人单位对劳动者应当履行的保障责任和劳动者应在用人单位享受的社会保障待遇。

6. 调整社会保障运行过程中的协作关系。即社会保障管理机构与其他部门的关系。国家通过法律明确社会保障管理部门与其他政府部门之间、不同社会保障管理部门之间和社会保障各管理部门内部机构之间的分工、协调与配合。

7. 调整社会保障运行过程中的监督关系。即各种监督方式在对社会保障运行的监督中所形成的关系。国家通过法律明确有关监督组织的建立、职责、权限划分及其监督程序。

8. 调整社会保障基金运营中的关系。即通过法律明确社会保障基金在管理运营中与国家财政、投资市场、有关经济实体之间的权利与义务。

【背景材料】

社保不能“多缴多得”①

中国社会保障学会会长、中国人民大学教授郑功成认为:“多缴多得”从来不是社会保障的原则,而是市场法则、商业保险的法则;社会保障不能单纯强调多缴多得,而是要强调互助共济的制度本质和参保意识。

财新记者提问道:目前社会保障机制的设计原则还有一些争论,比如“十三五”规划建议中提出“健全多缴多得激励机制”,但是正式发布的“十三五”规划却删除了这一点,对此你怎么看?

郑功成回答道:这一句话删得好,我今年2月在《人民日报》上发表文章,就明确阐述了“多缴多得”从来不是社会保障的原则,而是市场法则、商业保险的法则。

社会保障不能单纯强调多缴多得,要强调互助共济。比如养老保险,人们参加养老保险最可靠、最重要的功能,就是希望无论我们多长寿,都有一份稳定、可靠的经济收入。再比如失业保险,一般机关事业单位的人很少失业,但是他们也缴费。如果只有存在失业风险的人才参加失业保险,那么这个制度怎么能持续存在?

实际上,失业保险就是在岗者帮助失业者,使他们如果失业就可以得到帮助,在失业的过程中有基本的经济来源。

再看生育保险,如果考虑多缴多得原则,那么只有20岁、30岁的女职工愿意多缴,男职工和已经生育的女职工就都不参加了,这一制度还怎么持续?生育保险就是为生育的女性解除后顾之忧,尽管女职工过了生育期,但是也可以为年轻女性提供支持,正如自己当年享受其他人提供的支持一样。

医疗保险更是如此,多缴不一定多得,少缴不一定少得,关键是让所有参加医保的人,能够不再担心疾病医疗开支的后顾之忧。因此,在社会保险方面,要强调互助共济和集体主义的意识,要强调社会的公平公正,不能只从利己角度出发,更不能等同于市场交易,否则就不是社会保障,而是商业保险。

社会保障自古以来在世界范围内从来就是政治决策。当年俾斯麦创立社会保险制度,就是为了化解劳资矛盾;美国罗斯福支持社会保障,则是为了应对经济危机,当时失业工人比例高达28.7%,这样的决策依据完全不是精算。

社会保障不能仅仅考虑效率,更为重要的是公平。就像养老保险的全国统筹,有些地区反对搞,但是世界上哪个国家像我们一样?各个地区社保缴费不一样,如珠三角等地方,单位养老保险缴纳费率只有12%,其他地区则为20%左右。

现在全国统筹遇到很多阻碍,但是哪个理由都站不住脚,因为社保缴费是法定劳动成本,全国各地应该要公平。从全局角度来讲更是,社保缴费从来就不是地方利益,而是国家利益。因此,我们需要多考虑国家利益、社会公正,而不是简单地将市场交易、利己主义搬入社会保障领域;社会保障,应当是维护社会公正的基本制度安排,也应当是维护社会稳定与和谐的基本制度保障,其许多价值都不是可以从经济上计量得出来的。

二、社会保障法的特征

(一)社会保障法具有广泛的社会性

广泛的社会性是社会保障法最主要的特征,这一特征表现为社会保障法的权利与义务

① 摘编自石睿:《专访郑功成(三):“多缴多得”不该成为社保原则》,财新网,2016年3月28日,http://china.caixin.com/2016-03-28/100925465.html?from=timeline&isappinstalled=0,访问日期:2016年7月15日。

广泛地涉及全体社会成员。在权利方面,享受社会保障的权利人是全体社会成员。社会保障权利由全体社会成员共同地、平等地享有。并且随着一国社会经济条件的发展,社会保障待遇不断提高,项目也逐步扩展。公民从出生至死亡、从特定的劳动者到不分身份的任何社会成员都是社会保障的受益人。在国际上,一些国家彼此之间还订有社会保障待遇互惠协议,用于保护旅居国外的本国公民平等享受旅居国社会保障的权利和待遇。在义务方面,社会保障的义务也由全社会承担。国家通过立法,在社会保障的主要制度上实行强制措施,要求社会中的不同主体都共同承担社会保障的义务,共担风险,共同筹措社会保障基金。在一些特定的保障项目中,还根据实际情况或突发事件向全体社会成员、国际社会的组织和个人筹集经费,用于救济救灾等。

(二)社会保障法是强制性规范与非强制性规范的统一

在社会保障的主要制度中,对于涉及社会成员基本权益保障的项目,社会保障法规定了强制性规范,明确规定国家(各级政府)、社会、企业、个人及有关各方在社会保障中必须履行的义务,社会保障的具体项目、实施范围、资金筹集、待遇标准、计算方式等。有关各方无论其意愿如何,均必须依据法律的规定遵照执行。例如,社会保险中的各项保险义务都是当事人必须履行的和不可选择的。其中的一些项目还是部分当事人只尽义务,另一部分当事人只享受权利的,如工伤保险和生育保险。对于这些强制性规范,有关单位和个人必须严格遵行,按期、足额地缴纳社会保险费,否则会受到法律的制裁。而对于一些临时性、突发性事件中的社会保障方式,除基本制度中的强制性规定外,还可以采用非强制性的、自愿的方式。例如,救灾救济、扶贫救济中的捐赠,就是由社会成员自愿选择的、不具有法律强制力的行为。

【背景材料】

从“退保”到“漫游”①

《社会保险法》的立法工作早在1994年就已经起步。在长达16年的立法进程中,“退保”现象如影随形。每年岁末,在社会保险管理机构门口都会有农民工排起长龙等待办理“退保”。

“退保”是我国在特定时期出现的特有现象。在20世纪末的农村社会养老保险试点中,规定可以办理“退保”。但就社会保险制度的应有之义而言,“退保”与之是背道而驰的。2007年12月25日,全国人大常委会发函给中国人民大学法学院,征求《社会保险法(草案)》的修改意见。在对草案第3、4条的修改意见中,我们提出要把“不分城乡地建立五项社会保险”的立法意图完整地体现在条文中,国家应当“保障公民在年老、患病、工伤、失业、生育时获得必要的物质帮助”。

针对沿海地区愈演愈烈的“退保”现象,2008年,我结合《社会保险法》的制定撰写了《中国社会保障法制的发展战略——关于制定中的〈社会保险法〉的几点思考》一文,发表在《中国发展观察》上。文章强调指出:“退保”在伤害劳动者的同时,也对社会保险制度构成了根本性伤害。“退保”是对劳动者社会保险权益的侵害,因为劳动者从“退保”中拿到的仅仅是自己缴纳的那一部分,用人单位为其缴纳的更大部分从此不复存在,以国家财力为最后保险的其他权益也随之消失。同时,“退保”还会对落后地区的经济和社会发展构成长久影响,因为回到这些地区的劳动者在最佳就业阶段没有通过劳动为自

① 摘编自黎建飞:《从“退保”到“漫游”——我眼中的社会保险法立法》,《光明日报》2011年6月2日。

己进行财富储备,当劳动能力减弱和丧失时,在给其本人和家庭带来沉重负担的同时,也必然加重这些地区的社会财政压力。

2008 年 12 月,全国人大常委会对《社会保险法(草案)》进行第二次审议,并向全社会公开征求意见。而在此前召开的第二届社会法论坛上,也有媒体报道了我对"退保"现象的意见。

回头来看,这些观点得到了有关部门的认同。《社会保险法》通过后的 2010 年年底,时任人力资源和社会保障部部长尹蔚民在中国国际广播电台的专访中,谈及社会保险法的相关规定时说:"我们还有一个很大的工作,就是养老保险关系的转移接续。""过去一到年终,农民工纷纷退保,退保实际上使农民工个人的权益受到很大损害,因为退保只能退他个人交费那一部分,企业为他交费那一部分是不能退的。前年年底出台了养老保险关系转移接续办法,就把这个问题解决了,也就是说你今年在这儿打工,明年你可能换一个地方打工,保险关系是可以转移的,也是可以接续的,这样他个人的权益就能够得到比较好的维护。"

2010 年 10 月 28 日通过的《社会保险法》明确规定养老保险可以"漫游":个人跨统筹地区就业的,其基本养老保险关系随本人转移,缴费年限累计计算;个人达到法定退休年龄时,基本养老金分段计算、统一支付。基本养老保险包括职工基本养老保险、新型农村社会养老保险和城镇居民社会养老保险。法律还同时规定了基本医疗保险的转移接续问题,即个人跨统筹地区就业的,其基本医疗保险关系随本人转移,缴费年限累计计算。

实际上,从 2010 年 1 月 1 日起,沿海地区就已经全面停办养老保险退保业务。相信随着《社会保险法》的实施,农民工排起长龙办"退保"的现象将成为历史。

(三)社会保障法是人道主义与互助共济的统一

人道主义是人类认识自身的社会性后所生的理性与情感,是人类社会文明进步的结果。人道主义在社会生活中的重要体现是强者对弱者的帮助和付出。社会保障法通过在社会组织的个人中合理地分配社会保障的责任和义务,形成风险共担的社会保障责任机制,实现富裕的对贫困的、健全的对病残的、年轻的对衰老的、强者对弱者的社会关照和社会扶助,体现出尊老爱幼、扶弱济贫、友爱助人、和谐共存的道德伦理原则。与此同时,社会保障法也实行社会成员间互助共济的原则,体现"人人为我,我为人人"的社会准则。以养老保险为例,其实质是家庭养老模式社会化的结果,即由家庭中的"儿子养老子"放大为社会中的年轻人养活老年人。而任何人都是会由年轻人变为老年人的,因此,年轻人今天的义务与其明天作为老年人的权利是对等的。

(四)社会保障法具有实现社会公平的职能

社会公平要求社会以公正的态度对待每一个社会成员,并将这种公正主要体现在社会成员的收益分配与生活状况上。社会保障法规定了社会成员平等参与社会保障的权利,任何社会成员不论其地位、职业、贫富等差异均平等地被纳入社会保障的范围中,不存在任何特殊的阶层或个人。通过社会保障,社会成员能够在基本生活得到保障的前提下参与社会的竞争,不至于因先天不足或生活无保障而生存困难,失去平等参与社会公平竞争的机会。为灾祸中的不幸者提供灾害救济、为失业者提供失业保险或失业救济、为疾病患者提供医疗保障等,都能够使他们在灾害和困境中尽快恢复正常,开始新的生活,社会保障法从而会在一定程度上起到消除社会发展过程中由意外灾害、竞争失败及疾病工伤等因素导致的社会不公平现象的作用。通过社会保障法的实施,还可以在一定程度上降低社会分配的不公平程度。

(五)社会保障法律制度由多项法律协调构成

由于社会保障的事项庞杂、内容很多,而且不同事项需要不同的法律方式调整,因而不可能用一部法律来规定全部的社会保障事务。各国通常都会制定多部社会保障方面的法律和法规来协调构成社会保障法律制度。在社会保障法律与法律之间、法律与法规之间、法规与法规之间,既有着客观的分工,各自规范着一定范围内的社会保障事务,又存在着相互协调的问题。其相互配合,共同构成一个完整的社会保障法制系统。

【典型案例】

公司应按约定工资补缴社保金①

某公司同王先生签订了劳动合同一份,约定合同期间为七个月,前三个月为试用期;并约定每月基本工资加岗位津贴合计3 000元。在三个月的工作试用期间,公司每个月给王先生发2 500元,从第四个月开始,每个月发3 000元。合同期满后,王先生同公司终结劳动关系,他发现公司是按缴费基数2 000元的标准为他缴付前六个月的社保金,于是申请劳动仲裁,要求公司按缴费基数3 000元的标准为他补缴社保金2 793.60元,这一要求获得了劳动仲裁机构的支持。该公司不服该仲裁决定,诉请法院要求按缴费基数2 500元的标准为王先生补缴前六个月期间少缴的社保金。

法院认为,双方当事人在劳动合同中约定的合同期限不满一年,但约定了三个月的试用期,不符合有关规定,故试用期应为一个月;因双方在劳动合同中未约定试用期工资,仅明确了王先生每月的基本工资700元、岗位津贴2 300元;公司不能提供相应证据证明关于应聘人员试用期工资的内容系基于双方当事人合意形成,故公司主张前六个月应按缴费基数2 500元为王先生缴纳社保金的理由,法院难以采信。据此,法院判决驳回公司的诉讼请求,公司应为王先生补缴前六个月少缴的社保金2 793.60元,其中个人应负担部分640.20元由王先生负担。

第二节 我国社会保障法的发展与改革

一、中华人民共和国成立后至党的十一届三中全会前的社会保障法

这一时期,是与当时计划经济体制相适应的国家保障模式及其立法的产生和形成时期。这一过程大体经历了创立、改革和停滞三个阶段。

(一)从中华人民共和国成立初期到1957年的创立时期

这一时期,我国制定了全国统一的社会保障基本制度,颁布了一些基本立法。

1951年2月,政务院公布了《劳动保险条例》。这一条例对于生、老、病、死、伤、残等情况的保险都有了具体规定,使暂时或长期丧失劳动能力的职工,在生活上有了基本的保障。条例规定保险经费由企业负担,职工不缴纳保险金,劳动保险事业交由工会办理,并且还举

① 摘编自杨克元:《公司少给员工缴社保,法院判令应按约定工资缴纳》,中国法院网,2007年1月29日,https://www.chinacourt.org/article/detail/2007/01/id/233319.shtml,访问日期:2014年12月18日。

办各种集体劳动保险事业。

由于当时处于经济恢复时期，国家在救济失业工人方面也颁布了相应的法令，1950 年 6 月政务院发布了《关于救济失业工人的指示》，劳动部公布了《救济失业工人暂行办法》，1952 年 8 月政务院发布了《关于劳动就业问题的决定》，这些法令，对于当时解决失业工人的困难和促进失业人员的再就业起了积极的作用。

（二）从 1958 年至 1966 年的改革时期

1958 年第二个五年计划开始，在第一个五年计划完成的基础上，为了适应形势的发展，我国对一些不适应经济建设的社会保险制度进行了必要的改革。1958 年国务院公布了《关于工人、职员退休处理的暂行规定》《关于企业、事业单位和国家机关中普通工和勤杂工的工资待遇的暂行规定》《关于国营、公私合营、合作社营、个体经营的企业和事业单位的学徒的学习期限和生活补贴的暂行规定》《关于工人、职员回家探亲的假期和工资待遇的暂行规定》等 4 项重要规定。同年 4 月又公布了《关于工人、职员退休处理的暂行规定实施细则（草案）》。

同时，国家还在社会保险、社会福利、社会救济和优抚工作等各个方面陆续颁布了大量的法规、规定，对我国社会保障制度在实施范围、保障水平和享受资格等各方面都进行了切合实际的改革。

（三）从 1966 年至 1978 年的停滞时期

"文化大革命"期间，社会保险制度遭受严重的破坏：各项管理机构被撤销，当时负责职工社会保险事务的工会被停止活动，负责社会保障行政管理的劳动部、民政部、卫生部、人事部门等长期处于瘫痪状态，社会保障工作基本无人管理，中华人民共和国成立以来建立的各种社会保障法律法规和制度实际被废止，社会保障工作无章可循，退休费用的社会统筹被取消。1969 年，财政部颁发《关于国营企业财务工作中几项制度的改革意见（草案）》规定："国营企业一律停止提取劳动保险金，企业的退休职工、长期病号工资和其他劳保开支，在营业外列支。"从此逐步形成了企业自我保障的局面，社会保险的统筹调剂、社会共济功能无从体现，致使中国社会保障事业出现停滞和倒退。

二、党的十一届三中全会以来的社会保障法

1978 年，党的十一届三中全会确定了改革开放的方针政策，我国的政治经济形势从此发生了根本性的变化。1984 年，党的十二届三中全会通过了《中共中央关于经济体制改革的决定》，开始了以搞活国有企业为中心环节的经济体制改革，社会保障体制的改革也相应地被提上了议事日程。

这一时期，我国社会保障制度的改革经历了从 1978 年党的十一届三中全会到 1992 年党的十四大的探索时期，从 1993 年至今的突破性进展时期。前一时期的社会保障制度改革主要作为国有企业改革的配套措施，在关系国有企业改革的单项项目上分别进行了探索；后一时期则在继续为国有企业改革搞好配套的同时，明确了社会保障制度是中国社会主义市场经济框架的重要成分。在社会保障项目单项改革继续深化的同时，初步形成了中国社会保障制度改革的总体框架，明确了要建立适应社会主义市场经济的社会保障体系。

2010 年 10 月 28 日，我国《社会保险法》由十一届全国人大常委会十七次会议审议通过，自 2011 年 7 月 1 日起施行。《社会保险法》规范了社会保险关系，规定了用人单位和劳

动者的权利与义务,强化了政府责任,明确了社会保险行政部门和社会保险经办机构的职责,确定了社会保险相关各方的法律责任,确立了我国社会保险体系建设的总体框架、基本方针、基本原则和基本制度。

根据 2010 年 12 月 20 日《国务院关于修改〈工伤保险条例〉的决定》,修订的《工伤保险条例》于 2011 年 1 月 1 日起施行。该条例是《社会保险法》的重要配套法规。它对《社会保险法》有关规定进行了细化,使工伤保险更具有可操作性。它的修订实施,对完善中国的工伤保险制度,更好地维护广大职工的合法权益具有重要意义。

2018 年 3 月,中共中央印发了《深化党和国家机构改革方案》,调整全国社会保障基金理事会隶属关系,将全国社会保障基金理事会由国务院管理调整为由财政部管理,承担基金安全和保值增值的主体责任,作为基金投资运营机构,不再明确行政级别。为提高社会保险资金征管效率,将基本养老保险费、基本医疗保险费、失业保险费等各项社会保险费交由税务部门统一征收。

2018 年 12 月 29 日,十三届全国人大常委会七次会议决定,对《社会保险法》作如下修改:(1) 将第 57 条中的"工商行政管理部门"修改为"市场监督管理部门"。(2) 将第 64 条第 1 款中的"各项社会保险基金按照社会保险险种分别建账,分账核算,执行国家统一的会计制度"修改为"除基本医疗保险基金与生育保险基金合并建账及核算外,其他各项社会保险基金按照社会保险险种分别建账,分账核算。社会保险基金执行国家统一的会计制度"。(3) 将第 66 条中的"社会保险基金预算按照社会保险项目分别编制"修改为"除基本医疗保险基金与生育保险基金预算合并编制外,其他社会保险基金预算按照社会保险项目分别编制"。

2024 年 9 月 13 日,十四届全国人大常委会十一次会议通过了《关于实施渐进式延迟法定退休年龄的决定》,该决定规定:"一、同步启动延迟男、女职工的法定退休年龄,用十五年时间,逐步将男职工的法定退休年龄从原六十周岁延迟至六十三周岁,将女职工的法定退休年龄从原五十周岁、五十五周岁分别延迟至五十五周岁、五十八周岁。二、实施渐进式延迟法定退休年龄坚持小步调整、弹性实施、分类推进、统筹兼顾的原则。三、各级人民政府应当积极应对人口老龄化,鼓励和支持劳动者就业创业,切实保障劳动者权益,协调推进养老托育等相关工作。四、批准《国务院关于渐进式延迟法定退休年龄的办法》。国务院根据实际需要,可以对落实本办法进行补充和细化。五、本决定自 2025 年 1 月 1 日起施行。五届全国人大常委会二次会议批准的《国务院关于安置老弱病残干部的暂行办法》和《国务院关于工人退休、退职的暂行办法》中有关退休年龄的规定不再施行。"

该决定包括正文、《国务院关于渐进式延迟法定退休年龄的办法》及 4 个附件,是一个具有法律效力的统一整体。《国务院关于渐进式延迟法定退休年龄的办法》规定:"按照小步调整、弹性实施、分类推进、统筹兼顾的原则,实施渐进式延迟法定退休年龄。"人力资源和社会保障部部长王晓萍表示,渐进式延迟法定退休年龄,涉及广大职工切身利益,事关经济社会发展全局,对于积极应对人口老龄化,充分开发利用人力资源,以人口高质量发展支撑中国式现代化,具有十分重大的意义。在方案设计上有以下几个特点:一是坚持小步调整,逐步到位。从 2025 年起,用 15 年的时间,逐步将男职工的法定退休年龄调整至 63 周岁,将女职工的法定退休年龄分别调整至 58 周岁、55 周岁,用较长时间实施到位。二是坚持弹性实施,自愿选择。充分尊重职工意愿,可以在一定条件下选择弹性提前或弹性延迟退休,最长不超过3年，且不得低于原法定退休年龄。三是坚持分类推进，有序衔接。同步启动、差异化延迟男女职工法定退休年龄，与现行退休年龄政策相衔接。四是坚持统筹兼顾，协同配套。鼓励和支持劳动者就业创业，保障各类劳动者基本权益，健全养老托育服务体系。[①]

【背景材料】

无障碍环境的立法需求

2012年《无障碍环境建设条例》制定时指出了三个问题：(1) 无障碍设施建设有待加强，特别是无障碍设施改造力度需要进一步加大；(2) 无障碍信息交流建设滞后；(3) 无障碍社区服务水平亟待提高。这些问题中的"无障碍设施建设和改造"取得了一定的进展，但无障碍信息交流滞后和社区服务欠缺的问题没有根本性好转。

从《无障碍环境建设条例》实施以来，我国的无障碍法制建设还突出地表现出了下列问题：第一，立法实施不力。具体表现为：(1) 无障碍建设整体水平较低，出行不便的问题普遍存在。(2) 城乡发展水平不均，乡村的无障碍设施建设较为落后。(3) 信息无障碍普及面狭窄，残障人获取信息不便。第二，立法理念过时。先前的立法都偏重对无障碍环境的建设和改造，强调无障碍环境的建设目标是为残障人的出行等带来更多的便利和安全，着重点是物理性环境本身的便利性和安全性。但无障碍环境的内涵不仅仅限于客观的、物质的或者有形的环境，也在于整个社会的无障碍整体性环境，包括物理的，也包括信息的；包括有形的，也包括无形的；包括社区的，也包括家庭的；包括群体的，也包括个体的；包括有声的，也包括无声的；包括要视的，也包括触摸的。第三，法律位阶较低。当前最高级别的专项立法当属《无障碍环境建设条例》，在立法位阶上仅为国家的行政法规，而不是国家的基本法律或者法律。因此，其不能发挥法律的效力和影响力，也不能有效地在无障碍环境事项上依法追究相关违法者的法律责任。第四，部门色彩浓重。有关无障碍环境的条文分别抽象地散见于《残疾人保障法》《老年人权益保障法》，也具体地分散到《建筑法》《道路交通安全法》《民用航空法》《铁路法》等立法之中。这些法律的等级高于《无障碍环境建设条例》，却并不是专门规定人们多方面无障碍需求的。这些不同部门的法律各行其是，难以协调统一。第五，执法力度不足。比如有人在盲道上停一辆车，这一行为的违法性应该会更高，它可能伤害残疾人或者老年人的身体，也可能会危及他们的生命。但是人们完全不知道如何维权，这辆车的车主该承担什么样的责任。

① 孙满桃：《人社部：逐步将男职工的法定退休年龄调整至63周岁 女职工58周岁、55周岁》，光明网，2024年9月13日，https://legal.gmw.cn/2024-09/13/content_37561555.htm，访问日期：2024年10月2日。

第九章

社会保险法概述

社会保险是社会保障制度的主要内容,其对象涉及全体社会成员,是国家对公民在患病、伤残、失业、年老等情况下给予帮助的法律制度。社会保险的对象是全体劳动者。

第一节　社会保险法的概念

一、社会保险的概念和特点

(一) 社会保险的概念

社会保险,是指国家通过立法建立的,对劳动者在其生、老、病、死、伤、残、失业以及发生其他生活困难时,给予物质帮助的制度。在年老、疾病或丧失劳动能力之时获得物质帮助是公民的基本权利。我国《宪法》赋予中国公民的这一基本权利,就劳动者而言,主要通过社会保险实现。我国《劳动法》第 70 条规定:国家发展社会保险事业,建立社会保险制度,设立社会保险基金,使劳动者在年老、患病、工伤、失业、生育等情况下获得帮助和补偿。

对社会保险的定义有不同的理解和不同的表述,但都包含了一些共同的内容:(1) 它是一项法定的社会保障制度,是社会保障的重要组成部分;(2) 它要求劳动者及其所在的用人单位强制参加;(3) 它是国家对劳动者履行的社会责任,也是劳动者应该享受的基本权利。

(二) 社会保险的特点

1. 社会性

社会保险的社会性主要表现在三个方面:

(1) 保险范围的社会性。即享受保险的对象范围广泛,包括社会上不同层次、不同行业、不同所有制形式和不同身份的各种劳动者。社会保险对象的范围广泛,是社会保险的最核心特点之一。然而,长期以来,我国一些主要的社会保险制度,只在国家机关、事业单位和全民所有制企业中实施,城镇集体所有制企业一般只是“参照执行”,其他多种形式的经济组织的劳动者,或者未实行社会保险制度,或者保险待遇条件不等同。这种社会保险体制,与现行的市场经济的统一、平等原则完全背离。

(2) 保险目的的社会性。建立并实施社会保险制度,既反映社会的政治进步,也促进社会的经济发展。保障劳动者在年老、疾病、工伤、失业、生育和丧失劳动能力的情况下,获得最基本的生活所需,对于坚持社会主义人道主义,促进社会稳定和进步以及保护生产力,协调社会经济关系,促进经济持续稳定发展,都具有十分重要的意义。

(3) 保险组织和管理的社会性。社会保险,主要是一种政府保险制度,它由国家通过立法确认和规定,并在保险资金的筹集、发放、调剂、管理等方面,由政府组织实施。

2. 强制性

社会保险的强制性是社会保险与商业保险及其他保险制度的根本区别。社会保险由国家立法加以确认,并强制实施。

社会保险的强制性,决定了保险当事人不得自行确定是否参加保险,以及选择所参加的保险项目。被保险人及其所在用人单位,必须依据国家法律规定的保险金额缴纳保险费,且不能自行选择缴费标准。同样,社会保险的这一特点也明确了社会保险征缴部门与管理部门的法律责任,减少或者免除了劳动者个人的相关责任及其法律后果。

3. 互济性

凡属保险,通常都具有互济性,因为它们都通过集中与分散资金来分散风险,而且都尽力扩大风险所分散的范围。

社会保险的互济性,一方面表现在保险基金实行社会统筹,并依据调剂的原则集中和使用资金,解决不同情况下的劳动者的特定的基本生活需要,使因年老、患病、工伤、失业、生育和丧失劳动能力而受到经济损失的劳动者,都能够通过互济共助获得帮助。另一方面,劳动者的寿命长短、生病或不生病以及生病严重程度、伤残或丧失劳动能力与否、丧失劳动能力程度等,不以人们的意志为转移,并且不可能完全等同,而社会保险的目的则是相同的,即保障劳动者的基本生活需要。

因此,社会保险实质上是通过多方筹集基金后进行平衡调剂,将个别劳动者在特定情况下的损失和负担,在缴纳保险费的多数主体间进行分摊。这就决定了劳动者需要按同等标准缴纳社会保险费,而不可能向社会领回同等数量的生活费。这一差别,充分反映了社会保险的互济性特征。

4. 补偿性

社会保险的补偿性,主要表现在三个方面:

(1) 劳动者通过劳动创造的价值或财富,除了一部分表现为劳动报酬返还给劳动者之外,另一部分则作为社会的各项扣除,纳入政府收入的范畴。在社会保险基金的来源中,国家负担部分最初来源于劳动者的劳动。国家通过社会保险将这部分再返还给劳动者,其实质是对劳动者过去劳动的一种补偿。

(2) 劳动者在向社会提供劳动并以此获取劳动报酬的期间,按照国家规定的标准将一定比例的报酬,作为劳动保险基金缴纳,待年老、患病、负伤、失业、生育和丧失劳动能力时,又依照国家规定标准领回,是社会保险补偿性的具体体现。

(3) 在因工伤残或者患职业病的情况下,劳动者所享有的社会保险待遇,直接反映了社会保险的补偿性。因此,我国《劳动法》第 70 条将社会保险确定为劳动者在特定条件下获得的帮助和补偿是符合实际的,也是科学的。

【典型案例】

张恩琪诉社保机构行政不作为案①

张恩琪于2013年3月13日、10月16日向天津市人力资源和社会保障局,于9月25日向天津市社会保险基金管理中心邮寄信函,主要内容为要求对方履行法定职责,对其社会保险缴费基数偏低和少缴、漏缴问题进行处理。市社保局于2013年10月26日收到信函后,认为其所述问题不属于该局职责,属于市社保基金中心职责,遂将信件转至该中心办理。该中心于2013年11月29日向张恩琪出具《关于张恩琪信访反映问题的答复》,主要内容为其已经办理退休手续,退休待遇均由其参保所在区的社保局审批确定,且在审批之前其本人已经对缴费基数、缴费年限等事项进行了确认,该中心作为社保经办机构,负责依据区县社保局审批结果及有关政策规定按时足额发放退休待遇。张恩琪先是针对市社保局、市社保基金中心分别提起诉讼,因各自答辩不具备相应职责而申请撤诉,后将两单位作为共同被告诉至法院,请求确认市社保局向市社保基金中心转交信件行为违法,撤销市社保基金中心上述答复,判令二被告履行法定职责,对其诉求予以答复。

天津市和平区人民法院一审认为,根据《社会保险费征缴暂行条例》第5条规定,市社保局具有负责全市社会保险费征缴管理和监督检查工作的行政职能,其于2011年10月19日向与其存在隶属关系的市社保基金中心下达文件《关于社会保险举报投诉案件受理查处职责分工的通知》,第二项明确规定"对用人单位未按时足额缴纳社会保险费的举报、投诉,由社会保险经办机构受理查处,逾期仍不缴纳的,由社会保险经办机构提请有管辖权的劳动监察机构实施行政处罚,具体程序由市劳动监察机构与市社会保险经办机构制定"。故市社保局将信件转至市社保基金中心办理并无不当。市社保基金中心应对原告信函要求事宜作出明确处理,但其未在60天内作出答复,且在此前原告起诉该中心不履行法定职责一案中,隐瞒了市社保局下达上述文件的情况,在答辩状中否认其具备相应职责,导致原告认为起诉被告主体有误而申请撤诉,系未履行法定职责并进行推诿。其给原告出具的《关于张恩琪信访反映问题的答复》,在未对原告提出的请求作出明确处理的情况下,直接以信访形式答复显系不妥。遂判决:一、市社保基金中心于本判决生效之日起三十日内对原告请求作出处理并将结果书面告知原告,在规定期限内不履行的,从期满之日起按日处70元罚款;二、驳回原告其他诉讼请求。一审宣判后,各方当事人均未上诉。

本案的典型意义在于:人民法院以行政裁判的方式明确了行政主体在社保管理方面的相关职责。基于行政管理的复杂性和法律规定的不明确性,在职权界限不清晰的情况下,行政机关之间应当主动沟通联系,共同协调解决,不能互相推诿,甚至和老百姓"捉迷藏"。社会保险待遇涉及千家万户,关乎个人生老病死,无论是社保机关还是经办机构都必须积极履责,方为责任政府的应有之义。人民法院对于行政主体在诉讼中隐瞒其与有关单位之间关于职权划分的相关文件的,应依法制裁,必要时可向纪检监察部门通报反映;在行政主体相互推诿,均否认具有相应法定职责的情况下,可依法将相关行政主体都列为被告,共同参加诉讼,通过庭审举证、质证和辩论,最终确定履责主体。同时,为保证履责判决的及时履行,可以在判决时一并明确不履行判决的法定后果,既督促行政主体尽快履责,也有利于保障生效裁判的迅速执行。

二、社会保险法的概念

社会保险法是调整社会保险法律关系的法律规范。它对社会保险的项目体系、实施范

① 摘编自最高人民法院:《最高人民法院2015年1月15日公布行政不作为十大案例》,最高人民法院网,2015年2月10日,https://www.court.gov.cn/zixun/xiangqing/13404.html,访问日期:2015年2月20日。

围与实施对象、经费来源、待遇标准、发放办法等内容作出法律规定,并且明确社会保险机构的性质与职能,社会保险的组织形式与地位,社会保险的管理与监督等事项。

社会保险法的主体包括四个方面:一是国家或政府。国家(通过政府)直接参与了社会保险活动,并对社会保险的运行和实施给予财政上的支持,从而成为社会保险法制系统中的特殊主体。二是社会保险的管理和实施机构。它们直接承担着管理和实施社会保险的责任,既依法享有向企业、个人等征收社会保险费等的权利,又承担着具体运作社会保险项目、向劳动者发放社会保险待遇的义务。三是用人单位。它们承担向社会保险机构缴纳社会保险费的责任,是社会保险费的主要来源,因而对社会保险法律制度的正常运行和实施具有特别重要的意义。四是劳动者及其家庭。劳动者及其家庭是社会保险的直接受益对象,劳动者本人也需要承担一定的缴纳社会保险费的责任,从而也是社会保险法律制度中的重要因素。

第二节 社会保险法的原则

社会保险法的原则是贯穿在全部社会保险法律规范中的基本精神和指导思想。根据社会保险法的特征及其功能,社会保险法主要遵循以下几项原则:

一、社会保险权利与义务相统一的原则

社会保险制度的运行和发展在很大程度上取决于社会保险基金的建立,而社会保险基金的建立不是由某一组织或少部分人能够承担责任的,而是由国家、用人单位和劳动者共担责任的。社会保险基金的筹集,要由社会保险的经办机构受国家委托,并根据国家法律规定,采取强制性手段统一筹集,将社会保险范围内的用人单位和劳动者的社会保险费征缴上来,集中统一使用。

因此,承担社会保险责任的用人单位和劳动者个人,必须首先尽到缴纳社会保险费的义务,才能享受社会保险待遇的权利。只有最大限度地集中全社会的力量,才能承担和解决劳动者所发生的风险。在我国的计划经济时期,社会保险义务主要由国家和企业承担。现在改革的重要内容就是社会保险费由国家负担的部分将逐渐减少,用人单位负担的部分将成为社会保险基金的主要来源,劳动者个人负担的部分也将逐步增加。

二、社会保险一体化和社会化相统一的原则

在市场经济条件下,劳动力市场化是实现资源最佳配置的重要环节,而社会保险一体化则是劳动力市场化的必不可少的维系机制。为此,社会保险制度应当实行一体化原则,即统一社会保险的项目、统一社会保险或基本社会保险的标准、统一社会保险的管理与实施机制等。这样,无论劳动者如何流动,均有同样的社会保险制度解除其后顾之忧,从而为实现劳动者自由流动和劳动力资源的最佳配置提供保障条件。同时,社会保险作为国民收入的一种再分配方式,其目的在于调节收入差距。劳动者的保险待遇差别也因此应小于初次分配的差别,用人单位之间的社会保险负担也应大体平衡,充分体现发挥社会保险的互助互济功能。

实行社会保险的社会化是社会保险能够健康发展的重要条件。现代社会的社会保险是

全体社会成员的共同事业,应当鼓励本国社会成员主动参与社会保险事务,包括参与分担缴费、参与监督社会保险制度的实施等,使社会保险事业具备更为坚实的社会和经济基础。例如,在社会保险模式的选择方面,其他国家就有一些社会化的成功经验,如新加坡的公积金制度、智利的养老社会保险基金由私营机构经办的模式等,都表明社会保险的形式是多样的。社会保险管理的社会化也是社会保险自身的客观要求,应当把各部门、各单位分散管理的形式逐步转为统一的社会化管理,将用人单位承担的社会保险方面的事务性工作转为社会化服务,逐步健全统一的社会化服务组织。

三、建立起多层次的社会保险制度的原则

我国《劳动法》颁布之前,社会保险的层次单一,企业职工因年老或其他因素丧失劳动能力后,只能从企业这个单一渠道领取法定的社会保险待遇,除此之外,没有其他经济来源,以致职工在许多情况下生活得不到保障,如遇企业亏损或发生经济困难,职工生活也将面临严重困境。为此,我国《劳动法》规定:"国家发展社会保险事业,建立社会保险制度。"这个多层次的社会保险制度包括:

(一)以社会保险基金为主渠道的社会保险

根据我国《劳动法》第72条的规定,社会保险基金按照保险类型确定资金来源,逐步实行社会统筹。这是最基本的一个层次的社会保险,通常由国家、用人单位和劳动者个人三方出资负担。当然有些种类的社会保险资金不一定来源于这三方,如生育保险、工伤保险等。

(二)用人单位的补充保险

补充保险是为了提高保险待遇,或者在特殊情况下不致使保险待遇水平降低而设立的社会保险措施。它由用人单位建立并负担费用。目前,用人单位的补充保险制度的建立实行自愿原则,由用人单位根据自身情况决定是否建立。对此,我国《劳动法》第75条第1款规定:国家鼓励用人单位根据本单位实际情况为劳动者建立补充保险。

(三)储蓄性保险

储蓄性保险是劳动者个人以储蓄的方式来保障其遭遇困难时的生活需要的保险。储蓄性保险,符合中国劳动者的传统习惯,对于保障劳动者在意外困难时的经济需要,具有普遍意义。因此,我国《劳动法》第75条第2款规定:国家提倡劳动者个人进行储蓄性保险。

【背景材料】

《社会保险法》制定中的争论

一、学界的相关主张

学界关于社会保险法基本原则的观点不一。有学者提出,社会保险立法基本原则应包括:全面维护劳动者物质帮助权原则、统一性与多层次性相结合原则、社会保险经费三方合理负担原则、社会化原则、社会保险基金依法投资运用原则、依法确定法律责任原则。有学者提出,社会保险立法应遵循的基本原则包括:普遍性原则、与经济发展相适应原则、满足人们基本生活需求原则、权利与义务相一致原则、强制性原则。有学者主张,社会保险立法的基本原则包括:生存权保障原则、普遍性与特殊性相结合的原则、保障水平与生产力水平相适应原则、权利与义务相统一原则、公平与效率兼顾原则、保障功能与激励机制并重的原则。有学者认为,社会保险法的基本原则体系应当从社会保险的基本属性和实

现途径两个角度进行构建。从基本属性的角度出发,根据社会保险的社会属性可以推导出三方筹资原则和维护劳动者社会保险权利原则,根据社会保险的保险属性可以推导出基本生活保障原则。从实现途径的角度出发,可以确立强制性原则、保险基金征用法定原则、公平原则。有学者指出,制定《社会保险法》应遵循六项原则:全面性原则、公平性原则、安全性原则、效率性原则、可操作性原则、可持续性原则。全国人大常委会委员郑功成在十届全国人大常委会专题讲座第三十讲《社会保险制度建设与社会保险立法》中指出,从各国的实践来看,社会保险制度普遍遵循如下基本原则:(1)强制性原则;(2)公平性原则;(3)责任分担原则;(4)权利义务相结合原则;(5)与经济发展水平相适应原则;(6)自成系统、自我发展、自我平衡原则。

综上可见,学界认同较多的社会保险法基本原则主要有普遍性原则(或称全面性原则)、生存权保障原则(或称基本生活保障原则)、社会保险水平与经济社会发展水平相适应原则(或称与经济发展水平相适应原则)、强制性原则、公平性原则等。

二、《社会保险法》制定过程中的相关争论①

2007年12月,《社会保险法(草案)》提交十届全国人大常委会三十一次会议初次审议,其第2条规定了社会保险法的基本原则:"社会保险制度坚持广覆盖、保基本、多层次、可持续的方针,社会保险水平应当与经济社会发展水平相适应。"在分组审议时,许多委员对社会保险法的基本原则提出了自己的意见,其焦点集中在确立公平原则或平等原则上。如贺铿委员建议进一步强化城乡协调、公民平等的立法原则。目前存在城乡差异问题,城市居民中的事业单位、企业单位职工较乡村多,但在基本保险方面,应尽可能超前地考虑促进城乡统筹发展,有利于所有的公民享受平等的社会保障待遇。在扩大覆盖面方面,应该考虑得更多一些,要尽可能使农民被纳入保险范围之内。社会保险法也应该是包括城乡人民在内的社会保险法。全国人大代表顾惠生建议在"广覆盖、保基本、多层次"后面增加"求公平、可持续",改为"广覆盖、保基本、多层次、求公平、可持续的方针"。强调求公平,保证每个公民都有享受社会保险的权利,使每个公民逐步享受相同的各项社会保险待遇,体现了社会保险追求的目标,也体现了和谐社会的要求。农民工也应该逐步享受和城镇劳动者相同的各项社会保险待遇。

然而,公平或平等原则并未被写入《社会保险法》。2008年12月,《社会保险法(草案)》提交十一届全国人大常委会六次会议进行二审,随后向社会全文公布征求意见。征求意见稿仅将一审稿第2条改为第3条,内容并无变化。此后虽又经三审、四审,2010年10月28日通过的《社会保险法》也没有对征求意见稿中关于基本原则的规定再进行修改。

四、我国社会保险法基本原则的建构

我国《社会保险法》第3条规定:"社会保险制度坚持广覆盖、保基本、多层次、可持续的方针,社会保险水平应当与经济社会发展水平相适应。"我们可以认为该条确立了社会保险法的五项基本原则。但是立法对社会保险法基本原则的建构并非十全十美,仍有进一步完善的必要,学理上的概括也不必照搬法律上的用语。笔者认为,我国社会保险法的基本原则应当包括普遍性原则、生存权保障原则、可持续原则、社会保险水平与经济社会发展水平相适应原则、强制性原则、公平和效率相结合原则。

① 摘编自林嘉、张世诚主编:《社会保险立法研究》,中国劳动社会保障出版社2011年版,第15—17页。

第十章

养老保险法

养老保险是国家通过立法，保障劳动者在因年老而丧失劳动能力时获得物质帮助，以保障其晚年基本生活的法律制度。养老保险是社会保险体系中社会性最强、涉及面最广的一项制度。

第一节　养老保险的概念、特征和意义

一、养老保险的概念和法律特征

养老保险，又称老年社会保险或年金保险，是指在劳动者达到法定年龄并从事某种劳动达到法定年限后，由国家和社会依法给予一定的物质帮助，以维持其老年生活的一种社会保险。劳动者只要达到法定年龄，并从事某种劳动达到法定年限，被依法解除法定劳动义务后，就可享受养老保险待遇。养老保险作为社会保险制度的重要内容，是人类社会发展到社会化大生产阶段和市场经济发展的产物。

养老保险作为社会保险的组成部分，有如下法律特征：

（一）劳动者达到法定老年年龄，并从事某种劳动达到法定年限是享受养老保险的法定条件

这是养老保险区别于其他社会保险的主要特征。养老保险的对象是老年人，即享受养老金者必须达到法定的老年年龄，因此老年的界定就至关重要。对于“老年”的界定，各国因劳动力资源状况、社会经济发展状况、劳动者体质状况等多种因素的不同而有所不同。达到老年年龄只是享受养老保险的条件之一，同时法律还要求劳动者从事某种劳动达到法定年限，也即把劳动者的工龄、身体条件和劳动条件等作为补充条件加以规定。

（二）劳动者被依法解除法定劳动义务是享受养老保险的事实前提

达到法定老年年龄并从事某种劳动达到法定年限，就符合了享受养老保险的法定条件，但实际享受养老保险尚需符合事实前提，即劳动者被依法解除法定劳动义务。

（三）国家和社会依法提供一定的物质帮助给被解除劳动义务的劳动者以维持其老年生活是养老保险的宗旨

鉴于养老保险的唯一宗旨就是提供一定的物质帮助给被解除劳动义务的劳动者，以维持其老年生活，故此养老保险待遇的确定既非按劳分配，也非按需分配，而是以劳动者解除劳动义务后的基本生活需要、劳动者的劳动贡献和社会经济发展状况等作为基本依据。

（四）养老保险是适用范围最为广泛的社会保险项目

养老保险作为社会保险的一种，其具有适用范围最为广泛的特点。由于生理原因，步入老年是每个劳动者都无法回避的问题，所以养老保险保障的范围应为全体劳动者。

【典型案例】

超龄工作的社保难题①

原告陈菊香，女，53岁，上高县野市乡东湖村人，2014年3月7日上午，在镜山工业园永兴竹篾加工厂上班时，被竹篾刺伤右手臂，经住院治疗，伤口愈合，但右手丧失劳动能力，原告为此共花费医疗费12 000元。陈菊香与永兴竹篾加工厂法定代表人马某协商，马某只愿作出医疗费用部分的赔偿，并以县社保局并不会同意办理超退休年龄职工的工伤医疗保险为由，拒绝按工伤保险待遇对原告陈菊香作出赔偿。陈菊香遂将永兴竹篾加工厂告上法庭。

在本案的审理过程中，就原告是否享有工伤保险待遇出现两种不同的观点：

第一种观点认为，原告不享有工伤保险待遇。原告陈菊香进厂前，只与被告存在过口头上的用工协议，在厂里只是临时工，且原告现年53岁，按国家法定女性工人50岁的退休年龄，其已过法定退休年龄，依据《劳动合同法实施条例》第21条规定："劳动者达到法定退休年龄的，劳动合同终止。"故原告与被告的用工关系，不属于《劳动法》调整的范围，同样也不应适用《工伤保险条例》进行调整。县社保局也不同意办理超退休年龄职工的工伤保险，即使马某为原告申请办理也得不到批准。所以原告陈菊香不享有工伤保险待遇。

第二种观点认为，原告享有工伤保险待遇。虽然原告陈菊香与永兴竹篾加工厂未签订书面劳动合同，但陈菊香为永兴竹篾加工厂劳动已成事实，双方存在事实上的劳动关系，应当受《劳动法》调整保护。依照《工伤保险条例》第62条第2款规定："应当参加工伤保险而未参加工伤保险的用人单位职工发生工伤的，由该用人单位按照本条例规定的工伤保险待遇项目和标准支付费用。"所以，在被告未给原告办理工伤保险的情况下，原告因工伤受伤，被告永兴竹篾加工厂就应当按《工伤保险条例》规定的工伤保险待遇项目和标准对原告作出赔偿。

二、养老保险的意义

基于养老保险的固有含义和特征，养老保险作为社会保险制度的重要内容，具有以下重要意义：

（一）保障劳动者的老年生活

养老保险的首要作用就是使劳动者老有所养，保证劳动者在被依法解除法定劳动义务之后能够获得一定的生活保障。这样劳动者在从事劳动期间就能安心工作，不必为老年生活而犯愁、奔波，从而激发劳动者的工作积极性。

（二）调节收入分配

养老保险具有收入再分配的功能，能使劳动者在劳动期间和退休期间的收入得到合理的分配。劳动者有从事劳动的义务（权利），当然在退休后也有享受养老保险的权利。劳动

① 摘编自彭育林：《超退休年龄民工是否享有工伤保险待遇?》，《法制日报》2014年7月23日。

者因在劳动期间创造了物质财富,不但在劳动期间要获得工资等形式的收入,而且在解除法定劳动义务后也应获得生活补偿,这就是养老保险的基本作用。

(三)调动劳动积极性、提高劳动生产率

养老保险保证了劳动者解除法定劳动义务后的基本生活,解除了劳动者的后顾之忧,有利于激发劳动者的劳动积极性,从而促进劳动生产率的提高。

(四)保障社会安定

每个劳动者都很关心自己的老年生活保障,如果每个劳动者在老年都能获得可靠的生活保障,则必将促进整个社会的安定,促进社会的进步和发展。

第二节 养老保险制度的立法与改革

一、中国养老保险制度的立法

自中华人民共和国成立至今,其养老保险制度的立法经历了以下阶段:

(一)第一阶段(1949 年至 1958 年)

这一阶段是我国养老保险制度的初创阶段。以我国 1951 年颁布的《劳动保险条例》为标志,养老保险法律体系基本形成。此阶段的养老保险制度实行两套立法:一是《劳动保险条例》覆盖城镇全民所有制企业职工的养老保险制度;二是国家机关工作人员的养老保险制度,由若干单行法规组成。国家机关工作人员的养老保险与企业职工的养老保险相比较,二者主要在待遇标准上不统一。

(二)第二阶段(1958 年至 1966 年)

这一阶段是我国养老保险制度的调整发展时期。就劳动者的退休、退职等规定进行修订,进一步完善了我国的养老保险法律体系。1958 年,国家根据当时的情况,将企业和国家机关、事业单位的两套养老保险制度立法,在适当放宽养老条件和提高待遇标准的基础上作出统一规定,企业职工的养老保险从《劳动保险条例》中分离出来。

(三)第三阶段(1966 年至 1978 年)

"文化大革命"时期,我国的养老保险法律体系遭到严重破坏。"文化大革命"开始后不久,财政部于 1969 年 2 月颁发了《关于国营企业财务工作中几项制度的改革意见(草案)》,规定不再向国营企业提取"劳动保险费",企业支付的退休金改在"企业营业外列支"。全国范围的企业退休基金不存在了,养老保险完全变成了"企业保险"。养老保险制度出现了倒退和瘫痪状况,这种状况一直持续到了 1978 年党的十一届三中全会。

(四)第四阶段(1978 年至 1995 年)

在这一阶段,我国的养老保险制度进入改革时期,养老保险法律体系逐步重建。此次养老保险制度改革的主要内容为:逐步推行退休费的社会统筹,先以市、县为统筹范围,最后扩大到以省、自治区、直辖市为统筹范围;建立了劳动合同制工人的养老保险制度,进行了基本养老金计发办法改革;开展了补充养老保险的试点,为建立多层次的养老保险体系奠定了基础。

(五)第五阶段(1995 年至今)

这一阶段是养老保险制度改革的深化阶段。为了指导养老保险制度改革的深入进行,国务院于1995年3月1日发布了《关于深化企业职工养老保险制度改革的通知》,进一步明确了企业职工养老保险改革的方向、原则和主要任务。同时,农村养老保险的建立也被提上日程。

二、中国养老保险制度的改革

2003年12月30日,《企业年金试行办法》通过,该办法规定符合条件的企业可以建立企业年金。2008年3月18日,劳动和社会保障部与民政部发布《关于社会组织专职工作人员参加养老保险有关问题的通知》,要求凡依法在各级民政部门登记的社会团体(包括社会团体分支机构和代表机构)、基金会(包括基金会分支行机构和代表机构)、民办非企业单位、境外非政府组织驻华代表机构及其签订聘用合同或劳动合同的专职工作人员(不包括兼职人员、劳务派遣人员、返聘的离退休人员和纳入行政事业编制的人员),按属地管理原则,参加当地企业职工基本养老保险。2009年12月28日,国务院办公厅转发了人力资源和社会保障部、财政部《城镇企业职工基本养老保险关系转移接续暂行办法》,该办法对于促进人力资源合理配置和有序流动,保证参保人员跨省、自治区、直辖市流动以及在城镇就业时基本养老保险关系的顺畅转移接续具有特别重要的意义。

2010年10月28日,我国《社会保险法》通过,自2011年7月1日起施行,2018年12月29日修正。依据《社会保险法》,国家建立基本养老保险、基本医疗保险、工伤保险、失业保险、生育保险等社会保险制度,保障公民在年老、疾病、工伤、失业、生育等情况下依法从国家和社会获得物质帮助的权利。立法总结了中国养老保险制度改革的经验,对职工基本养老保险制度的覆盖范围、基本模式、资金来源、待遇构成、享受条件和调整机制等作了比较全面的规范,并规定了病残津贴和遗属抚恤制度。立法也对新型农村社会养老保险的主要制度作出规范。同时,法律还规定国家建立和完善城镇居民社会养老保险制度,授权省、自治区、直辖市人民政府根据实际情况,可以将城镇居民社会养老保险和新型农村社会养老保险合并实施,为逐步建立统筹城乡的养老保障体系奠定了法律基础。

第三节 养老保险基金的募集

一、养老保险基金的募集模式

根据我国社会经济发展状况和人口老龄化状况,采取部分积累式养老保险基金筹集模式最为科学。基本养老保险基金根据支付费用的实际需要和企业、职工的承受能力,按照以支定收、略有结余、留有部分积累的原则统一筹集。

在部分积累式养老保险基金筹集模式下,社会统筹与个人账户相结合,奠定了企业与个人在基本养老金缴纳上的具体指标,财政的责任是在基本养老保险费税前列支、个人养老保险费不交个人所得税的前提下不明晰地实现的,且在养老保险基金支付能力欠缺时,由同级财政给予支持,从而确定了同级财政的终极责任。

二、养老保险基金的负担

(一) 养老保险基金负担的原则

从目前世界上实行养老保险的国家来看,大部分国家实行国家、雇主和劳动者三方共同出资并以企业和个人为主的原则。

在传统计划经济体制下,我国养老保险费用采取完全由国家和企业包下来、劳动者不承担任何费用的办法。国务院1991年颁布的《关于企业职工养老保险制度改革的决定》第2条规定:改变养老保险完全由国家、企业包下来的办法,实行国家、企业、个人三方共同负担,职工个人也要缴纳一定的费用。从此,我国确立了养老保险基金由国家、用人单位和劳动者三方共担的筹措原则,合理地界定了国家、用人单位和劳动者个人三方的责任界限。

(二) 养老保险基金负担的主体

养老保险基金的负担,又称为养老保险基金的筹资渠道或来源,即由谁负责养老保险费的缴纳。根据养老保险基金负担的原则,养老保险基金的负担主体包括国家、用人单位和劳动者个人,并以用人单位和劳动者个人为主。

1. 用人单位缴纳养老保险费

用人单位缴纳养老保险费的方式,一般是按单位职工工资总额和当地政府规定的比例在税前提取,由单位开户银行按月代为扣缴。《关于企业职工养老保险制度改革的决定》第4条第2款明确规定:企业缴纳的基本养老保险费,按本企业职工工资总额和当地政府规定的比例在税前提取,由企业开户银行按月代为扣缴。

2. 劳动者个人缴纳养老保险费

劳动者个人缴纳的养老保险费,也是养老保险基金的重要来源和组成部分,《关于企业职工养老保险制度改革的决定》有明确规定。劳动者个人由不缴费到缴费,这是养老保险制度改革的重要内容。

劳动者个人缴纳养老保险费的比例和方式,《关于企业职工养老保险制度改革的决定》第4条第3款作了原则规定。1995年3月1日国务院发布的《关于深化企业职工养老保险制度改革的通知》以及《企业职工基本养老保险社会统筹与个人帐户相结合实施办法》对个人缴费作出具体规定。职工个人以上一年度月平均工资作为个人缴纳养老保险费的工资基数。月平均工资应按国家统计局规定列入工资总额统计的项目计算,其中包括工资、奖金、津贴、补贴等收入。已离休人员不缴纳养老保险费。

我国《社会保险法》在第二章"基本养老保险"第10条规定:"职工应当参加基本养老保险,由用人单位和职工共同缴纳基本养老保险费。无雇工的个体工商户、未在用人单位参加基本养老保险的非全日制从业人员以及其他灵活就业人员可以参加基本养老保险,由个人缴纳基本养老保险费。公务员和参照公务员法管理的工作人员养老保险的办法由国务院规定。"

2011年6月29日,人力资源和社会保障部发布了《实施〈中华人民共和国社会保险法〉若干规定》,明确规定:"参加职工基本养老保险的个人达到法定退休年龄时,累计缴费不足15年的,可以延长缴费至满15年。社会保险法实施前参保、延长缴费5年后仍不足15年的,可以一次性缴费至满15年。"

3. 国家的财政补贴

国家从财政收入中予以补贴，这是养老保险基金正常运转的可靠保证。我国《宪法》第44条明确规定：国家依照法律规定实行企业事业组织的职工和国家机关工作人员的退休制度。退休人员的生活受到国家和社会的保障。这是国家对养老保险承担责任的法律依据，但是在养老保险中，政府财政补贴只是发挥辅助性作用。

国家财政承担养老保险基金份额的方式有：(1) 让税：税前提取保险费，养老保险基金增值不征税，退休金超过一定限额不征调节税；(2) 让利：对存入国家金融机构的养老保险基金给予偏高利率；(3) 补贴：养老保险基金收不抵支时由财政拨款。

【典型案例】

替职工缴费惹来麻烦①

某企业从关心职工的角度出发，在按时足额缴纳了企业应负担的社会养老保险费的同时，主动承担了职工个人应缴部分的养老保险费。前不久，该企业进行了改制，新的改制企业按照国家和当地政府规定，只承担了职工缴费工资总额的20%，其余职工个人应负担的缴费工资总额的7%，则要求职工自行负担。岂料这一举动，竟引起了众多职工的不满和抵制。

职工拒绝承担个人应缴的养老保险费，显然违反了国家的社会保险方针政策和法律法规，而企业全额承担职工个人的养老保险费，出发点虽是好的，但却不符合社会保险制度的内在要求。目前我国实行的是国家、企业、个人三方共同负担的社会统筹和个人账户相结合的社会养老保险制度。国家负担主要体现为社会养老保险费中的税收优惠，企业负担大部分进入社会统筹基金，用于社会调剂，体现"共担风险、社会公平"的原则。社会养老保险引入个人账户，要求职工个人也承担一定比例的养老保险费，最根本的目的就是改变过去国家、企业包揽一切的不合理做法，同时增强职工的自我保障意识，以建立"效率优先、兼顾公平"的激励机制。

企业全额承担职工个人的养老保险费，带有明显的计划经济时期大包大揽的"企业保险"印记，不利于调动广大企业职工的参保积极性，该企业以前或许把全额缴纳职工个人的养老保险费当作一种职工福利，但这却给企业职工带来一种错误认识，有的职工甚至把现在要求个人缴纳养老保险费，误认为是企业是在变相地转嫁负担，可以说正是企业不严格履行国家社会养老保险政策的行为，导致自己陷入了尴尬被动的局面。

第四节　养老保险金的发放

一、养老保险金的发放条件

养老保险金的发放条件，又称为劳动者享受养老保险金的条件，主要包括年龄、工龄以及缴费年限等三个条件；其他还包括一些与就业或缴费无关的条件，如规定被保险人必须是永久居民或本国居民或在国内居住满一定期限等。

① 摘编自张文军：《替职工缴费惹来麻烦》，《中国劳动保障报》2004年1月8日。

(一) 年龄条件

老年年龄,是一个国家根据社会经济发展的需要、人口的平均寿命及劳动力供求状况所作的规定。对老年年龄的规定,一般采用老年起点的方式规定。

(二) 工龄条件

工龄也是发放养老保险金的重要依据之一。工龄是劳动者以工资收入为其全部或主要生活来源的劳动年限。各国有关工龄的规定不尽一致,短的为 15 年,长的为 40 年,有的国家还规定男女职工的退休工龄不同。在实行劳动者个人缴纳养老保险费制度的国家,退休工龄即为缴费年限,有的国家规定为 3 年,多数国家规定为 15 年至 20 年之间。

(三) 缴费年限

缴费年限是指企业和职工个人共同缴纳养老保险费的年限。规定缴费年限的目的在于:(1) 避免一些人在临近退休年龄时才缴纳保险费并获得退休金;(2) 避免一些新移民纯粹为了获取退休保障而迁入;(3) 体现对参加养老保险者的公平;(4) 体现了劳动者权利与义务的对等关系。

各国一般都会规定一个最低缴费年限,即最低保龄。最低保龄是参照人的正常寿命和可能的工作年限并结合保险金支出的财务状况估算而确定的。关于最低保龄的长度,国际劳工组织建议为 15 年。最低缴费年限的计算方式有连续计算和累计计算两种。采取累计计算工龄的办法较适宜。若采用连续计算工龄的办法,应该对中断工作和中断供款的不同情况作出界定,对那些非自愿原因造成工作中断或供款中断的劳动者,可以考虑计算累计工龄。

【背景材料】

缴费年限的争论与立法①

一、我国《社会保险法》制定过程中的相关争论

《社会保险法》出台之前的我国立法规定,累计缴费不满 15 年的,不能领取基本养老金,而是一次性退还个人账户的存储额,这导致很多参保者由于缴费年限不够,无法享受养老保险待遇。在《社会保险法》的制定过程中,各界对此提出了强烈的质疑,其焦点在于是否取消或者降低养老保险的最低缴费年限,而采取"多缴多得、少缴少得"的待遇计算原则。

有人提出,养老保险要广覆盖,设定 15 年的最低缴费年限,达不到最低缴费年限的无法领取养老金,等于将已经参保的职工再排除出去,令人费解。也有人提出,很多四五十岁的人以前由于种种原因没有缴纳社会保险费,如果从现在开始缴,到退休时也不够 15 年的缴费年限。因此,建议取消最低缴费年限的规定,确立"多缴多得、少缴少得"的待遇计算原则。此外,有些地方滥用最低缴费年限的规定,要求必须连续缴费满 15 年,如果中断,则之前的缴费年限作废,这使得很多下岗失业人员处于两难,要么放弃已有的缴费年限,要么在丧失收入来源的同时,承担原本由用人单位承担的缴费以及个人缴费之和。

二、《社会保险法》的立法选择

征求意见稿未具体规定最低缴费年限,仅规定"按照国家规定缴纳基本养老保险费,且缴费已经达到国家规定年限的"。而三审稿第 16 条规定:"参加基本养老保险的个人,达到法定退休年龄时累计缴

① 摘编自林嘉、张世诚主编:《社会保险立法研究》,中国劳动社会保障出版社 2011 年版,第 104—105 页。

费满15年的,按月领取基本养老金。参加基本养老保险的个人,达到法定退休年龄时累计缴费不足15年的,可以缴费至满15年,按月领取基本养老金;也可以领取一次性养老保险待遇。”最终《社会保险法》第16条第2款规定:“参加基本养老保险的个人,达到法定退休年龄时累计缴费不足15年的,可以缴费至满15年,按月领取基本养老金;也可以转入新型农村社会养老保险或者城镇居民社会养老保险,按照国务院规定享受相应的养老保险待遇。”

从条文内容的演变,我们可以看到《社会保险法》相关规定的进步。与征求意见稿相比,三审稿明确了最低缴费期限为15年;且规定退休时,缴费不满15年的,可补缴至15年期满,但是允许领取一次性养老保险待遇。而《社会保险法》则最终取消了养老保险待遇的一次性领取规定,且允许参保人转入新型农村社会养老保险或者城镇居民社会养老保险。

【背景材料】

延迟退休后的最低缴费年限①

2024年9月13日,十四届全国人大常委会十一次会议通过《全国人大常委会关于实施渐进式延迟法定退休年龄的决定》。其中指出,批准《国务院关于渐进式延迟法定退休年龄的办法》(以下称《办法》),并公布全文。

《办法》指出,从2025年1月1日起,男职工和原法定退休年龄为五十五周岁的女职工,法定退休年龄每四个月延迟一个月,分别逐步延迟至六十三周岁和五十八周岁;原法定退休年龄为五十周岁的女职工,法定退休年龄每二个月延迟一个月,逐步延迟至五十五周岁。国家另有规定的,从其规定。

从2030年1月1日起,将职工按月领取基本养老金最低缴费年限由十五年逐步提高至二十年,每年提高六个月。职工达到法定退休年龄但不满最低缴费年限的,可以按照规定通过延长缴费或者一次性缴费的办法达到最低缴费年限,按月领取基本养老金。

职工达到最低缴费年限,可以自愿选择弹性提前退休,提前时间最长不超过三年,且退休年龄不得低于女职工五十周岁、五十五周岁及男职工六十周岁的原法定退休年龄。职工达到法定退休年龄,所在单位与职工协商一致的,可以弹性延迟退休,延迟时间最长不超过三年。国家另有规定的,从其规定。实施中不得违背职工意愿,违法强制或者变相强制职工选择退休年龄。

国家健全养老保险激励机制。鼓励职工长缴多得、多缴多得、晚退多得。基础养老金计发比例与个人累计缴费年限挂钩,基础养老金计发基数与个人实际缴费挂钩,个人账户养老金根据个人退休年龄、个人账户储存额等因素确定。

二、养老保险金的发放标准

(一)养老保险待遇的发放项目

按我国现行规定,职工养老保险待遇,从其退休的第二个月起停止发放工资,每月按规定标准发给退休金,直至死亡为止。医疗待遇和死亡待遇与在职期间相同。其他待遇,如住

① 摘编自魏婧:《渐进式延迟退休丨2030年起养老金最低缴费年限由15年逐步提高至20年》,中国网,2024年9月13日,http://news.china.com.cn/2024-09/13/content_117427019.html,访问日期:2024年10月4日。

房补贴、冬季取暖补贴等均按规定的标准执行。

(二)养老保险金的具体发放标准

1. 养老保险金发放标准的确定

养老保险金,又称年金,是指退休人员依法领取的一定金额的生活费用,是养老保险待遇的主要组成部分。

养老保险金一般以劳动者在职时的工资收入为基础,再辅之以工龄或缴费年限和退休年龄进行计算。一般认为,养老待遇水平在任何情况下不能高于在职时的收入,因此退休金不可能是原工资的100%,而只是其一定的百分比,这种百分比被称为"退休金的工资取代率"。国际劳工组织1967年第128号《残疾、老年和遗属津贴公约》规定,正常的养老保险金不得低于工资收入的40%—50%。

2. 我国养老保险金发放标准的确定

我国职工的养老保险金计发基数建立在等级工资制度的基础上,自1954年确立以标准工资为计发基数以来,一直未作改变。但随着工资制度改革的深化,工资结构发生了很大变化,标准工资在职工工资收入中所占的比重明显下降,已由1978年的85.7%下降到近几年的55%左右,以标准工资为养老金计发基数的办法受到了极大的冲击。若按照国家规定的计划养老金标准75%计算,职工退休后的养老金实际只相当于在职时工资收入的40%左右,如此低的养老保险金难以保障劳动者老年时的正常生活。

为此,《国务院关于企业职工养老保险制度改革的决定》第6条第1款规定:职工退休后的基本养老金计发办法目前不作变动,今后可结合工资制度改革,通过增加标准工资在工资总额中的比重,逐步提高养老金的数额。笔者认为,养老保险金的标准应以劳动者在职时实际工资收入的全部为基数进行计算,而不应以所谓的"标准工资"或者"基本工资"为基数。

我国《社会保险法》第15条规定:"基本养老金由统筹养老金和个人账户养老金组成。基本养老金根据个人累计缴费年限、缴费工资、当地职工平均工资、个人账户金额、城镇人口平均预期寿命等因素确定。"

【背景材料】

基本养老保险替代率①

基本养老保险替代率的确定受到多重因素的影响,如人口结构、养老金计发办法、个人在职时的工资收入和企业缴费工资总额、工作年限和缴费年限、地区居民的生活水平等。学者们多从养老保险需求的角度来确定基本养老保险替代率的下限和上限。

一、以最低生活保障水平为依据确定基本养老保险替代率的下限

根据针对各城市最低生活保障水平的实际分析可知,最低生活水平线一般为社会平均工资的1/5左右,因此,养老保险替代率的下限为20%。1997年《国务院关于建立统一的企业职工基本养老保险制度的决定》将基础养老金的标准确定为当地职工上年度月平均工资的20%。

二、以退休前的生活水平为标准确定基本养老保险替代率的上限

养老保险制度的目的在于防止参保者因老年退出就业而所得中断,陷入生存困境,理想状态是参

① 摘编自林嘉、张世诚主编:《社会保险立法研究》,中国劳动社会保障出版社2011年版,第128—129页。

保人退休后的工资收入不发生变化，而家庭其他收入（如财产收入）保持不变。因此，当退休人员的养老保险收入达到社会人均工资收入水平时，其退休后的生活就可达到退休前的水平，也即基本养老保险替代率的上限是社会人均工资收入与平均工资的比值。有学者根据统计数据进行测算得出，我国的社会人均工资收入维持在平均工资的57%左右，为保持退休后的生活水平与退休前大致相当，退休人员的全部养老保险收入也应达到其工资的57%左右，而作为养老保险三支柱之一的基本养老保险，其替代率的上限应为57%。

目前各国关于养老保险替代率的规定并不统一，据学者研究，世界范围内的养老金替代率一般在60%左右。据法国社会保障署的资料，2009年法国全部养老金为参保者参考收入的50%，参考收入是1948年后出生的参保者收入最高的25年的平均值。每月最高的待遇给付收入为2 885欧元。而西班牙的养老保险替代率根据缴费年限的长短而不同，缴费15年的，每月的养老金为180个月的缴费收入总额除以210之商的50%；而缴费年限在16—25年的，则每年增加缴费收入的3%；缴费年限在25年以上的，则每年增加缴费收入的2%；直至达到100%的替代率。

三、养老保险金的发放办法

（一）养老保险金发放的法律规定

我国《劳动法》规定，劳动者享受的社会保险金必须按时足额支付。《社会保险法》对此规定如下：

第一，确立社会保险经办服务体制：(1) 社会保险经办机构的设立原则。立法规定统筹地区设立社会保险经办机构。社会保险经办机构根据工作需要，经所在地的社会保险行政部门和机构编制管理机关批准，可以在本统筹地区设立分支机构和服务网点。(2) 社会保险经办的经费保障。社会保险经办机构的人员经费和经办社会保险发生的基本运行费用、管理费用，由同级财政按照国家规定予以保障。(3) 社会保险经办机构的基本职责：负责社会保险登记、社会保险费核定、按照规定征收社会保险费；按时足额支付社会保险待遇；根据管理服务的需要，与医疗机构、药品经营单位签订服务协议，规范医疗服务行为；及时、完整、准确地记录参加社会保险的个人缴费和用人单位为其缴费，以及享受社会保险待遇等个人权益记录，定期将个人权益记录单免费寄送本人；免费向用人单位和个人提供查询服务；提供社会保险咨询等相关服务。

第二，社会保险信息系统建设。社会保险信息化建设是社会保险管理和经办服务的基础性工作，没有完善的信息系统作为支撑，对参保人员记录一生、服务一生、保障一生的目标就无法实现。《社会保险法》对此作出了原则性规定：(1) 国家建立全国统一的个人社会保障号码，从而为制作发行全国统一、功能兼容的社会保障卡提供支撑；(2) 全国社会保险信息系统按照国家统一规划，由县级以上人民政府按照分级负责的原则共同建设。

（二）实现养老保险金发放社会化必须做好的工作

1. 依照国家技术监督局发布的社会保险号码建立《职工养老保险手册》，手册的内容主要包括基本养老保险、企业补充养老保险和个人储蓄性养老保险缴费记载。

2. 养老保险管理机构每年对单位、职工缴费情况进行审核，审核的数据作为下一年度企业和职工缴纳基本养老保险费的基数，直至职工退休为止。

3. 逐步实行计算机管理。因为所有退休人员的待遇都要随养老金每年的变动而调整，这就增加了工作量,因此建立健全职工养老保险数据库,逐步实行计算机管理是必要的。

4. 健全完善全国县级以上社会保险经办机构联系方式信息库,方便参保人员办理城乡养老保险制度衔接手续。完善全国社会保险关系转移系统,加快普及全国通用的社会保障卡,为办理城乡养老保险制度衔接提供便捷有效的技术服务。

【典型案例】

退休返聘无经济补偿①

涂律师:

您好!我从某县物资局退休后,于 1993 年 3 月被烟草公司聘用担任会计员,至 2003 年 11 月 29 日被辞退。该公司的正式职工在"买断"工龄时均按职务和工龄发了经济补偿金,另加 1 万元额外补偿金。我和临时工都没有签订劳动合同,但我们与公司之间均存在事实劳动关系。公司对 10 年以上的临时工按本人工资乘工作年限的标准发放了经济补偿金,无额外补偿金,却公司不发给我经济补偿金。他们的理由是:退休后再就业,不按《劳动法》管理,退休人员再就业被辞退不发经济补偿金。请问:退休人员再次就业被辞退后是否应发给经济补偿金?

黑龙江某县物资局 马女士

马女士:

您好!来信收到。劳动部办公厅对《关于实行劳动合同制度若干问题的请示》的复函(劳办发[1997]88 号)第 2 条规定:对被再次聘用的已享受养老保险待遇的离退休人员,根据劳动部《关于实行劳动合同制度若干问题的通知》(劳部发[1996]354 号)第 13 条的规定,其聘用协议可以明确工作内容、报酬、医疗、劳动保护待遇等权利义务。离退休人员与用人单位应当按照聘用协议的约定履行义务,聘用协议约定提前解除书面协议的,应当按照双方约定办理,未约定的,应当协商解决。离退休人员聘用协议的解除不能依据《劳动法》第 28 条执行。

经济补偿金是解除劳动合同后,由用人单位支付给劳动者的一定数额的补偿,其前提就是双方通过签订劳动合同,建立正式的劳动关系。这种劳动关系得到双方当事人的共同认可确认,同时也必须符合《劳动法》的要求。现阶段,劳动法规中给劳动者规定的劳动权利能力和行为能力为:从 16 周岁起,至法定退休年龄止。也就是说,劳动者一达到法定退休年龄,就应退出劳动岗位,享受相应的福利保障待遇,并由此丧失了法定就业资格。当然,现实生活中确实存在退休人员再就业的问题,但是法律法规并未规定用人单位辞退退休人员后应当支付经济补偿金。故此,你要求用人单位支付经济补偿金无法律依据。

---

① 摘编自涂志:《退休人员再次就业被辞退是否发给补偿金?》,《中国劳动保障报》2004 年 3 月 23 日。

第十一章

失业保险法

失业保险制度是社会保险制度的重要组成部分。建立失业保险制度,是在市场经济条件下建立统一的劳动力市场的必要条件。

第一节 失业保险概述

一、失业的概念

失业是指具有劳动能力并有劳动意愿的劳动者得不到劳动机会或者在就业后又失去工作的状态。关于失业的定义,各国有不同的界定。我国关于失业的概念有以下几个特点:

第一,失业人员仅指城镇非农业户口的劳动者,而不包括农村劳动者,因而,大量进城务工的农民工并不在失业人员统计之列。不具备相应劳动能力的人也不能被视为失业人员,如精神病人、完全伤残不能从事任何社会性劳动的人员等。目前虽无工作、但没有工作要求的人也不能被视为失业人员,因为这部分人自愿放弃了就业权利,已经退出了劳动者的队伍,不属于劳动者,也就不存在失业问题。

第二,失业人员的年龄不得达到法定退休年龄,国家对达到法定退休年龄的职工实行退休制度,对从事有毒、有害工作和符合条件的患病、因工致残职工可以降低退休年龄。

第三,失业率的统计是以每一日历年的最后一天的失业人数来计算,而没有采用国际上通行的月度失业率统计方法。

失业的原因是多方面的,国际上一般将失业的原因分为如下几类:(1) 摩擦性失业,即由于求职的劳动者与需要提供的岗位之间存在时间上的错位而导致的失业,如新生劳动力找不到工作,工人想转换工作岗位时出现的工作中断等;(2) 季节性失业,即某些行业的生产条件或产品受气候条件、社会风俗或购买习惯的影响,使生产对劳动力的需求出现季节性变化而导致的失业;(3) 技术性失业,即用人单位使用新机器设备和材料,采用新的生产工艺和新的生产管理方式,使社会出现局部劳动力过剩而导致的失业;(4) 结构性失业,即经济、产业结构变化以及生产形式、规模变化,促使劳动力结构进行相应调整而导致的失业;(5) 周期性失业,即市场经济国家由于经济的周期性萎缩而出现的失业。

【典型案例】

宁要低保不要工作①

海南省海口市一家政公司于2003年在该市美兰区统一招聘下岗工人,且开出的工资标准不低,普通工种每月600元,技术工种可达到800元,然而令这家公司大跌眼镜的是,没有一个下岗职工签约。据悉,不签约的主要原因之一竟然是下岗职工普遍不愿意放弃低保。他们认为,自己可以每个月领到220元的低保,何必拼死拼活一个月多拿300多元呢?

这种宁愿享受低保也不想要工作的现象着实发人深省。让居民享受最低生活保障,是社会保障体系的最后一道安全线,也是构建公共财政体系的题中之义。然而,社会保障特别是低保的目的绝不是养"懒汉",绝不能让人们养成好逸恶劳的习惯。下岗工人宁愿享受低保也不想要工作的现象,实际上有违政府建立低保的初衷,与公共财政的要义大相径庭,是需要批判的。宁要低保不要工作的现象出现,实际上暴露出了"等、靠、要"的思想在一些人的意识中还十分严重。有的人过于依赖政府,遇到困难特别是生活困难,不是主动积极想办法,而是一味地"找政府、等救济"。在他们看来,反正政府不会让人饿死。殊不知,这样的想法本身就很要命。要扭转宁要低保不要工作的局面,主要应从两方面入手:一方面,享受低保者应摒弃"等、靠、要"的思想,不做"懒汉",树立自立、自强精神,积极寻求就业、创业之路。有道是:困难困难,困在家里难;出路出路,出去就有路。另一方面,政府部门在确保"应保尽保"的同时,应加强对低保的管理,避免为这些"懒汉"提供依赖的温床。

二、失业保险的概念和特点

失业保险是指国家通过建立失业保险基金,使因失业而暂时丧失生活来源的劳动者在法定期间内获得失业保险金,以维持其基本生活水平的一种社会保险。

失业保险具有以下特点:

(一)失业保险的对象为失业劳动者

失业保险只对有劳动能力并有劳动意愿但无劳动岗位的人提供保险,我国将失业保险对象进一步限定为已经就业但非因本人意愿中断就业的、并办理失业登记的那部分劳动者,未曾就业者不在此列。

(二)享受失业保险待遇有时间限制

不同于劳动者可以长期享受保险待遇的养老保险和工伤保险,失业保险只能在法定期限内享受,超过法定期限,即使劳动者仍处于失业状态,也不可再享受。

(三)失业保险费由企业和劳动者缴纳

我国的失业保险制度改变了此前劳动者个人不缴费的做法,要求劳动者要按工资的一定比例缴纳保险费,才可享受失业保险待遇。按照规定,在失业保险制度覆盖范围内的单位及其职工必须参加失业保险并履行缴费义务。失业保险基金主要来源于社会筹集,由单位、个人和国家三方共同负担,缴费比例、缴费方式相对稳定,筹集的失业保险费,不区分来源渠道,不区分缴费单位的性质,全部并入失业保险基金,在统筹地区内统一调度使用以发挥互济功能。

① 摘编自马善记:《堪忧的"宁要低保不要工作"》,《中国劳动保障报》2003年11月6日。

【背景材料】

何谓失业?[①]

在大多数发达国家,计算失业有两种基本的方法:一是抽样调查方法(survey based)。通过访谈,向有代表性的样本人询问一系列问题,包括是否有工作,如果没有,是否可以工作并采取了何种措施寻找工作。抽样调查数据不仅包括符合国际劳工组织定义的失业,还包括就业和自营就业(self-employed),以及大量详细的劳动力数据。二是以政府机构登记为基础的行政登记方法(administrative counts),主要是为政府管理服务。在英国和加拿大,登记人员既包括申请失业救济金的人员,也包括那些在政府职业中心(government jobcentres)或就业办公室(employment offices)登记求职的人员。

1982年,在第13届劳动统计国际会议上,国际劳工组织(ILO)对失业定义的指导标准进行了修订。会议决定,失业的定义应为:没有工作、目前可以工作、正在积极寻找工作。1987年,第14届劳动统计国际会议对上述三条作出了进一步的解释。"没有工作"指在相应的时间内完全没有在工作,甚至连1小时的工作也没有。那些被临时解雇但与原岗位仍有联系(如仍能得到一定收入或与原用人单位约定在某一天返岗)的人员不是失业人员。自谋职业者如果其企业经营活动仍在继续,就不是失业人员。季节性企业自谋职业人员,在不工作的季节性间歇期间,则属于失业人员。"目前可以工作"在大多数国家指的是可以在今后2周内开始工作。"正在积极寻找工作"指一个失业人员必须在调查前的一定时间段内(一般为4周)采取步骤寻找工作。已作出安排、准备在将来某一天工作的人员不必满足此标准,即不管他们求职不求职,都属于失业人员。

为有效开展国家间失业状况的比较,许多国家和国际组织都进行了长期的努力,形成了不同的比较失业体系。国际劳工组织的两个公约和欧共体的年度劳动力抽样调查,是迈向提供互相一致的国际化失业统计数据的三个重要步骤。对大多数欧共体国家来说,劳动力抽样调查最初只需要提供年度数据。一些国家如意大利、西班牙、葡萄牙等率先开展了季度调查。20世纪80年代,经济合作与发展组织和欧共体根据国际劳工组织的定义,开始提供失业状况的月度数据。

第二节 失业保险的适用对象和资格条件

一、失业保险的适用对象

由于失业保险是为遭受失业风险、暂时丧失工资收入的失业者设计的,因而其涵盖范围在创始阶段被界定得十分明确和严格,一般限于正式参加经济活动、有了稳定的职业、暂时失去工作岗位的工资劳动者。随着社会经济的发展,失业的涵盖范围也相应扩大。国际劳工组织1988年举行的第75届劳工大会对失业的界定为:凡有能力参加经济活动,可以寻找工作并确实在寻找工作而未能得到适当工作,以致没有收入、生活无着落的劳动者,都是失业者,都应受到失业保险的涵盖。国际劳工组织及一些发达国家对失业的新界定为:凡达到一定年龄、具有劳动能力但没有职业或工作负荷达不到一定标准而正在为获取收入寻找工作,并已向职业介绍机构登记者,均为失业者,均为失业保险的对象。

我国《社会保险法》未对失业保险的对象作出明确的规定,在实务操作上是按照《失业

① 摘编自王亚栋:《不同国家是如何计算失业的》,《调研世界》2004年第4期。

保险条例》确定失业保险的适用范围。所使用术语"用人单位和职工"仍沿用《失业保险条例》的规定。有人在提及社会保险法覆盖范围的立法模式选择时,提出"现在的草案是分险确立的,分险规范有一定的道理,如个体工商户要参加所有的保险可能负担不起,但是工伤保险是必须参加的,公务员的养老保险可能另行规定,但其他险种却应当纳入统一规范"①。此外,有人建议,目前大学生的就业形势比较严峻,所以应将毕业后没有找到工作的大学生纳入失业保险的范围。②

二、失业保险的资格条件

为了保证将失业保险金支付给规定范围内的失业者,防止失业者产生依赖心理和不劳而获的观念,各国失业保险的资格条件规定得十分具体和严格。概括起来主要有:

1. 失业者必须符合劳动年龄条件,即必须是处于法定最低劳动年龄与退休年龄之间的劳动者才有可能享受失业保险。失业者不包括未达到法律规定的最低劳动年龄和超过法定退休年龄的人。

2. 失业必须是非自愿失业。失业并非出于本人意愿,而是超出其所能控制的各种社会或经济因素所造成的,各国对此均有一致的规定,这是为了防止劳动者故意失业以获取失业保险金。

3. 失业者必须满足一定的合格期条件。为了贯彻社会保险权利和义务对等原则,失业保险规定劳动者失业前必须达到一定的就业年限或缴足一定期限和数额的失业保险金,缴费期限和就业时间,大多数国家一般以失业前一年中的6个月为准。

4. 失业者必须具有劳动能力和就业意愿。失业保险所保障的对象是那些具备劳动能力和就业意愿的失业者。为了检查失业者的就业意愿和劳动能力,各国均规定,失业者在申请失业给付前,须先到就业辅导机构登记申请辅导就业,并在领取失业救济金期间定期向就业辅导机构报到。

我国《社会保险法》第45条规定了领取失业保险金的条件:"失业人员符合下列条件的,从失业保险基金中领取失业保险金:(一)失业前用人单位和本人已经缴纳失业保险费满一年的;(二)非因本人意愿中断就业的;(三)已经进行失业登记,并有求职要求的。"

【背景材料】

公共卫生事件中的失业保险

1999年1月22日,国务院颁布实施《失业保险条例》,标志着我国失业保险法律制度完整建立。然而参与企业多,缴费数额高,但失业人员受益比率低,领取失业保险金的人数与实际失业人数不成比例的问题长期存在。从调查失业率来看,领取失业保险金的人数比例仅为10%左右,受益人群占比很小。2018年我国城镇调查失业率是4.9%,失业人数是2130万人,但年末领取失业金的人数只有223万人,仅占失业人数的10%多一点。失业保险基金的累计结存从2004年的400亿元增加到2018年的5800

---

① 《社会保险法的立法原则及适用范围——分组审议社会保险法草案发言摘登(二)》,中国人大网,2008年1月3日,http://www.npc.gov.cn/zgrdw/npc/zt/2008-01/03/content_1388082.htm,访问日期:2014年12月20日。

② 参见《各地人民群众对社会保险法草案的意见(一)》,中国人大网,2009年1月12日,http://www.npc.gov.cn/zgrdw/npc/zt/2009-01/12/content_1467066.htm,访问日期:2014年12月20日。

亿元。

失业保险制度的效能不彰，必然加剧劳动者在公共卫生事件期间的生活困难，也在很大程度上会把这种困难向用人单位转移，使得公共卫生事件中的用人单位更加困难。因此，加大失业保险的实施力度，让失业的劳动者在公共卫生事件期间的基本生活得到保障，促进劳动者掌握新的劳动技能，从事新的职业，尽快在新的岗位上实现新的就业是一项既具有制度性也具有根本性的应对之策。

第三节 失业保险基金的发放

一、失业保险基金的支出项目

失业保险基金如何使用，关系到失业保险基金的承受能力，关系到失业保险功能能否充分发挥。许多国家都通过立法来规定失业保险基金的支出项目。

我国失业保险基金的主要支出项目是：(1) 失业保险金；(2) 领取失业保险金期间的医疗补助金；(3) 领取失业保险金期间死亡的失业人员的丧葬补助金和其供养的配偶、直系亲属的抚恤金；(4) 领取失业保险金期间接受职业培训、职业介绍的补贴；(5) 国务院规定或者批准的与失业保险有关的其他费用。

失业保险金，是指失业保险经办机构按规定支付给符合条件的失业人员的基本生活费用，它是最主要的失业保险待遇。失业保险期间的医疗补助金，是指支付给失业人员的在其领取失业保险金期间发生的医疗费用的补助。失业保险期间死亡的失业人员的丧葬补助金和其供养的配偶、直系亲属的抚恤金，是针对死亡失业人员的家属的开支项目。失业保险期间职业介绍和职业培训的补贴，是从失业保险基金列支用于促进失业人员再就业的资金。

二、失业保险金的给付原则与标准

(一) 失业保险金的给付原则

1. 满足失业者及其赡养者的基本生活需要。为了满足失业者的基本生活需要，失业保险金要起到保障作用，最低生活水平是失业保险的最低界限，失业保险的给付标准不应低于也不应等于最低生活水平所需的收入。因为失业保险的目的是保障失业者享有基本的而不是最低生活水平，否则，若给付标准是最低生活水平，则该给付发挥的是失业救济而非失业保险的功能。

2. 给付标准应适当低于失业者原有的工资水平。在失业期间，失业者对单位、国家和社会都无所奉献，所获得的收入理应低于就业时的收入，并受到一定的给付期限的限制。超过此期限者，则按社会救助的标准给付，这样有利于促进就业。

3. 失业保险权利和义务相对等。失业保险金的给付应与被保险人的工龄、缴费年限和原工资收入相联系，使工龄长、缴费次数多、原工资收入水平高的失业者获得较多的失业保险金；反之，所获得的失业保险金就少些。

【背景材料】

失业人员的医疗保险①

一、领取失业保险金人员应按规定参加其失业前失业保险参保地的职工医保,由参保地失业保险经办机构统一办理职工医保参保缴费手续。

二、领取失业保险金人员参加职工医保应缴纳的基本医疗保险费从失业保险基金中支付,个人不缴费。

三、领取失业保险金人员参加职工医保的缴费率原则上按照统筹地区的缴费率确定。缴费基数可参照统筹地区上年度职工平均工资的一定比例确定,最低比例不低于60%。失业保险经办机构为领取失业保险金人员缴纳基本医疗保险费的期限与领取失业保险金期限相一致。

四、领取失业保险金人员出现法律规定的情形或领取期满而停止领取失业保险金的,失业保险经办机构为其办理停止缴纳基本医疗保险费的相关手续。失业保险经办机构应将缴费金额、缴费时间等有关信息及时告知医疗保险经办机构和领取失业保险金人员本人。停止领取失业保险金人员按规定相应参加职工医保、城镇居民基本医疗保险或新型农村合作医疗。

五、领取失业保险金人员参加职工医保的缴费年限与其失业前参加职工医保的缴费年限累计计算。

六、领取失业保险金人员参加职工医保当月起按规定享受相应的住院和门诊医疗保险待遇,享受待遇期限与领取失业保险金期限相一致,不再享受原由失业保险基金支付的医疗补助金待遇。

七、领取失业保险金人员失业保险关系跨省、自治区、直辖市转入户籍所在地的,其职工医保关系随同转移,执行转入地职工医保政策。应缴纳的基本医疗保险费按转出地标准一次性划入转入地失业保险基金。转入地失业保险经办机构按照当地有关规定为领取失业保险金人员办理职工医保参保缴费手续。转出地失业保险基金划转的资金缴纳转入地职工医保费的不足部分,由转入地失业保险基金予以补足,超出部分并入转入地失业保险基金。

(二)失业保险金的给付标准

失业保险要达到帮助失业者维持基本生活、促使其重新就业的目的,关键是正确制定失业保险金的给付标准。

1. 领取失业保险金的等待时间

失业者在领取失业保险金之前须等待一段时间。规定等待时间,有助于减少小额给付的烦琐工作,并可以控制给付数量。大部分国家规定的等待时间为3—7天,个别的国家如比利时、瑞士最长为36天。同时,多数国家规定每次受领失业给付前均须有一定的等待时间,若劳动者同一年内遇有第二次失业,则不需要经过等待时间。

2. 失业保险金的给付类型

失业保险金可依据如下几种制度给付:

(1)工资比例制,即按失业保险给付金额占被保险人在失业前一定时期内的平均工资收入的比例给付失业保险金的方式。通常依据工龄、受保期限、工资水平和缴费年限等因素确定。

① 人力资源和社会保障部、财政部《关于领取失业保险金人员参加职工基本医疗保险有关问题的通知》(人社部发〔2011〕77号)。

(2) 均一制,又称固定金额制,是对符合条件的失业者一律按同一绝对数额给付失业保险金而不与失业前的工资收入相联系的方式。一般按日、周计算。

(3) 混合制,即采取比例制和均一制相结合计发的方式。一部分按失业前工资收入的一定比例给付,另一部分则按绝对数给付。

(4) 一次性给付,即对失业者一次性支付一定数额的失业保险金或解雇金,数额依据工资和工龄确定。

3. 失业保险金的给付期限

失业保险的给付期限是失业者享受领取失业保险金待遇的最长时间,多数国家均对此有一定的限制,通常为 8—36 周,一般为 26 周。国际劳工大会于 1952 年规定国家在 12 个月内可以向失业者支付 26 周的失业保险,于 1988 年又规定国家在 24 个月内可以向劳动者支付 30 周的失业保险,特殊情况下可延长至 52 周。规定此期限主要是为了促进再就业。

三、失业保险金的特殊支付和停止领取

(一) 失业保险金的特殊支付

失业人员在领取失业保险金期间,参加职工基本医疗保险,享受基本医疗保险待遇。失业人员应当缴纳的基本医疗保险费从失业保险基金中支付,个人不缴纳基本医疗保险费。失业人员在领取失业保险金期间死亡的,参照当地对在职职工死亡的规定,向其遗属发放一次性丧葬补助金和抚恤金。所需资金从失业保险基金中支付。个人死亡同时符合领取基本养老保险丧葬补助金、工伤保险丧葬补助金和失业保险丧葬补助金条件的,其遗属只能选择领取其中的一项。

(二) 失业保险金的停止领取

我国《社会保险法》第 51 条规定,失业人员在领取失业保险金期间有下列情形之一的,停止领取失业保险金,并同时停止享受其他失业保险待遇:(1) 重新就业的;(2) 应征服兵役的;(3) 移居境外的;(4) 享受基本养老保险待遇的;(5) 无正当理由,拒不接受当地人民政府指定部门或者机构介绍的适当工作或者提供的培训的。

【典型案例】

用人单位赔偿失业保险金①

2006 年 2 月,黄某被重庆市某学校聘请为代课老师。2012 年 7 月暑假后,校方一直未给黄某安排工作,并单方解除了与黄某的劳动关系。2012 年 11 月 12 日,黄某向学校所在地的县劳动人事争议仲裁委员会申请劳动仲裁,认为学校无故辞退自己、拒绝协商辞退相关问题且未给其办理失业保险,要求学校向其支付经济补偿并支付其失业期间应该享受的失业保险金。

劳动仲裁裁决支持黄某的诉求,裁决学校支付 12 个月经济补偿金 5 200.00 元与 14 个月的失业保险金 11 256.00 元。校方不服遂提起诉讼,认为《社会保险法》没有关于职工享受失业保险的具体规定,

① 摘编自覃辉:《用人单位未办理失业保险应承担赔偿责任》,中国法院网,2014 年 8 月 11 日,http://www.chinacourt.org/article/detail/2014/08/id/1362999.shtml,访问日期:2014 年 12 月 20 日。

不应支付黄某失业保险金。法院一审判决确认了劳动仲裁的结果;后校方提起上诉,二审维持了一审的判决结果。

【典型案例】

挪用失业保险费获刑十年[①]

出生于1979年的女子樊某,案发前可谓是仕途坦荡、年轻有为。当时年近30岁的她,已是人劳局的副局长,负责交纳企业养老及住房公积金,大权在握。然而,就在其政治道路顺风顺水之际,她却迷失了方向,屡次利用职权挪用公款用于偿还个人债务,从而获刑10年。

根据鄢陵县检察院的指控,被告人樊某担任许昌市东城区人事和社会保障局副局长3年间,共分两次挪用了近80万元公款,用于偿还个人债务。2008年至2011年8月,樊某利用负责交纳许昌市东城区管委会各单位企业养老金和住房公积金的职务便利,挪用企业养老保障金49万余元人民币用于偿还个人债务,超过3个月未归还;2011年12月,樊某利用负责向许昌市劳动就业局交纳许昌市东城区管委会各单位失业保险费的职务便利,挪用失业保险费27万余元人民币,同样用于偿还个人债务,且至今仍未归还。

鄢陵县人民法院审理后认为,被告人樊某作为国家工作人员,利用职务上的便利,挪用公款数额巨大,超过3个月未归还。其中有27万余元人民币至今仍未归还,数额巨大,其行为已构成挪用公款罪。依照《刑法》相关规定,樊某被判处有期徒刑10年,对樊某尚未归还的27万余元人民币予以追缴。

① 摘编自刘鹏:《河南一人劳局副局长屡挪公款偿还私债 获刑十年》,中国法院网,2014年7月22日,http://www.chinacourt.org/article/detail/2014/07/id/1350562.shtml,访问日期:2014年12月20日。

第十二章

医疗保险法

实行医疗保险制度的目的在于为劳动者在因与劳动无直接关系的事由而发病、致残时提供医疗费用，弥补收入损失，为其恢复劳动能力提供帮助。医疗保险对于保障劳动者个人的身体健康、保障劳动者本人及其家庭的生活具有重要意义。

第一节　医疗保险的概念、特征和意义

一、医疗保险的概念与特征

医疗保险是指劳动者及其供养亲属在患病或非因工负伤后在生活和医疗方面获得物质帮助的一种社会保险。医疗保险的特征如下：

（一）即时性

疾病与健康是相伴而行的，劳动者在日常生活中随时都有可能患病或发生非因工负伤，因而疾病对个人来说是一个终身的风险。医疗保险是针对疾病风险而设立的一种社会保险，医疗保险对于个人来说，既有享受频率最高的特点，又是一种短期的补偿性措施。

（二）广泛性

疾病发生的普遍性决定了医疗保险的广泛性。它不像生育保险那样仅对女性劳动者实行，也不像养老保险、失业保险那样仅对退出劳动岗位或暂时失去工作的劳动者实行，而是对所有劳动者实行。

（三）交叉性

医疗保险的普遍性又会使医疗保险同其他社会保险形成相互联系和交叉的关系。比如在工伤保险中涉及工伤的治疗和康复以及职业病的预防；生育保险中包含生育手术费、住院费、药费等医疗及服务。

医疗待遇与医疗保险既有区别又有联系。单纯的医疗待遇是直接用于医疗服务的费用，而医疗保险包括被保险人医疗期间的休养、工资、病伤救济和医疗服务。

基本医疗保险制度将按照义务与权利对等的原则保障参保人员应享受的医疗保险待遇。参加医疗保险的单位和人员应当按时足额缴纳医疗保险费，这是每一位参保人员应尽的义务。同时，凡是按时足额缴纳医疗保险费的参保人员都有权利按规定享受医疗保险待遇。

二、医疗保险的意义

疾病不仅直接危害人们的身体健康,而且影响人们的正常生活和生产,导致社会不安定。实行医疗保险制度对于人们摆脱疾病状态,恢复健康,促进生产发展,保障社会安定都具有重要意义。

第一,有利于调节收入差别,体现社会公平。医疗保险制度是政府进行收入再分配的一种重要手段。医疗保险通过征收医疗保险费和偿付用于治疗的医疗服务费来调节收入差别,体现社会公平性。

第二,对患病劳动者给予生活上的帮助和身体康复治疗,有助于消除因疾病带来的社会不安定因素,是调整社会关系、缓解社会矛盾的重要社会机制。

第三,有利于促进社会文明和进步。医疗保险是一种社会互助共济的保险制度,通过建立医疗保险基金,在参保人之间分摊疾病费用风险,体现了"一方有难,八方支援"的新型社会关系,有利于促进社会文明与进步。

【典型案例】

如何处理在职员工非因工死亡[①]

在职员工非因工死亡后,殡葬费、抚恤金该由企业还是社保中心支付?北京市丰台区人民法院的一份行政判决书给出了答复。

老家在河南商丘的褚某于2016年3月10日与北京市丰台区环境卫生服务中心大红门环卫所建立了劳动关系,合同期限至2020年6月30日。大红门环卫所为其缴纳了社保。褚某于2017年12月8日因病死亡。褚某去世后,其家属要求大红门环卫所支付殡葬费、抚恤金等费用,遭到大红门环卫所拒绝。2018年1月,褚某的女儿向北京市丰台区仲裁委员会申请劳动仲裁,要求大红门环卫所支付褚某家属殡葬费5 000元、一次性抚恤金1.4万余元,支付褚某之母李某直系亲属救济费1.2万元。同年7月,丰台区仲裁委员会作出裁决,要求大红门环卫所支付褚某家属殡葬费5 000元、支付李某直系亲属救济费1.2万元。大红门环卫所不服仲裁裁决,向北京市丰台区人民法院提起诉讼。

2009年,北京市财政局、人事局、劳动和社会保障局发布的《关于调整我市职工丧葬补助费开支标准的通知》第1条、第3条规定:"我市实行丧葬补助费包干使用办法。不分职务级别,将职工丧葬费的开支标准一律调整为5 000元……企业在职职工丧葬补助费按规定据实在成本(费用)中列支。"而2011年7月1日施行的《社会保险法》第17条则规定:"参加基本养老保险的个人,因病或者非因工死亡的,其遗属可以领取丧葬补助金和抚恤金;在未达到法定退休年龄时因病或者非因工致残完全丧失劳动能力的,可以领取病残津贴。所需资金从基本养老保险基金中支付。"

北京市丰台区人民法院审理认为,大红门环卫所为褚某缴纳了社保,因此,褚某遗属的丧葬补助金应由基本养老保险基金支付。同样,《社会保险法》所规定的抚恤金已经覆盖了供养直系亲属救济费的功能,故该法实施后,参加基本养老保险的企业在职职工、退休人员因病或者非因工死亡的,其遗属可向基本养老保险基金申请领取抚恤金。因此,在大红门环卫所已经为褚某缴纳基本养老保险的情况下,褚某家属等关于丧葬费及供养直系亲属救济费的请求,不属于法院审理劳动争议的受案范围。

---

① 摘编自杨召奎:《职工因病或非因工死亡 殡葬费、抚恤金该由谁付?》,"环球网"百家号,2019年10月15日,https://baijiahao.baidu.com/s?id=1647412626917238843&wfr=spider&for=pc,访问日期:2024年10月5日。

褚某家属认为，一审法院认定本案双方之间的劳动争议不属于法院受案范围，属于适用法律错误，于是向北京市第二中级人民法院提起上诉。2019 年 4 月，北京市第二中级人民法院作出终审判决，维持原判。

此后，褚某家属要求北京市丰台区社会保险基金管理中心（下称“丰台社保中心”）履行殡葬费以及抚恤金的行政给付义务，丰台社保中心出具书面答复称：目前北京市殡葬补助金的支付仍按照《关于调整我市职工丧葬补助费开支标准的通知》的规定执行，即“在本市基本养老保险统筹内按月领取养老金的离退休（含退职、退养）人员的丧葬补助费，由基本养老保险基金支付。企业在职职工丧葬补助费按规定据实在成本（费用）中列支”。而对于《社会保险法》的相关规定，目前尚未接到相关执行细则和操作流程，因此无法按照该法支付。

无奈之下，褚某家属向北京市丰台区人民法院提起行政诉讼，要求丰台社保中心依法履行给付义务。北京市丰台区人民法院审理认为，《社会保险法》颁布实施后，社会保险方面的法规、规章和规范性文件，与该法不一致的，原则上应适用该法的规定。丰台社保中心关于北京市尚未出台相关执行细则和操作流程以及应按北京有关规定由用人单位支付殡葬费、抚恤金的主张不成立。法院作出行政判决，要求丰台社保中心撤回相关答复，并在 60 日内支付褚某家属殡葬费 5 000 元、支付褚某之母抚恤金 1.2 万元。

【背景材料】

参加基本医保有什么好处？①

目前，我国基本实现了全民医保，建成了世界上最大的基本医疗保障网。国家鼓励居民参加基本医保，是为了维护全体居民的健康权益。基本医保不分年龄、不论病史地为广大群众提供了基本、可靠和安全的医疗保障，确保广大群众能够及时就医，医疗费用能够得到分摊，还能够在大病时获得救助，参加基本医保能有效防范“因病致贫、因病返贫”的风险。

我国的居民医保好处多，具体而言：

一是成本低，我国居民医保 2023 年度的缴费标准为不低于 380 元，平均每天 1 块多钱，每月 30 多元，参保人员能用低成本获取对自己健康的保障。

二是补助面广，所有参保人员都能享受国家的财政补助，参保是自己交小头（380 元），国家补大头（640 元），每年的财政补助能达到 6 000 多亿元，国家资助参保的人数每年能超过 8 000 万。

三是抵御疾病风险有优势，2023 年居民医保参保人员的平均住院率为 20.7%，而 2023 年全国居民的医保次均住院费用在三级医院、二级医院、一级医院分别为 12 765 元、6 205 元、2 943 元，报销金额在三级医院、二级医院、一级医院分别为 6 648 元、3 944 元、2 172 元，居民平均报销金额为 4 437 元，十年居民医保的参保费用加起来都不及一次报销的住院费用。

四是综合保障有优势，居民参加居民医保后不仅能享受基本医保门诊报销、门慢特病报销、住院报销，还能同时享受大病保险。在很多地方，参保人员就医自付金额达到一万五千元以上时，医保就会自动启动大病保险费用分担，因大病住院无须申请、自动报销，所以很多参保人员有收益却没感觉。此外，困难人员还可以享受医疗救助。

五是医疗保障服务好，除特殊情况外，参保人员已无须拿着一堆票据来回奔波进行手工报销，在医

---

① 摘编自国家医保局：《〈关于健全基本医疗保险参保长效机制的指导意见〉政策解读》，“国家医保局”微信公众号，2024 年 8 月 1 日，https://mp.weixin.qq.com/s/o9KlvLQ9-8DY0zc5V_0YyQ，访问日期：2024 年 10 月 5 日。

药机构就可以享受直接结算的便捷;参保人员只需线上或线下提前备案,即可异地就医;越来越多的地方放开参保户籍限制,参保人员可异地参保,凭居住证在常住地参加居民医保。

第二节 医疗保险的内容

一、医疗保险的对象和范围

医疗保险的对象和范围最早和其他保险项目一样,由1951年政务院颁布的《劳动保险条例》规定。

1966年4月15日劳动部和全国总工会颁发了《关于改进企业职工劳保医疗制度几个问题的通知》,对劳保医疗作出了新的规定。

在1953年以前,劳保医疗经费的来源全部由企业负担。1953年改为根据行业性质分别按工资总额的5%—7%提取。

20世纪80年代,我国医疗制度开始改革。国家医疗制度改革研讨小组起草了《职工医疗保险制度改革设想(草案)》,提出中国职工医疗制度的改革方向是:逐步建立起适合中国国情,费用由国家、单位、个人合理负担,社会化程度较高的多形式、多层次的职工医疗保险制度。医疗改革的基本内容是:建立职工医疗保险基金,由国家、单位、个人共同筹集,原则上按工资总额的一定比例筹集,将暗补改为明补。1998年《国务院关于建立城镇职工基本医疗保险制度的决定》把城镇职工都纳入了医疗保险的实施范围。

《社会保险法》规定了我国的基本医疗保险制度,职工应当参加职工基本医疗保险,由用人单位和职工按照国家规定共同缴纳基本医疗保险费。无雇工的个体工商户、未在用人单位参加职工基本医疗保险的非全日制从业人员以及其他灵活就业人员可以参加职工基本医疗保险,由个人按照国家规定缴纳基本医疗保险费。国家建立和完善新型农村合作医疗制度。新型农村合作医疗的管理办法,由国务院规定。

随着国际交往与合作的增多,我国也与相关国家签订了社会保险互免协议。签订互免协议后,我国公民赴签约国工作发生意外,需要社会保险支付相应费用,将由该公民参加社会保险项目的国家承担。

【背景材料】

港澳台大学生的医疗保险①

一、自2013年9月起,将在内地(大陆)各类全日制普通高等学校(包括民办高校)、科研院所接受普通高等学历教育的全日制港澳台学生(含本、专科生及硕士、博士研究生,以下简称港澳台大学生)纳入城镇居民基本医疗保险范围。

二、港澳台大学生按照属地原则,自愿参加高等教育机构所在地城镇居民基本医疗保险,按照与

① 教育部、财政部、人力资源和社会保障部、国务院港澳事务办公室、国务院台湾事务办公室等五部门《关于将在内地(大陆)就读的港澳台大学生纳入城镇居民基本医疗保险范围的通知》(教港澳台〔2013〕69号)。

所在高等教育机构内地(大陆)大学生同等标准缴费,并享受同等的基本医疗保险待遇。同时按照现有规定继续做好港澳台大学生日常医疗工作,方便其及时就医。

三、各级财政对港澳台大学生参加城镇居民基本医疗保险按照与所在高等教育机构内地(大陆)大学生相同的标准给予补助。港澳台大学生参加城镇居民基本医疗保险所需政府补助资金以及日常医疗所需资金,与所在高等教育机构内地(大陆)大学生所需资金一并从现有渠道安排。

四、尚未将大学生纳入城镇居民基本医疗保险范围的高等教育机构,原则上应向港澳台大学生提供与所在高等教育机构内地(大陆)大学生同样的医疗保障。

【典型案例】

骗报医疗费获刑12年①

从2003年9月到2005年1月间,王某在北京购得多家医院的假医疗费票据并填写医疗费后,先后2次用本人的医疗卡到单位职工医院报销医疗费用,随后又领取医疗救助金1次。另外,他还分别用他父亲和岳父的医疗卡到医院报销医疗费用各2次,并用他岳父的医疗卡领取医疗救助金1次。除了亲人外,王某还先后用5位同事的医疗卡报销了24.8万余元。在不到一年半的时间内,王某采用不当手段骗取医疗费和医疗救助金共计56万余元。

法院审理认为,王某以虚构事实骗取公私财物,数额特别巨大。一审法院依法判处王某有期徒刑12年,并处罚金20万元。

二、医疗保险的缴费

城镇居民基本医疗保险实行个人缴费和政府补贴相结合。《国务院关于开展城镇居民基本医疗保险试点的指导意见》规定,城镇居民基本医疗保险以家庭缴费为主,政府给予适当补助。2007年,对试点城市的参保居民,政府每年按不低于人均40元给予补助,其中,中央财政对中西部地区按人均20元给予补助,对东部地区参照新型农村合作医疗的补助办法给予适当补助。在此基础上,对属于低保对象等困难居民参保所需家庭缴费部分,政府每年再给予补助。财政补助的具体方案由财政部门商劳动保障、民政等部门研究确定,补助经费纳入各级政府的财政预算。

2008年,人力资源和社会保障部、财政部《关于做好2008年城镇居民基本医疗保险试点工作的通知》,将政府对试点城市参保居民的补助标准提高到不低于80元,其中中央财政对中西部地区按人均40元给予补助,对东部地区参照新型农村合作医疗的补助标准同步提高。2010年各级财政对城镇居民基本医疗保险的补助标准提高到每人每年120元,并适当提高个人缴费标准,具体缴费标准由省级人民政府制定。

在此基础上,对属于低保对象的或重度残疾的学生和儿童参保所需的家庭缴费部分,政府原则上每年再按不低于人均10元给予补助,其中,中央财政对中西部地区按人均5元给予补助;对其他低保对象、丧失劳动能力的重度残疾人、低收入家庭60周岁以上的老年人等

① 摘编自刘元旭:《天津一职工骗报医疗费56万获刑12年》,《北京晚报》2006年12月23日。

困难居民参保所需家庭缴费部分,政府每年再按不低于人均60元给予补助,其中,中央财政对中西部地区按人均30元给予补助。财政补助的具体方案由财政部门商劳动保障、民政等部门研究确定,补助经费要纳入各级政府的财政预算。受城镇居民医疗保险缴费补贴的人员范围包括:享受最低生活保障的人、丧失劳动能力的重度残疾人、低收入家庭60周岁以上的老年人和未成年人等。

三、医疗保险待遇的内容和标准

(一)一般规定

《国务院关于建立城镇职工基本医疗保险制度的决定》规定,基本医疗保险基金由统筹基金和个人账户构成。统筹基金和个人账户划定各自的支付范围,分别核算,不得互相挤占。个人账户主要用于门诊(小病)医疗费用支出,统筹基金主要用于住院(大病)医疗费用支出。统筹基金起付标准以下的医疗费用,从个人账户中支付或由个人自付。起付标准以上、最高支付限额以下的医疗费用,主要从统筹基金中支付,个人也要负担一定比例。统筹基金的具体起付标准、最高支付限额以及在起付标准以上和最高支付限额以下医疗费用的个人负担比例,由统筹地区根据以收定支、收支平衡的原则确定。

具体而言:(1)基本医疗保险统筹基金的起付标准。国务院规定的统筹基金起付标准原则上控制在当地职工年平均工资的10%左右。(2)基本医疗保险统筹基金的最高支付限额。一般是根据大额医疗费用人群的分布情况测算确定的。2009年,国务院决定将统筹基金最高支付限额提高到当地职工年平均工资的6倍左右。(3)在起付标准以上和最高支付限额以下医疗费用的个人负担比例。根据国务院规定,起付标准以上和最高支付限额以下的医疗费用主要从统筹基金中支付,个人也要负担一定比例,个人负担比例由统筹地区根据以收定支、收支平衡的原则确定。实践中,个人负担比例与就诊医院的级(类)别相关,就诊医院的级别越高,个人负担比例越高。

(二)特殊人员的医疗保险待遇

第一,离休人员、老红军的医疗待遇不变,医疗费用按原资金渠道解决,支付确有困难的,由同级人民政府帮助解决。离休人员、老红军的医疗管理办法由省、自治区、直辖市人民政府制定。第二,二等乙级以上革命伤残军人的医疗待遇不变,医疗费用按原资金渠道解决,由社会保险经办机构单独列账管理。医疗费支付不足部分,由当地人民政府帮助解决。第三,退休人员参加基本医疗保险,个人不缴纳基本医疗保险费。对退休人员个人账户的计入金额和个人负担医疗费的比例给予适当照顾。第四,国家公务员在参加基本医疗保险的基础上,享受医疗补助政策。

(三)新型农村合作医疗的待遇标准

国务院办公厅转发卫生部、财政部、农业部《关于建立新型农村合作医疗制度的意见》规定,新型农村合作医疗基金主要补助参加新型农村合作医疗农民的大额医疗费用或住院医疗费用。有条件的地方,可实行大额医疗费用补助与小额医疗费用补助结合的办法,既提高抗风险能力又兼顾农民受益面。对参加新型农村合作医疗的农民,年内没有动用农村合作医疗基金的,要安排进行一次常规性体检。各省、自治区、直辖市要制订农村合作医疗报销基本药物目录。各县(市)要根据筹资总额,结合当地实际,科学合理地确定农村合作医疗基金的支付范围、支付标准和额度,确定常规性体检的具体检查项目和方式,防止农村合作医疗基金超支或过多结余。从 2009 年下半年开始,新农合补偿封顶线(最高支付限额)达到当地农民人均年纯收入的 6 倍以上。

(四) 城镇居民基本医疗保险的待遇标准

国务院并没有明确城镇居民基本医疗保险的基金起付标准、支付比例和最高支付限额,只是规定了"以收定支、收支平衡、略有结余"的原则,具体标准都授权由地方规定。从实践看,由于经济发展水平、医疗消费水平和人口结构等差异较大,各地规定的待遇标准也高低不一。一般来说,学生儿童产生的医疗费用的最高支付限额高于成年居民;个人负担比例和医疗机构的级别成正比,医疗机构的级别越高,个人负担的比例越高。

2010 年 6 月,人力资源和社会保障部、财政部联合发布《关于做好 2010 年城镇居民基本医疗保险工作的通知》,要求将 2010 年居民医保基金最高支付限额提高到居民可支配年收入的 6 倍以上;逐步提高住院医疗费用基金支付比例,原则上参保人员住院政策范围内医疗费用基金支付比例要达到 60%,二级(含)以下医疗机构住院政策范围内医疗费用基金支付比例要达到 70%;明确 2010 年要在 60%的统筹地区建立城镇居民医保门诊统筹。

(五) 退休人员基本医疗保险的待遇优惠

退休人员按照国家规定享受基本医疗保险待遇,需要满足三个条件:参加职工基本医疗保险,达到法定退休年龄,累计缴费达到国家规定年限。

退休人员在以前的工作期间已经为社会作出了贡献,而且退休职工一般患病较多,是需要社会照顾的脆弱人群;再加上退休后收入较低,特别是职工基本医疗保险制度建立时退休的职工,没有足够的用于医疗支出的积累,医疗负担较重。因此,退休人员可享受三个方面的优惠:一是退休人员个人不缴纳基本医疗保险费。二是为退休人员建立基本医疗保险个人账户。三是对退休人员个人负担医疗费用的比例给予照顾,就基本医疗保险基金的起付标准,退休人员要低于在职职工。一些地方还将老年人易患的一些慢性病的门诊费用纳入了统筹基金的支付范围。

(六) 不纳入基本医疗保险基金支付范围的医疗费用

不纳入基本医疗保险基金支付范围的医疗费用有:应当从工伤保险基金中支付的;应当由第三人负担的;应当由公共卫生负担的;在境外就医的。

医疗费用依法应当由第三人负担,第三人不支付或者无法确定第三人的,由基本医疗保险基金先行支付。基本医疗保险基金先行支付后,有权向第三人追偿。

第十三章

工伤保险法

工伤保险的保障对象是在工作中受到事故伤害和患职业病的劳动者,对于在现代化生产条件下工作的职工具有特别重要的作用。

第一节　工伤保险概述

一、工伤保险的概念

工伤保险又称职业伤害保险,是指当劳动者在生产工作中或法定的特殊情况下发生意外事故,或因职业性有害因素的危害,而负伤(或患职业病)、致残、死亡时,对其本人或供养亲属给予物质帮助和经济补偿的一项社会保险制度。

工伤保险是世界上产生较早的社会保险项目,德国于1884年就制定了《劳工伤害保险法》,目前已有160多个国家或地区建立了工伤保险制度。

我国企业职工的工伤与职业病保障制度建立于20世纪50年代。1953年1月2日,中央人民政府政务院修正的《劳动保险条例》第12条就对工伤保险待遇作出规定:(1) 工人与职员因工负伤,全部诊疗费、药费、住院费、住院时的膳费与就医路费,均由企业行政方面或资方负担。在医疗期间,工资照发。(2) 因工负伤致残,完全丧失劳动能力退职后,饮食起居需人扶助者,发给本人工资75%的因工残废抚恤费,付至死亡时止。(3) 因工负伤致残,完全丧失劳动能力退职后,饮食起居不需人扶助者,发给本人工资60%的因工残废抚恤费,付至恢复劳动能力或死亡时止。(4) 部分丧失劳动能力尚能工作者,企业应给予适当工作,并按其残废后丧失劳动能力的程度,发给本人残废前工资10%—30%的因工残废补助费,至退职养老或死亡时止。

我国《劳动法》规定:劳动者有享受社会保险和福利待遇的权利;劳动者在因工伤残或患职业病的情形下,依法享受社会保险待遇。1996年8月12日劳动部发布的《企业职工工伤保险试行办法》,将工伤保险作为一项独立的社会保险制度组织实施。2001年10月27日九届全国人大常委会二十四次会议通过、2002年5月1日起施行的《职业病防治法》(2011年、2016年、2017年、2018年修正)第7条规定:用人单位必须依法参加工伤保险。2002年4月18日卫生部、劳动和社会保障部《关于印发〈职业病目录〉的通知》规定的职业病共有10大类、115种。

2003年4月27日,国务院发布《工伤保险条例》,根据该条例的规定,工伤保险是一项重要的社会保险制度，它通过社会统筹、建立工伤保险基金、由社会保险经办机构管理等，保障劳动者及其供养亲属享受工伤保险的权利。《工伤保险条例》在促进用人单位参加工伤保险、维护工伤职工合法权益、分散用人单位风险方面发挥了重要作用，也显现出覆盖范围不够广、保障水平不够高、保障功能较为单一等不足。为此，该条例于 2006 年开始进行修订，2009 年 7 月向社会各界公开征求意见。2010 年 12 月 20 日国务院发布《关于修改〈工伤保险条例〉的决定》，从 2011 年 1 月 1 日起施行。

二、工伤保险的意义

建立工伤保险制度，设立工伤保险基金，实行工伤保险基金社会统筹，对工伤职工提供物质帮助、经济补偿和社会化管理服务，具有以下重要意义：

第一，保障遭受工伤事故和患职业病的职工获得医疗救治、经济补偿和职业康复的权利；保障工伤职工及其供养亲属获得物质帮助的权利，尊重和肯定劳动者工作的价值和为工作奉献的精神，解除了劳动者及其家庭的后顾之忧，有利于社会安定。

第二，分散用人单位的工伤风险。在生产工作中，工伤事故给用人单位造成的风险客观存在。发生工伤事故，不仅会损害职工的健康甚至生命，也会给用人单位造成较大的经济损失。

第三，促进工伤预防。通过对保险金缴纳实行差别费率和浮动费率等措施，督促用人单位加强劳动安全卫生工作，保障职工的健康和安全，积极改善劳动条件，有利于促进工伤预防，减少工伤危险造成的损害。

三、工伤保险的特征和原则

（一）工伤保险的特征

1. 工伤保险的投保人为用人单位，被保险人是与该用人单位建立了劳动关系的职工。在这方面同样适用劳动关系的一般原理，即工伤保险所保障的对象是与用人单位建立了劳动关系的劳动者。受到职业伤害的必须是劳动者，满足劳动法对劳动者所要求的法定条件。

2. 工伤保险所保之“险”为职业的危险，是指在生产工作中的工伤事故和职业性有害因素对职工健康和生命造成的危险。这种危险客观存在，由外界直接伤害引起，危险发生与否具有不确定性。

3. 工伤保险的保险方式为：对已经遭受工伤危害的职工及其供养亲属给予物质帮助和经济补偿。

4. 工伤保险是强制性保险，是法律规定的企业必须为职工投保的一种社会保险。劳动部 1996 年发布的《企业职工工伤保险试行办法》第 4 条规定：“企业必须按照国家和当地人民政府的规定参加工伤保险，按时足额缴纳工伤保险费，按照本办法和当地人民政府规定的标准保障职工的工伤保险待遇。”

5. 工伤保险实行无过错责任原则，无论工伤事故的责任归于用人单位还是职工，用人单位均应承担保险责任。

【典型案例】

非法用工,业主担责①

2003年4月,四川籍农民工陈某来到福州,在廖某开办的未领取工商营业执照的工艺品加工厂从事锯木工作。同年7月6日,陈某在锯木过程中,因材料中异物溅起击伤右眼,被送到医院住院治疗。廖某支付1900元治疗费后,就拒绝支付后续治疗费。经福州市劳动能力鉴定委员会鉴定,陈某构成7级伤残。自2003年9月起,陈某历经漫长的工伤鉴定、劳动能力鉴定、劳动争议仲裁程序。2006年12月,陈某向法院提起诉讼,要求廖某承担赔偿责任。

福州市中级人民法院经审理认为,廖某开办的工艺品加工厂未经依法登记、领取营业执照,廖某的行为构成非法用工。根据我国《劳动法》及国务院《工伤保险条例》的相关规定,无营业执照或者未经依法登记、备案的单位,以及被依法吊销营业执照或者撤销登记、备案的单位的职工受到事故伤害或者患职业病的,由该单位向伤残职工或者死亡职工的直系亲属给予一次性赔偿。本案中,陈某受雇在加工厂工作,双方形成事实上的劳动关系,陈某在劳动过程中受伤致残,作为业主的廖某应承担赔偿责任。法院作出终审判决:廖某向陈某支付残疾赔偿金、医疗费等2.2万元。

【典型案例】

历经18起诉讼的工伤案②

于某、苏某都是江苏建湖人,多年来一直从事电梯安装工作,持有特种设备作业人员证。2019年7月的一天,两人在启东市某建设工地安装电梯时发生意外,由于他们乘坐的电梯钢丝绳突然断裂,电梯直接从三楼坠至一楼。事故发生后,两人被紧急送往上海的医院治疗。经诊断,于某胸12椎体爆裂性骨折伴双下肢不全瘫、苏某多发性腰椎爆裂性骨折。后两人被鉴定为八级伤残。受伤后,于某、苏某向启东市人社局申请工伤待遇。两个月后,人社局作出工伤认定。

电梯公司不服人社局作出的工伤认定,于2020年4月向南通市经济技术开发区人民法院(履行南通市行政诉讼集中审判职能)提起行政诉讼。2020年6月,法院经审理认为,于某、苏某在电梯公司承接的项目中因安装电梯受伤,两人与电梯公司构成劳动关系,工伤认定结论并无不当,裁定驳回电梯公司的诉讼请求。电梯公司不服,先后向南通市中级人民法院提起上诉、向江苏省高级人民法院申请再审,均被驳回。

随后,于某、苏某向启东市人社局社保处提出工伤赔偿申请。因没有查询到两人的参保记录,人社局社保处不予支付两人的工伤费用。于某、苏某分别向启东市劳动人事争议仲裁院申请仲裁,要求电梯公司支付两人一次性伤残补助金、医疗补助金等费用共44万元。劳动人事争议仲裁院裁决认定,于某、苏某与电梯公司之间无论是劳动关系还是承揽关系,均应由电梯公司支付两人的工伤费用。

电梯公司不服,又于2022年7月向启东市人民法院提起民事诉讼,请求撤销上述仲裁裁决。经法院一审、二审,其诉讼请求均被驳回。判决生效后,于某、苏某向启东市人民法院申请强制执行。该案进入执行程序后,启东市人民法院冻结了电梯公司的部分账户。2022年11月,电梯公司向江苏省高级人民法院申请再审。

四年时间内,双方历经2次劳动仲裁、三级法院的18起行政、民事诉讼,于某、苏某没有获得一分

① 摘编自郑良:《福建:非法用工企业劳动者合法权益亦受法律保护》,中国法院网,2007年10月31日,http://www.chinacourt.org/article/detail/2007/10/id/273237.shtml,访问日期:2014年12月22日。

② 摘编自卢志坚、王维红、贺晓娟:《一起工伤事故,历经18起诉讼》,《检察日报》2023年11月1日。

钱的赔偿,电梯公司奔波于各级法院主张权利,还因未履行生效判决,公司账户被冻结,公司发展也受到严重影响。

2022 年 12 月,电梯公司经诉讼代理人建议,向南通市经济技术开发区检察院申请监督。2023 年 6 月 2 日,在检察院的见证下,电梯公司当场一次性支付于某、苏某 33 万元。当天,于某、苏某主动撤回对电梯公司的强制执行申请,启东市人民法院随后解除了对该公司的执行措施。3 天后,电梯公司向江苏省高级人民法院撤回了再审申请。

至此,历时 4 年的工伤争议终于画上了句号。

(二)工伤保险法的原则

1. 区别对待因工伤残与非因工伤残原则

劳动者因工伤残是劳动者个人在工作中付出的代价,对之应规定较高的待遇,不仅在生活上给予照顾,还应在精神上给予奖励和安慰,这种社会保险待遇具有“损失补偿”的性质和“物质奖励”的意义。而对于非因工伤残,虽然个人也付出了代价,但不是为社会劳动所付出的代价,因此其享受的保险待遇应适当低一些。它同疾病社会保险待遇一样,属于“物质帮助”的范畴。

2. 区别对待直接经济损失和间接经济损失原则

所谓造成直接经济损失,是指劳动者在发生伤残事故后个人所受的经济损失。直接经济损失影响本人及其家属生活,影响劳动力再生产。对劳动者所遭受的直接经济损失必须给予全部的补偿。间接经济损失是指职工在直接经济收入以外的其他经济收入的损失,包括兼职收入、业余其他劳动收入等。这部分经济损失不应与前者同等对待,通常不纳入工伤保险的补偿范畴。

3. 补偿与预防、康复相结合原则

工伤保险制度的目的也包括预防事故发生和帮助伤者康复。世界各国的立法都要求用人单位对劳动者的康复承担责任。用人单位应努力减少事故发生,改善劳动条件,加强对劳动者的安全培训,及时发现事故隐患,及时纠正排除。一旦发生事故要及时治疗,采取复健、疗养等措施促进职工早日康复;帮助工伤残疾人员恢复劳动能力,为伤残人员的生活和劳动创造条件。

【背景材料】

不应删改上下班途中的工伤认定规定①

《关于修改〈工伤保险条例〉的决定(征求意见稿)》为解决实践中的相关问题,作出了一些很有价值的规定,尤其在简化存在劳动关系争议的工伤认定程序和强化对未参保职工的权益保障方面亮点突出。但是,在上下班途中受到机动车事故伤害不再认定为工伤的删改却不尽如人意,无论是删改的动机和理由都难以得到认同。

首先,2003 年《工伤保险条例》第 14 条第 6 项关于“在上下班途中,受到机动车事故伤害的”应当

① 摘编自黎建飞:《在上下班途中受到机动车事故伤害应当认定为工伤》,法律快车,2009 年 8 月 22 日,https://www.lawtime.cn/article/lll10085001013594oo14405,访问日期:2024 年 10 月 7 日。

认定为工伤的规定是符合工伤保险基本原理的。工伤保险的宗旨在于转移劳动者因职业活动所受到的伤害,即劳动者因职业活动所受伤害由该项活动的受益人雇主或者说用人单位承担赔偿责任。所以,工伤的要义就在于"因工作受到伤害",这一伤害既包括在工作中的直接伤害,也包括为了工作而受到的伤害。例如,同为该条的第2项"工作时间前后在工作场所内,从事与工作有关的预备性或者收尾性工作受到事故伤害的"应当认定为工伤。由此,我们才不难理解国外的立法规定劳动者去银行领取工资、在上下班途中接送孩子受到机动车伤害均可认定为工伤。

其次,社会立法是随着社会的进步和发展而不断进步与完善的,其重要特征就在于劳动者的权利得以扩展和加强。这一规律也为我国近年来的立法进程所遵循。在我国,职工上下班途中受到机动车伤害享受工伤保险待遇的制度几乎与新中国同龄。在1996年的《企业职工工伤保险试行办法》中,职工上下班途中受到机动车事故伤害附加了"在上下班的规定时间和必经路线上,发生无本人责任或者非本人主要责任的道路交通机动车事故"的条件。2003年《工伤保险条例》制定时,对这些明显不利于劳动者的条件作了全文删除,进而明确了"上下班途中"包括劳动者正常工作时间和加班加点后的上下班途中;"受到机动车事故伤害"也包括上下班途中劳动者受到机动车伤害和劳动者驾驶机动车发生事故造成自身伤害。现在的删改不仅否定了2004年以来法律制度的演进,而且与我国长期沿用的相关制度相悖。可惜的是,这一删改并不是法制建设进步的表现。

再次,社会保险制度存在着一条"潜规则",即"能上不能下,就高不就低"。因此,各国在处理涉及降低社会保险待遇、收窄社会保险范围的问题时都慎之又慎。非有充足与必要的理由、非有成熟得不得不为之的条件,通常是不去动这块"奶酪"的。

最后,本次删改缺少充足和必要的理由:

本次删改的理由之一是上下班途中受机动车事故伤害的职工可以从机动车交通事故责任强制保险中得到补偿,还可以通过民事赔偿的途径解决。事实上,社会保险与商业保险及其他补偿方式交叉是一种普遍现象,不仅社会保险项目几乎都能在商业保险中找到对应,即便在社会保障制度内,各种社会保险也互有关联,如生育与医疗、失业与低保。但商业保险及其他补偿方式既不影响现代社会强化社会保险的必要性和重要性,更不能取代社会保险的独特价值和功能。

本次删改的理由之二是原条例未将非机动车事故纳入工伤保险范围,政策上不平衡,各地方、各部门和职工强烈要求修改。即便这一说法存在,问题也在于是否应当把"非机动车事故纳入工伤保险范围",而不是把"机动车事故排除出工伤保险范围"。例如,在工作中突发疾病死亡视同工伤的规定更有争议,如在工作中因慢性病死亡,或者虽在工作中突发疾病却后来才死亡的都觉得"不平衡",《工伤保险条例》第15条第1款是通过限定"在48小时之内经抢救无效死亡"视同工伤来强化"突发疾病"的规定,而不是干脆取消了相关的规定。

本次删改的理由之三是住房商品化程度加深,人员流动性提高,使工伤认定的操作难度加大,引发的争议增多。但这个理由可以直接用来作为"在上下班途中受到机动车事故伤害应当认定为工伤具有更多的必要性和更加紧迫的现实性"的理由,因为这已经清楚地表明劳动者在上下班途中遭遇的职业风险大为增加,通过工伤保险转移劳动者因上下班这一职业活动受到机动车伤害的任务更加迫切和重要。

此外,征求意见稿删除了职工因违反治安管理规定和道路交通安全管理规定而遭受的事故伤害不得被认定为工伤的规定,这一删除本来也是一大亮点,但由于"因违反治安管理和道路交通安全管理"而影响工伤认定的情况本就通常发生在机动车事故中,如果将劳动者在上下班途中受到机动车事故伤害的情形排除在工伤认定范围之外,这一亮点也就不怎么亮了。

综上,劳动者在上下班途中受到机动车事故伤害应当规定为工伤。

四、工伤保险与人身保险的区别

虽然工伤保险与商业性的人身保险都是为被保险人的生命、健康设置的保险制度,但二者有着本质的区别:

第一,投保人不同。人身保险的投保人是指与保险人订立了保险合同、并按照保险合同承担支付保险费义务的公民、法人和其他组织;工伤保险的投保人为与被保险人建立了劳动关系的用人单位。

第二,被保险人不同。人身保险的被保险人为人身受保险合同的保障、享有保险金请求权的人,可以是一切公民;工伤保险的被保险人仅限于与投保人建立了劳动关系的职工。

第三,保险人不同。人身保险的保险人是指与投保人订立了保险合同,并承担赔偿或给付保险金责任的保险公司;工伤保险的保险人为劳动行政部门及社会保险机构。保险公司是以营利为目的的企业,劳动行政部门、社会保险机构是政府的具体行政部门,不以营利为目的。

第四,保险的性质不同。人身保险是任意性保险,保险关系因当事人自愿签订保险合同而建立;工伤保险为强制性保险,保险关系由法律规定必须建立。

第五,适用的法律不同。人身保险属民事法律关系,调整民事法律关系,适用民事法律法规;工伤保险属劳动法律关系,调整劳动法律关系,适用劳动法律法规。

第二节　工伤保险的范围

工伤保险最初是在高风险的行业、职业和较大的企业中实行,对象主要是那些从事有危险工作的工人,或者说主要是体力劳动者,后来才逐步扩展到其他劳动者。一些国家至今仍把农业工人、保姆和家庭工人、独立劳动者排除在工伤保险外。但从总的发展趋势看,世界各国都在逐步扩大工伤保险的范围。

根据我国《工伤保险条例》的规定,我国工伤保险的适用对象范围是:(1) 中华人民共和国境内的企业、事业单位、社会团体、民办非企业单位、基金会、律师事务所、会计师事务所等组织和有雇工的个体工商户。(2) 中华人民共和国境内的企业、事业单位、社会团体、民办非企业单位、基金会、律师事务所、会计师事务所等组织的职工和个体工商户的雇工。(3) 国家机关、事业单位、社会团体、民办非企业单位、基金会、律师事务所、会计师事务所等组织和与之建立劳动合同关系的职工。(4) 职工的供养亲属。

根据我国《工伤保险条例》以及劳动和社会保障部 2003 年 9 月 23 日颁布的《因工死亡职工供养亲属范围规定》,供养亲属包括:

(1) 因工死亡职工供养亲属,是指该职工的配偶、子女、父母、祖父母、外祖父母、孙子女、外孙子女、兄弟姐妹。所称子女,包括婚生子女、非婚生子女、养子女和有抚养关系的继子女,其中,婚生子女、非婚生子女包括遗腹子女;所称父母,包括生父母、养父母和有抚养关系的继父母;所称兄弟姐妹,包括同父母兄弟姐妹、同父异母、同母异父的兄弟姐妹、养兄弟姐妹、有抚养关系的继兄弟姐妹。

(2) 上述人员依靠因工死亡职工生前提供主要生活来源,并有下列情形之一的,可按规定申请供养亲属抚恤金:完全丧失劳动能力的;工亡职工配偶男年满 60 周岁,女年满 55 周岁的；工亡职工父母男年满60周岁、女年满55周岁的；工亡职工子女未满18周岁的；工亡职工父母均已死亡，其祖父、外祖父年满60周岁，祖母、外祖母年满55周岁的；工亡职工子女已经死亡或完全丧失劳动能力，其孙子女、外孙子女未满18周岁的；工亡职工父母均已死亡或完全丧失劳动能力，其兄弟姐妹未满18周岁的。

因工死亡职工供养亲属享受抚恤金待遇的资格，由统筹地区社会保险经办机构核定。因工死亡职工供养亲属的劳动能力鉴定，由因工死亡职工生前单位所在地设区的市级劳动能力鉴定委员会负责。

此外，对外国人在中国境内遭受工伤事故危害的，按照中国政府批准的《本国工人与外国工人关于事故赔偿的同等待遇公约》第1条的规定：凡批准本公约的国际劳工组织会员国，承允对于已批准本公约的任何其他会员国的人民在其国境内因工业意外事故而受伤害者，或对于需其赡养的家属，在工人赔偿方面，应给予与本国人民同等的待遇。中国对批准该公约的在中国境内遭受工伤事故危害的其他会员国的人民，给予与中国人民同等的待遇。

我国现行《工伤保险条例》扩大了工伤保险适用范围，规定除原来规定的企业和有雇工的个体工商户以外，事业单位、社会团体，以及民办非企业单位、基金会、律师事务所、会计师事务所等组织应当依照规定参加工伤保险。

对中国被派遣出境工作的职工，《工伤保险条例》第44条规定，中国的职工被派遣出境工作，依据前往国家或者地区的法律应当参加当地工伤保险的，参加当地工伤保险，其国内工伤保险关系中止；不能参加当地工伤保险的，其国内工伤保险关系不中止。2010年12月8日，国务院第136次常务会议通过《关于修改〈工伤保险条例〉的决定》，将第2条修改为："中华人民共和国境内的企业、事业单位、社会团体、民办非企业单位、基金会、律师事务所、会计师事务所等组织和有雇工的个体工商户（以下称用人单位）应当依照本条例规定参加工伤保险，为本单位全部职工或者雇工（以下称职工）缴纳工伤保险费。中华人民共和国境内的企业、事业单位、社会团体、民办非企业单位、基金会、律师事务所、会计师事务所等组织的职工和个体工商户的雇工，均有依照本条例的规定享受工伤保险待遇的权利。"

2014年6月18日，最高人民法院发布《关于审理工伤保险行政案件若干问题的规定》，明确了特殊情况下承担工伤保险责任的用人单位。该规定第3条第1款专门对双重劳动关系、派遣、指派、转包和挂靠关系等五类比较特殊的工伤保险责任主体作了规定："社会保险行政部门认定下列单位为承担工伤保险责任单位的，人民法院应予支持：（一）职工与两个或两个以上单位建立劳动关系，工伤事故发生时，职工为之工作的单位为承担工伤保险责任的单位；（二）劳务派遣单位派遣的职工在用工单位工作期间因工伤亡的，派遣单位为承担工伤保险责任的单位；（三）单位指派到其他单位工作的职工因工伤亡的，指派单位为承担工伤保险责任的单位；（四）用工单位违反法律、法规规定将承包业务转包给不具备用工主体资格的组织或者自然人，该组织或者自然人聘用的职工从事承包业务时因工伤亡的，用工单位为承担工伤保险责任的单位；（五）个人挂靠其他单位对外经营，其聘用的人员因工伤亡的，被挂靠单位为承担工伤保险责任的单位。"在上述非法转包和挂靠情形中，"承担工伤保险责任的单位承担赔偿责任或者社会保险经办机构从工伤保险基金支付工伤保险待遇后，有权向相关组织、单位和个人追偿"。

【典型案例】

一次性赔偿之弊

笔者原是一次性赔偿之拥趸,尤其是在工伤赔偿中。提前贴现,落袋为安,谁会说不好?西谚亦云:"宁要今天早上的一个鸡蛋,不要三天后的一只母鸡。"直到 1998 年发生的两起工伤巨额赔偿案件后,我改变了这一看法。

一起案件的基本案情是:19 岁的打工妹刘某,在一次工伤事故中失去双臂。上下求索,一次性拿到了 190 万元的赔偿款。在那个年代,这是笔巨款。回到乡下,即便吃利息也高出几个人的工资。一年后传来消息,她的 190 万元被借光,已无分文。所借人非亲即故,理由皆人命关天。19 岁双臂全无的她,今生如何生存?

另一起案件的基本案情是:当事人在小区旁边的塔楼工地上从一楼的窗口跳了出去,仅仅是为了省事,或许也有些竣工后的兴奋。一楼的窗口是可以跳的,通常不会有事故或者故事。偏偏他跳在地下车库的遮雨上了,薄薄的塑料板,透明采光却不承重量。水泥地面数米高,后果是高位截瘫。当事人时年 19 岁,和他父亲在同一个工地干活。家里有一位母亲和一位从外地找来的媳妇。19 岁的媳妇几个月前刚生下了儿子。塔楼总承包商是国有的,以多于规定两倍的金额进行了工伤赔偿。然后,他父亲又找了律师,律师辗转找到了我。我们尽力为他奔走,在维护农民工权益的大背景下,他一次性又拿到了一笔巨额赔偿款。

一年后,我问律师他怎么样了?律师说他拿到钱后带着一个女子去云南开饭馆了。

第三节　工伤认定和职业病防治

一、工伤认定的条件

工伤事故必须与工作、工作时间和地点相关。工伤事故的范围从最初仅包括工业上的意外事故,扩展到把上下班途中发生的意外事故也算为工伤。

根据我国《工伤保险条例》对工伤及视同工伤的范围的规定,职工有下列情形之一的,应当认定为工伤:(1) 在工作时间和工作场所内,因工作原因受到事故伤害的;(2) 工作时间前后在工作场所内,从事与工作有关的预备性或者收尾性工作受到事故伤害的;(3) 在工作时间和工作场所内,因履行工作职责受到暴力等意外伤害的;(4) 患职业病的;(5) 因工外出期间,由于工作原因受到伤害或者发生事故下落不明的;(6) 在上下班途中,受到非本人主要责任的交通事故或者城市轨道交通、客运轮渡、火车事故伤害的;(7) 法律、行政法规规定应当认定为工伤的其他情形。

【典型案例】

"上下班途中"合理时间的界定[①]

根据《工伤保险条例》第 14 条的规定,在上下班途中,受到非本人主要责任的交通事故或者城市轨

① 摘编自陈伟:《"上下班途中"的合理时间如何界定》,《中国卫生人才》2016 年第 9 期。

道交通、客运轮渡、火车事故伤害的,应当认定为工伤。但在如何判定“上下班途中”的工伤认定方面,司法实践中遇到的具体情况却是千奇百怪、纷争不断。

一、最高人民法院如何认定“上下班途中”?

最高人民法院《关于审理工伤保险行政案件若干问题的规定》,明确了4种情形属于“上下班途中”:(一)在合理时间内往返于工作地与住所地、经常居住地、单位宿舍的合理路线的上下班途中;(二)在合理时间内往返于工作地与配偶、父母、子女居住地的合理路线的上下班途中;(三)从事属于日常工作生活所需要的活动,且在合理时间和合理路线的上下班途中;(四)在合理时间内其他合理路线的上下班途中。

二、以案说法:“上下班途中”的合理时间如何界定?

(一)提前两天出发去上班,仍属合理时间

原告吕某与丈夫冯某家住西安市莲湖区自强西路某小区,冯某系城固县某公司职工,在该公司变电站生产变电运行岗位上班。变电站实行两班每周轮休工作制,即上七天班休七天假。2013年9月2日至8日冯某轮休,9日应正式上班,2日交班后冯某即回西安家中休假。7日,冯某骑摩托车由西安返回工作地城固县途中,于17时55分在留坝县境内发生交通事故,致使冯某颅脑部位受到严重伤害,经抢救无效死亡。交警部门认定冯某无责任。原告吕某提交了工伤认定申请,但被告城固县人力资源和社会保障局收到申请后,以其不符合《工伤保险条例》第14条认定工伤的情形,决定不予认定工伤。理由是冯某提前两天出发去城固,发生交通事故的时间是2013年9月7日17时55分,而根据用人单位制度规定,冯某应该到岗的时间是2013年9月9日,时间相隔40小时,不属于合理的上班时间。因此被告城固县人社局作出不予认定工伤的决定符合法律法规规定。

法院审理后认为,冯某发生的交通事故的地点属于合理路线的上下班途中。本案判断工伤认定是否合法的关键之一,在于冯某受到非本人主要责任交通事故伤害致死的地点是否在上下班途中。在本案中查明的事实是冯某的上下班途中具有一定特殊性,即其经常居住地在西安,而工作地在城固,两地相距300多公里。冯某所在的单位工作制度是上班七天后连休七天,故冯某只能在休假期间回西安与其妻女团聚。根据最高人民法院《关于审理工伤保险行政案件若干问题的规定》第6条第2项的规定,在合理时间内往返于工作地与配偶、子女居住地的合理路线,应认定为上下班途中。所以,西安到城固的路线就是其往返于工作地与配偶、子女居住地的合理路线。同时,冯某发生交通事故的时间也属于合理时间。

本案中冯某以摩托车为交通工具,结合2013年9月7日至8日汉中境内大范围小到中雨、西安与城固县相距较远等客观情况,为了不耽误9日按时交接班,冯某提前骑摩托车在从居住地西安前往工作地城固县的途中发生交通事故身亡,尽管发生交通事故的时间距其交接班的时间尚有一段间隔,但此行的根本目的还是上班,其行为具有正当性,提前出发具有合理性。据此,法院依法判决撤销被告城固县人社局作出的《不予认定工伤决定书》,责令其在判决书生效之日起60日内对原告提出的工伤认定申请重新作出决定。宣判后,被告不服提起上诉,二审法院审理后,判决驳回上诉,维持原判。

(二)上班期间外出看病,去医院路上仍属上下班途中

2010年5月8日13时,正在工作的唐某某突感身体不适,请假去医院看病。拿到生产负责人签发的出门证后,唐某某驾驶电动自行车出厂门直奔镇医院,5分钟后被一辆疾驰的重型货车撞飞,经医院抢救无效身亡。其配偶向镇江市丹徒区人力资源和社会保障局提出工伤认定申请,要求将唐某某所受伤害认定为工伤。

丹徒区人社局受理后,经审查认为唐某某在工作期间因私事外出,发生机动车交通事故死亡,不符合《工伤保险条例》第14条、第15条规定的情形,认定唐某某的死亡性质不属于工伤。后行政复议、一审、二审均持同样观点,均认定其不属于工伤。一审法院认为根据《工伤保险条例》第14条第5项的规

定，因工外出期间，由于工作原因受到伤害或者发生事故下落不明的，应当认定为工伤。即职工因工作之需离开工作场所，因从事生产经营活动受到的伤害构成工伤。但唐某某是因为自身身体不适而外出看病，属于因自己的私事外出，不属于上述规定的工作原因。二审法院也维持了一审法院的上述观点。二审判决生效后，董某某向江苏省人民检察院申诉。江苏省人民检察院经过审查，向江苏省高级人民法院提出抗诉。

2012年2月21日，江苏省高级人民法院对本案提审，并公开开庭进行了审理。江苏省高院经审理后认为，董某某于2010年6月10日提出工伤认定申请，故应适用修订前的《工伤保险条例》。该条例第14条第6项规定"上下班途中，受到机动车事故伤害的应当认定为工伤"。江苏省劳动和社会保障厅《关于实施〈工伤保险条例〉若干问题的处理意见》第15条指出，"上下班途中"应是在合理时间内经过合理路线。上下班途中时间是工作时间的合理延伸，不仅包括职工正常上下班的途中时间，还应包括职工加班加点后上下班途中时间以及因合理事由引起变动的上下班时间等情形。唐某某在工作中因身体不适无法继续工作，向生产负责人请假一小时到医院去看病。故其请假外出一小时看病这一事由具有合理性和必须性，考虑到唐某某请假的目的是能够在身体康复后继续工作，没有脱离与工作相关的实质，应当认定其请假外出一小时属上下班途中的合理时间。鉴于唐某某请假外出目的是看病，医院应为其第一目的地。从公司到医院应当视为其上下班途中的合理路线。因此，唐某某在请假规定的一小时内，从公司去医院途中受到机动车伤害并死亡，符合修订前《工伤保险条例》第14条第6项规定的情形。原终审判决认为唐某某仅是暂时请假中断工作，并非请假下班，不应适用上下班途中受到机动车事故伤害，属适用法律错误，机械地理解了"上下班途中"的规定，不符合《工伤保险条例》的立法本意。江苏省高级人民法院作出终审判决，判决责令丹徒区人社局重新作出工伤认定。后丹徒区人社局最终认定唐某某的死亡性质属于工伤。

（三）员工未请假提前下班，被车撞伤仍属工伤

2010年12月13日中午，九龙坡区某公司员工刘某因家里有事，没有等到下班也没请假就提前走了。然而，他在回家途中却被车撞伤，经医院诊断，腰椎骨折，左小腿皮肤裂伤。事后，经过公安机关认定，刘某不承担事故任何责任。伤好后，刘某要求公司给予工伤待遇，但遭到拒绝。遂向九龙坡区人力资源和社会保障局申请工伤认定。2011年6月，九龙坡区人社局作出认定，刘某受伤属于工伤。

单位不服工伤认定，提起行政诉讼，认为刘某是因私人原因，在没有请假的情形下，擅自脱离工作岗位，无视劳动纪律规定，也无视保安员的劝阻执意离厂，发生交通事故受伤不能算作工伤。九龙坡区人社局辩称，经过调查，刘某是在下班途中受伤，即使如用人单位所述刘某违反了单位的劳动纪律，也不影响工伤性质的认定。法院审理后认为，提前下班属于违反单位劳动纪律的行为，单位可以给予职工相应的违纪处理，但违反内部管理的行为，并不影响工伤性质的认定。具体而言，"上下班"只是对"途中"的限定，强调的重点是"途中"，只要职工在"途中"是为了或者因为"上下班"即可，至于时间则不应作严格限制。同时，提前下班也有两种情形：一是违反用工纪律擅自脱岗提前下班；另一种是通过请假、请示等形式获得同意而离岗提前下班。对于"合纪"提前下班，应当视为正常下班，不存在认定"上下班"的问题；对于"违纪"提前下班的，用人单位通常不承认其间发生的通勤伤害属于工伤范畴。但"违纪"提前下班也属于"上下班"范畴，职工擅自离岗的行为，并没有增加在途中的潜在危险，意外通勤伤害与工作之间的关联性并没有因此而削弱。职工擅自离岗只是违反用工纪律，本身并不属于《工伤保险条例》第16条规定的不构成工伤的法定情形。据此，法院也认为劳动部门认定刘某属于工伤是正确的，对该认定予以了维持。

（四）员工未请假提前下班回老家，发生车祸死亡属工伤

2002年3月15日下午，冯某未请假提前从公司下班，搭车回老家，中途发生交通事故致死。经交警部门事故责任认定其不负事故责任。后冯某妻子戴某向该县劳动局申请对冯某给予工伤（亡）认定。

该县劳动局以冯某擅离工作岗位回老家途中发生交通事故致死,不属下班时间和途中为由,作出《工伤认定决定通知书》,认定冯某"不视同工伤死亡"。戴某不服,遂提起行政诉讼。被告县劳动局辩称,冯某是在上班时间没有通过请假手续离开公司回老家途中发生的交通事故,而非下班途中。经过一审,诉至二审,二审法院认为,冯某在公司虽有宿舍,但冯某父母及妻子戴某均居住在农村,他每周五下午回农村老家已成惯例,故冯某 2002 年 3 月 15 日发生车祸死亡,系下班途中发生的交通事故。至于冯某未请假提前下班,应属违反劳动纪律,系另类法律关系,不影响本案工伤死亡的认定。故上诉人戴某认为冯某系在下班途中遭遇车祸死亡的上诉理由成立。被上诉人县劳动局作出的《工伤认定决定通知书》事实认定不清,适用法规错误,一审判决撤销该通知书正确。遂判决:被上诉人县劳动局在判决生效后两个月内对冯某是否属工伤死亡重新作出认定。

【背景材料】

实习生的劳动与工伤①

在中国,"实习"是指学生在校期间到用人单位的具体岗位上参与实践工作的过程,因而实习期只适用于在校学生。严峻的就业形势加速了大学生实习现象的普遍化,一份良好的实习不仅能够帮助大学生顺利就业,还可以在一定程度上提高大学生的就业质量,因而越来越多的大学生会利用暑假或者课业负担较轻的学期进入国家机关、事业单位和企业中实习。

以新闻行业为例,实习是新闻学生无法绕过的必经关卡。统计资料显示,51.9%的新闻学生曾在传统纸媒实习,43.4%的学生在广播电视台实习,21.9%的学生曾在门户网站实习。许多用人单位在招聘时,甚至有"实习大于一切"的说法,而一份好的实习可以成为未来工作的"敲门砖",因而实习生的"市场"上呈现出很明显的"供过于求"特征。正因如此,不少用人单位将实习生视为"廉价劳动力"甚至"免费劳动力",因为"你不来,有的是人想来",最终形成了实习生"排队被剥削"的现状。

可问题在于,即使费尽周折为自己争取到了"被剥削"的机会,但许多时候做的还是"端茶、倒水、订餐、复印、取快递"的事情,很难真正地进行业务实习,到头来不过是一纸"实习鉴定"。2014 年 8 月,人人网发布国内大学生 2014 年暑期实践专项调查,数据显示,有 61.5%的大学生认为参加的暑期实践与所学专业无关,4 成左右的大学生对暑期实践的工作内容并不满意,还有超过 3 成的大学生表示暑期实践的支出超过收入。

中国大学生在实习期间的权益主要会受到以下三种形式的侵害:

第一,工作时间被随意延长,休息时间难以保证。2011 年,《中国青年报》刊文《广州一家企业聘用实习生人数超过正式员工》,指出:广州一家世界 500 强公司的子公司,使用实习生的人数达 1200 余名,其正式员工也不过 1 100 余名。这些实习生经过短时间的培训后,立即和正式员工一样每个月高负荷加班上百个小时,远远超过《劳动法》规定的 36 个小时。

第二,实习工资、交通费用、用餐补助、休假权等正当劳动报酬和劳动权益难以得到保障,许多实习单位在确定实习生的工资时表现出了很大的随意性。"低薪""无薪"早已常见,以媒体行业为例,超过 6 成的实习生没有补贴,只有少部分人会有稿费或者交通费。而现在,有些单位甚至要求实习生每月交纳 500 元甚至 1 000 元的"实习生管理费",许多时候实习生都要倒贴交通费和餐费。

第三,关于企业与实习生的合同订立,中国目前并没有强制性的规定,这使得许多用人单位并不与

① 摘编自佚名:《女实习生遭性侵 为何"羊入虎口"》,搜狐网,2016 年 7 月 1 日,https://www.sohu.com/a/100370654_128238,访问日期:2024 年 10 月 6 日。

实习生签订实习合同或协议，一旦出现问题，实习生权益难以得到保障。即使签订实习合同或实习协议，也只是对实习时间、专业、岗位、待遇等作出粗略的约定，对实习的具体内容、工作时间、实习工资、相关福利、医疗保险、出现实习纠纷时的解决渠道等方面并没有具体规定。

与实习相关的法律、法规主要体现在：2003 年，教育部办公厅颁布了《关于进一步加强中等职业学校实习管理工作的通知》，指出："职业学校要妥善选择实习单位，安排学生到生产技术先进、管理严格、经营规范、遵纪守法和社会声誉好的企事业单位和其他社会组织实习，并就实习事宜与实习单位签订协议，明确双方的权利、义务以及学生实习期间双方的管理责任。"我国《劳动法》第 2 条规定："在中华人民共和国境内的企业、个体经济组织（以下统称用人单位）和与之形成劳动关系的劳动者，适用本法。国家机关、事业组织、社会团体和与之建立劳动合同关系的劳动者，依照本法执行。"《劳动法》第 16 条规定："劳动合同是劳动者与用人单位确立劳动关系、明确双方权利和义务的协议。建立劳动关系应当订立劳动合同。"但是，由于许多时候实习学生没有与实习单位签订正式的劳动合同，实习行为很难用劳动法来约束。此外，由于实习协议没有准确定位学生在实习期间学校、学生及实习单位三方的法律关系和各方应尽的义务，学生权益受到侵害时互相推诿的情况也时有发生。

针对职业学校的学生，《职业教育法》第 50 条规定："国家鼓励企业、事业单位安排实习岗位，接纳职业学校和职业培训机构的学生实习。接纳实习的单位应当保障学生在实习期间按照规定享受休息休假、获得劳动安全卫生保护、参加相关保险、接受职业技能指导等权利；对上岗实习的，应当签订实习协议，给予适当的劳动报酬。"但对什么样的薪酬才算是"适当的劳动报酬"，法律并没有具体规定。

人力资源和社会保障部的前身劳动部于 1995 年 8 月颁布了《关于贯彻执行〈中华人民共和国劳动法〉若干问题的意见》，第 12 条明确规定："在校生利用业余时间勤工助学，不视为就业，未建立劳动关系，可以不签订劳动合同。"学生在实习期间发生伤害事故，不属于工伤，不能享受工伤保险待遇，但可以以雇佣关系向用人单位主张权利，或由学校基于与单位之间的实习合同的相关约定主张权利。

那么，欧美国家如何保障实习生的权益？

在欧美等国的许多地区，实习已经被列为教学部分，相应地，保障大学实习生权益的法律体系建设已经比较完善，有很多值得中国借鉴之处。

美国也存在无薪实习，电影《当幸福来敲门》中的男主角当时在一家股票公司实习的时候也是没有实习工资的，美国《联邦劳动法》也没有明确规定实习生一定要有薪酬，但却对提供"无薪实习"的企业提出要求，即"必须提供类似职业学校一样的实习培训，并且能够使实习生受益"。这就避免了实习生成为"无偿的清洁工或送餐员"，而电影《当幸福来敲门》中的男主角在实习过程中虽然没有工资，但也没有"打杂"，做的都是与股票交易有关的工作。在美国，即使是带薪实习，老板也不能让实习员工做额外工作，否则就要另外支付薪水，在许多金融公司中，如果实习生需要加班，算上加班费的实习工资甚至会高于正式员工的工资。

德国实行"双元制"，即职业院校和企业合作教学，实习已经成为教学的一部分，由于学校规定和企业要求一个普通大学生的实习次数不少于三次，因而德国社会对实习生的待遇和权益保护问题非常重视。德国劳工部和工会组织就此提议制定一份详细的实习规范，具体到"煮咖啡"是否需要写入劳动协议。一些德国大学生还成立了"公平工作"组织，旨在提高实习生待遇。德国法律规定实习期的最低报酬标准为每小时 7 欧元，同时规定实习期所得薪酬不需要缴纳任何税费。

在英国，实习生要被当作正式员工一样平等对待，已经被纳入英国社会人员管理体系的重要范畴，甚至有些企业还把实习生看作是人才储备的重要部分。英国法律规定，实习生每小时的最低工资为 5 英镑，且给予税收减免。

在澳大利亚，有 300 多个负责学生培训实习的社会服务机构，这些机构免费帮助学生寻找实习单位、协商实习内容和安排、辅助学生鉴定实习合同、落实学生的工资及福利待遇，并将这些实习培训合同注册到相应的州和地区的培训局。

凡劳动均有风险,实习生也不例外。由于年纪轻、无经验等特征,实习生遭遇工伤的概率反而远大于其他劳动者。在我国,由于法律的缺失或者说排斥,实习生在劳动中受到的伤害不受工伤相关的法律认定与保障,这对实习生们来说无疑是雪上加霜。1996 年 8 月 12 日,劳动部颁布的《企业职工工伤保险试行办法》第 61 条明确规定,到参加工伤保险的企业实习的大中专院校、技工学校、职业高中学生发生伤亡事故的,可以参照本办法的有关待遇标准,由当地工伤保险经办机构发给一次性待遇。工伤保险经办机构不向有关学校和企业收取保险费用。但是,到了现行的《工伤保险条例》,这一条文的内容和精神都不复存在,相关认定和保障也就无从谈起。而且,一项已经实施过的法律条文被删除,其立法意义并不等同于立法中没有规定,尤其不等同于立法从未涉及。将已有的规定从法律文本中删除或者修改,表明的是立法者对此项规定的否定,体现的是立法者的否定性评价或者说否定性立法意图。于是,我国实习生在实习劳动中遭遇工伤,便成了司法实践中的一个难题。司法实践或者可以在理论上探讨,但对遭受身体和精神创伤的年轻学子们来说,这些是难以承受的双重打击和痛楚。

二、工伤认定的程序

工伤认定是由法律规定的机构对特定伤害是否属于工伤范围的确认,这是确定提供工伤保险待遇的依据。工伤认定必须经过法定的程序。

(一) 报告与申请

职工发生事故伤害或者按照《职业病防治法》规定被诊断、鉴定为职业病,所在单位应当自事故伤害发生之日或者被诊断、鉴定为职业病之日起 30 日内,向统筹地区社会保险行政部门提出工伤认定申请。遇有特殊情况,经报社会保险行政部门同意,申请时限可以适当延长。

用人单位未按前述规定提出工伤认定申请的,工伤职工或者其近亲属、工会组织在事故伤害发生之日或者被诊断、鉴定为职业病之日起 1 年内,可以直接向用人单位所在地统筹地区社会保险行政部门提出工伤认定申请。

(二) 受理与认定

社会保险行政部门受理工伤认定申请后,根据审核需要可以对事故伤害进行调查核实,用人单位、职工、工会组织、医疗机构以及有关部门应当予以协助。职业病诊断和诊断争议的鉴定,依照职业病防治法的有关规定执行。对依法取得职业病诊断证明书或者职业病诊断鉴定书的,社会保险行政部门不再进行调查核实。

社会保险行政部门应当自受理工伤认定申请之日起 60 日内作出工伤认定的决定,并书面通知申请工伤认定的职工或者其近亲属和该职工所在单位。社会保险行政部门对受理的事实清楚、权利义务明确的工伤认定申请,应当在 15 日内作出工伤认定的决定。作出工伤认定决定需要以司法机关或者有关行政主管部门的结论为依据的,在司法机关或者有关行政主管部门尚未作出结论期间,作出工伤认定决定的时限中止。

三、劳动能力鉴定

劳动能力鉴定,亦称丧失工作能力鉴定,是鉴定机构根据法定的鉴定标准,对遭遇工伤事故或患职业病的劳动者的劳动功能障碍程度和生活自理障碍程度的等级鉴定。

根据我国《工伤保险条例》的规定，劳动能力鉴定标准由国务院社会保险行政部门会同国务院卫生行政部门等部门制定。劳动能力鉴定一般都由专门的机构负责组织实施，具体的鉴定工作一般委托有条件的医疗机构或者聘请具有鉴定资格的医生组成专家组进行。

我国2010年修订后的《工伤保险条例》简化了工伤认定程序，要求对事实清楚、权利义务明确的工伤认定申请，应当在15日内作出工伤认定的决定。同时取消了工伤认定争议中的行政复议前置程序，缩短了争议处理的程序和时间，有利于保护工伤职工的合法权益。在行政复议和行政诉讼期间不停止支付工伤职工治疗工伤的医疗费用的新规定，使工伤职工能够得到及时救治，也可以从制度上遏制部分用人单位的恶意诉讼。

【背景材料】

醉酒伤亡不能认定为工伤①

笔者认为，醉酒伤亡不能认定为工伤，具体原因如下：

一、与工伤保险的性质相悖

工伤保险所保之“险”为职业危险，是对劳动者在职业活动中受到的职业伤害提供社会保障。职业危险特指在生产工作中发生的工伤事故和职业性有害因素对职工健康和生命造成的危险。这种危险客观存在，由外界直接伤害引起，危险发生与否具有不确定性。

以职业伤害为特征的工伤源于以机器为生产设施的工业劳动。凡是利用机器从事生产活动的雇主和企业，都有可能对雇员造成职业伤害。职业伤害赔偿是机械化大生产的成本因素之一，也是大工业生产成本的必然组成部分。在机器生产中，劳动者所处的劳动环境本身就具有危险性，人与机器相比总是处于相对弱小的地位，劳动者受到伤害是难免的。

醉酒，除了在小品中偶尔算得上是“职业”外，还没有哪个国家或者社会把它认定为职业，也没有任何迹象表明醉酒行为系进行中的工业生产劳动。醉酒活动不具备工业生产中必然具有的职业危险，也与工业生产中的职业伤害无关，因而也没有任何国家或者社会把醉酒纳入工伤的范畴。

二、与工伤保险的目的相悖

工伤保险的根本目的不在于赔偿，不在于责任追究，而在于预防、减少和避免工伤事故的发生。

发生工伤事故，会严重损害职工的健康甚至生命，这是任何赔偿或者责任追究都无法挽回和弥补的。为此，改善劳动者的劳动条件，提高劳动环境的安全卫生水平就尤为重要。而要做到这些，用人单位或雇主是起决定性作用的，或者说只有用人单位或雇主才能做到。所以，将职业伤害纳入工伤保险，在工伤赔偿中加重用人单位或雇主的责任，可以促使以预防为主来加大安全生产的投入和管理，从而减少生产事故的发生，降低工伤赔偿的支付，保障劳动者的安全和健康。在工伤保险中，通过对保险金缴纳实行差别费率和浮动费率等措施，也是为了督促用人单位加强劳动安全卫生工作，保护职工的健康和安全，积极改善劳动条件，促进工伤预防，减少工伤危险造成的伤害。

将醉酒纳入工伤保险，无疑是对醉酒者的保护和鼓励。在酒精与法律制度的双重保障下，“预防、减少和消除工伤事故发生”的目的将更无所顾忌地被“干”掉。

三、与工伤赔偿的原则相悖

工伤保险实行无过错赔偿原则，无论职业伤害责任属于雇主、其他人或者劳动者自己，受害者都应得到必需的补偿。只要劳动者因工负伤、致残、死亡，不管过失出自何人，雇主或者说用人单位均有义

---

① 摘编自黎建飞：《醉酒死亡不能认定为工伤》，华律网，2016年4月22日，https://lawyers.66law.cn/s2d08346160c14_i257777.aspx，访问日期：2024年9月7日。

务赔偿劳动者的经济损失。

这一原则的基础在于:工伤事故的赔偿,是对工人因职业伤害遭受的经济损失和劳动能力损失的补偿,不能因工人操作的过失而受到影响。即使在雇主和企业无过失的情况下,发生工伤事故后,雇主或者说用人单位都要承担赔偿责任。因为工伤保险制度在立法上会认定劳动者受到的伤害都是非自愿的,工业社会的法律会推定劳动者不会自己伤害自己。

就醉酒而言,如果适用工伤赔偿,恐怕很难证明醉酒者的行为是非自愿的,也很难证明其本人"不会自己伤害自己",更难以找到除其本人以外的责任人。

【典型案例】

上下班绕道与干私活①

刘某某系上海某某国际贸易有限公司员工,1991 年 7 月 20 日生,担任外贸销售一职。2016 年 11 月 9 日 17 时 17 分许,刘某某在下班返回其男友余某某的居住地时发生交通事故,刘某某承担次要事故责任,人社局对刘某某的受伤情况未予认定工伤。2017 年 9 月 21 日,刘某某向人社局提出工伤认定申请。2017 年 12 月 22 日,人社局作出不予认定工伤决定,余某某的居住地并非刘某某的经常居住地,亦不符合工伤保险相关法律所规定的其他居住地址。因此,事发当日刘某某下班后的行进路线不属于法定的下班途中范畴,其受伤不符合工伤认定的法定情形。

刘某某不服,遂起诉到上海市浦东新区人民法院。刘某某认为,其往返于较为固定的男友住处和工作地点之间,系在上下班途中发生交通事故,且属于在合理时间内并未改变以上下班为目的的合理线路范围内,应当认定为工伤,故诉请撤销被诉的不予认定工伤决定。上海市浦东新区人民法院在审理中适用《工伤保险条例》第 14 条第 6 项的规定:在上下班途中,受到非本人主要责任的交通事故或者城市轨道交通、客运轮渡、火车事故伤害的,应当认定为工伤。最高人民法院《关于审理工伤保险行政案件若干问题的规定》第 6 条规定,对社会保险行政部门认定下列情形为"上下班途中"的,人民法院应予支持:(1) 在合理时间内往返于工作地与住所地、经常居住地、单位宿舍的合理路线的上下班途中;(2) 在合理时间内往返于工作地与配偶、父母、子女居住地的合理路线的上下班途中;(3) 从事属于日常工作生活所需要的活动,且在合理时间和合理路线的上下班途中;(4) 在合理时间内其他合理路线的上下班途中。

上海市浦东新区人民法院认为,"上下班途中"是指职工为了上下班而往返于居住地和工作场所之间的合理路途。刘某某往返于男友余某某的居住地的路线非上述规定中的"上下班途中",理由说得很明白:第一,工伤认定中的"上下班途中"一般指从固定居所到工作场所之间的正常路线。公司为刘某某提供住宿,刘某某也具有长期在宿舍居住的事实,而刘某某于 8—9 月在男友余某某处居住系基于两人恋爱关系的留宿,而非基于生产、生活的经常居住。在缺乏证据证明刘某某具有其他合法居住地时,公司提供的宿舍即应为刘某某的居住地。第二,基于工伤认定保障劳动者因工受伤后能够得到救济的法律原则与精神,除经常居住地外,对于"居住地"可以进行适当的扩大解释,根据相关法律规范的规定,"居住地"一般包括:当事人户籍所在地,父母、配偶、子女居住地,基于生产、生活而具有合法居住基础及居住事实的居住场所等,但刘某某男友的居住地仍不属于上述任何一种情形。第三,对"居住地"的扩大解释一般应考量以下因素:日常工作生活需要,基于所有权、租赁关系等而具有合法居住权

① 摘编自毕陆名:《下班去男友家留宿发生交通事故,90 后女员工不满工伤认定状告人社局,法院的判决说得很明白》,每经网,2021 年 9 月 7 日,https://www.nbd.com.cn/rss/toutiao/articles/1906365.html,访问日期:2021 年 9 月 10 日。

利,基于家庭生活、近亲属关系等具有居住事实,具有较为频繁、固定的居住规律。刘某某虽具有下班后前往男友居住地的事实,但其既没有户籍、所有权、租赁关系等居住基础,也不属于配偶、父母、子女等居住地的范畴。所以,男友居住地并不能等同于刘某某的居住地,其实质系刘某某基于恋爱关系而留宿男友处,对于这一结论,刘某某在遇到人口普查登记地址时以登记在单位为由未予登记也可予以佐证。

刘某某男友余某某的居住地,并非刘某某的日常居住地,而是刘某某基于两人恋爱关系的留宿地,故刘某某在下班后前往余某某居住地发生交通事故而受伤的情形不符合《工伤保险条例》第14条、第15条规定的应当认定为工伤或视同工伤的情形,人社局据此作出不予认定工伤决定并无不当。人社局在经补正程序受理刘某某的工伤认定申请后,经调查在法定期限内作出不予认定工伤决定并送达各方当事人,程序合法。法院据此判决驳回刘某某的诉讼请求。

四、《职业病防治法》的修改

(一) 2011年的重大修改

2011年12月31日,十一届全国人大常委会二十四次会议表决通过了《关于修改〈中华人民共和国职业病防治法〉的决定》,并于当天公布实施。

此次修改后的《职业病防治法》在立法观念上发生了根本性的变化,即对职业病的处理思路从过去的"重治"转移到"重防",从而直接导致了立法技术的提高和法律内容的变革,比如有关职业病防治主体、用人单位责任等方面的规定都发生了变化,这些变化使得该部法律对劳动者的保护更加切实可行。

1. 防治主体变化

2001年的《职业病防治法》只将卫生行政部门作为从事职业病防治工作的主体,但很多工作仅仅依靠卫生行政部门是不能完成的。此次修改后的《职业病防治法》不但将安全监督部门、劳动保障部门加了进来,而且将安全监督部门的工作定位为整个职业病防治工作的重中之重,而安全监督部门的工作重点又放到了对职业病的前期预防上。

2. 用人单位责任加强

此次修改后的《职业病防治法》规定,用人单位的主要负责人对本单位的职业病防治工作全面负责。劳动者被诊断患有职业病,但用人单位没有依法参加工伤保险的,其医疗和生活保障由该用人单位承担。该规定直接加强了用人单位,尤其是用人单位负责人的责任。无论劳动者的职业病是在哪个单位得的,只要劳动者病发时所在的用人单位没有为其缴纳工伤保险,该用人单位就要承担劳动者的医疗和生活保障费用。

3. 举证责任倒置

此次修改后的《职业病防治法》规定没有证据否定职业病危害因素与病人临床表现之间的必然联系的,应当诊断为职业病。用人单位应当如实提供职业病诊断、鉴定所需的劳动者职业史和职业病危害接触史、工作场所职业病危害因素检测结果等资料;劳动者和有关机构也应当提供与职业病诊断、鉴定有关的资料。当事人在仲裁过程中对自己提出的主张,有责任提供证据。劳动者无法提供由用人单位掌握管理的与仲裁有关的证据的,仲裁庭应当要求用人单位在指定期限内提供;用人单位在指定期限内不提供的,应当承担不利后果。

在职业病认定中劳动关系的认定一直是难题中的难题,此次修改后的《职业病防治法》第一次在职业病认定中确立了举证责任倒置的规则,这是立法观念中一个很大的转变。如果用人单位掌握了某些证据,如考勤表等,却不如实提供,主管部门可以要求用人单位提供;如果此时用人单位仍然拒不提供,就要承担败诉的法律后果。

4. 明示职业危害

此次修改后的《职业病防治法》规定,产生职业病危害的用人单位,应当在醒目位置设置公告栏,公布有关职业病防治的规章制度、操作规程、职业病危害事故应急救援措施和工作场所职业病危害因素检测结果。很多职业病是不明示职业危害造成的,这次在法律中明确用人单位必须明示岗位的职业危害,这对于职业病的防治是非常重要的。

(二) 2018 年的最新调整

2018 年 12 月 29 日,十三届全国人大常委会七次会议对《职业病防治法》又作了修改。

第一,删去第 2 条第 3 款、第 9 条、第 15 条、第 29 条第 2 款、第 35 条第 1 款、第 67 条、第 82 条中的"安全生产监督管理部门",第 16 条第 3 款中的"会同国务院安全生产监督管理部门",第 50 条中的"和安全生产监督管理部门"。

第二,将第 16 条、第 17 条第 4 款、第 18 条第 4 款、第 26 条、第 27 条、第 37 条第 1 款、第 47 条、第 48 条、第 63 条、第 64 条、第 70 条、第 71 条、第 72 条、第 73 条、第 75 条、第 77 条中的"安全生产监督管理部门"修改为"卫生行政部门";将第 61 条第 1 款中的"民政部门"修改为"医疗保障、民政部门";将第 69 条中的"安全生产监督管理部门和卫生行政部门依据职责分工"修改为"卫生行政部门"。

第三,将第 43 条第 1 款修改为:"职业病诊断应当由取得《医疗机构执业许可证》的医疗卫生机构承担。卫生行政部门应当加强对职业病诊断工作的规范管理,具体管理办法由国务院卫生行政部门制定。"第 2 款修改为:"承担职业病诊断的医疗卫生机构还应当具备下列条件:(一) 具有与开展职业病诊断相适应的医疗卫生技术人员;(二) 具有与开展职业病诊断相适应的仪器、设备;(三) 具有健全的职业病诊断质量管理制度。"

第四,将第 79 条修改为:"未取得职业卫生技术服务资质认可擅自从事职业卫生技术服务的,由卫生行政部门责令立即停止违法行为,没收违法所得;违法所得 5 000 元以上的,并处违法所得 2 倍以上 10 倍以下的罚款;没有违法所得或者违法所得不足 5 000 元的,并处 5 000 元以上 5 万元以下的罚款;情节严重的,对直接负责的主管人员和其他直接责任人员,依法给予降级、撤职或者开除的处分。"

第五,将第 80 条修改为:"从事职业卫生技术服务的机构和承担职业病诊断的医疗卫生机构违反本法规定,有下列行为之一的,由卫生行政部门责令立即停止违法行为,给予警告,没收违法所得;违法所得 5 000 元以上的,并处违法所得 2 倍以上 5 倍以下的罚款;没有违法所得或者违法所得不足 5 000 元的,并处 5 000 元以上 2 万元以下的罚款;情节严重的,由原认可或者登记机关取消其相应的资格;对直接负责的主管人员和其他直接责任人员,依法给予降级、撤职或者开除的处分;构成犯罪的,依法追究刑事责任:(一) 超出资质认可或者诊疗项目登记范围从事职业卫生技术服务或者职业病诊断的;(二) 不按照本法规定履行法定职责的;(三) 出具虚假证明文件的。"

【典型案例】

值班遇刺未被认定为工亡①

2004年6月5日凌晨1时许，一名叫张伟的男子敲开了双流县东升镇天立医院的卷帘门，声称看病。值班医生周建宏见他是本院护士王俊秀的男友，就没有注意他的行动。张在周埋头开处方时，突然掏出一把尖刀猛刺周的颈部，致其失血性休克当场死亡。

2004年10月10日，双流县劳动和社会保障局作出对周建宏《不予工亡认定决定书》。对这一认定，死者父母没有认同，认为这一做法是剥夺了儿子的“工伤保险待遇”，遂于2005年2月18日向双流县人民法院提起行政诉讼，要求双流县劳动和社会保障局撤销《不予工亡认定决定书》，认可周建宏被害系工亡。

在诉状中，死者父母周辛甲、郭淑珍陈述了儿子之死理当认定为工亡的原因。老两口说，凶手到医院是为了抢钱，未能得逞后，就行凶杀人。儿子被害的时间是凌晨1时许，是在他值夜班的时间范围内。而遇害的地点在医院的诊断室，这说明他是死在工作岗位上的。遇害时，他还在为“病人”开处方，可见在死时他还在执行值班任务，尽医生的职责。现在他人死了，没有被认定为工亡是错误的。

而双流县劳动和社会保障局则在向法院递交的答辩状中称，没将周遇害认定为工亡是正确的，理由是：从警方的调查和检察院起诉凶手的起诉书中指控的事实可以看出，死者周建宏不是因工受到事故伤害死亡的，而是因凶犯张伟怀疑其女友王俊秀与他关系暧昧，遂产生报复杀人念头而遇害的。

【背景材料】

公共卫生事件中工伤的认定与扩展

一、医护工作者

2003年7月14日，国务院办公厅在《关于妥善处理因防治非典型肺炎引发的矛盾和纠纷的通知》中规定，“对因履行职务感染的人员，要按工伤对待”。2015年1月6日，国务院办公厅在《关于加强传染病防治人员安全防护的意见》中规定：“将重大传染病防治一线人员，纳入高危职业人群管理。对在重大传染病疫情中参与传染病防治工作致病、致残、死亡的人员，参照机关事业单位工伤抚恤或工伤保险等有关规定给予抚恤、保障。”

这些规定一以贯之地表明，医护人员在公共卫生事件防治工作中会直接面临职业暴露的感染风险，加强传染病防治人员的安全防护，是保障其身心健康和生命安全的必然要求，也是科学有效开展传染病防治的重要举措，给予他们工伤认定保障是对公共卫生事件中传染病防治人员健康权益的切实维护。

二、检疫人员

卫生检疫是我国公共卫生工作的重要组成部分和关键环节，在传染病防治中发挥着特殊的不可替代的作用。口岸卫生检疫人员在严防传染病跨境传播时，也直接面临着职业暴露的感染风险。加强口岸传染病防治人员的安全防护，切实维护口岸传染病防治人员的健康权益是公共卫生事件中必不可少的措施。2016年3月15日，原国家质检总局在《关于加强传染病防治人员安全防护的意见》明确规定，将从事口岸重大传染病防控工作的一线人员纳入高危职业人群管理。将因工作原因感染传染病致残的等级与工伤伤残等级相衔接，建立明确的补助标准。对工伤情况按照短期失能、长期致残、死亡三个

① 摘编自李晓波：《男医生值班时遇刺身亡，情杀是否算工伤引争议》，新浪网，2005年5月18日，http://news.sina.com.cn/s/2005-05-18/10196675505.shtml，访问日期：2014年12月23日。

方面进行分类并予以相应的医疗救助和经济补偿。

三、空乘人员

空乘人员在密闭的环境中工作,在公共卫生事件中极易感染。将空乘等服务人员在工作中受到的感染纳入工伤范围,是对这些在特殊时期仍然为社会需要和公众出行提供服务者的合法权益提供保障,也是现代社会发展中应当正视的一个普遍性社会问题。与空乘人员类似的还有超市职工及公交、地铁和轮渡上的司乘人员。

在公共卫生事件中,一些特殊工作环境中的劳动者,受到公共卫生事件感染的风险远远高于其他行业和其他劳动者。对于他们的感染,应当考虑认定为工伤,因为他们是在不安全也不卫生的劳动环境中工作,并且由此染病的。对于这种劳动环境直接导致的劳动者感染重大疾病进行工伤认定,与工伤保险坚持的"因工作受到伤害"的立法精神是吻合的。

四、志愿人员

在公共卫生事件中,人们常以"志愿者"的名义参与各项工作,包括危险性很高的防疫和救治工作。他们大多与其他参与者一样,进行全天候的相关劳动,也领取相应的报酬。由于志愿者不是有特定身份的医护人员,也不是在编的防疫工作人员,在公共卫生事件中应当为志愿者提供工伤保险。对在志愿工作中感染疾病或者受到其他伤害的志愿者进行工伤认定,并为他们提供一视同仁的工伤保险待遇。

第四节　工伤保险的责任原则

一、工伤保险责任原则概述

工伤保险的责任原则是指发生工伤事故后,确定职工工伤保险的责任由谁承担的基本准则。

鉴于在生产和工作中,职业的危险客观存在的事实已得到普遍认同,1884年7月6日德国公布的工伤保险法案《劳工伤害保险法》中,第一次明确规定:劳动者受到工业伤害而负伤、致残、死亡,不管过失或责任在何方,雇主均有义务赔偿工人的收入损失,伤残者均有权获得经济补偿。此后,这一原则被称为"职业的危险"或"无责任补偿"原则。到20世纪初,几乎所有的工业化国家都将这一原则写进本国的劳动法规,"职业的危险"或"无责任补偿"原则成为世界各国确定工伤保险责任时普遍适用的准则。

在劳动关系中,用人单位对劳动者在劳动过程中的安全和健康负有保护义务,这也是用人单位对国家的责任。劳动者遭受职业伤害,意味着用人单位违反了劳动保护义务,用人单位就应对受伤害的劳动者负赔偿责任。这种责任是基于法律规定而非合同约定所产生,既不能通过合同约定减免这种责任,也不能以劳动者有过失为由来改变这种责任。同时,由于现代工业生产是有高度危险来源的场合,在机器生产和现代化生产的条件下,职业危险因素也属于高度危险。当损害事故发生时,高度危险来源的管理者本身就应当承担赔偿责任,而不必考虑该管理者有无过错。

根据"无责任补偿"或者"无过失补偿"原则,工伤保险立法要求用人单位在发生工伤事故进行补偿时,无论事故的责任在用人单位还是劳动者本人,都应给予劳动者经济补偿。

二、我国工伤保险的责任原则

我国的工伤保险实行无过错责任原则，即：在生产工作过程中或法定特殊情况下，发生意外事故使职工负伤、残废或死亡，无论责任归于何方，用人单位均应承担赔偿责任，职工均应依法享受工伤保险待遇。我国工伤保险实行无过错责任原则包括以下内容：

第一，工伤保险费由用人单位全额缴纳，职工个人不需缴纳。在工伤保险中，保险费是由用人单位缴纳的，劳动者个人不缴纳任何费用。这是工伤保险与养老保险、失业保险等其他社会保险的显著区别。因为工伤是对劳动者的伤害，使劳动者部分或者完全丧失劳动能力，而这种损失是在劳动者为用人单位劳动中发生的，所以不应要求劳动者个人缴纳工伤保险费。为了保障因工受伤的劳动者及其家庭的基本生活，法律要求用人单位给劳动者缴纳全部保险费，以此承担对劳动者的全部赔偿责任。用人单位按照规定缴纳保险费后，即把自己对职工工伤保险的责任转于社会保险经办机构，该用人单位的工伤风险从仅由本单位承担改为由社会承担。

第二，对职工在工作时间、工作区域内的因工伤亡（包括因工随车外出发生交通事故而造成的伤亡），即使本人有一定的责任，都应认定为工伤，给予工伤保险待遇。

第三，在法定特殊情况下发生意外事故，如：在上下班的规定时间和必经路线上，发生无本人责任或者非本人主要责任的道路交通事故的，应当认定为工伤。

无过错责任原则不适用于职工因犯罪或违法、自杀或自残、斗殴、酗酒、蓄意违章及法律法规规定的其他情形造成的负伤、致残、死亡，发生这些情况，不应认定为工伤。同时，认定职工工伤，给予职工工伤保险待遇，并不影响企业按规定对违章操作的职工给予其他处分。

【典型案例】

违章被撞认定工伤①

刘某系于都县某工厂工人。2007 年 1 月 30 日 14 时 15 分左右，刘某骑自行车上班，途中横过马路时被陈某驾驶的摩托车撞伤，造成左侧额颞脑挫伤并血肿形成，左额颞部急性硬膜下血肿，颅底骨折等。同年 4 月 30 日刘某向劳保机关申请工伤认定，劳保机关经调查后作出陈某属于工伤的认定决定。工厂不服，向省劳动和社会保障厅申请行政复议，复议机关维持劳保机关所作出的工伤认定决定。工厂仍不服，起诉至法院，要求撤销劳保机关作出的工伤认定决定。

一审法院审理后以刘某违反《道路交通安全法》的行为不属于《工伤保险条例》规定的不得认定为工伤的情形为由，判决维持劳保机关的工伤认定决定。工厂不服一审判决，上诉至赣州市中级人民法院。二审法院认为，刘某骑车横过对面公路时，疏于谨慎，在未确认安全后直行通过，虽有过错，但这种一般性的交通违章行为不能视同为违反治安管理的行为，两者在性质上完全不同，故本案不能适用《工伤保险条例》第 16 条的规定。该院遂作出维持原判的终审判决。

---

① 摘编自肖福林：《上班途中被摩托撞伤，违反交规仍定工伤》，中国法院网，2008 年 12 月 10 日，http://www.chinacourt.org/article/detail/2008/12/id/335802.shtml，访问日期：2014 年 12 月 23 日。

第五节　工伤保险的待遇

工伤保险待遇关系到劳动者的切身利益,历来为各国法律和国际公约所重视。例如,对于工伤医疗待遇,1952年《社会保障最低标准公约》提出:工伤保险为工伤工人提供的每一种类型的医疗照顾都不允许工人分担费用,应当对工伤工人提供不受时间限制的医疗照顾。1964年《工伤事故和职业病津贴公约》又增加了对遭受严重意外事故的人的紧急治疗和对那些伤势不重并不需要中断工作的人的疾病定期检查。

在我国,根据《工伤保险条例》的规定,工伤保险待遇主要有:

一、工伤医疗待遇

职工因工负伤或者患职业病进行治疗,享受工伤医疗待遇。工伤医疗待遇从工伤保险基金支付,包括:(1) 工伤医疗费用。职工治疗工伤所需的符合工伤保险诊疗项目目录、工伤保险药品目录、工伤保险住院服务标准的全部费用。(2) 康复性治疗费用。(3) 辅助器具安装配置费用。工伤职工因日常生活或者就业需要,经劳动能力鉴定委员会确认,可以安装假肢、矫形器、假眼、假牙和配置轮椅等辅助器具,所需费用按国家规定标准从工伤保险基金支付。

二、伤残待遇

伤残待遇包括:(1) 一次性伤残补助金。(2) 伤残津贴。(3) 生活护理费。伤残待遇,从工伤保险基金支付。

三、因工死亡待遇

职工因工死亡,其近亲属按照规定从工伤保险基金领取丧葬补助金、供养亲属抚恤金和一次性工亡补助金。

此外,职工因工外出期间发生事故或者在抢险救灾中下落不明的,从事故发生当月起3个月内照发工资,从第4个月起停发工资,由工伤保险基金向其供养亲属按月支付供养亲属抚恤金。生活有困难的,可以预支一次性工亡补助金的50%。职工被人民法院宣告死亡的,按照因工死亡的规定处理。

根据《工伤保险条例》的规定,工伤职工有下列情形之一的,停止享受工伤保险待遇:(1) 丧失享受待遇条件的;(2) 拒不接受劳动能力鉴定的;(3) 拒绝治疗的。

【典型案例】

法条不能嫁接[①]

在"薛翠英与甘肃省人民政府等不予工伤认定再审案"中,最高人民法院裁判:井鹏因在上班途中突发疾病死亡,而非受到"非本人主要责任的交通事故或者城市轨道交通、客运轮渡、火车事故伤害",

① 摘编自魏哲哲:《因工作受伤过多久都得赔偿》,《人民日报》2016年9月7日。

故井鹏的死亡不符合《工伤保险条例》第 14 条的规定。①

在一些案件中，尤其是在工伤认定中经常出现对法条的嫁接适用，即合并两个条文的一部分得出一个新结论。如本案中再审申请人的主张就是嫁接了《工伤保险条例》第 14 条和第 15 条，具体地说是把第 14 条第 6 项的前半句"在上下班途中"与第 15 条的后半句"突发疾病死亡或者在 48 小时之内经抢救无效死亡"嫁接起来，从而得出本案应当认定工伤的结论。

法律条文是不能嫁接的，因为一加一不等于其中的任何一个一。法理学告诉我们法律规范是由假定、处理和制裁这三个要素构成的，其中的"假定"既是特定的法律适用前提，也是特定的法律适用条件。这个前提和条件既不能挪移也不能借用，否则就会张冠李戴，所用非法。

在本案中，最高人民法院首次明确了"视同工伤"与"认定工伤"的差异：视同工伤不要求必须是工作原因导致的伤害，而是基于社会公共利益或者公平正义的原则，对职工的一种倾斜性保护，给予职工以工伤保险待遇。对视同工伤应当严格按照法律规定执行，对工作时间和工作岗位不宜再作扩大解释。这么精辟的论断也应当归功于法理学，因为其准确理解了与工伤相关的法理，运用了法理学中的"从严解释"规则。最高人民法院在法理基础上对两者进行区别不仅非常必要也非常准确，这在一定程度上也回应了笔者 2016 年说过的："工伤的根本特点在于'三工'：工作时间、工作地点、因工作原因。其中，伤害是不是工作原因造成的，是关键。""对于自身疾病，《工伤保险条例》规定，突发疾病死亡或者在 48 小时之内经抢救无效死亡的，视同工伤，这是对传统工伤界限的突破。"

【背景材料】

对于"双重赔偿"的思考②

工伤赔偿中的"双重赔偿"是一个由来已久的有争议的问题。工伤中的双重赔偿主张主要出现在两种场合中：一是道路交通事故中的工伤，既应当由道路交通事故的责任人或其所投保的保险公司承担责任，也同时产生了工伤赔偿责任。二是在前些年的境外劳动中，劳动者通常都是国内企业的正式职工，当该劳动者受企业指派或直接随所在企业在境外劳动中受伤时，既产生了由境外相关单位按照所在国的工伤标准进行赔偿的责任，也同时产生了由国内企业承担的工伤责任。

在此方面的基本分歧是：劳动行政部门反对双重赔偿，主张就高不就低的赔偿原则，即当劳动者在一次工伤中能够得到两项赔偿时，可以且只能得到最高的一项赔偿，不能同时得到两项赔偿。在有两项赔偿并存的场合，如果用人单位或者工伤保险经办机构没有支付相关费用则无须支付；如果已经垫付则由当事人在得到另一项赔偿后返还给用人单位或者工伤保险经办机构。这种主张集中地反映在劳动部 1996 年 8 月 12 日颁布的《企业职工工伤保险试行办法》第 28 条中（后来的《工伤保险条例》和现在的《社会保险法》已无明确说法，但实践中争议却并不少见）。客观地说，如果允许一次工伤的受损者得到双重赔偿，会产生一个近乎荒谬的结果，即同一项费用要重复使用两次，更直白地说是同一行为要实施两次，如医疗，更荒谬的如丧葬。

但司法部门并不这样看。他们的基本观点是：双重赔偿是源于两个不同的法律关系，每一项法律关系中的权利都应当得到法律的充分保障，一项权利的主体也不应当因其另一项权利的存在和享受而致本应享受的该项权利丧失。这一看法的正确性放在对保险公司的考察上就更加明显了。保险公司是经营者，受伤者得到保险赔偿是以投保人支付保险费为前提的。如果免除保险公司的赔偿责任，等

---

① "薛翠英与甘肃省人民政府等不予工伤认定再审案"，最高人民法院（2018）最高法行申 10944 号行政裁定书。

② 摘编自黎建飞：《工伤赔偿的国际经验与思考》，《中国发展观察》2009 年第 5 期。

于允许保险公司无偿地占有投保人的财产。同样的道理是:我们为什么因为保险公司的存在就能免除用人单位或者工伤保险经办机构的赔偿责任呢?在保险公司与用人单位或者工伤保险经办机构之间究竟谁可以因对方的存在而享有免除赔偿责任的权利呢?选择其一的理由又是什么呢?

同样的逻辑也存在于2003年的《工伤保险条例》第40条中,该条规定了“工伤职工有下列情形之一的,停止享受工伤保险待遇”的几种情况,其中的第4项为“被判刑正在收监执行的”。理由通常是根据《监狱法》等规定,监狱设立医疗机构和生活、卫生设施,建立罪犯生活、卫生制度,罪犯的医疗保健列入监狱所在地区的卫生、防疫计划。劳改人员在其改造期间,基本生活是得到国家保障的,所以不应当再享受工伤保险待遇。这一理由当然是理由。但问题是工伤待遇是受到工作伤害的劳动者以身体乃至生命为代价换取的,工伤待遇弥补的是这些劳动者在工作中缺失的胳膊、少了的腿。这些缺失是终生的且不可逆转的。这些劳动者的损失也是不会因为其他事项的出现而改变的。即便是这些劳动者犯罪,与其所受工伤及因此得到的赔偿也是风马牛不相及的关系。“被判刑正在收监执行”既不能改变其伤残的肢体,也不能使时光倒流、消灭已经发生了的工伤事故。那么,又怎么能解释清楚剥夺填补他们终生伤残损失的工伤待遇的理由呢?

第十四章

生育保险法

我国生育保险的立法经过发展和变化，确立了当前生育保险的对象和范围，在生育保险基金的支付和管理、生育保险待遇的内容和标准方面都有相应的立法规定。

第一节　生育保险

一、生育保险的概念与特征

生育保险，是指女职工因怀孕和分娩暂时丧失劳动能力、中断正常收入来源时，从社会获得物质帮助的一种社会保险制度。它是一项专门保护女职工的社会保险，为生育的女职工提供产前、产后的经济补偿和医疗保障。

生育保险具有以下特征：

（一）生育保险是为女职工专门建立的一项社会保险

生育虽然是男女双方所组成的家庭内的事情，生育带来的经济负担也由夫妻双方共同承担，但生育保险仅为女职工怀孕和分娩的生育行为提供直接的物质帮助和补偿。

（二）生育保险是对女职工生育子女全过程的物质保障

它不仅包括对女职工生育时所花费的检查费、接生费、手术费、住院费和药费等费用的补偿，还包括女职工在规定的生育假期内因未从事劳动而不能获得工资收入的补偿。

（三）生育保险是对合法生育的女职工实行的一项社会保险

合法生育的条件包括符合法定结婚年龄、按婚姻法规定办理了合法的结婚手续以及符合国家的生育法规和政策。在中国，女职工无论妊娠期长短或流产，无论分娩出活胎或死胎，被保险者都享受生育保险待遇。

二、我国生育保险的立法

我国生育保险制度是在20世纪50年代初建立的。1953年的《劳动保险条例》对生育保险有关待遇作出明确规定，基本内容和享受待遇是：(1) 女职工生育给产假56日，产假期间工资照发；(2) 女职工怀孕不满7个月小产时，给予30日以内的产假，产假期间工资照发；(3) 女职工难产或双生，增加产假14日，工资照发；(4) 女职工怀孕产前检查费和分娩的费用由企业行政方面或资方负担；(5) 产假期满仍不能工作者，经医院证明按疾病待遇的规定处理；(6) 女职工或男职工之妻生育时，由劳动保险基金项下发给生育补助费4万元。

1955 年 4 月 26 日,国务院颁发了《关于女工作人员生产假期的通知》,对机关、事业单位女职工生育保险作出规定,使女职工生育待遇的覆盖面从企业女职工扩大到机关、事业单位的所有女职工。1956 年发布的《工厂安全卫生规程》和 1979 年发布的《工业企业设计卫生标准》,对女工卫生室、孕妇休息室、托儿园等设施作出了具体规定。1988 年 7 月,国务院颁发了《女职工劳动保护规定》,目的在于减少和解决女职工在劳动中由生理机能造成的特殊困难,保护其安全和健康。1994 年 12 月 14 日,劳动部颁布了《企业职工生育保险试行办法》,根据改革的要求对我国的生育保险制度作出规定。

《社会保险法》第六章为"生育保险",对生育保险的覆盖范围、制度模式、资金来源、享受待遇的条件等作了规定。2012 年 4 月 18 日,国务院第 200 次常务会议通过《女职工劳动保护特别规定》,自公布之日起施行。该规定在适用范围上更加明确,用人单位作为责任主体的地位及其法律义务得到强化,法律责任规定更加明确、细化;对女职工劳动保护更加全面、公平,保护水平得到提升;纳入女职工禁忌从事的劳动范围的内容,操作性更强;政府相关部门对用人单位监督检查及处罚的责任得到明确。

三、我国生育保险的对象和范围

我国的生育保险是由 1953 年政务院颁布的《劳动保险条例》确定的,该条例规定生育保险的实施范围主要包括四类:(1) 有工人职员 100 人以上(业务管理机关及附属单位人数不包括在内)的国营、公私合营、私营及合作社经营的工厂、矿场及附属单位;(2) 铁路、航运、邮电的各企业单位与附属单位;(3) 工、矿、交通事业的基本建设单位;(4) 国营建筑公司。另外,该条例还规定,凡在实行劳动保险的企业内工作的工人与职员,包括工资制、供给制以及学徒工、临时工、试用人员在内的女工人与女职员和男职员的妻子,均可享受不同程度的生育保险待遇。

1955 年 4 月 26 日,国务院又颁布了《关于女工作人员生产假期的通知》,对机关、事业单位女职工生育保险作出规定,从而使女职工生育保险的对象和范围从企业扩大到了机关、事业单位的所有女职工。

20 世纪 80 年代以后,我国对生育保险制度进行了改革。多数地方规定,参加生育保险社会统筹的单位是全民所有制企业和县以上集体企业,中央部属企业和省属企业也必须参加;也有的地方把中外合资企业以及参加养老保险社会统筹的镇、街道所办企业甚至私营企业纳入生育保险的覆盖范围;还有的地方包括了独立核算、自收自支的事业单位。生育保险的对象为固定女职工和劳动合同制女职工;有的地方把参加养老保险的临时工也纳入生育保险的对象;有的地区还包括了参加生育保险社会统筹单位的男职工在农村的配偶。

1994 年 12 月 14 日,劳动部颁发《企业职工生育保险试行办法》。该办法规定生育保险的对象和范围包括城镇各类企业及其职工。不少地方在实施中把生育保险的对象延伸到了乡镇企业、社办企业的女职工。在当时,由于三分之二以上的人口在农村、全国妇女的 80%居住在农村和县属乡镇,因而农村生育保险的发展,与全国生育保险事业发展的关系极大。改革开放以来,农村面貌发生了巨大变化,乡镇企业的崛起和商品经济的发展使农村经济发生了历史性的进步,这为发展农村生育保险奠定了物质基础,提供了社会条件。逐步扩大生育保险的覆盖范围,使生育保险从育龄女职工向全体育龄妇女、从城市向农村、从经济发达地区向经济落后地区辐射,是中国生育保险的发展道路。

【背景材料】

用人单位不得截留生育津贴①

2024年8月，四川乐山发生了两起生育津贴纠纷案件，一公司的两名女职工因产假工资远低于核发的生育津贴，在历时105天的追索后，放弃了对全额生育津贴的争取，选择庭前调解，接受了公司给出的补偿方案，还因此与公司解除了劳动合同。有专家在接受采访时提出，相关部门应警惕生育津贴被截留的现象。女职工生育后，用人单位截留了社保基金给付的部分生育津贴，导致她们未能全额享受相关待遇，又因维权成本高等原因而放弃了追索，还主动与用人单位解除了劳动合同。这样的结果既让当事女职工无奈，也让很多人感到困惑。

我国《社会保险法》和《女职工劳动保护特别规定》等法律法规规定，女职工产假期间的生育津贴，对已经参加生育保险的，按照用人单位上年度职工月平均工资的标准由生育保险基金支付，如果女职工产假或者休假期间享受的生育津贴低于其产假或者休假前的工资，那么由用人单位予以补足。这些规定有力地保护了女职工在生育期间的合法权益。

不过，一些用人单位在发放社保基金支付给用人单位的女职工生育津贴时，有着不同的做法。有的用人单位将其全额支付给生育女职工，不足部分依照规定予以补足；有的用人单位将社保基金给付的女职工生育津贴按照不低于女职工休产假前的工资标准发放，高出部分不支付给女职工，而是留存在用人单位。由此出现了一些女职工生育津贴被截留的现象。

女职工生育津贴被截留，其背后存在多种因素。当前，女职工生育津贴是由社保基金支付给用人单位，再由用人单位发放给女职工，按照什么标准发放、如何发放由用人单位自主决定。由于缺乏法律的硬性规定，加上对于建设生育友好型企业的认识不到位，有些用人单位将生育津贴的差额部分当成了用人单位的可支配收入，由此引发了不少劳动争议。

领取生育津贴是女职工依法享有的权利，任何人不得剥夺和截留生育津贴。在国家鼓励生育、推动建设生育友好型社会的当下，女职工生育津贴被用人单位截留的问题，值得有关方面高度重视，并采取相关措施进行规范。

第二节　生育保险基金

一、生育保险基金的概念与特征

生育保险基金，是为了使生育保险有可靠的资金保障，国家通过立法在全社会统一建立的、用于支付生育保险所需费用的各项资金。

生育保险基金和其他社会保险基金相比，具有以下特征：

（一）基金来源的单一性

生育保险作为社会保险的一个组成部分，其基金来源也遵循社会保险的“大数法则”，集合社会力量，但生育保险费完全由职工个人所在单位缴纳，职工个人不缴纳生育保险费。

（二）基金筹集的可预见性

由于生育保险的对象为育龄妇女，生育保险又和计划生育政策紧密衔接，生育保险费用

① 摘编自郭振纲：《补齐制度短板，织密劳动者权益维护网》，《工人日报》2024年9月11日。

就具有较强的可预见性,基金完全可以做到有计划地使用,不必留有积累以应付不时之需。

(三)基金负担的均衡性

按照规定,所有企业或参加生育保险的用人单位,不论是否有女职工,也不论女职工人数多少,都要按工资总额的统一比例缴纳生育保险费。

二、生育保险基金的筹集

(一)筹集原则

生育保险基金按照"以支定收,收支基本平衡"的原则筹集。这是生育保险基金筹集区别于其他社会保险基金筹集原则的重要特征之一。适用该原则的原因如下:

1. 生育保险与计划生育政策相衔接,它较之其他社会保险项目而言,其计划性和预见性都比较强,发生大的动荡的概率小,因此不需要留有很大的积累。

2. 有利于减轻企业负担,树立良好的社会形象。建立生育保险基金的目的就是保障生育对象的基本要求,如果基金过大,必然增加缴费单位的负担。实行生育保险制度的动机尽管是好的、是有益于社会的,但如果基金积累过多,其客观效果和社会影响就不会太好。

(二)筹集方式

生育保险基金的提取比例由当地人民政府根据计划内生育人数和生育津贴、生育医疗费等各项费用的实际情况确定,最多不超过职工工资总额的1%。企业按照当地政府规定的费率向社会保险机构缴纳。企业缴纳的生育保险费作为期间费用处理,列入企业管理费用。《社会保险法》第53条规定:"职工应当参加生育保险,由用人单位按照国家规定缴纳生育保险费,职工不缴纳生育保险费。"这样的规定既体现了国家和社会对妇女在这一特殊时期给予的支持和爱护,也有利于平衡企业之间的负担,减轻用人单位招用妇女的成本,帮助妇女就业。

实践中,生育保险基金的筹集主要有三种方式:一是用人单位按照职工工资总额的一定比例缴纳生育保险费。二是国家机关、事业单位参保,资金来源于财政拨款。三是用人单位按照每人每月固定的绝对额缴纳生育保险费。[①]

三、生育保险基金的支付和管理

在我国,生育保险基金主要用于支付两部分的费用:一部分是生育津贴,即过去人们常说的产假工资。参加生育保险社会统筹的企业,由生育保险基金支付,没有参加生育保险社会统筹的企业,由本单位工资基金支付。另一部分是生育医疗费。包括女职工生育的检查费、接生费、手术费、住院费和药费以及因生育引起疾病的医疗费。

各国对生育保险基金的管理都由立法确定的专门机构进行。我国的生育保险基金由劳动保障部门所属的社会保险经办机构负责收缴、支付和管理。生育保险基金存入社会保险经办机构在银行开设的生育保险基金专户,专款专用。银行按照城乡居民个人储蓄同期存

---

① 我国《社会保险法(草案)》二审后公开征求意见期间,一部分专家提出,从理论上来讲,只有工伤保险是个人可以不缴费的,因为这是由雇主责任转变而来的社会保险项目,国际通行的做法也是只有工伤保险是个人不缴费的,建议删去本法第五十三条中"职工不缴纳生育保险费"的表述。立法机关认为,当前这样的规定与劳动部《企业职工生育保险试行办法》是一致的,和目前实践中的做法也是一致的,实践中也没有出现什么问题,因此没有采纳这个意见。参见尹蔚民主编:《中华人民共和国社会保险法释义》,中国劳动社会保障出版社2010年版。

款利率计息,所得利息转入生育保险基金。生育保险基金不征税费。生育保险基金的筹集和使用,实行财务预、决算制度,由社会保险经办机构做出年度报告,并接受同级财政的审计监督。

【背景材料】

生育保险立法之争①

有人认为,现行生育保险制度只覆盖城镇职工,覆盖面太窄,而《社会保险法》也只规定了职工的生育保险,没有提及非职工、农民和农民工的生育保险,这是立法缺憾,建议生育保险应当覆盖全体公民。而因外地户口不能参加工作地的生育保险的规定也为人所诟病:生育保险不能成为部分人群才能享有的特殊待遇,不能因户籍而将非本地户口的劳动者排除在生育保险的范围之外。也有人提出,从前参加过工作但因为升学等原因离开原单位的人不能享受生育保险待遇,这不公平,应当关注生育年龄的在校硕士生和博士生的生育保险问题。有人提出,有些地方规定限制自由职业者参加生育保险的权利,这对其并不公平,应当将生育保险的覆盖范围扩大到自由职业者。个别观点主张将生育保险的适用范围限于未生育青年。有人提出,与养老保险、医疗保险覆盖全民相比,生育小孩并不是每人都有的机会,尤其是在新政策实施之前已经生育过的人群,其生育时没有享受到生育保险待遇,将来也没有机会再生育,因此他们缴纳保险费并不能受益。

有人认为,生育是每一个人而非劳动者的健康权利。因此,不适合通过社会保险制度来解决相关问题,应当通过国家税收体系,向每一位生育妇女免费提供生育福利待遇。非洲的一些国家都已经做到了免费住院分娩。如果通过社会保险体系来解决的话,首先有悖于公平的理念和要求,将会在就业妇女和非就业妇女以及城乡之间造成新的更大不公平。最近七八年以来,国家已经对中西部地区的农村孕产妇实施了住院分娩补助政策,今后补助力度还要进一步提高。全国实现免费住院分娩的条件已经基本具备。不能在这样的局面下,再进一步强化过去以企业为依托的生育保障模式。因此,有人建议将生育保障纳入国家保障范畴,而非社会保险范畴,否则会造成新的不公平。

第三节　生育保险待遇

一、生育保险待遇的概念

生育保险待遇,是指女职工在生育期间依法享有的各种帮助和物质补偿。对此含义应按下述要点理解:(1) 享受生育保险待遇的主体只能是女职工本人。(2) 享受生育保险待遇的时间是女职工生育期间,生育期间包括怀孕、分娩、哺乳婴儿在内。(3) 女职工享受生育保险待遇应符合法律、法规和政策的规定。(4) 生育保险待遇包括对女职工因生育需要身体康复的帮助和物质上的补偿。世界各国生育保险待遇的高低,因受许多因素的影响而不尽相同,主要取决于每一个国家的经济发展水平、历史习惯和人口政策。

① 摘编自全国人大:《各地人民群众对社会保险法草案的意见(二)》,中国人大网,2009 年 2 月 1 日,http://www.npc.gov.cn/zgrdw/npc/zt/2009-02/01/content_1468688_6.htm,访问日期:2014 年 12 月 23 日。

二、生育保险待遇的内容和标准

中国生育保险待遇的内容主要是:产假、生育津贴、生育医疗服务、生育期间的特殊劳动保护、生育女职工的职业保障等。

(一) 产假

世界各国规定的产假长短不一,但大多数为 12 周至 14 周。我国女职工生育享受 98 天产假,其中产前可以休假 15 天;难产的,增加产假 15 天;生育多胞胎的,每多生育 1 个婴儿,增加产假 15 天。女职工怀孕未满 4 个月流产的,享受 15 天产假;怀孕满 4 个月流产的,享受 42 天产假。

(二) 生育津贴

女职工产假期间的生育津贴按照本企业上年度职工的月平均工资计发。尚未参加生育保险社会统筹的单位,女职工生育产假期间,由单位照发工资。

我国《社会保险法》规定了职工未就业配偶的生育医疗费用待遇,即职工未就业的配偶按照国家规定享受生育医疗费用待遇。这里所说的生育医疗费用待遇,主要是指未就业妇女因生育发生的医疗费用。

(三) 生育医疗服务

生育医疗服务项目包括检查费用、接生费用、手术费用、住院费和与生育直接相关的医疗费用。女职工生育的检查费、接生费、手术费、住院费和药费由生育保险基金支付。超出规定的医疗服务费和药费(含自费药品和营养药品的药费)由职工个人负担。女职工生育出院后,因生育引起疾病的医疗费由生育保险基金支付,其他疾病的医疗费,按医疗保险待遇规定处理。女职工产假期满后,因病需要休息治疗的,享受有关的病假待遇和医疗保险待遇。

我国《社会保险法》规定了计划生育的医疗费用和法律、法规规定的其他费用。职工计划生育手术费用是指职工因实行计划生育的需要,实施放置(取出)宫内节育器、流产术、引产术、绝育及复通手术所发生的医疗费用。“法律、法规规定的其他项目费用”的规定是考虑到今后可能会出现新的项目费用。此外,各地还依据本地区经济、社会、资源、环境的实际情况以及人口发展状况确定生育保险基金的具体支付范围。例如,一些省市规定给予生育女职工一次性营养补助金。江苏省规定组织参保女职工逐步开展妇科病普查。

(四) 生育期间的特殊劳动保护

女职工生育期间的特殊劳动保护,是指女职工孕期由于生理变化而在工作中可能遇到特殊困难,为保证女职工的基本收入和母子生命安全而制定的一项特殊政策,包括收入保护和健康保护两部分。收入保护的主要措施是国家通过立法保障女职工怀孕期间的基本工资不会降低。健康保护的主要措施有:(1) 不得安排怀孕女职工从事高强度劳动和孕期禁忌的劳动,也不得安排在正常工作日以外延长劳动时间;(2) 对不能胜任原劳动的孕期女职工,应当减轻其劳动量或安排其他工作;(3) 对怀孕 7 个月以上的女职工,不应延长劳动时间和安排夜班劳动,并应在工作时间内安排一定的休息时间;(4) 允许怀孕女职工在劳动时间进行产前检查,检查时间计作出勤时间。

(五) 生育女职工的职业保障

在生育女职工的职业保障方面,国家制定了一系列保障女职工不会因怀孕、分娩、哺乳而失业的规定。任何单位不得在女职工孕期、产期、哺乳期与其解除劳动关系。对于劳动合同期满而哺乳期未满的女职工,其劳动关系顺延至哺乳期满。此外,国家还通过民政救济对无生活来源的孕、产妇进行生育救助。计划生育主管部门和中国人民保险公司开办了母婴健康平安保险,起到了对生育保险拾遗补阙的辅助作用。

三、生育保险待遇的享受条件

在我国,享受生育保险待遇以建立劳动关系为前提,同时,还要受计划生育政策的限制。女职工享受津贴的前提还包括单位为其缴纳了生育保险费,而且领取生育津贴的时间与生育产假相一致。

【典型案例】

农民工生育谁买单?①

2003年6月,董女士与某物业公司签订了2003年9月至2004年9月的劳动合同。2004年7月,董女士取得北京市生育服务证后,于当月28日在某妇幼保健院产下一女婴。后因生育费报销问题与所在物业公司发生纠纷,董女士向北京市密云县劳动仲裁委员会申请了劳动争议仲裁,要求物业公司履行其报销生育费用的义务。2004年12月21日,仲裁委员会裁决物业公司支付董女士生育费。

物业公司不服仲裁裁决,随即向一审法院提起诉讼,声称医保不负担生育费用,公司并未找到该费用报销的相关标准与方针政策,且董女士没有在公司指定的医疗机构进行检查、分娩,所花费用没有标准,无法报销,故请求撤销密云县劳动争议仲裁委员会的裁决。一审法院经审理后仍判决物业公司向董女士支付相应生育费用。物业公司即又以董女士系农民工、保险部门不为其上生育保险为由上诉到北京市第二中级人民法院。二审法院审理后认为,董女士在物业公司工作期间,在专科医院生育子女,其生育费用应由所在单位报销。物业公司以其农民工身份不能上生育保险,没有相关配套文件规定相关标准,无法操作,且未在指定医院生育为由拒绝支付上述费用,缺乏依据,法院对其诉请难以支持。一审法院所作判决并无不当,遂判决物业公司向董女士支付生育费用4 600余元。

【典型案例】

国外工作期间怀孕的司法保护②

邹女士于2019年3月通过面试体检,并在2019年11月11日与某公司签订劳动合同,约定试用期6个月。此后,邹女士被派遣至非洲某地工作。在国外工作期间,邹女士发现自己怀孕。公司曾出具一份告知函,显示2020年5月14日邹女士向公司报告其已经怀孕近7个月。后邹女士于2020年6月11日回国。

公司主张,邹女士在国外工作期间怀孕未向领导报告,刻意隐瞒个人真实健康状况,影响公司的疫情防控和安全生产工作。公司以邹女士给公司造成了负面影响和经济损失为由,拒绝批准邹女士转

① 摘编自高志海等:《单位要为农民工报销生育费》,《法制日报》2006年2月9日。

② 摘编自徐慧瑶:《女职工试用期怀孕遭辞退,法院:用人单位违法!》,北京日报客户端,2023年4月25日,https://baijiahao.baidu.com/s? id=1764125543659003149&wfr=spider&for=pc,2023年5月1日。

正,并于2020年7月向邹女士发出解除劳动合同通知书。随后,公司又起诉要求法院确认其与邹女士解除劳动合同的行为合法。

法院审理认为,该公司没有证明其在入职时询问过邹女士的怀孕情况或邹女士刻意隐瞒了怀孕情况。其次,该公司未能证明其存在不适宜录用怀孕女职工等合法合理的规定,并未证明邹女士怀孕与不符合录用条件的关联性。据此,法院确认该公司解除与邹女士的劳动关系违法。

第十五章

社会保障的其他法律制度

社会保障的其他法律制度包括社会福利制度、社会救济制度、社会优待制度和残疾人保障制度。这些制度在各自不同的层面或者不同的领域中组合成社会保障法律制度的完整体系。

社会福利制度的目的在于提高公民的生活质量,改善弱势群体的生活状况。社会救济制度中有城市居民最低生活保障制度,包括其救济范围、救济标准、救济方式和程序以及其资金来源。社会优待制度的宗旨及具体制度,包括了优待金的发放、社会生活中的优待和经济补助等。残疾人保障制度是在其他社会保障制度之上专门为残疾人提供的社会保障。

第一节　社会福利制度

社会福利是以提高公民的生活质量为目的的社会保障制度,特别着眼于保障弱势人群的基本生活,改善这些群体的生活状况。社会福利法律制度的内容广泛,既有全体社会成员享受的公共福利,也有只与职业相关的职业福利,还有仅限于特殊群体享受的福利。社会福利包括了教育福利、住房福利、个人生活福利、妇幼福利、老年人福利、残疾人福利和单位职工福利等,既可以表现为货币形式,也可以体现为实物形式,还可以是对贫困群体及其子女的免费医疗和教育服务,以及给福利对象提供的疗养或休养条件等。

一、社会福利制度的概念

社会福利可以从广义和狭义两方面进行定义。从广义上讲,社会福利泛指国家和社会对全体社会成员在生命全过程中在生活、卫生、环境、住房、教育、就业等方面的需要所提供的全面的公共服务。从狭义上讲,社会福利主要是国家为发展各种社会保险、社会救助事业,适应社会经济发展的需要,有针对性地解决已经出现的社会问题,减少社会病态,预防社会问题的发生和恶化而制定的各种政策和采取的各种措施。

我国《劳动法》明确规定:国家发展社会福利事业,兴建公共福利设施,为劳动者休息、休养和疗养提供条件。用人单位应当创造条件,改善集体福利,提高劳动者的福利待遇。

二、我国社会福利制度的发展

中华人民共和国成立初期,由于工农业生产水平低,城市职工的收入低,人们的日常生活基本条件有时都难以得到保障。因此,为了保障职工的生活,1950 年 6 月颁布的《工会法》和1951年2月颁布的《劳动保险条例》都明确规定了各级工会应逐步加强职工福利,并规定政府与企业应拨给工会必要的房屋和设备作为建设集体福利事业之用。此后,政府又制定了一系列社会政策,采取措施来发展福利事业,职工食堂、托儿所、幼儿园等集体福利设施逐渐建立起来。

"大跃进"期间,我国社会福利的范围被不断地扩大,各项福利待遇标准被提得过高,是不符合我国的国情和经济发展水平的。"文化大革命"期间,国家主管福利工作的机构处于瘫痪状态,过去通过各级工会组织实施的职工福利制度受到严重破坏,政府提供的社会福利越来越少,仅仅承担着关于城市无依无靠的孤寡老人、孤儿及少数残疾人的福利任务。

1978年至今,我国的社会福利工作经历了一系列的改革,修改和建立了若干福利补贴制度,改变了职工福利基金的提取和使用办法,福利事业尽管还存在"企业办社会"的特点,但基本已改由国家、集体、个人共同兴办,绝大多数单位兴建的托儿所、幼儿园、俱乐部等福利设施已对外开放,住宅福利的改革也正在进行。

三、我国社会福利制度的特征

(一)社会福利具有权利与义务的不对等性

社会福利是由全社会享有的,力图满足人们的福利要求,使全体社会成员都能得到基本的生活保障,促进社会物质文明和精神文明的更快发展和整个社会的更快进步。发展社会福利是国家和社会的责任,社会福利的资金主要由国家和社会单向提供,社会成员享受各项福利待遇不需要先缴纳费用或履行其他义务,即权利与义务没有直接的关系,这是社会福利区别于社会保险的显著特征。

(二)社会福利具有对象的普惠性

社会福利在保障待遇的获得方面,是由国家和社会向社会成员单向提供的,因而强调"人人有份"的普惠性,即社会福利是全社会享有的或为满足某些人的特殊需要而提供的物质帮助和社会服务。社会成员在获得社会福利待遇之前,无须参与家庭经济状况的调查,这是社会福利区别于社会救助的最显著特征。

(三)社会福利具有待遇标准的一致性

社会福利追求社会公平,在资源分配上与"按劳分配"有明显区别,它不像社会救助那样,愈穷困可申请的救助就愈多,也不像社会保险那样,履行义务愈多获得的回报就愈多,而是对于所有同类对象适用一致的标准,即无论"贫富贵贱"都是同一个待遇标准。显然,不同的人就一致的标准产生的满足感是不一样的,但对于迫切需要的人来说,社会福利无疑能产生巨大的正面作用。

(四)社会福利具有资金来源的单向性

社会福利的资金不要求个人预先缴纳,而是由国家和社会来负担的。尽管近几年社会福利资金的来源不断拓宽,但在总体上还是单向的,这与社会保险有所不同。目前,彩票业成为我国社会福利业的重要支柱。据民政部提供的资料,2014年全国福利彩票总销量达2 059.68亿元,同比增长16.67%,筹集公益金570多亿元,同比增加约66亿元。1987年至2014年,中国福利彩票累计发行销售11 700多亿元,为国家筹集公益金约3 600亿元,主要用于补充全国社会保障基金,支持青少年学生校外活动场所的建设和维护,助教助学,发展残疾人事业,困难群体大病救助,补助城乡医疗救助,发展红十字事业、扶贫、文化、法律援助以及符合“扶老、助残、救孤、济困”福彩宗旨的社会福利和公益慈善事业。①

(五) 社会福利具有标准的不确定性

社会福利水平高低,没有硬性指标规定,不具有法律强制性。没有哪个国家和部门规定社会福利必须达到什么标准,而是根据社会经济发展水平来调整的。一般来说,经济发展水平较高,社会福利水平也就比较高。

【典型案例】

筑好儿童安全网

2013 年,南京两名儿童被发现饿死家中,其父在狱中服刑,母亲有吸毒史,两名孩子的悲惨遭遇引发社会对儿童救助保护的质疑。②

这些年,孩子冬天被冻死、孩子取暖时闷死在垃圾箱、孩子被饿死的新闻,频频见诸报端,不仅刺痛了我们脆弱的神经,也考验着我们对待孩子的公共管理智慧。就南京这两名被饿死的儿童而言,她们的父亲在监狱,母亲吸毒自顾不暇,更无暇顾及她们,才会导致这样的悲剧。不过,有个细节不得不重复,那就是曾有人希望将这两名小孩送到福利院,可当地却以父母健在为由拒绝接受。这的确是遵守了规定,却失去了人性。制度规定不外乎“人性化”,那么对有漏洞的制度进行修补,便是应有之义。

而且,在这些现实的案例中,无论是冻死还是饿死的小孩,大多出自农村,也大多家庭贫困,父母无暇顾及,最后酿成悲剧。简单分析即可知:这是因为家里穷,父母无暇顾及小孩,又因为父母健在,相关福利机构不能收养小孩,导致对小孩的保障出现漏洞,孩子的安全出现“危机”。显然,贫穷不是没有保护好孩子的理由,无论是孩子的父母还是相关政府部门,其职责是缺位的,其保障力度是远远不够的。

第二节 社会救济制度

社会救济制度是社会保障制度中的传统内容,是为生活困难的社会成员提供最低生活保障的有效方式。社会救济法,是指国家对于那些因自身、自然和社会原因不能维持最低生活标准的贫困者提供帮助,以保障他们基本生活的法律制度。社会救济法由社会救济、救灾救济和扶贫救济三部分法律制度构成。

一、城市居民最低生活保障制度

城市居民最低生活保障制度,是国家对城市中的贫困居民,按照最低生活保障标准给予基本生活保障的制度。这是适应中国社会主义市场经济体制而建立的新型社会救济制度。

(一) 救济标准

城市居民最低生活保障制度首先要涉及的是救济标准,或者称为“最低生活保障线”。我国目前的“最低生活保障线”是由当地政府在调查研究的基础上,根据城市居民维持基本

---

① 参见佚名:《福利彩票实现新突破,年销量达 2 059 亿元》,《山西日报》2015 年 1 月 13 日。

② 参见申冉:《饿死女童案公审纪实:被遗弃的人遗弃了自己的孩子》,新京报,2013 年 9 月 19 日,https://www.bjnews.com.cn/detail/155146869114268.html,访问日期:2015 年 1 月 15 日。

生活的最低支出和物价指数,并考虑社会平均生活水平和政府财政的承受能力等因素,经过测算和论证后制定的。并且,“最低生活保障线”还应随物价上涨等因素进行调整。

对于“城市最低生活保障线”的确定,通常是以城市居民达到最低生活水平为标准。所谓最低生活水平包含两个层次:一是“绝对贫困”,指维持生命所需要的最低限度的饮食、穿戴和居住条件;二是“相对贫困”,指享有和当地生产力相适应的数量最少的消费资料和服务,它并非指缺衣少食,而是一种相对于其他居民才有的“贫困”之感。“城市最低生活保障线”应以“绝对贫困”为主,适当兼顾“相对贫困”。

国际劳工组织认为,在工业化国家,符合最低生活水平的救济对象,是指那些收入相当于制造业工人平均工资30%的家庭和个人。欧洲经济合作委员会认为,一个成年人,如果可支配收入(缴纳所得税和保险税后)低于平均水平的50%,则属于救济对象。

(二)救济范围

城市居民最低生活保障制度救济的范围是在城市有常住户口的居民,包括家庭人均收入低于“最低生活保障线”的所有贫困对象。

这些对象或由于先天或后天的因素失去劳动能力;或虽有劳动能力但因客观环境限制以致失业、无法获得收入,或收入中断、收入减少,又无法获得社会保险给付;或因受到天灾、人祸等因素的突然打击,如果不接受紧急救助就无法维持生活。这些原因使他们成为无劳动能力者,或虽有谋生能力但一时遭遇困难的不幸者。对于前者,如贫穷的鳏寡孤独、残疾者,应给予长期救济,以保障其生活。而对于后者,即一般人遭遇意外灾难或一时生活困难、无法维持生活而需援助者,则给予短期救济,以帮助他们渡过难关而恢复正常生活。

(三)资金来源

最低生活保障的资金筹集主要采取两种形式:一是由市、区两级财政与机关、企事业单位分担,救济对象有工作单位的,由其所在单位给予困难补助;救济对象无工作单位的和所在单位无力负担的由市、区财政给予社会救济。二是完全由市、区两级财政负担。

要使城市居民最低生活保障制度得到完善和发展,各级政府应加大财政投入,并在中央政府一级设立“城市最低生活保障工作”的专项资金,由中央统一调剂余缺。还应扩大辅助资金的来源,如组织捐赠、义演等慈善活动,依靠民间力量建立互助基金、扶贫基金等。

(四)救济方式和程序

城市居民最低生活保障制度一般采取现金救济的方式,包括定期救济与临时救济。也有个别地方采取现金和实物相结合的救济方式。

在程序上,首先由救济对象向当地居委会提出申请,并填写救济申请表,在居委会初审后报街道办事处民政科,由其调查复核并提出解决意见,报区民政局,由区民政局发给救济证。救济对象凭证领取救济费。

依靠城市基层组织机构和基层群众自治组织参与社会救济管理是具有中国特色的有效方法。这些城市基层组织最密切、最广泛地联系着广大居民群众,可以综合运用街规民约、社会舆论和民主管理的力量对救济对象实施管理,对救济对象的收入和资产状况进行调查,对一些救济对象实行特殊照顾,为一些贫困家庭直接提供生活必需品,以及帮助失业人员进行职业培训,创造就业机会等。这对于保证城市居民最低保障制度准确有效地实施具有不可取代的作用。

【背景材料】

赌博吸毒者全家都不准领低保?①

广东省民政厅《广东省最低生活保障申请家庭经济状况核对及认定暂行办法》规定,申请低保需接受家庭经济状况调查核对。申请人家庭的信息化核对结果应同时符合的标准包括:(一)以近6个月内的平均数计,共同生活的家庭成员月人均可支配收入不高于当地月低保标准;(二)共同生活的家庭成员名下产权房屋总计不超过1套;(三)核对发生时,共同生活的家庭成员名下人均存款(包括定期、活期存款),不超过当地6个月低保标准;(四)共同生活的家庭成员名下均无机动车辆(残疾人代步车、摩托车除外);(五)核对发生时,共同生活的家庭成员名下有价证券、基金的人均市值,不超过当地6个月低保标准;(六)共同生活的家庭成员名下均无工业、商业、服务业营利性组织的所有权。除此之外,上述第(三)、(五)款所述项目相加总计不超过当地6个月低保标准。此外,家庭成员因赌博、吸毒行为,造成生活困难的,以及法律、国务院行政法规规定的其他情形,也不予批准享受最低生活保障待遇。

对此,居委会工作人员表示,社区内如有赌博、吸毒而致贫的家庭,一般会采取鼓励其多参与社区活动、帮助其寻找工作等方式,"尽力帮助他们的生活走上正轨,而现在这样的界定,似乎将吸毒、赌博划为异类,今后,想做好帮扶、扭转的工作,恐怕更加难了"。广州市大同社工机构负责人认为每一个家庭的致贫原因各不相同,吸毒可能是其中之一。"如果这个申请低保的家庭,儿子吸毒,他上有老下有小,却因为领不到低保,孩子上不了学,老人治不了病,他会不会在社会做一些极端的事呢?或者盗抢,又或者做一些违法犯罪的过分之举呢?""因为家中一个人吸毒、赌博,这个家庭就不能领低保,这样完全不合理。"公务员黄先生说,一个人吸毒、赌博本来就对其家庭带来了极大的冲击和负担,可能也是这个家庭致贫的主要原因,"我们可以用其他办法来惩罚这个人,但不应该让他的家人一起受过"。

众多网友也有跟帖:"这种政策有严重问题,与古代的连坐有什么不同,毒赌人员的家人难道希望他们吸毒、赌博吗?他们的处境本来就不好,现在是要逼死他们吗?一人犯错,全家遭殃,这是什么逻辑?此举已违宪,强烈反对!!""不敢认同,假如父母吸毒致家庭困难,他们的年幼的儿女是没有原罪的,反而需要社会伸出援手。现在的情况就是告诉这些孩子:谁叫你生错地方,你没书读是应该的,注定要被社会遗弃。"……

【背景材料】

扶贫款不是"唐僧肉"②

虚报冒领、截留挪用,是当前扶贫领域涉腐基层干部惯用的违法手段。"近年来查办的扶贫领域腐败案件,主要发生在惠农专项资金、退耕还林补贴、低保发放等领域,有的干部'雁过拔毛',贪婪程度令人震惊。"陕西省山阳县检察院副检察长席健康说,全县有86项惠民补贴,形式上虽然实现了"一卡通",但在申报环节仍存在漏洞。犯罪分子往往采取虚列名单、偷刻印章、复印村民身份证、冒领等方式,或在申请审批过程中"吃拿卡要",犯罪形式也更加隐蔽。

《经济参考报》记者近日在中部地区一国家级贫困县下乡时,有村民反映,2014年,该村以42户村

---

① 摘编自谭秋明:《广东民政厅:赌博吸毒者全家都不准领低保》,中国经济网,2015年1月16日,http://district.ce.cn/newarea/roll/201501/16/t20150116_4359309.shtml,访问日期:2015年1月16日。

② 摘编自陈晨等:《扶贫领域现腐败黑手:民众领低保需交500元好处费》,北方网,2016年6月16日,http://news.enorth.com.cn/system/2016/06/16/031021066.shtml,访问日期:2016年6月20日。

民的名义申报了一个茶叶种植的扶贫项目,种植规模为222亩,项目资金44万元。按照政策,75%的资金要分配到户。而经村民实地丈量,项目实际面积不足20亩,且42户村民中还有去世多年之人。同时,发放到村民"一卡通"的资金第二天就被村里套走,村民每户只拿到200元,项目至今仍未实施。

西部地区一市检察院反贪局负责人告诉记者,他们曾查办了当地的一起案件,一国家级贫困县申请了100万元的资金为一个村修桥,经各级干部层层截留,最后真正用于工程的竟然只剩下7万元。广西博白县查处的一起案例中,新田镇百岸村原村支书蓝元雄在帮助群众申报农村厕改项目时,按每户50元至100元的额度收取好处费共1.27万元。陕西省山阳县十里铺镇一村委会主任在困难群众来领取低保金时,先要求村民交500元的好处费,否则"一律免谈"。

极个别手握扶贫项目和资金的权力部门负责人,更是明目张胆地将手中的"自由裁量权"变现谋利。已被提起公诉的江西省分宜县扶贫和移民局原局长龚平供述,每年除固定的扶贫资金外,省里下拨的数百万元经济发展资金由该局自主安排。为获得这笔款项,当地12名村支书累计向他"进贡"32万余元。一位村支书告诉记者,他们之所以热衷于向龚平争项目争资金,一方面是因为争取到项目后可以加强村里的基础设施建设,另一方面则是因为移民项目的验收,虽然县移民局要求项目要做到100%,但实际上只要做到七八成就可以通过,剩余的钱就成了村里的开支。

此外,个别基层干部还存在"优亲厚友"行为。记者在采访中发现,一些地方在发放低保过程中,有基层干部利用手中的权力照顾亲属,大搞"人情保""关系保",搞"利益集团"。发放危房改造补贴、农村改厕补贴、义务教育阶段寄宿生生活补助费等时,不从实际出发,对不符合条件的亲属,"创造条件"也要发放,对符合条件的其他群众却视而不见。记者在安徽省金寨县采访时了解到,该县白塔畈镇光慈村党总支书记王孝华存在违规办理低保、优亲厚友问题。经查,2009年至2015年3月,王孝华利用职务之便,违反有关规定为其父母办理低保,先后骗取低保补助款1.63万元。

此外,法律对相关行为的界定存在分歧,形成了监管中的"模糊地带"。西部地区一位市级反贪局负责人说,全国人大常委会和最高人民法院曾就村干部犯罪问题出台了一个立法解释和两个司法解释,规定村干部在从事"社会捐助公益事业款物的管理""代征、代缴税款"等七类工作时,属于《刑法》第93条第2款规定的"其他依照法律从事公务的人员",此时若存在贪污、挪用公款或受贿犯罪行为,由检察机关查办。而当前移民搬迁、农业专项资金管理等腐败高发领域却不在这七类情况之列,这些领域的贪腐问题被归入职务侵占范畴,由公安机关经侦部门监管,形成了检察机关和公安机关职能范围的交叉。

二、农村社会救济

农村社会救济,是国家和集体对农村中生活困难的贫困对象采取物质帮助、扶持生产等措施保障其基本生活的制度。农村社会救济主要针对无法定扶养义务人、无劳动能力、无生活来源的老年人、残疾人、未成年人,以及因病、灾等而生活贫困者。

(一)国家救济与集体补助

我国农村的贫困人口较多,单纯依靠国家救济难以全部保障农村贫困对象的生活。因此,农村社会救济必须采取国家救济与集体补助相结合的方式,以集体补助为主,国家救济给予必要的补充。

(二)国家救济与社会互助互济

社会互助互济也是农村社会救济的重要方式。各级人民政府动员和组织城市支持农村,非贫困地区支援贫困地区,广泛开展村邻互帮、邻里互助,形成社会、集体、个人相结合,多层次、多种形式互助的新局面。开展社会互助互济,不仅能及时有效地解决贫困对象的生活困难,也减轻了国家和集体的压力,还扩大了社会的参与和影响,树立了互助友爱、扶弱济困的良好社会风尚。

(三)救济与扶持生产

扶持贫困对象生产自救是救济工作的延伸。这种方式改变了传统的无偿扶持的单一方式,采取无偿扶持与有偿扶持相结合,对有偿还能力的贫困对象实行扶持生产资金有偿使用制度,收回的资金作为扶贫周转金滚动使用,取得了显著成效。从1982年起,各地每年都从农村社会救济费中拨出一定的资金,用于扶持贫困对象生产自救。

(四)农村最低生活保障制度

农村最低生活保障的对象是家庭人均收入低于最低生活保障标准的村民。保障的方式是发放现金与实物救济相结合。最低生活保障标准由县或乡镇人民政府制定。保障资金由县和乡镇分级负担。救济的程序是,由救济对象向村民委员会提出申请,村民委员会审核后,报乡镇民政办事机构审批,并报县民政部门备案。农村最低生活保障线的实施和管理由县级民政部门和乡镇民政办事机构负责。

三、特殊对象的社会救济

特殊对象的社会救济,是国家对特定对象给予生活救济或困难补助,以保障他们基本生活的制度。在这些特殊群体中,有需要医治和救济的麻风病人,还有需要安置和救济的特定归国华侨等。这些救济对象的情况特殊,不同于一般的社会救济对象。因此,国家对这些救济对象采用了专门的救济方式,从而形成了针对特殊对象的社会救济制度。

【背景材料】

古代先哲的救济思想①

孟子尤其注重对鳏、寡、孤、独等穷弱困苦之人的救济。在为齐宣王解说周文王如何治理国家时他说:"老而无妻曰鳏,老而无夫曰寡,老而无子曰独,幼而无父曰孤。此四者,天下之穷民而无告者。文王发政施仁,必先斯四者。"(《孟子·梁惠王下》)在孟子看来,周文王实行"仁政",对鳏寡孤独这四种社会上最穷苦无靠的人给予特殊照顾,才使得周王朝得人心,并奠定了周兴起的基础。孟子认为,对穷弱者进行救助,除依靠以国君为代表的国家政权外,还要依靠家族和乡里组织。孟子在描述井田制时特别强调"乡田同井,出入相友,守望相助,疾病相扶持,则百姓亲睦。"(《孟子·滕文公上》)这种观点在中国古代产生了深远影响,不少思想家在探索解决社会危机时都曾借鉴孟子的这一主张。

《管子》中提出的"九惠之教"中有"恤孤""合独",都牵涉对残缺型家庭成员的救助。所谓"恤孤"是指"凡国都皆有掌孤。士人死,子孤幼,无父母所养,不能自生者。属之其乡党知识故人,养一孤者,一子无征;养二孤者,二子无征;养三孤者,尽家无征。掌孤数行问之,必知其食饮饥寒、身之膌胜,而哀怜之"(《管子·入国》)。所谓"合独",就是"凡国都皆有掌媒。丈夫无妻曰鳏,妇人无夫曰寡。取鳏寡而合和之,予田宅而家室之,三年然后事之"(《管子·入国》)。

为能及时对国中残缺型家庭成员进行救助,《问》篇中提到要对这些人的生活状况进行调查,如

---

① 摘编自张仁玺:《齐鲁先秦诸子的社会保障思想》,《东方论坛(青岛大学学报)》2003年第2期。

"问死事之孤,其未有田宅者有乎?……问死事之寡,其饩廪何如?……问独夫、寡妇、孤寡、疾病者几何人也?……问乡之良家,其所牧养者几何人矣?问邑之贫人,债而食者几何家?……问乡之贫人,何族之别也?问宗子之牧昆弟者,以贫从昆弟者几何家?……余子父母存,不养而出离者几何人?",在几千年之前,能设计出这样有关社会保障问题的详细问卷,实属不易。

提倡对残疾人进行抚恤的思想在《管子》中尤为突出。《管子》中"九惠之教"的"养疾""问疾"就涉及对残疾人和病人的救助。所谓"养疾"就是"凡国都皆有掌养疾,聋盲、喑哑、跛躄、偏枯、握递,不耐自生者。上收而养之疾官,而衣食之,殊身而后止。此之谓养疾",就是国家设养疾一官,专门负责聋、盲、哑等不能自理的残疾人的生活,为残疾者治病,提供衣食,直至死亡。所谓"问疾"就是"凡国都皆有掌病,士人有病者,掌病以上令问之,九十以上,日一问;八十以上,二日一问;七十以上,三日一问;众庶五日一问;疾甚者以告,上身问之,掌病行于国中,以问病为事。此之谓问病",就是国家设掌病一官,对老人及一般民众中的患病者给予问候,对于病危者,国君还要前往探视慰问。

第三节 社会优待制度

社会优待制度是国家、社会、群众对烈属,因公牺牲、病故军人家属,革命伤残军人,现役军人及其家属,带病回乡复退军人,退伍红军老战士等优抚对象给予帮助和照顾的制度,是社会优抚制度的一项重要内容。社会优待制度包括优待金制度和经济补助制度。

一、发放优待金

1984 年颁布、四次修改的《兵役法》规定:国家建立义务兵家庭优待金制度。义务兵家庭优待金标准由地方人民政府制定,中央财政给予定额补助。具体补助办法由国务院退役军人工作主管部门、财政部门会同中央军事委员会机关有关部门制定。

根据 2004 年 8 月 1 日公布、2011 年 7 月 29 日、2019 年 3 月 2 日、2024 年 8 月 5 日三次修订的《军人抚恤优待条例》,义务兵服现役期间,其家庭由批准入伍地县级人民政府发给优待金,同时按照规定享受其他优待。

优待金的来源,一是财政拨款,二是由军属所在单位或军人参军前所在单位承担,三是通过社会统筹方式解决。优待金标准的确定,一是要与当地经济条件和群众生活水平相适应,二是要保障优待对象的生活水平相当或略高于当地一般群众,三是考虑优待金筹集的可行性。目前,对服现役的义务兵家属的优待范围、优待金标准和统筹办法等,是由省、自治区、直辖市人民政府根据本地区的实际情况确定的。

负有军人优待义务的单位不履行优待义务的,由县级人民政府退役军人事务部门责令其限期履行义务;逾期未履行的,处以罚款。对直接负责的主管人员和其他直接责任人员依法给予行政处分、纪律处分。因不履行优待义务使抚恤优待对象受到损失的,应当依法承担赔偿责任。

二、抚恤优待

《军人抚恤优待条例》是为了保障国家对军人的抚恤优待,激励军人保卫祖国、建设祖国的献身精神,加强国防和军队现代化建设,让军人成为全社会尊崇的职业。条例所称抚恤优待对象包括:(1) 军人;(2) 服现役和退出现役的残疾军人;(3) 烈士遗属、因公牺牲军人遗属、病故军人遗属;(4) 军人家属;(5) 退役军人。国家保障抚恤优待对象享受社会保障和基本公共服务等公民普惠待遇,同时享受相应的抚恤优待待遇。在审核抚恤优待对象是否符合享受相应社会保障和基本公共服务等条件时,抚恤金、补助金和优待金不计入抚恤优待对象个人和家庭收入。

(一) 军人死亡抚恤

烈士遗属享受烈士褒扬金、一次性抚恤金,并可以按照规定享受定期抚恤金、丧葬补助、一次性特别抚恤金等。因公牺牲军人遗属、病故军人遗属享受一次性抚恤金,并可以按照规定享受定期抚恤金、丧葬补助、一次性特别抚恤金等。

军人牺牲被评定为烈士、确认为因公牺牲或者病故后,由军队有关部门或者单位向烈士遗属、因公牺牲军人遗属、病故军人遗属户籍所在地县级人民政府退役军人工作主管部门发送《烈士评定通知书》《军人因公牺牲通知书》《军人病故通知书》和《军人因公牺牲证明书》《军人病故证明书》。烈士证书的颁发按照《烈士褒扬条例》的规定执行,《军人因公牺牲证明书》《军人病故证明书》由本条规定的县级人民政府退役军人工作主管部门发给因公牺牲军人遗属、病故军人遗属。

烈士褒扬金由领取烈士证书的烈士遗属户籍所在地县级人民政府退役军人工作主管部门,按照烈士牺牲时上一年度全国城镇居民人均可支配收入 30 倍的标准发给其遗属。战时,参战牺牲的烈士褒扬金标准可以适当提高。

军人死亡,根据其死亡性质和死亡时的月基本工资标准,由收到《烈士评定通知书》《军人因公牺牲通知书》《军人病故通知书》的县级人民政府退役军人工作主管部门,按照以下标准发给其遗属一次性抚恤金:烈士和因公牺牲的,为上一年度全国城镇居民人均可支配收入的 20 倍加本人 40 个月的基本工资;病故的,为上一年度全国城镇居民人均可支配收入的 2 倍加本人 40 个月的基本工资。月基本工资或者津贴低于少尉军官基本工资标准的,按照少尉军官基本工资标准计算。被追授军衔的,按照所追授的军衔等级以及相应待遇级别确定月基本工资标准。

对生前作出特殊贡献的烈士、因公牺牲军人、病故军人,除按照本条例规定发给其遗属一次性抚恤金外,军队可以按照有关规定发给其遗属一次性特别抚恤金。烈士褒扬金发给烈士的父母(抚养人)、配偶、子女;没有父母(抚养人)、配偶、子女的,发给未满 18 周岁的兄弟姐妹和已满 18 周岁但无生活费来源且由该军人生前供养的兄弟姐妹。一次性抚恤金发给烈士遗属、因公牺牲军人遗属、病故军人遗属,遗属的范围按照上述规定确定。

对符合下列条件的烈士遗属、因公牺牲军人遗属、病故军人遗属,由其户籍所在地县级人民政府退役军人工作主管部门依据其申请,在审核确认其符合条件当月起发给定期抚恤金:(1) 父母(抚养人)、配偶无劳动能力、无生活费来源,或者收入水平低于当地居民平均生活水平的;(2) 子女未满 18 周岁或者已满 18 周岁但因上学或者残疾无生活费来源的;(3) 兄弟姐妹未满 18 周岁或者已满 18 周岁但因上学无生活费来源且由该军人生前供养的。

定期抚恤金标准应当参照上一年度全国居民人均可支配收入水平确定,具体标准及其调整办法,由国务院退役军人工作主管部门会同国务院财政部门规定。对领取定期抚恤金后生活仍有特殊困难的烈士遗属、因公牺牲军人遗属、病故军人遗属,县级以上地方人民政府可以增发抚恤金或者采取其他方式予以困难补助。享受定期抚恤金的烈士遗属、因公牺牲军人遗属、病故军人遗属死亡的,继续发放6个月其原享受的定期抚恤金,作为丧葬补助。

(二) 军人残疾抚恤

残疾军人享受残疾抚恤金,并可以按照规定享受供养待遇、护理费等。军人因战、因公致残经治疗伤情稳定后,符合评定残疾等级条件的,应当及时评定残疾等级。义务兵和初级军士因病致残经治疗病情稳定后,符合评定残疾等级条件的,本人(无民事行为能力人或者限制民事行为能力人由其监护人)或者所在单位应当及时提出申请,在服现役期间评定残疾等级。因战、因公致残,残疾等级被评定为一级至十级的,享受抚恤;因病致残,残疾等级被评定为一级至六级的,享受抚恤。评定残疾等级的,从批准当月起发给残疾抚恤金。残疾军人由认定残疾性质和评定残疾等级的机关发给《中华人民共和国残疾军人证》。

军人因战、因公致残,未及时评定残疾等级,退出现役后,本人(无民事行为能力人或者限制民事行为能力人由其监护人)应当及时申请补办评定残疾等级;凭原始档案记载及原始病历能够证明服现役期间的残情和伤残性质符合评定残疾等级条件的,可以评定残疾等级。被诊断、鉴定为职业病或者因体内残留弹片致残,符合残疾等级评定条件的,可以补办评定残疾等级。军人被评定残疾等级后,在服现役期间或者退出现役后原致残部位残疾情况发生明显变化,原定残疾等级与残疾情况明显不符,本人(无民事行为能力人或者限制民事行为能力人由其监护人)申请或者军队卫生部门、地方人民政府退役军人工作主管部门提出需要调整残疾等级的,可以重新评定残疾等级。申请调整残疾等级应当在上一次评定残疾等级1年后提出。

残疾军人的抚恤金标准应当参照上一年度全国城镇单位就业人员年平均工资水平确定。残疾抚恤金的标准以及一级至十级残疾军人享受残疾抚恤金的具体办法,由国务院退役军人工作主管部门会同国务院财政部门规定。对领取残疾抚恤金后生活仍有特殊困难的残疾军人,县级以上地方人民政府可以增发抚恤金或者采取其他方式予以困难补助。

退出现役的因战、因公致残的残疾军人因旧伤复发死亡的,由县级人民政府退役军人工作主管部门按照因公牺牲军人的抚恤金标准发给其遗属一次性抚恤金,其遗属按照国家规定享受因公牺牲军人遗属定期抚恤金待遇。退出现役的残疾军人因病死亡的,对其遗属继续发放12个月其原享受的残疾抚恤金,作为丧葬补助;其中,因战、因公致残的一级至四级残疾军人因病死亡的,其遗属按照国家规定享受病故军人遗属定期抚恤金待遇。

退出现役并移交地方的残疾军人的护理费,由县级以上地方人民政府退役军人工作主管部门发给。未退出现役或者未移交地方的残疾军人的护理费,由所在部队按照军队有关规定发给。移交政府安置的离休退休残疾军人的护理费,按照国家和军队有关规定执行。享受护理费的残疾军人在优抚医院集中收治期间,护理费由优抚医院统筹使用。享受护理费的残疾军人在部队期间,由单位从地方购买照护服务的,护理费按照规定由单位纳入购买社会服务费用统一管理使用。

残疾军人因残情需要配制假肢、轮椅、助听器等康复辅助器具,正在服现役的,由军队军级以上单位负责解决;退出现役的,由省级人民政府退役军人工作主管部门负责解决,所需经费由省级人民政府保障。

(三) 优待

抚恤优待对象依法享受家庭优待金、荣誉激励、关爱帮扶,以及教育、医疗、就业、住房、养老、交通、文化等方面的优待。国家建立抚恤优待对象关爱帮扶机制,逐步完善抚恤优待对象生活状况信息档案登记制度,有条件的地方可以设立退役军人关爱基金,充分利用退役军人关爱基金等开展帮扶援助,加大对生活发生重大变故、遇到特殊困难的抚恤优待对象的关爱帮扶力度。

国家对烈士遗属逐步加大教育、医疗、就业、养老、住房、交通、文化等方面的优待力度。烈士子女符合公务员、社区专职工作人员考录、聘用条件的,在同等条件下优先录用或者聘用。烈士、因公牺牲军人、病故军人的子女、兄弟姐妹以及军人子女,本人自愿应征并且符合征兵条件的,优先批准服现役;报考军队文职人员的,按照规定享受优待。

国家兴办优抚医院、光荣院,按照规定为抚恤优待对象提供优待服务。县级以上人民政府应当充分利用现有医疗和养老服务资源,因地制宜加强优抚医院、光荣院建设,收治或者集中供养孤老、生活不能自理的退役军人。参战退役军人、烈士遗属、因公牺牲军人遗属、病故军人遗属和军人家属,符合规定条件申请在国家兴办的优抚医院、光荣院集中供养、住院治疗、短期疗养的,享受优先、优惠待遇。各类社会福利机构应当优先接收抚恤优待对象。烈士遗属、因公牺牲军人遗属、病故军人遗属和军人家属,符合规定条件申请入住公办养老机构的,同等条件下优先安排。

国家建立中央和地方财政分级负担的义务兵家庭优待金制度,义务兵服现役期间,其家庭由批准入伍地县级人民政府发给优待金,同时按照规定享受其他优待。义务兵和军士入伍前依法取得的农村土地承包经营权,服现役期间应当保留。义务兵从部队发出的平信,免费邮递。

烈士子女报考普通高中、中等职业学校、高等学校,按照《烈士褒扬条例》等法律法规和国家有关规定享受优待。在公办幼儿园和公办学校就读的,按照国家有关规定享受各项学生资助等政策。因公牺牲军人子女、一级至四级残疾军人子女报考普通高中、中等职业学校、高等学校,在录取时按照国家有关规定给予优待;接受学历教育的,按照国家有关规定享受各项学生资助等政策。

军人子女入读公办义务教育阶段学校和普惠性幼儿园,可以在本人、父母、祖父母、外祖父母或者其他法定监护人户籍所在地,或者父母居住地、部队驻地入学,享受当地军人子女教育优待政策;报考普通高中、中等职业学校、高等学校,按照国家有关规定优先录取;接受学历教育的,按照国家有关规定享受各项学生资助等政策。地方各级人民政府及其有关部门应当按照法律法规和国家有关规定为军人子女创造接受良好教育的条件。

残疾军人、义务兵和初级军士退出现役后,报考中等职业学校和高等学校,按照国家有关规定享受优待。优先安排残疾军人参加学习培训,按照规定享受国家资助政策。退役军人按照规定免费参加教育培训。符合条件的退役大学生士兵复学、转专业、攻读硕士研究生等,按照国家有关规定享受优待政策。

国家对一级至六级残疾军人的医疗费用按照规定予以保障,其中参加工伤保险的一级至六级残疾军人旧伤复发的医疗费用,由工伤保险基金支付。七级至十级残疾军人旧伤复发的医疗费用,已经参加工伤保险的,由工伤保险基金支付;未参加工伤保险,有工作单位的由工作单位解决,没有工作单位的由当地县级以上地方人民政府负责解决。七级至十级残疾军人旧伤复发以外的医疗费用,未参加医疗保险且本人支付有困难的,由当地县级以上地方人民政府酌情给予补助。

抚恤优待对象在军队医疗卫生机构和政府举办的医疗卫生机构按照规定享受优待服务,国家鼓励社会力量举办的医疗卫生机构为抚恤优待对象就医提供优待服务。参战退役军人、残疾军人按照规定享受医疗优惠。中央财政对地方给予适当补助,用于帮助解决抚恤优待对象的医疗费用困难问题。

义务兵和军士入伍前是机关、群团组织、事业单位或者国有企业工作人员,退出现役后以自主就业方式安置的,可以选择复职复工,其工资、福利待遇不得低于本单位同等条件工作人员的平均水平;服现役期间,其家属继续享受该单位工作人员家属的有关福利待遇。残疾军人、义务兵和初级军士退出现役后,报考公务员的,按照国家有关规定享受优待。

国家依法保障军人配偶就业安置权益。机关、群团组织、企业事业单位、社会组织和其他组织,应当依法履行接收军人配偶就业安置的义务。经军队团级以上单位政治工作部门批准随军的军官家属、军士家属,由驻军所在地公安机关办理落户手续。军人配偶随军前在机关或者事业单位工作的,由安置地人民政府及其主管部门按照国家有关规定,安排到相应的工作单位。其中,随军前是公务员的,采取转任等方式,在规定的编制限额和职数内,结合当地和随军家属本人实际情况,原则上安置到机关相应岗位;随军前是事业单位工作人员的,采取交流方式,在规定的编制限额和设置的岗位数内,结合当地和随军家属本人实际情况,原则上安置到事业单位相应岗位。经个人和接收单位双向选择,也可以按照规定安置到其他单位适宜岗位。军人配偶随军前在其他单位工作或者无工作单位且有就业能力和就业意愿的,由安置地人民政府提供职业指导、职业介绍、职业培训等就业服务,按照规定落实相关扶持政策,帮助其实现就业。烈士遗属、因公牺牲军人遗属和符合规定条件的军人配偶,当地人民政府应当优先安排就业。符合条件的军官和军士退出现役时,其配偶和子女可以按照国家有关规定随调随迁。国家鼓励有用工需求的用人单位优先安排随军家属就业。国有企业在新招录职工时,应当按照用工需求的适当比例聘用随军家属;有条件的民营企业在新招录职工时,可以按照用工需求的适当比例聘用随军家属。

驻边疆国境的县(市)、沙漠区、国家确定的边远地区中的三类地区和军队确定的特、一、二类岛屿部队的军官、军士,其符合随军条件无法随军的家属,可以选择在军人、军人配偶原户籍所在地或者军人父母、军人配偶父母户籍所在地自愿落户,所在地人民政府应当妥善安置。随军的烈士遗属、因公牺牲军人遗属、病故军人遗属,移交地方人民政府安置的,享受本条例和当地人民政府规定的优待。退出现役后,在机关、群团组织、企业事业单位和社会组织工作的残疾军人,享受与所在单位工伤人员同等的生活福利和医疗待遇。所在单位不得因其残疾将其辞退、解除聘用合同或者劳动合同。

国家适应住房保障制度改革发展要求,逐步完善抚恤优待对象住房优待办法,适当加大对参战退役军人、烈士遗属、因公牺牲军人遗属、病故军人遗属的优待力度。符合当地住房保障条件的抚恤优待对象承租、购买保障性住房的,县级以上地方人民政府有关部门应当给予优先照顾。居住农村的符合条件的抚恤优待对象,同等条件下优先纳入国家或者地方实施的农村危房改造相关项目范围。

军人凭军官证、军士证、义务兵证、学员证等有效证件,残疾军人凭《中华人民共和国残疾军人证》,烈士遗属、因公牺牲军人遗属、病故军人遗属凭优待证,乘坐境内运行的铁路旅客列车、轮船、长途客运班车和民航班机,享受购票、安检、候乘、通行等优先服务,随同出行的家属可以一同享受优先服务;残疾军人享受减收国内运输经营者对外公布票价50%的优待。军人、残疾军人凭证免费乘坐市内公共汽车、电车、轮渡和轨道交通工具。抚恤优待对象参观游览图书馆、博物馆、美术馆、科技馆、纪念馆、体育场馆等公共文化设施和公园、展览馆、名胜古迹等按照规定享受优待及优惠服务。

【背景材料】

退役军人保障的立法与实效①

2021年1月1日,《退役军人保障法》正式施行。这是我国第一部关于退役军人的专门法律,对退役安置、教育培训、就业创业、服务保障、优待抚恤等进行顶层设计,首次提出建立参战退役军人特别优待、为退役军人建档立卡等一系列创新制度,标志着新时代退役军人工作进入法治化新阶段。

"在国家层面加强对退役军人管理保障工作的组织领导,健全服务保障体系和相关政策制度。"习近平总书记提出了新时代退役军人工作的总体要求,推动制定修订《退役军人安置条例》《军人抚恤优待条例》《烈士褒扬条例》;编制印发《"十四五"退役军人服务和保障规划》,提出"十四五"时期退役军人工作的目标任务;出台思想政治、安置就业、优待褒扬、军休管理、服务保障等方面政策80多个,清理新中国成立以来政策文件800多件,其中废止、宣布失效220件。体现尊崇尊重、服务管理保障并重的退役军人事务政策制度体系正在成型。

退役军人安置工作坚持"重牺牲奉献、重实绩贡献"导向,实施"阳光安置""直通车安置",增强选岗透明度,提升安置精准度,80%以上的军转干部被安置到公务员(参公)岗位、70%以上的退役士官被安排到事业单位。退役军人事务部编制适合退役军人就业职业目录,开发公益岗位托底帮扶,与大型企业签署合作协议,带动各地签约当地骨干企业,举办专场招聘会,大力支持退役军人创新创业;推进高等学校单列计划、单独招考退役军人,采取教育培训学费减免、助学金发放等具体优惠措施,与教育部、人力资源社会保障部大力协作,将促进退役军人学历教育和职业技能提升纳入专项行动,仅2021年就有87万人次参加教育培训。此外,设立退役军人学院,实施退役军人教师培养计划,开展"退役军人进校园"工作试点;实施"浪花计划",推动船员培训机构和航运企业以校企合用、定向培养方式面向退役军人招生。

2019年1月17日,习近平总书记到天津考察调研,强调各级党委和政府要高度重视,切实把广大退役军人合法权益维护好,把他们的工作和生活保障好。退役军人事务部从国家经济发展水平出发,科学确定优抚保障政策,范围逐步扩大,待遇渐进提标。连续4年以10%的幅度提高部分退役军人和其他优抚对象的抚恤补助标准;开展部分退役士兵基本养老保险集中补缴工作,285万人享受政策红利,大大解决了养老、医疗等后顾之忧;实施"兜底线工程",推进优抚医院、光荣院、烈士纪念设施等64个规划项目建设,建立优抚医院军地结对帮扶机制;启动军休大学建设,推进军休老旧小区改造和服务用房建设;建立健全困难退役军人帮扶援助机制,设立关爱基金,发动更多社会力量服务退役军人。

2019年7月26日,在全国退役军人工作会议上,习近平总书记看到94岁的老英雄张富清,双手紧握住老人的手,同他亲切交谈:"你是全党全国人民的楷模。保重身体,健康长寿。"95岁的张富清是原西北野战军的一名战士,在解放战争的枪林弹雨中九死一生,先后荣立一等功三次、二等功一次,被西北野战军记特等功,两次获得"战斗英雄"荣誉称号。在2018年年底的退役军人信息采集中,这段英雄往事重现在人们面前。习近平总书记作出重要指示强调,老英雄张富清60多年深藏功名,一辈子坚守初心、不改本色,事迹感人。在部队,他保家卫国;到地方,他为民造福。他用自己的朴实纯粹、淡泊名

---

① 摘编自倪光辉、吕高排:《奋楫扬帆再出发——写在退役军人事务部成立四周年之际》,光明网,2022年4月22日,https://m.gmw.cn/baijia/2022-04/23/35681889.html,访问日期:2022年5月1日。

利书写了精彩人生,是广大部队官兵和退役军人学习的榜样。要积极弘扬奉献精神,凝聚起万众一心奋斗新时代的强大力量。一个月后,中央宣传部授予张富清"时代楷模"称号,在全社会掀起学习热潮。

2021年以来,退役军人事务部大力推动"全国县级及以下英雄烈士纪念设施整修工程",按照"应迁尽迁、集中管护"的原则,重点对县级以下(含县级)英雄烈士纪念设施进行集中整修,从根本上改善英雄烈士纪念设施整体面貌。不断夯实烈士褒扬工作的保障制度:《烈士纪念设施保护管理办法》《烈士公祭办法》《烈士安葬办法》《境外烈士纪念设施保护管理办法》等一系列行政规章相继出台,让烈士纪念设施的规划、建设、修缮管理维护和英烈褒扬纪念工作有章可循;制订《关于建立英雄烈士保护部门联动协调制度的意见》,对保护英烈事迹和精神、名誉,以及保护英雄烈士及烈属的合法权益和地位等内容进行细化,对烈士遗骸搜寻发掘鉴定保护工作进行系统部署。

鼓励退役军人返乡入乡就业创业的号角吹响后,27万余名优秀退役军人加入基层"两委",部分地区"兵支书"比例接近30%。在北京冬奥会、冬残奥会上,数百支退役军人志愿服务队,上万名退役军人活跃在场地保障、应急救护、医疗安保等各个角落,向全世界展示着中国退役军人阳光自信、忠诚奉献的形象。退役军人事务部门大力开展常态化志愿服务,建立特色志愿服务队伍、打造具有地域特点的志愿服务品牌,全国有超过24.7万支退役军人志愿服务组织、350万名退役军人志愿者奋战在社会治理和应急救援一线。

第四节 残疾人保障制度

一、残疾人保障的立法概况

我国有8500万残疾人,是世界上残疾人最多的国家。[①] 改革开放以来,随着经济社会发展,我国残疾人保障事业取得了举世瞩目的成就,《残疾人保障法》开启了我国残疾人社会保障制度化法律化之先河。[②] 我国已经形成以宪法为依据,以刑事、民事、行政等法律为基础,以残疾人保障法为主导,以残疾人教育条例、就业条例等行政法规为辅助,以优惠和扶助残疾人的地方性法规为补充,全面保障残疾人权利和促进残疾人事业发展的法律体系。直接涉及残疾人权利保护的法律,已经有50多部。[③]

《残疾人教育条例》《残疾人就业条例》《无障碍环境建设条例》和《残疾预防和残疾人康复条例》的实施,对残疾人在社会保障中的教育、就业、康复和无障碍权利作了更为明确和具体的规定。残疾人的受教育程度、就业率有了普遍提高,很多残疾人得到了康复的机会。据统计,在2008—2012年五年间,我国有280.9万城镇残疾职工参加了社会保险,498.6万城镇残疾居民参加基本医疗保险;残疾人参加新型农村和城镇居民社会养老保险工作实现制度全覆盖,325.3万城镇残疾人和1 338.4万农村残疾人参加了城镇居民社会养老保险和新

---

① 我国实行比较严格的残疾认定标准,即使这样,我国残疾人的总数也超过8500万,占总人口的比例达到6.34%,涉及家庭人口近3亿。参见王治江:《反残疾人就业歧视法律制度研究》,华夏出版社2014年版,第2页。

② 在我国,《残疾人保障法》于1990年12月28日由七届全国人大常委会十七次会议通过,自1991年5月15日起施行(2008年4月24日修订、2018年10月26日修正)。

③ "这些法律中,既有专门针对残疾人的法律,又有大量涉及残疾人的法律,体现了对残疾人专门保护和综合性保护的统一。"潘跃:《50余部法规 我国形成保障残疾人权利法律体系》,《人民日报》2008年9月8日。

型农村社会养老保险,参保率分别为 58.4%和 63.8%,60 岁以下的参保重度残疾人中,有超过 94%的人得到了政府的参保扶助,享受了全额或部分代缴的优惠政策;600 多万城乡困难残疾人享受最低生活保障。[①]

与此同时,中国始终活跃在残疾人权利保护的国际舞台上,支持并认真执行联合国《关于残疾人的世界行动纲领》,参与制定《残疾人机会均等标准规则》。《残疾人权利公约》是人类历史上第一部系统性保护残疾人权利的国际法律文书,涵盖残疾人的生命、家庭、教育、健康、就业、人身安全、获得司法保护、参与政治和公共生活等各方面权利。中国是《残疾人权利公约》的首批签署国,残疾人人权保障也是中国人权事业的亮点,被联合国前秘书长安南誉为发展中国家的典范。2008 年 4 月,修订的我国《残疾人保障法》第一次引入"禁止基于残疾的歧视"概念,突出"以残疾人权利为本"的理念,明确提出了国家保障残疾人享有各项社会保障等权利,强化了侵害残疾人的权益所应承担的法律责任。

二、残疾人教育保障

在人生过程中享受优质教育是每个人应有的基本权利。教育是人全面发展的基础,对于残疾人发展和共享经济社会发展成果具有举足轻重的作用,是残疾人能够在社会中有尊严地生活的重要前提。《残疾人权利公约》中特别要求缔约国确认残疾人享有受教育的权利,在不受歧视和机会均等的情况下实现这一权利,要求缔约国确保在各级教育实行包容性教育制度和终身学习。

为充分保障残疾人接受教育的权利,我国专门颁布了《残疾人教育条例》,并在《残疾人保障法》中专设"教育"一章,规定"国家保障残疾人享有平等接受教育的权利"。全国为残疾儿童少年兴办有特殊教育学校,义务教育普通学校附设有特教班。残疾人职业教育有专门的培训机构。高等教育对残疾人平等招收,还设立有残疾研究方向的研究生学位。2014 年,北京联合大学获批国内首个专门面向视障生源的临床医学(中医)硕士专业学位授权点,并按照全国硕士研究生招生考试要求实行了单考单招,完善了我国残疾人高等教育体系,填补了残疾人高等教育的空白,让残疾人渴望同健全人一样平等享受高等教育的梦想成为现实。[②]

但我们同样看到,"残疾女生刘婉玲高考 549 分被退档",学校给出的理由仍然是"体检不合格",而且断言"她参加高考还将会面临同样的问题"。[③] 我们还看到,2014 年 6 月 7 日,

---

① 参见施雨岑:《让残疾人群体共享经济社会发展成果——解读国务院常务会议部署保障和改善残疾人民生系列举措》,中国政府网,2014 年 12 月 24 日,https://www.gov.cn/zhengce/2014-12/24/content_2796106.htm,访问日期:2015 年 1 月 6 日。

② 2014 年 12 月 27 日至 28 日,首次全国硕士研究生招生考试视力残疾考生单考单招在北京联合大学特教学院举行,来自北京、山东、新疆和辽宁的 18 名拥有本科学历的视障考生参加了考试。此前,我国单独面向残疾人的高等教育仅有本科、专科两个层次,不能满足残疾人接受更高层次高等教育的需求。此次考试将按成绩从高往低划定录取分数线,预计首次将招生 5 人。参见杜丁:《视障学生首次考研,北京联大获批国内首个视障生源硕士点》,《新京报》2015 年 1 月 5 日。

③ 刘婉玲是一名双腿残疾的学生,以高考 549 分的成绩报考江夏学院,曾收到学校招生办电话询问是否服从调剂一个冷门专业,刘婉玲一口答应,但最后仍然被退档。多年来,她除了没有办法走远路、上下楼梯需要帮忙之外,其他正常生活可以自理。江夏学院招生办一位负责人称,对照医生对于该生内科及外科的诊断,根据有关规定,决定对其进行退档处理,并经福建省教育考试院审核同意。"对此我们深表遗憾,如果体检一直不合格,她参加高考还将会面临同样的问题。"参见孟昭丽等:《残疾女生高考 549 分,因体检不合格被退档》,《北京青年报》2014 年 8 月 5 日。刘婉玲高分被拒的相关报道见报后,厦门大学嘉庚学院决定录取刘婉玲在该校财务管理专业学习。福建美菰林生物科技有限公司为刘婉玲提供每月 600 元生活补助,并与刘婉玲签订就业帮扶协议,愿意接纳和推荐其到比较优秀的企业就业。

全国高考首日,8点35分,脑瘫患者刘建潇第一次坐上了属于自己的高考考位。然而,8点44分,他在教室坐了9分钟后就泪别考场。对此,法律应当提供的保障不仅是刘建潇们的高考参与权,而且是他们参加高考的特殊保障权,比如,提供"合理且必要"的专用教室、专用考场、专用桌椅和专用文具,配备专门的语音服务、专用的试题试卷,尤其是为他们延长考试的时间,即提供给他们比正常考生更加合理且充足的考试时间。

与此相似,一患有血友病的学生因在高考体检表中隐瞒病史而被所在高校开除学籍。这样的学生,以及有身心残疾、慢性病乃至艾滋病的学生都不应当在招生和教学方面受到歧视。在国际法框架下,残障人士、罕见病患者及任何身心缺陷人士都应平等拥有接受高等教育的权利。我国早已批准的联合国《经济、社会及文化权利国际公约》第13条规定:"高等教育应根据成绩,以一切适当方法,对一切人平等开放,特别要逐渐做到免费"。《残疾人权利公约》第24条规定:"缔约国应当确保,残疾人能够在不受歧视和与其他人平等的基础上,获得普通高等教育、职业培训、成人教育和终身学习。为此目的,缔约国应当确保向残疾人提供合理便利"。

【典型案例】

脑瘫考生的9分钟高考①

1987年,刘建潇出生在雅安,不到一岁时被确诊为痉挛性脑瘫,康复治疗后依旧直不起身子,不能正常行走和使用双手。由于有2000多度的近视,他只能拿着放大镜来看书。除了小学、初中、高中的全部课程外,刘建潇还自学了14门法学的主干课程,他想上大学系统学习法律。虽然身体残疾,但是如果可以从事法学理论方面的研究,既可以自食其力,又能用学到的法律知识去帮助更多像他一样的人。为了能参加高考,2013年6月22日,刘建潇向四川省残疾人联合会发出一封求助信,省残联通过电话告诉刘建潇,只要他出示残疾人相关证明,便能在当地参加高考。刘建潇由于痉挛性脑瘫的影响肢体不协调,写一个字就能占半页A4纸,刘建潇的外婆李华容还向雅安市教育局请求,能否单独给他设立一个考室,别人念题、他口答、再由别人代写,或者把题输入电脑在网上答题?"就目前而言,几十年来传统的高考答题方式都是书面答题,没有口头答题的先例,暂时也不可行。"雅安市招办副主任刘兴双说。6月7日上午8点,坐在轮椅上的刘建潇穿着一身运动装,戴着一副啤酒瓶底厚的眼镜,用橡皮筋束在后脑勺上,由母亲李昕推着来到雅安中学2014年的高考考点。李昕向考点负责人提出:儿子不能正常书写答题,能否安排单独考室并通过口头方式答题?这不是李昕第一次提出这个要求,但依旧被拒绝。"反正今天也来过考场了,实在不行,要不我们就回家了吧?"刘建潇坐在轮椅上不说话,在众人的目光中,李昕也低着头一言不发,推着刘建潇准备离开。"不行!我要到属于我的高考座位去看看。"刘建潇突然大声地说道,吓了周围人一大跳。文科001考场在教学楼的二楼尽头,从刘建潇所处的广场进教学楼,要上20多级台阶。看到一楼到二楼的楼梯有扶手,刘建潇坚持自己扶着慢慢往上挪。他说:"只要给我一定的辅助条件,我相信,我能行!"8时35分,工作人员将刘建潇推进教室。坐在轮椅上,刘建潇看了看身边的其他考生,努力将腰杆挺得笔直。"如果要坚持坐在考场里,必须至少要等开考一个半小时才能交卷出来。"监考人员提醒。李昕心疼儿子,"这样干坐着也毫无意义,还是走吧。"8时44分,从教室出来刚走出约20米,轮椅上刘建潇突然双手用力地撑着轮椅,脚使劲地向上蹬

---

① 摘编自顾爱刚、蒋麟:《26岁脑瘫考生的9分钟高考:开考前16分钟泪别考场》,《成都商报》2014年6月9日。

着，想要努力站起来，他扭过头憋着劲回望着教学楼，大吼了一声："等着我，总有一天我还会回来参加高考的！"走出校门时，刘建潇把啤酒瓶底厚的眼镜推到额头上，失声痛哭。

【背景材料】

残疾学生的留学申请与接收①

（一）澳大利亚

在申请澳大利亚签证时，签证官在身体方面最介意的问题是有传染病，有残疾倒不是太大的问题。视力相当不好，一只眼几乎失明；脊柱弯曲，做过手术，身体里一直有矫正的钢板等学生都能顺利地获得签证。澳大利亚的大学申请表会问有哪些疾病（不是只针对残疾）；哪些方面会影响学习和生活，如听力，视力，需要长期治疗等等；需要提供哪一类的帮助。在安排寄宿家庭的时候也会考虑这些因素。

（二）意大利

意大利学校可以接收残疾学生，但前提是该学生能够生活自理且完成学业。同时，意大利学校也不接受有传染病的学生。

（三）法国和英国

英国和法国也可以接受残疾学生。英国所有大学的入学申请表以及住宿申请表都有专门为残疾学生所设的一栏，并且需填写的项目非常具体，这样区别对待并不是歧视残疾学生，而是对之投入更多的关注，以在生活和学习的细节上都尽可能地为他们提供便利。

除了上述国家以外，包括美国、日本在内的许多国家也都接受残疾学生。在国外，很多大学院校不仅有来自本国的残疾学生，还有来自其他国家的残疾留学生，他们和普通学生一起学习，受到平等对待。一些开设了特殊教育专业的院校也会接纳残疾留学生，如挪威的北欧红十字世界联合学院，美国的波士顿大学、罗彻斯特聋人技术学院和加劳德特大学，日本的筑波技术短期大学，俄罗斯的莫斯科理工大学，菲律宾的德拉萨大学等。

【背景材料】

患病大学生的学籍管理②

患血友病乙型的2014级学生郑清（化名），因未如实填写高考体检表且复查不合格，面临被中国劳动关系学院取消学籍的后果。

在中国劳动关系学院取消其学籍的决定书上，校方称郑清在新生入学体检中被查出血常规化验异常，轻度贫血伴血小板明显减少，继而在北京协和医院进一步检查，明确诊断出郑清患有血友病（FIX贫乏）。校方追问其病史，得知郑清在6岁时已被确诊为血友病。

该校取消郑清学籍的依据是教育部2003年颁布的《普通高等学校招生体检工作指导意见》。该文件规定，患有以下疾病者，学校可以不予录取：严重的血液、内分泌及代谢系统疾病、风湿性疾病。决定书还称，在郑清的高考电子档案的体检信息中未显示血友病病史，考生没有如实填写既往病史，体检信

① 摘编自佚名：《残疾学生留学：各国接收政策不同》，《扬子晚报》2010年7月13日。

② 摘编自刘盾：《患病大学生面临被取消学籍》，人民网，2014年12月19日，http://edu.people.com.cn/n/2014/1219/c1053-26238738.html，访问日期：2015年1月7日。

息结论显示为合格。根据该校《学生学籍管理规定》第2条,“凡违反招生规定,弄虚作假、徇私舞弊取得入学资格者,无论何时被发现,一经查实,取消学籍。”而中国劳动关系学院招生科科长蔡月称,如果当初郑清在其高考体检表的既往病史一栏如实填写他患有血友病,学校有可能就不会录取他。

三、残疾人无障碍环境保障

无障碍环境是保障残疾人平等参与社会生活的必要条件,同时也为老年人等其他社会成员提供生活便利。《残疾人权利公约》和我国《残疾人保障法》对无障碍环境均作了规定。据调查,2009年度我国的城镇残疾人对无障碍设施的满意度为66.8%,有79.5%的城镇残疾人所生活的城镇中至少有一种无障碍设施,体现出无障碍建设的成效。大部分医院、银行、车站、商场、文化体育建筑、公共交通工具等加强了对残疾人的无障碍服务。信息无障碍建设取得显著进展。盲文、手语的应用得到扶持和保护。大部分省级电视台开办了手语新闻节目。越来越多的影视节目加配了字幕解说。2012年6月,国务院公布《无障碍环境建设条例》,对新建道路和建筑物的无障碍设施建设,对已建成道路和建筑物的无障碍设施改造,对无障碍设施的保护和维修,对于无障碍信息交流,以及无障碍社区服务都从法律制度层面进行了规范。

现实中还存在残疾人乘机难、必须在指定地点申请购票、必须“事先告知”且残疾人数受到严格限制等状况,如在“27名聋哑人登机被拒事件”①中,依据的是2009年的中国民用航空局《残疾人航空运输办法(试行)》,该办法规定,航班座位数为51—100个时,残疾人士不得超过2名;座位数为101—200个时,不得超过4名;座位数为201—400个时,不得超过6名;座位数为400个以上时,不得超过8名。当载运残疾人数超过上述规定时,应按1∶1的比例增加陪伴人员,但残疾人数最多不得超过上述规定的一倍。载运残疾人团体时,在增加陪伴人员的前提下,承运人采取相应措施,可酌情增加残疾人乘机数量。新修订的《残疾人航空运输管理办法》于2015年3月1日施行。该办法的修订参考了《残疾人权利公约》和我国《残疾人保障法》《无障碍环境建设条例》及美国运输部《航空旅行中不歧视残疾人》、欧盟《关于残疾人以及行动不便者航空运输的权利》等,明确了相关部门要为残疾人办理乘机提供方便,充分尊重残疾人隐私,特别规定了机场应为残疾人设置独立、私密的安全检查空间。此外,残疾人有医用氧气、托运电动轮椅、服务犬等需求时通知航空公司的时间也被压缩。这些规定不仅为残疾人无障碍出行提供了方便,而且为通过专项规定来落实上位法的立法活动提供了范例。

---

① 2014年12月29日下午,武汉一家旅行社组织一个38人的旅行团赴台湾旅游,其中27名游客是聋哑人。他们一行在天河机场领取登机牌后,却被执飞的航空公司告知,因残疾乘客人数超过上限,不能登机。该航空公司还表示,根据相关规定,每4个聋哑人必须配备1个手语老师,以免影响服务质量。双方随即发生争执,旅行社工作人员黄亮赶至机场交涉,直到该航班起飞,这个旅行团仍未能登机。双方僵持到当晚8时许,黄亮只得带领游客返回。事发后,一些聋哑人士表示不解,有的还哭了起来,失望而归。参见林永俊等:《27名聋哑人出游登机被拒机场:残疾人乘机有人数限制》,凤凰网,2014年5月31日,http://hb.ifeng.com/news/fygc/detail_2014_05/31/2360260_0.shtml,访问日期:2015年1月7日。

【背景材料】

公共卫生事件中残疾人的社会融合

公共卫生事件(如非典、新冠疫情等)给予了我们检视残疾人社会融合制度的机遇,各项制度的空缺得以被发现。在公共卫生事件期间,残疾人所遇到的各种问题本质上都是社会融合问题。我们应当关注残疾人所面临的制度性缺陷,在政策和法律层面持续解决残疾人的社会融合问题。

一、完善残疾人信息融合制度

我国《残疾人保障法》规定了残疾人在任何情境中都依法享有信息无障碍权,残疾人的信息无障碍权对于残疾人其他人权的实现具有十分重要的意义。

在公共卫生事件期间,信息的有效、及时获取是自我保护和事件应对的第一道关口。由于残疾人自身的生理或者心理状况,其在公共卫生事件期间的信息无障碍权更容易被忽视。对此,应当针对残疾人士的信息融合做出专门性安排,并把它置入公共政策和相关的立法规划之中。确保残疾人获得公共卫生信息,并将该信息及时转换为各类残疾人都"易读"的模式,以使残疾人得到有力的保护。

二、完善残疾人资源融合制度

残疾人的社会融合需要各类资源的支持,包括社会资源、医疗资源、社区资源等等。残疾人在社会生活中面临着众多障碍,导致其可获得的资源十分有限。在一些公共卫生事件期间,残疾人的医疗资源供应并没有得到完全落实,存在着残疾人买不到药、就不了医的情况。

而在公共卫生事件期间,社区资源在整个社会运转及事件应对的过程中发挥了重要作用,社区同时承担着输送医疗资源的关键作用。因此,国家应迅速及时建立起由政府主导,社区、照护机构及相关非政府组织等多方共同参与的社区临时照护机制。在公共卫生事件结束后,则要强化政府主导,建立特殊的、有针对性的倾斜性制度以满足残疾人的需求,特别是面向残疾儿童和老人的专门性保障制度。

三、完善残疾人保障融合制度

在公共卫生事件期间,残联应扎实做好残疾人就业和基本生活保障工作,建立临时补贴救助机制,出台保障残疾人基本生活、助推残疾人企业机构复工复产的政策激励。同时,对于各地补贴标准不一、散见于各种地方文件、没有形成制度化保障的问题,国家应建立有效的、有衔接性和前瞻性的长效保障机制。以残疾人就业保障为例,在一些公共卫生事件期间,在健全人的就业状况都不容乐观的情形下,残疾人的就业保障就更难。此时,国家的公共政策应当向残疾人群体适度倾斜,建立面向残疾人就业者,充分考虑其特殊性和脆弱性,体系化、规范化、同时兼具灵活性和前瞻性的专项保障机制。

四、完善残疾人救助融合制度

在公共卫生事件期间,若遇到医疗和救助资源紧缺的情况,应当如何实现残疾人的救助融合?当前,我国立法对这一问题所作的规定多为原则性规定,未明确具体的责任主体。因此,国家应当首先制定具体严密的实施细则,将救助融合落到实处。同时,在既往的一些公共卫生事件中,残疾人联合会和非政府公益组织曾发挥重要作用,因地制宜地进行了针对残疾人的有效救助。未来,国家应当建立起一个专门面向残障群体的应急救助机制,完善残疾人救助法治建设,联动残联和非政府性公益组织,充分发挥国家资源的充足性和社会资源的灵活性优势。

五、完善残疾人救治融合制度

在一些公共卫生事件中,不可避免地存在着床位紧缺、药物紧张、医疗设备资源短缺、血源不足等问题。残疾人由于自身的弱势地位,相较普通人而言,还面临着需求反映渠道单一的困难,从而承担着更大的健康风险。此时,应当如何保障残疾人的救治需要,防止救治中对残疾人的救助歧视,实现面向残疾人的救治融合?在未来的制度建设中,国家应当建立健全面向残疾人的救治渠道,制定适度向残疾人倾斜的公共政策,保障在紧急情况下残疾人享有同其他人一样的得到救治的权利,禁止在获得救治与接受救治中的残疾歧视,实现公平救治、融合救治。

四、残疾人康复保障

大部分残疾人是可以通过康复治疗或训练,使自身的功能恢复到尽可能好的水平,以便使自己在身体、精神、社会活动、教育就业等方面的能力得到最大程度的发挥,从而最大程度地融入社会。据统计,2021 到 2022 年,全国有 1 707.46 万残疾人得到基本康复服务,341.8 万残疾人得到辅具适配服务,残疾人基本康复服务覆盖率稳定在 85%以上,其中,76.97 万残疾儿童得到康复救助。截至 2022 年年底,全国特殊教育在校生达到 91.85 万人,特殊教育学校 2 314 所,特殊教育专任教师 7.27 万人。2022 年有 3 万余名残疾学生被高等院校录取。2022 年全国新增城乡残疾人就业 59.2 万人,比上年增加 18.4 万人。截至 2022 年年底,有就业意愿的高校残疾人毕业生就业率超过 80%。[①] 2023 年 5 月 21 日,康复国际百年庆典在北京国家会议中心开幕。康复国际主席、中国残联主席张海迪和 4 位康复国际执委共同发布了《面向未来百年:促进残疾人平等参与和全面发展——纪念康复国际成立 100 周年北京宣言》。一百年来,康复国际在世界范围内支持并倡导为残疾人提供康复服务,促进无障碍环境建设,推动残疾人融入社会,播下了今天残奥会的种子,为保障残疾人权利、增进残疾人福祉作出了卓越贡献。残疾是生命多样性的体现,残疾人的平等权利应该得到充分尊重,保护他们的平等权利、价值和尊严,是维护人权和基本自由不可缺少且不可分割的一部分。各国政府、国际社会和所有人应尊重人类的多样性,尊重人权,更加关注占世界人口 15%的残疾人,促进他们的平等参与和全面发展,共建和平、包容和友好的社会。[②]

国际劳工组织《残疾人职业康复和就业公约》和联合国《关于残疾人的世界行动纲领》是残疾人康复保障的重要文件,意在通过预防残疾的有效措施,实现全面平等参与的目标。为此,必须给残疾人提供教育、培训和工作的机会,通过动员更多的人力资源,将残疾人人力资源开发纳入国家的人力资源开发计划,与充分挖掘人类潜力和才能的过程相结合。通过人力资源开发,残疾人能够有效地行使其完全公民的权利。残疾人是自己命运的主宰者,不是被看护的对象,作为个人或组织成员,应作为平等的一员参与决策过程。政府和非政府组织提供的以社区为基础的附加服务,能够加强残疾人及其家庭成员的能力建设,提高残疾人的自主性,使他们能够参与社会的发展。政府应承认并支持残疾人组织在帮助残疾人对自己生活负责的过程中发挥作用。

为此,需要明确各级政府、康复机构的责任,规定残疾人康复的保障措施,并对康复服务的内容、提供方式、服务规范等作出相应的规定。同时,对康复服务的相关法律责任进行细化。针对大多数残疾人经济条件较差、负担能力有限的情形,鼓励社会力量从事康复服务,进行专门的立法来规范工商登记、税费减免和财政补贴等。参照国外对残疾康复技术和辅助器具提供经费支持的先例,增加对残疾人享受康复服务和辅助器具的支持力度,在立法上逐步

① 参见唐芳:《我国残疾人基本康复服务覆盖率达 85%以上》,《科技日报》2023 年 5 月 16 日。

② 参见周静圆、梁秋坪:《康复国际百年庆典开幕 发布纪念康复国际成立 100 周年北京宣言》,人民网,2023 年 5 月 22 日,http://society.people.com.cn/n1/2023/0522/c1008-32691697.html,访问日期:2024 年 10 月 7 日。

扩大减免费用的康复服务范围,增加辅助器具的种类。在进一步研究残疾人康复需求和医疗保险资金平衡的基础上,逐步扩大康复费用的医保报销范围,以包含更多的康复项目。

第五节　无障碍环境建设

一、无障碍法的缘起与发展

(一) 无障碍环境的理念与实践

20 世纪 30 年代初,为服务一战中致伤致残的军人,丹麦和瑞典创建了残疾人使用的无障碍设施。20 世纪 50 年代后期,残疾人生活“正常化”和“带入社会生活”的理念逐渐兴起。人们逐渐认识到以健全人为中心的社会不是具有正常价值取向的社会。应当采取措施,使残疾人顺利进入社会,并与健全人共同生活。社会应当对智力残疾者和其他残疾人更多地关注照顾,与他们生活有关的各种服务措施应当受到重视。欧洲兴起了推动残疾人回归主流社会、享受与其他社会成员平等生活的权利的潮流,并且迅速从欧洲扩展至北美。此后,残疾人开始使用公用设施和公共场所。为了满足残疾人融入社会的需求,这些原本为健全人设计建造的设施和场所逐步开始了为适应和满足残疾人特殊需求的改造,大力发展和建设“无障碍环境”也成为人们普遍接受和认同的观念。

1950 年,联合国设立“国际残疾人康复协会”。1959 年,瑞典颁布了《残疾人住宅建设规定》,欧洲其他国家也通过了建筑环境无障碍的决议。由此确立了“无障碍环境”的概念。随后的二十多年里,数十个国家和地区都制定和完善了各自的无障碍环境建设法律。1961 年,美国国家标准协会制定了历史上第一个无障碍设计标准——《建筑设施无障碍设计规范说明书》。美国国会随后通过了《建筑无障碍条例》,使无障碍环境建设具有了法的强制性。无障碍设计从关爱弱势群体出发,向更高层次的目标推进,使由设计而来的人类产品更趋合理、亲切和人性化。

1974 年,联合国在瑞士召开 “障碍者生活环境”专家会议,会议确定“无障碍设计”是消除对使用者构成障碍的设计,会议将“有障碍者”的范畴从原来指向的有生理障碍的人群扩展至孕妇、儿童和老人,进而扩展至背负重物或受伤的人员,甚至包括暂时遭遇生活不便的人群。无障碍设计首先在都市建筑、交通、公共环境设施设备以及指示系统中实施,如在步行道上为盲人铺设的走道、触觉指示地图,为乘坐轮椅者专设的卫生间、公用电话、兼有视听双重操作向导的银行自助存取款机等,进而扩展到工作、生活、娱乐中使用的各种器具。这次会议达成了重要共识——在去除建筑设施障碍的同时,应当将文化和态度等社会障碍一并去除。[①]

1981 年,联合国发起一系列支持和声援残疾人的活动,并由此确立“国际残疾人年”。活动的主题是“充分参与和平等”,即残疾人在个人条件允许的情况下尽可能充分地参加社会生活,并享有与正常人完全平等的权利。各会员国应当促使人们关注残疾人的生活和工作境况,消除对他们的偏见和歧视,确保他们尽可能地生活在正常社会之中。联合国为了实

---

① 参见陈红:《无障碍设计》,科普中国,2021 年 12 月 31 日,https://www.kepuchina.cn/article/articleinfo?business_type=100&ar_id=311131,访问日期:2023 年 7 月 30 日。

现无障碍环境的建设目标,要求各会员国制定具体政策。①

（二）我国无障碍环境法治的起步②

我国无障碍立法始于20世纪,从物理形态的建设环境着手。1989年4月1日,建设部、民政部和中国残联发出《关于发布专业标准〈方便残疾人使用的城市道路和建筑物设计规范〉(通知)》,是方便残疾人使用的城市道路和建筑物的设计规范。由北京市建筑设计院和北京市市政设计院制作,经建设部、民政部和中国残联批准发布。在城市道路设计中对非机动车车行道、人行道、人行天桥和人行地道、音响交通信号的设置进行了规范。在建筑物设计中对出入口、坡道、走道、门、楼梯和台阶、电梯、扶手、地面的设置进行了规范。同时规范了旅馆客房及宿舍、厕所及浴室、轮椅席的停车车位。专章规范了国际通用标志,明确了轮椅移动面积参数、乘轮椅者对各种设施的使用尺度参数和肢体残疾与视力残疾分级标准。③

1998年6月,为促进《方便残疾人使用的城市道路和建筑物设计规范》(本节简称"《规范》")的贯彻实施,并为《规范》的进一步修订提供依据,建设部与民政部、中国残疾人联合会联合组成检查组,对上海、天津、北京三市贯彻实施《规范》的情况进行了重点检查。检查情况表明,《规范》发布实施九年来,取得了一定成效,积累了经验。但还存在一些问题,主要是:建立无障碍环境的意识有待提高;城市规划、工程设计的审批和工程施工、验收的监督力度需要加强;已建设施的维护和管理亟待改进;相关的设备和产品应配套,并需尽快实现标准化和系列化;《规范》的内容需要补充和完善。

三部门在1998年9月28日发布的《〈方便残疾人使用的城市道路和建筑物设计规范〉若干补充规定的通知》中指出:"建立无障碍设施是残疾人参与社会生活的基本条件,是方便老年人、妇女、儿童和其他社会成员的重要措施,是社会文明、进步的重要标志。各级建设行政主管部门、民政行政主管部门和残疾人联合会必须高度重视,采取切实有效的措施,抓好《规范》的贯彻实施。"要求公共建筑和公共设施均应进行无障碍设计,除主要入口处应设坡道外,室内为公众服务的设施也应方便乘轮椅的残疾人、老年人使用。新建、在建高层住宅必须修建无障碍坡道;有2个以上入口的高层住宅至少应在一个入口处修建坡道。新建道路和立体交叉中的人行道应进行无障碍设计,各道路路口、单位门口均应修建缘石坡道。人行天桥和人行地道宜增设坡道式设计。坡道坡度应为1∶12∶10;当确有困难不能达到时,坡度不宜大于1∶8。坡道中必须设置中间平台和两侧扶手。采用全部梯道式设计时,必须予以论证,并经建设主管部门审批。居住小区内的各种道路等公共设施应方便乘轮椅的残疾人、老年人使用,主要休憩、活动场所应进行无障碍设计。④

2001年6月21日,三部门发布《城市道路和建筑物无障碍设计规范》,将《城市道路和建筑物无障碍设计规范》中的相关标准明确为强制性规范,必须严格执行。2012年3月30日,住房和城乡建设部发布《无障碍设计规范》,这是我国第一部全面规范无障碍设计的规范

---

① 参见母凡、黄椿茗:《国际残疾人日——关爱、理解、尊重,共建和谐社会》,搜狐网,2022年12月3日,http://news.sohu.com/a/613106050_121123999,访问日期:2023年7月30日。

② 参见黎建飞:《无障碍法治论》,求真出版社2023年版。

③ 中华人民共和国建设部、中华人民共和国民政部、中国残疾人联合会:《方便残疾人使用的城市道路和建筑物设计规范》(JGJ 50—88,1989年4月1日发布)。

④ 参见建设部、民政部、中国残联:《关于贯彻实施〈方便残疾人使用的城市道路和建筑物设计规范〉若干补充规定的通知》(建标〔1998〕177号,1998年9月28日发布)。

性文件,是我国建筑工程领域无障碍环境建设重要的规范。规范的宗旨是提高建筑物的无障碍设计水平,使得老年人、残疾人等特殊人群也能够方便、安全、自主地通过建筑物,拥有更好的生活体验。明确"无障碍设计"是指在建筑物的设计、建设过程中,充分考虑户外、室内及设施使用者周边的环境、气候及使用者的个体差异等因素,尽可能消除或减少障碍物,以达到无障碍使用之目的的设计方案。①

《无障碍设计规范》针对建筑、交通、信息通信设施等方面技术、管理、服务、沟通等方面涉及的无障碍问题,作出了详细的规定。(1) 建筑方面,规定了无障碍公共卫生间、无障碍通道、无障碍出入口等的设计要求和标准;(2) 交通方面,规定了无障碍交通指示、无障碍地面铺装和轮椅道、无障碍车辆停车位等的设计要求和标准;(3) 信息通信设施方面,如电梯、台阶、扶梯、洗手间等场所的无障碍设计;(4) 服务管理方面,规定了服务人员必须接受无障碍服务培训,商场、超市、医院等场所提供无障碍服务的具体要求,以及无障碍服务的评估、评价和监督等内容。

在无障碍通行环境的基本要求中,提出建筑物入口和门的设置应当符合无障碍通行的需要。建筑物内部的空间布局应当合理,能够方便、安全地通行。建筑物内部的地面、墙壁、天花板等装修材料应当符合无障碍设计标准,确保无障碍通行。建筑物内的设施及配套设备使用起来应当方便、安全,能够满足老年人、残疾人等特殊人群的需求。地面应当设置防滑材料,以确保无障碍通行的安全。建筑物内的电梯、扶梯等设施应当设置指示标识,并考虑到老年人、残疾人等特殊人群的需求。手把的安装高度应当符合无障碍设计标准,并考虑到残疾人的视觉和行动能力。建筑物内的厕所应当设置无障碍厕所,并符合无障碍设计标准,包括门宽、坐便器高度、扶手高度等。

在无障碍设计的改善方案中,对于无障碍通道的建设存在瓶颈或者是施工后发现缺陷的,可以采用改善方案,例如增设斜坡、加装扶手等。对于已建成的场所,如存在不合理的无障碍通道,应当在设计后加装扶手、斜坡等设施,以提高其无障碍通行的能力。在老旧建筑改造的场合,应当结合无障碍设计规范,改善场所的无障碍通行环境。

经过二十多年的努力和探索,我国无障碍环境建设法治在建筑领域已基本成型。这一历程既符合人类社会无障碍环境建设的一般规律,又在较短的时间内实现了无障碍环境建设法治的专门化和规范化。尤其是从中体现的"建筑物应当满足老年人、残疾人等特殊人群的需求,设施及配套设备使用起来应当方便和安全"的理念具有时代性和跨越性,为我国无障碍法治建设的进一步发展和完善奠定了扎实的基础。

【典型案例】

三楼住户反对加装电梯②

最高人民法院发布老旧小区既有住宅加装电梯的典型案例。③ 2017 年至 2018 年,广州某小区某

---

① 参见住房和城乡建设部:《关于发布国家标准〈无障碍设计规范〉的公告》(2012 年 3 月 30 日发布)。

② 摘编自黎建飞:《三楼不装了》,"黎说说"微信公众号,2023 年 11 月 13 日,https://mp.weixin.qq.com/s/jcCaQQ_Ut4ZN3MGdQH_fww,访问日期:2023 年 11 月 15 日。

③ 参见最高人民法院新闻局:《老旧小区既有住宅加装电梯典型案例》,中国法院网,2023 年 11 月 8 日,https://www.chinacourt.org/article/detail/2023/11/id/7627481.shtml,访问日期:2023 年 11 月 10 日。

栋9层住宅楼业主商议加装电梯。44户业主中有32户业主同意。居住于3楼、年近八旬的业主郭某因有异议未参与出资。电梯投入使用后,郭某提出补交相应集资款使用电梯。32户业主认为郭某导致加装电梯工程延误了一年多,反对其使用电梯。郭某向人民法院起诉,法院判决郭某支付集资款后搭乘电梯。宣判后,32户业主提出上诉。二审驳回上诉,维持原判。

在现实生活中,即便住在二楼的人没有电梯后果都很严重。曾经,一位邻居住在没有电梯的二楼,家中有一个行动不便的年轻人,下楼只能由家人背着抬着。然后在楼门口坐一会儿,家人再背抬回来。家人不可能每天做这事,更不可能每天多次做此事。这位年轻人,就只活到了中年。

我家也在没有电梯的二楼住过。母亲一只脚受伤且不可逆后,下楼的姿势是:双手交替扶着楼梯的扶杆,移动一只脚到下一节台阶,再移动另外一只脚下到同一节台阶。然后再交替楼梯扶杆上的手,然后再移动上下。

老人不需要别墅豪宅,老人需要出门活动。老人不愿意背抬扛抱,老人需要自主尊严。

住在一间不大的房子里,有个轮椅。门底没有槛,框比轮椅宽。出门能转弯,进得电梯间。按键可下楼,出门有坡道。小区通便道,便道无障碍。深吸一口新鲜空气,再看几眼绿树草地。在小区的便道上自主慢行,沐浴户外的清风阳光。小鸟从头顶飞过,野猫在草丛吼叫。停下来,看李大妈一个笑脸,跟王大爷点燃烟卷。问一问二小子媳妇生的是男是女,聊一聊国际局势风云变幻。回到家中,茶水午饭。半睡半醒间,再下楼遛一圈。

莫嫌老人烦,谁人不老年?生活能自主,生命有尊严。

现在,《无障碍环境建设法》已经实施。希望法院的相关判决,能够援引新法条款断案。

（三）我国的无障碍法治体系的建构

2012年6月28日,国务院公布《无障碍环境建设条例》。这是我国第一部以无障碍环境建设为内容的专门行政法规,明确了无障碍环境是保障残疾人平等参与社会生活的必要条件,同时也为老年人等其他社会成员提供生活便利。

《无障碍环境建设条例》将通行道路、出入相关建筑物、搭乘公共交通工具、交流信息和获取社区服务等作为主要领域,把无障碍环境建设规定为6个方面:一是明确了政府部门和社会组织的职责;二是强调了无障碍环境有利于保护残疾人的权利,同时可惠及全社会,提供无障碍环境是社会的责任和义务;三是加大无障碍设施建设和改造力度,加强无障碍设施管理;四是加快推进无障碍信息交流建设;五是发展无障碍社区服务;六是规定了无障碍环境建设的法律责任。

《无障碍环境建设条例》的颁布实施促进了相关法律的无障碍环境建设功能。2017年修订的《残疾预防和残疾人康复条例》,要求康复机构应当具有符合无障碍环境建设要求的服务场所以及与所提供康复服务相适应的专业技术人员、设施设备等条件,建立完善的康复服务管理制度。同年修订的《残疾人教育条例》要求新建、改建、扩建的各级各类学校应当符合《无障碍环境建设条例》的要求,并逐步推进各级各类学校的无障碍校园环境建设。

在我国的法律层面,逐步形成了以《残疾人保障法》为基础依据,以《老年人权益保障法》《公共文化服务保障法》《公共图书馆法》《建筑法》《防震减灾法》《道路交通安全法》等作为细化补充的立法格局。我国的整个法治体系为无障碍环境建设提供了有力的保障和支撑。1990年,全国人大常委会颁布的《残疾人保障法》首次在法律层面确定了无障碍建设的内容。2008年,我国在加入《残疾人权利公约》后对《残疾人保障法》进行修订,在第七章专章规定了“无障碍环境”的内容，对国家、社会及各级人民政府的责任，无障碍设施建造和改造的要求，残疾人信息交流，公共服务，政治参与权，辅助设备与无障碍交通工具等内容进行了规定。1996 年 8 月，我国规定新建或改造城镇公共基础设施、居民区、住宅时，应当考虑老年人的特殊需要。修改后的现行《老年人权益保障法》明确规定，新建或改扩建道路、公共交通设施、建筑物、居住区等，应当符合国家关于无障碍设施工程的建设标准，各级人民政府和有关部门应当按照国家标准优先推进其改造，无障碍设施的所有人和管理人应当保障无障碍设施的正常使用。

在我国的地方性法规和政府规章中，从北京市 2000 年颁布实施了我国第一部无障碍环境建设的地方规章——《北京市无障碍设施建设管理规定》起，各省市先后制定了无障碍环境建设的地方性法规或政府规章。全国出台了 537 个地方无障碍环境建设与管理法规、政府令和规范性文件；1 737 个地市、县系统开展无障碍环境建设；全国开展无障碍环境建设检查 3 261 次，无障碍培训 4.9 万人次；为 136.0 万残疾人家庭实施了无障碍改造，其中包括 15.3 万贫困重度残疾人；为 47.4 万残疾人发放了残疾人机动轮椅车燃油补贴。[①] 这些地方立法的规定更加详尽和具体，更加具有适用性。如《广州市无障碍环境建设管理规定》明确要求公共场所电梯处应设置语音提示，鼓励研发、推广无障碍信息交流的技术、产品、服务。部分省市还制定了无障碍环境专项领域的管理办法，包括无障碍出租车、家庭无障碍改造、老年人无障碍设施。

在司法实践中，全国各地相继开展无障碍环境建设公益诉讼，积极发挥检察公益诉讼职能。2020 年，浙江全省检察机关共办理无障碍环境建设检察公益诉讼案件 178 件，制定发布检察建议 169 份，有力地推动了高铁站、客运码头、停车位和图书馆等重点场所和区域的无障碍环境建设。2021 年 1 月，针对陈小萍乘坐轮椅时因人行道无障碍设施缘石坡道被侵占、破坏，导致其从轮椅摔下重伤昏迷（后死亡）的案件，四级检察院一体化办案，迅速查清事实、认定责任。深圳市宝安区检察院把街道办、住建、交通、城管等职能部门约到一起排查走访，推动区政府部署人行道无障碍畅通两年整治行动。深圳市检察院随即在全市部署专项监督，并成功推动地方立法。广东省检察院则在全省部署专项行动。[②]

我国无障碍环境建设的法治历程给我们三个提示：第一，无障碍环境建设规范性文件出台较早，立法准备时间和经验积累较多。这为国家层面的无障碍环境立法做好了全方位的文本准备，奠定了良好的立法基础。第二，我国无障碍环境建设立法多在建筑领域，重点在物理环境中。我们今后的立法重点应该放在信息无障碍上面。第三，我国无障碍环境建设立法的层次有待提升。此前，相关立法主要呈现为行政法规和部门规章及地方性立法，多为分散式的、多个部门散状立法。如今，我们需要一个全社会共同遵循的立法，一个具有基本权利形态的立法。

二、《无障碍环境建设法》的法治地位

《无障碍环境建设法》是我国第一部无障碍环境建设的专门法律，在我国法治建设和社

---

① 参见中国残疾人联合会：《2019 年残疾人事业发展统计公报》，中国残疾人联合会官网，2020 年 3 月 31 日，https://www-current.cdpf.org.cn/zwgk/zccx/tjgb/0aeb930262974effaddfc41a45ceef58.htm，访问日期：2023 年 8 月 1 日。

② 参见邱景辉：《无障碍环境建设检察公益诉讼的回顾与展望》，载凌亢主编：《中国无障碍环境发展报告（2022）：无障碍环境数字化》，社会科学文献出版社 2022 年版。

会治理中具有里程碑意义,将引领我国社会保障法治和社会公众生活迈向新的历史进程。

(一)《无障碍环境建设法》的法律位阶

《无障碍环境建设法》是我国的基本法律,也是我国社会保障法治体系中的基础性立法。无障碍环境建设事关全体人民,尤其是社会群体中的残疾人和老年人,是特殊人群融入社会生活,分享社会成果的法治前提,也是推动社会成员全面发展和全体人民共同富裕的重要基础。拉伦茨认为:“对于任何一个法规范的理解而言,其不可或缺的背景是该规范起草时的社会现实,其连同法规范产生时法的状况及法规范在其中发生作用的今日之社会现实均属于法规范本身。”①《无障碍环境建设法》的立法宗旨是促进全体社会成员平等、充分、便捷地参与和融入社会生活,共享经济社会发展成果。在适用对象上涵盖了残疾人、老年人和有无障碍需求的社会成员。“在保障残疾人、老年人的基础上更好地惠及全体社会成员,同时在实践中准确把握无障碍环境受益对象,提出‘有无障碍需求的社会成员’概念。”②并且在立法中明确规定“残疾人、老年人之外的其他人有无障碍需求的,可以享受无障碍环境便利”。这里的“有无障碍需求的其他人”可以结合《无障碍环境建设法(草案)》第71条来理解。该条的“草案文本”是“‘名词解释’:本法所称有无障碍需求的社会成员,是指因残疾、年老、年幼、生育、疾病、意外伤害、负重等原因,致使身体功能永久或者短暂地丧失或者缺乏,面临行动、感知或者表达障碍的人员及其同行的陪护人员。”该条的“文本说明”是“本条从功能障碍的角度,对有无障碍需求的社会成员进行了界定。首先,从全生命周期来看,一生能始终保持健全状态的人并不存在。日常生活中始终存在相当比例的无障碍需求者,可能是残疾人或身体功能衰退的老人,存在长期性的无障碍需求;也可能是意外受伤者,存在暂时性的无障碍需求;还可能是提重物者、推婴儿车的成年人,存在情境性的无障碍需求。其次,从风险未知角度看,任何人都可能存在因疾病、意外等原因丧失或者减损身体功能的风险。根据全国第二次残疾人抽样调查数据显示,90%的残疾是后天发生的。最后,随着社会的进步和生活水平的提高,人们对美好生活的向往越来越强烈,无障碍环境可以让每个人更加安全、舒适、便捷地享受生活。因此,每个人都是无障碍环境的需求者和受益者,至少是潜在受益者。同行陪护人员同样属于有无障碍需求的社会成员:在大多数场景下,被陪护人不能与陪护人分离,如陪同残疾人、老年人出行的陪护人;在有些场景下,被陪护人恰是陪护人遇到障碍的原因,比如推婴儿车的成年人。”这样的规定既保障了特殊群体的普遍权利,也保障了全体公民的特殊需求。由此奠定了《无障碍环境建设法》极为广泛的受益群体,是我国保障人群最为完整、保障功能最为全面、保障期间最为长远、保障事由最为广泛的法律。

《无障碍环境建设法》涵盖自主安全地通行道路、出入建筑物以及使用其附属设施、搭乘公共交通运输工具,获取、使用和交流信息,获得社会服务等方面。《无障碍环境建设法(草案)》三审稿增加了国家鼓励教材编写、出版单位根据不同教育阶段实际,编写、出版盲文版、低视力版教学用书,满足盲人和其他有视力障碍的学生的学习需求。草案三审稿明确县级以上人民政府应当制定“有针对性的”无障碍设施改造计划并组织实施。将加装电梯等无障碍设施的住宅范围明确为“城镇老旧小区既有多层住宅”;增加“发挥社区基层组织作用”以及房屋所有权人“加强沟通协商”的规定。草案三审稿还增加了“博物馆、文化馆、科技馆”

① K. Larenz, Methodenlehre der Rechtswissenschaft, 6. Aufl, 1991, S. 190.

② 蒲晓磊:《无障碍环境建设法草案提请审议 面向全体成员同时突出重点人群》,《法治日报》2022年10月29日。

等为残疾人、老年人提供无障碍设施设备和服务的规定，规定国家鼓励食品、药品以及其他商品的生产经营者提供语音、大字、盲文等无障碍格式版本的标签、说明书，方便残疾人、老年人识别和使用。[①] 这是对人民群众基本生活的全面保障，从无障碍设施建设到无障碍信息交流，既规范有形的日常生活，又调整无形的生活需求。随着全社会无障碍理念的提升，无障碍环境在"点""线""面"上的逐步连通，最终将为全体社会成员的生产和生活提供便利，让全体社会成员真切地体认获得感和幸福感。

在2023年6月26日的分组审议中，全国人大常委会组成人员坚持以人民为中心，从设施建设、信息交流、社会服务等方面对无障碍环境建设作出全面规定，着力解决人民群众的急难愁盼问题，积极回应社会关切。《无障碍环境建设法(草案)》三审稿第29条规定，各级人民政府及其有关部门应当为残疾人、老年人获取公共信息提供便利；发布涉及自然灾害、事故灾难、公共卫生事件、社会安全事件等突发事件信息时，条件具备的同步采取语音、大字、盲文、手语等无障碍信息交流方式。对此，李巍委员建议删除"条件具备的"这5个字，修改为"应当"，这样的规定更刚性、更具强制性。这样的立法表述在社会保障类立法中尤其难能可贵，对于这部法律的贯彻实施具有重要的意义。吕世明委员针对草案第9条等涉及征求意见的相关条文，提出应当明确规定"事先征求意见"，可以避免在事后改造时浪费资金，从而产生更大的经济效益和社会效益。这样的立法意见来源于吕世明委员长年对无障碍环境的体验、关注和测试，具有独特的立法价值和法律意义，也在相当程度上保证了这部法律的实践性、操作性和实用性。张勇委员说，从地方的实践看，监督员队伍在监督无障碍设施建设、改造、维护和管理等方面发挥了重要作用，有力促进了当地无障碍环境建设的高质量发展。建议在草案中增加聘请残疾人、老年人代表担任监督员的规定，进一步明确残疾人、老年人不仅是无障碍环境建设的参与者、受益者，也是监督者、推动者。[②] 这种权利与责任合一，受益与尽职统一的立法范例，是社会保障类立法的突出特征，既反映了社会保障类立法的群众基础，也表达了这部法律在贯彻实施中的社会力量。

(二)《无障碍环境建设法》的新型权能

与实施了十余年的《无障碍环境建设条例》相比，在对特殊群体的关照上，《无障碍环境建设法》有了显著的变化。《无障碍环境建设条例》第1条单列残疾人为首，阐明立法目的是保障残疾人等社会成员平等参与社会生活。第2条所定义的"无障碍环境建设"，是指为便于残疾人等社会成员自主安全地通行道路、出入相关建筑物、搭乘公共交通工具、交流信息、获得社区服务所进行的建设活动。《无障碍环境建设法》回应了当下社会对无障碍环境的理解与需求，尤其是面对信息网络的普及，越来越多的残疾人、老年人和其他社会群体在使用网络、智能设备时遇到的障碍，在如何跨越"数字鸿沟"和提供"社会服务"上下足了功夫，力图解决当下的社会治理难题。[③]

信息无障碍的理念起源于20世纪90年代，美国颁布了《残疾人法》和《电信法》。后又

① 参见冯家顺、高蕾：《无障碍环境建设法草案明确无障碍环境建设应当与适老化改造相结合》，中国人大网，2023年6月26日，http://www.npc.gov.cn/c2/c30834/202306/t20230626_430232.html，访问日期：2023年8月4日。

② 参见蒲晓磊：《全国人大常委会委员审议无障碍环境建设法草案三审稿时建议 非处方药说明书应当优先进行信息无障碍改造》，《法治日报》2023年6月28日。

③ "尽管长者为尊、弱者优先已成为一项全球正义，但广大老年群体依然不得不面对由技术落差、信息落差与知识落差而导致的数字鸿沟问题。"陈昫：《数字时代的老年人人权：内涵厘定与保障路径》，《人权法学》2023年第1期。

修订了《康复法案》的第508部分,规定所有由联邦政府预算开支购买、使用的电子信息产品及服务都必须让残疾人及有特殊需求者无障碍地使用。联邦政府在采购计算机及电子产品以提供电子信息服务时,必须为公众提供无障碍的信息服务。英国2003年颁布《通信法》,专门针对存在交流信息困难的残疾人作出规定,要求对传统信息交流方式如书籍、杂志、报纸进行无障碍处理,对网络规范、网络标准、网络使用、网页设置的网络信息无障碍措施也作出了详细的规定。澳大利亚联邦政府于1992年制定了《反残障歧视法》,于1993年3月正式实施。该法旨在确保残疾人能够在教育、就业、服务中享受到同等待遇,反对任何形式的残疾人歧视。2002年8月,澳大利亚致力于信息无障碍的非政府组织提出了《残疾人互联网无障碍法规建议》,内容涉及信息无障碍的法律条款、技术规范、社会治理等。

我国改革开放以来经济高速发展,残疾人信息无障碍建设与国际接轨,国家先后研制出语音处理技术、语音浏览器、手语识别及合成技术等一系列信息无障碍技术。2008年,北京奥运会开幕前夕,《信息无障碍 身体机能差异人群 网站设计无障碍技术要求》行业标准正式公布,确立了全国统一的网站无障碍建设技术标准。随后,中国残联网站、北京奥运会网站、残奥会官方网站完全实现了无障碍浏览。各个门户网站与奥运相关的内容也进行了无障碍改造。在奥运会期间,第五届中国信息无障碍论坛举行,推动了我国信息无障碍事业的发展。2007年3月30日,我国宣布加入《残疾人权利公约》,而该公约的所有缔约国都必须为保护残疾人信息无障碍的实现提供支持。同时,《无障碍环境建设条例》《"十二五"残疾人事业发展纲要》《信息无障碍 身体机能差异人群 网站设计无障碍技术要求》等一系列法规、纲要、技术规范,更加具体地规定了残疾人信息无障碍的内容,明确了信息无障碍的权利和义务。

2020年11月24日,国务院办公厅印发《关于切实解决老年人运用智能技术困难实施方案的通知》,明确指出我国老龄人口数量快速增长,不少老年人不会上网、不会使用智能手机,在出行、就医、消费等日常生活中遇到不便,无法充分享受智能化服务带来的便利,老年人面临的"数字鸿沟"问题日益凸显。[①] 为进一步推动解决老年人在运用智能技术方面遇到的困难,让老年人更好地共享信息化发展成果,在推进政务信息化过程中必须兼顾好老年人等群体的需求,采取必要的线下补充手段,有针对性地提供人工指导服务。要求开发适合老年人使用特点的硬件产品和软件的应用,让老年人能够用得上、用得好智能技术。在智能社会、智能技术高速发展的背景下,能够充分保障老年人的合法权益。绝不能让一位老年人因为智能技术的运用而挂不上号、看不成病、办不了事,要充分保障他们的合法权益,切实增强老年人的幸福感、获得感和安全感。

---

① "'数字人权'在两方面都具有坚实的人权基础。一方面,数字科技的发展本身就对一部分群体构成歧视,加剧了社会不平等。21世纪初,'数字鸿沟'的概念即被提出,以此描述信息接入所造成的不平等问题。今天,这一问题已经更为突出,随着数字科技在人们生活中的广泛运用,一些新的数字不平等问题开始出现,一些原本就处于弱势的群体面临的不平等问题进一步加剧。例如在疫情期间,一些没有智能设备的家庭,在工作、就业以及孩子上学等方面面临更大的挑战。再比如随着互联网经济的发展,很多实体小店都已经关闭,很多产品只能在网上采购,但有的科技产品没有语音辅助功能或视觉辅助功能,使得残障人士遭遇更多的歧视与不平等。另一方面,'数字'人权对于弱势群体保护尤其具有重要意义。一些数字弱势群体,例如老年人和残障人士,常常因为无法适应科技产品和科技应用而重重受阻,甚至无法进行正常的出行和生活。例如在新冠肺炎疫情防控中,有的老年人因为不知道如何使用健康宝、没有健康码,而被禁止乘坐地铁、公交、火车或者进入公园等公共场所。还有的老年人则因为不知道如何使用手机软件叫车而无法拦到出租车,因为大部分出租车都通过网络平台派单的方式进行接单。"丁晓东:《论"数字人权"的新型权利特征》,《法律科学(西北政法大学学报)》2022年第6期。

《无障碍环境建设法》规定了国家机关和法律法规授权具有管理公共事务职能的组织的公共服务场所提供无障碍服务的基本要求。细化了与社会生活密切相关的选举、公共服务、公共交通、医疗卫生等方面的无障碍社会服务。要求政府热线和报警求助、消防应急、交通事故、医疗急救等紧急呼叫系统逐步具备无障碍功能。要求根据残疾人、老年人的特点,保留现场人工办理等传统服务方式。①

《无障碍环境建设法》第三章全面规定了信息无障碍的内容,全面满足了特殊群体的普遍需要和普通群体的一般需要。本章要求各级人民政府及其有关部门应当为残疾人、老年人获取公共信息提供便利;发布涉及自然灾害、事故灾难、公共卫生事件、社会安全事件等突发事件信息时,条件具备的同步采取语音、大字、盲文、手语等无障碍信息交流方式。利用财政资金设立的电视台应当在播出电视节目时配备同步字幕,条件具备的每天至少播放一次配播手语的新闻节目,并逐步扩大配播手语的节目范围。利用财政资金建立的互联网网站、服务平台、移动互联网应用程序,应当逐步符合无障碍网站设计标准和国家信息无障碍标准。银行、医院、城市轨道交通车站、民用运输机场航站区、客运站、客运码头、大型景区等的自助公共服务终端设备,应当具备语音、大字、盲文等无障碍功能。国家鼓励其他商品的生产经营者提供语音、大字、盲文、电子等无障碍格式版本的标签、说明书,方便残疾人、老年人识别和使用。随着这部法律的有效实施,我国人民的幸福生活指数将得到大幅提升。

【背景材料】

有障碍的无障碍②

2007 年 7 月 18 日,我在深圳给银行业的管理层讲《劳动合同法》,说明限制劳务派遣的立法意图,劳务派遣只能用在“三性”岗位,即临时性、辅助性和替代性岗位。饭间,行长问:“银行柜台员工算不算辅助性岗位?”我说:“如果银行柜台员工是辅助性岗位,那么银行除了行长您以外都是辅助性岗位。”因为在那个年代,储户存钱取钱的唯一窗口就是银行柜台。

2023 年 9 月 5 日,在清华大学的“金融信息无障碍服务创新论坛”上,我说:“与那个年代不同了!如果说那个时候是‘无柜台,无银行’,现在变成了‘无手机,无银行’。”接着我诉说了手机银行给我们老年人带来的种种不便。在老年人的生活旅程中,没有不到柜台办存取的记忆,更没有在手机里收钱和花钱的习惯。

前些天,我去银行柜台领取了一个 U 盾,柜员告诉我在手机上激活就能用。回到家中,我在手机上

---

① “商品说明书字体太小,不便于老年人、残疾人识别和使用怎么办?针对社会普遍关注的问题,臧铁伟解释称,全国人大常委会制定无障碍环境建设法,既注重从顶层设计上完善有关体制机制,同时也特别注重回应和解决老年人、残疾人等群体反映的突出问题。商品说明书,特别是药品的内置说明书的字体过小以及缺乏盲文等版本,给消费者特别是老年人、视力残疾人使用商品造成不便,社会公众对这个问题很关注,近期也有媒体对此作了报道。草案二次审议稿规定,国家鼓励食品、药品等商品生产经营者在商品外部包装配置盲文、大字、语音说明书。草案三次审议稿作了进一步修改完善:一是,扩大商品范围,在食品、药品之外增加‘其他商品’。二是,将‘在商品外部包装配置盲文、大字、语音说明书’修改为‘提供语音、大字、盲文等无障碍格式版本的标签、说明书’。三是,明确规定要‘方便残疾人、老年人识别和使用’。这些规定都很有针对性,希望有关部门和生产经营者在本法生效实施后,认真贯彻落实,采取有效措施,为消费者特别是老年人、残疾人提供生活便利。”徐航:《充分听取全国人大代表建议 无障碍环境建设法草案三审稿将鼓励编写、出版盲文版、低视力版教学用书》,中国人大网,2023 年 6 月 26 日,http://www.npc.gov.cn/npc/c2/kgfb/202306/t20230626_430208.html,访问日期:2023 年 9 月 1 日。

② 摘编自黎建飞:《有障碍的无障碍》,“黎说说”微信公众号,2023 年 9 月 26 日,https://mp.weixin.qq.com/s/xNz-mUJuGBG6YbbJImYMR3Q,访问日期:2023 年 10 月 5 日。

忙乎了半天也激不活,因为找不到激活U盾的对话框在哪里躲猫猫。手机主页的菜单上没有对话框,试着点开一个又一个的对话框都无功而返。一级又一级的菜单如同一梯又一梯的台阶,每一个下级菜单还都不露真容。

无穷无尽的菜单就像是通关打怪兽一样,老年人关关难过关关过,重重障碍重重卡,老年人被卡在了菜单前。就像《歌剧魅影》中美丽动人的克里斯蒂娜,追随着丑八怪埃利克的歌声一步步陷入巴黎歌剧院阴森诡异的地窖。

这是有障碍的无障碍!金融信息技术像一道屏障,整体上给老年人设置了障碍。老年人不得其门而入,不明白其选项之意,猜不出该点击哪个选项,找不到藏在多层菜单深处的目标所在。

信息技术整体上都是老年人的障碍。路边站着招手打车的老年人,看到一辆辆"空车"擦身而过。医院里排队挂号的老年人,听到"预约了吗?"便瞠目结舌。上传照片,老年人不知道何为"像素"。客服投诉,老年人时时被问:"亲,还在吗?"前人的祖训是"鼻子底下大路一条",青年人的常规是"手机地图到哪点哪"。古人云"人老不以筋骨为能",今儿是"老人苦于指头无能"。

【典型案例】

过街音响提示装置无障碍功能公益诉讼①

2022年6月,广东省深圳市人民检察院收到深圳市残疾人联合会线索,反映深圳市众多人行道红绿灯路口过街音响提示装置缺失或不能正常使用,遂于同年12月5日决定立案。经实地调查101处市区主要干道、主要商业区和居住区周边的人行道红绿灯路口,发现有77处路口未设置过街音响提示装置,设置率仅23.76%;已设置相关装置的24处路口中,大多数存在未启用或发声小、未设置开关功能、发声朝向有偏差等诸多问题。深圳市院认为,未依法设置人行道红绿灯路口过街音响提示装置或相关装置不能正常使用的情况,违反了《无障碍环境建设条例》《深圳经济特区无障碍城市建设条例》等法律法规以及《建筑与市政工程无障碍通用规范》(GB 55019—2021)《道路交通信号灯设置与安装规范》等国家标准的有关规定。

2022年12月8日,深圳市院召集深圳市交通运输局、深圳市公安局交通警察局召开磋商会,邀请深圳市残联代表及人民监督员参会,与会各方就完善安装过街音响提示装置、加大现有设备维护、推动智能化过街音响提示装置试点等整改事宜达成共识。

截至2023年4月底,全市新增安装324个路口过街音响提示设备,518个急需安装过街音响提示设备的A类路口和2067个需要安装过街音响提示设备的B类路口已制定规划建设方案;排查修复52个路口503套设备,对183套因市民投诉而关停的过街音响提示设备,采取分时段优化音量等级等措施恢复正常使用;全市235个路口1964套现有设备均已处于正常运行状态。

2023年5月17日,深圳市院召开公开听证会,邀请听证员、人大代表、人民监督员、残联代表、行政机关代表参与整改验收,参会代表对整改效果予以肯定认可。

三、《无障碍环境建设法》的实施

"徒法不足以自行。"制定了一部好的法律为我国的无障碍环境建设开创了新的发展局

① 摘编自最高人民检察院:《最高检发布无障碍环境建设检察公益诉讼典型案例》,"最高人民检察院"微信公众号,2023年11月13日,https://mp.weixin.qq.com/s/M6HM-9gMhbh6nJ1UsW03Eg,访问日期:2023年11月15日。

面，为推进我国无障碍环境建设提供了前提和保障。良法贵在实施，“立法是法律实施的前提，而法律的实施又是立法的逻辑必然”①。法律的实施既是法律生命力的实现，也是法律权威的展现。“任何立法的意义，都在于法的实施。任何法的实施，又都不是一个自发的过程，而是需要从各方面加以保证。”②因此，关注《无障碍环境建设法》在实施中的各个环节、各项制度和各种保障措施，是立法从书面愿景到社会现实最为关键的保证。

（一）《无障碍环境建设法》的实施条例

在一般意义上，受立法过程和立法层级等因素的影响，立法文字通常比较粗放，原则多于规则，向往多于行为，抽象多于具体。在社会保障立法中，这类现象更加突出。在社会保障立法中，倡导性条款多于其他法律，公众维权条款供给不足，也缺少严格的责任条款。这些现象，为实施条例的制定和颁布实施预留了空间。

实施条例是《无障碍环境建设法》的施行法。以《无障碍环境建设法》为导向，全面细化《无障碍环境建设法》的法律原则和规则，使抽象条款具体化，概括性条款定型化，倡导性条款适用化，职能性条款责任化。“现代法律精神要求一种科学的、分析的、实证主义的态度。因此，现代立法追求准确与精确，排斥模糊性。”③以《无障碍环境建设法》第 43 条为例，“教育行政部门和教育机构应当加强教育场所的无障碍环境建设，为有残疾的师生、员工提供无障碍服务。”其中的“教育场所”就需要明确和细化，不仅包括显而易见的教学场所，如教室、图书馆、资料室、复印室和厕所，也应包括运动场所、体育场馆、锻炼设施、游泳场馆，还应包括学生食堂、便利商店、学生宿舍和学术活动场所。学术讲座和学术会议场所不仅要具备无障碍设施，而且当有特殊的无障碍需求者参加讲座和会议时，还必须满足他们特殊的学术需要，如提供手语服务或者声音转换设备。

（二）《无障碍环境建设法》的司法解释

长期以来，社会保障性立法不具有程序性功能，在其实体条款中又倡导多于规范，导致司法部门在法律适用中有意无意地忽略其存在。比如，在残疾人就业歧视案件中，审判机关习惯性地援引《劳动法》《劳动合同法》或者《就业促进法》，而不是《残疾人保障法》或者《残疾人就业条例》，导致这些特殊群体的专项立法多具宣传意义，少有适用价值。这不仅浪费立法资源，也违背了“特殊法优于普通法”的法律适用原则。④ 法律的适用不仅在于实现立法目的，以法律内容规范社会秩序，还在于增进公众对特定法律的认知，在专项领域内推进法治的进程。法律适用是将专业化的规范条文、条文中的法律语言向普通公民进行通俗化的转化，是在一般化的社会环境中让公民全面而深刻地理解法律规范表述内容的必由之路。对于立法中的专业性规范条文，我们只有通过适用中的释法明理，才能增进一般公众对法律规范的理解，促使社会成员普遍认可和遵从。“在具体执法过程中，执法机关不仅需要阐释现行有效的法律规范规定了什么，为执法行为找到效力渊源，做到依法执法，还需要运用修辞的阐释和说服技艺将专业性的规范条文通过易于理解的方式，向各主体阐明法律是如何

---

① 马怀德主编：《法律的实施与保障》，北京大学出版社 2007 年版，第 96 页。

② 汪永清：《略论法律实施的保证》，《法学研究》1990 年第 4 期。

③ 姜廷惠：《立法语言的模糊性研究——兼及对〈中华人民共和国刑法〉语言表述的解读》，中国政法大学出版社 2013 年版，第 134 页。

④ 参见陈兴良：《当代中国刑法新理念》，中国政法大学出版社 1996 年版，第 478—480 页；黄京平、陈毅坚：《法条竞合犯的类型及其法律适用》，《中国刑事法杂志》2007 年第 4 期。

实施的、为什么以这样的方式实施是符合法治要求的,以及法律实施与法治意义的关联,以增强法律规范的可预测性,维护社会群体交往的预期。”①因此,应当充分认识专项立法在法律体系中的特有价值、专项条款在特定案件中的特有规则,从而有效地保护当事人的合法权益,尤其是特殊群体中当事人的合法权益。

在有效适用的基础上,应当适时地发布《无障碍环境建设法司法解释》。最高人民法院颁布的司法解释具有重要的实践意义:“一方面,在很大程度上缓解了全国人大常委会做出立法解释的压力;另一方面,能够适时为法官在裁判案件中正确适用法律并作出相应裁量尺度提供标准指引。”②因此,在《无障碍环境建设法》的适用中,审判机关应当及时总结经验,归纳出无障碍事由审判中的共性和规律,发布相应的司法解释,让司法解释在案件裁判中发挥重要功能与积极作用,进而提供司法裁判中法律适用的统一标准,促成类案类判的公正司法,满足人民群众的无障碍环境建设需求,使立法更加具有合理性与合法性,进一步推动无障碍环境的法治建设。

(三)《无障碍环境建设法》的执法检查

全国人大常委会的执法检查对于法律准确有效地实施具有特别重要的意义。例如,《安全生产法》是我国安全生产领域的基础性、综合性法律,全国人大常委会采取执法检查组赴地方实地检查与委托省级人大常委会检查相结合的方式对《安全生产法》的贯彻实施情况进行检查,重点检查共 10 个方面的内容,包括与相关法律的衔接协调情况、法律实施中存在的主要问题和对推进法律实施的意见和建议等。③ 在对《著作权法》的执法检查中,检查组发现案件存在维权成本高、诉讼时间长、举证责任重、赔偿数额低等问题,“赢了官司,丢了市场”,影响了著作权人通过司法途径进行维权的积极性。法院对网络游戏画面、综艺节目模式、体育赛事直播、聚合链接等新型疑难案件尚未形成统一的裁判标准,对著作权刑事案件的判罚尺度各地也掌握不一,出现了“同案不同判”的情况。由此提出了应抓紧修改《著作权法》,提高侵权法定赔偿额上限,对情节严重的恶意侵权行为实施惩罚性赔偿的建议和意见,并且很快得到了落实。④ 2008 年颁布实施的《劳动合同法》也是在《劳动法》执法检查中发现问题的基础上启动立法程序的。在对《就业促进法》的执法检查⑤中,检查组重点检查了《就业促进法》的宣传教育、配套法规制定、职业教育和培训开展、重点群体就业和就业援助、公平就业和乡村就业等事项,指出新旧动能转换、结构优化调整的阵痛凸显,“人岗不匹配”的结构性矛盾正日益上升为就业领域的主要矛盾,建议用好 1 000 亿元失业保险基金等培训资金。⑥

---

① 刘雷、陈金钊:《中国式现代化的法治修辞意义——第十三届全国法律修辞学研讨会述评》,《河北法学》2023 年第 8 期。

② 张志远:《司法解释法律效力研究:法源理论、运行困境与完善路径》,《山东法官培训学院学报》2023 年第 2 期。

③ 参见新华社:《全国人大常委会启动安全生产法执法检查》,新华网,2023 年 7 月 24 日,http://www.xinhuanet.com/politics/2023-07/24/c_1129765444.htm,访问日期:2023 年 8 月 5 日。

④ 参见史竞男:《著作权法执法检查报告:“赢了官司、丢了市场”现象犹在》,新华社,2017 年 8 月 28 日,http://www.xinhuanet.com/politics/2017-08/28/c_1121556637.htm,访问日期:2023 年 9 月 5 日。

⑤ 参见王优玲:《全国人大常委会启动就业促进法执法检查》,新华网,2019 年 5 月 6 日,https://www.gov.cn/xinwen/2019-05/06/content_5389154.htm,访问日期:2023 年 6 月 1 日。

⑥ 参见孙梦爽:《全国人大常委会执法检查组指出:就业领域“人岗不匹配”正上升为主要矛盾》,中国人大网,2019 年 8 月 23 日,http://www.npc.gov.cn/npc/c1773/c1849/c6680/jycjfzfjc/jycjfzftqhsybg/201908/t20190824_300449.html,访问日期:2023 年 8 月 9 日。

《无障碍环境建设法》涉及面广，实施难度较大，实施中的问题需要及时应对，尤其是社会高度关注的法律的实施效果。因此，适时启动执法检查，对于这样一部社会保障类的新法，对于法律所保护的特殊群体，对于社会方方面面的无障碍环境建设与改造都是十分必要的。国家可以一方面通过检查验证立法意图，另一方面通过检查发现问题，提出解决方案，使《无障碍环境建设法》取得良好的法律效果和社会效果。

四、无障碍环境建设公益诉讼

《无障碍环境建设法》第63条规定："对违反本法规定损害社会公共利益的行为，人民检察院可以提出检察建议或者提起公益诉讼。"检察机关办理残疾人权益保障公益诉讼案件已实现"全覆盖"，为包括无障碍环境在内的权益提供司法保护。公益诉讼从无障碍设施向信息无障碍、服务无障碍拓展，如在"贵州省罗甸县人民检察院督促保护残疾人盲道安全行政公益诉讼案"中，因行政机关经诉前程序仍未全面履职整改，检察机关依法提起行政公益诉讼，通过法院判决督促行政机关依法全面履职。

在无障碍环境建设领域开展公益诉讼具有特别重要的作用和功效。首先，由国家专门机构为社会特殊群体提起维护其自身权益和社会环境公益的诉讼，可以极大地缓解权益受损人的诉讼之累，在诉讼费用和举证责任上都能免除权益受损者的负担。尤其是在证据采集及其证明效力上，检察机关具有其他当事人无可比拟的优势。其次，通过公益诉讼形式监督《无障碍环境建设法》实施，可以有效地矫正政府在无障碍环境监管过程中的失职和不作为，在尽可能短的时间内建设、改造和完善无障碍环境。再次，无障碍环境既涉及特定群体的生命权、健康权，又具有现实的急迫性；无障碍环境本身具有专业性、技术性和复杂性，需要专门调查、专家论证和专业探究。对于这些工作，一般当事人都有难以承受之重，但检察机关就具有独特的优势。检察机关不仅可以组织专家鉴定，可以提供更加具有证明力的证明材料，可以征集具有权威性的专家证人；为了应对无障碍环境缺失的急迫性，检察机关还可以采取多种方式救济，比如及时发出检察建议，直接提示不当行为者，及时终止不当后果，及时排除环境损害，及时救济受害人。最后，出于无障碍环境公益诉讼所保护群体的特殊性，以及生效判决执行直接关系的公众利益，无障碍公益诉讼的判决若能够有效执行，相对人通常都会能动和主动地履行。

【典型案例】

在建工程无障碍设施建设公益诉讼①

2022年10月12日，山东省青岛市崂山区人民检察院收到群众举报，反映辖区内一处在建工程即将完工，该建筑与主干道相连的两个车辆出入口两侧垂直方向的人行道的路缘石与车行道地面存在超过15 cm的高度差，但该处既未设置缘石坡道，也未设置提示盲道，影响残疾人的通行安全。

崂山区人民检察院遂于2022年10月14日立案调查，在崂山区残疾人联合会工作人员的协助下，就该线索及相关区域的在建工程项目开展深入调查，发现存在建筑材料堆放挤占盲道；未严格按照设

① 摘编自最高人民检察院：《最高检发布无障碍环境建设检察公益诉讼典型案例》，"最高人民检察院"微信公众号，2023年11月13日，https://mp.weixin.qq.com/s/M6HM-9gMhbh6nJ1UsW03Eg，访问日期：2023年11月15日。

计施工,未铺设缘石坡道、提示盲道,或未同步建设无障碍通道,存在安全隐患;未设置无障碍机动车停车位,出入口安装的挡车柱间距仅有 45 cm,无法通行轮椅;无障碍卫生间轮椅回转空间直径小于国家标准的 1.5 m,缺少救助呼叫装置等问题。崂山区人民检察院根据《无障碍环境建设条例》《建筑与市政工程无障碍通用规范》(GB 55019—2021)《青岛市城市无障碍设施建设与管理规定》等相关规定,探索开展在建工程无障碍设施预防性公益诉讼监督,先后邀请项目立项审批、施工监理、项目验收等环节的 11 名相关单位工作人员担任特邀检察官助理,对辖区 17 处在建楼宇、4 条在建道路的无障碍设施建设情况进行重点调查。

2022 年 10 月 20 日,崂山区人民检察院根据相关行政机关职能分工,向崂山区城市管理局发出诉前检察建议,督促其履行在建道路以及在建楼宇周边盲道等无障碍设施与市政道路无障碍设施对接的监管责任;向崂山区住房和城乡建设局发出诉前检察建议,督促其履行在建楼宇内部无障碍设施建设的监管责任。

两家行政机关收到检察建议后,高度重视并依法全面履职,共督促完善设计方案 2 处,清理占用盲道堆放建筑材料 23 件次,补建、整改缘石坡道、提示盲道 47 处,无障碍通道 17 处;设置无障碍机动车停车位 49 个,挡车柱间距按照国家标准扩大到不小于 90 cm;督促 3 处无障碍卫生间配备救助呼叫装置,并对内部空间进行调整,确保轮椅回转空间直径不小于国家标准规定的 1.5 m。

2023 年 4 月,崂山区人民检察院邀请辖区残联工作人员对整改成效进行现场评估,并邀请 3 名残疾人代表现场体验整改效果,最终确认全部问题均已整改到位。

五、无障碍环境建设体验评估

对无障碍环境进行专项评估是一种传统且有效的方式。2005 年,英国议会在《反歧视残疾人法》修订中,增加了火车无障碍的规定,同时列明了火车须有无障碍合格证书。对于是否符合无障碍的规定,由专职机构负责评估和测定。

《无障碍环境建设法》特别重视参与和评估。在“总则”第 3 条就有“引导社会组织和公众广泛参与,推动全社会共建共治共享”。第 8 条和第 9 条规定残疾人联合会、老龄协会等组织协助各级人民政府做好无障碍环境建设工作。制定或者修改涉及无障碍环境建设的法律、法规、规章、规划和其他规范性文件,应当征求残疾人、老年人代表以及残疾人联合会、老龄协会等组织的意见。在无障碍设施建设中,第 17 条规定国家鼓励工程建设单位在新建、改建、扩建建设项目的规划、设计和竣工验收等环节,邀请残疾人、老年人代表以及残疾人联合会、老龄协会等组织,参加意见征询和体验试用等活动。在监督管理中,第 62 条规定任何组织和个人有权向政府有关主管部门提出加强和改进无障碍环境建设的意见和建议,对违反本法规定的行为进行投诉、举报。残疾人联合会、老龄协会等组织根据需要,可以聘请残疾人、老年人代表以及具有相关专业知识的人员,对无障碍环境建设情况进行监督。新闻媒体可以对无障碍环境建设情况开展舆论监督。

【典型案例】

“导盲犬不是犬”案例三则

2021 年 9 月 26 日,盲人杨先生入住珠海某酒店时其导盲犬被禁止同行。杨先生搬出法律据理力争,但酒店工作人员坚持拒绝导盲犬进入。杨先生的遭遇具有相当的普遍性:一些工作人员一方面会把导盲犬认定为宠物,另一方面又会将相关法条定性为禁止性规定。

第一,导盲犬不是宠物,它是工作犬或者叫服务犬。导盲犬可帮助盲人去学校、商店、公园、车站,带领盲人安全地出行。当遇到障碍和需要拐弯时,会引导主人停下以免发生危险。导盲犬对路人的干扰不予理睬,也不会对他们进行攻击。所以,导盲犬不是宠物狗。任何禁止宠物入内的地方和场所,任何谢绝宠物的标识或者公示是不能把导盲犬包括在内的,也不得适用于导盲犬。

第二,法条不是禁止性规定。《残疾人保障法》第58条规定:"盲人携带导盲犬进入公共场所应该遵守国家有关规定。"这句话长期被解读为"遵守哪些规定一直是空白,因此拒绝导盲犬入内并不违法",但法律不能被这样解读吧!这条规定尽管不甚明了,却明显不是禁止性规定,只是陈述性规定。正确的解读应当是法无禁止即可为,只有在法律明确禁止或者限制导盲犬进入的场所,相关人员才有阻止或者限制的权限。凡是法律没有明确禁止或者限制的场所,都是导盲犬可以自由进出的场所。

这个立法意图在《无障碍环境建设条例》第16条中有了进一步的明确,即视力残疾人携带导盲犬出入公共场所,应当遵守国家有关规定,公共场所的工作人员应当按照国家有关规定提供无障碍服务。但这一表述显然还是流于含蓄,对社会成员的警示是远远不够的,尤其是在杨先生们的遭遇具有相当普遍性的当下。

未来的立法中,应当明确定义导盲犬和其他工作犬不是宠物狗而是"服务犬"。导盲犬、导听犬、辅助犬出入公共场所、使用公共交通和其他公共设施时,相关的所有人、管理人或使用人不得以任何方式拒绝或者阻拦,相关的工作人员应当提供无障碍服务,满足当事人合理便利的需求。在城市管理中,导盲犬、导听犬和辅助犬不在养犬证的办理之列,有关部门也不得收取养犬管理费。

2021年9月28日,我就写过《导盲犬不是犬》一文,今日再写同款。这是缘于2023年9月15日,某大学"怕狗伤人",禁止导盲犬进入。面对"它不是宠物,它是导盲犬,是工作犬!"的解释,保安疑惑道:"那犬是什么动物啊?"①一位老师援引《无障碍环境建设法》第46条,呼吁该校"抓紧改进",却在网上遭遇"围攻"。

在此,我还是要复述自己在牛津大学科学博物馆地下层的见闻:我在爱因斯坦写着相对论公式的黑板前装模作样地思考了好一阵子。一转身,上来一位盲人朋友,他使用博物馆的语音设备逐一地观看了展厅里的每一件展品。他是怎么下来的呢?回身一看,在展厅正中央的一个展柜下面,他的导盲犬安静地坐卧在那里。

人生而自由,生而平等,生而有尊严。生而自由的人需要生活自主,生活自主的人享受生命尊严。"生活自主,生命尊严",这是无障碍法的终极价值,也彰显在《无障碍环境建设法》第二条"自主安全"这四个字中。

为中国夺得首枚残奥会金牌的视障运动员平亚丽,与自己的导盲犬走到了银行门口。拦下她的保安要代替她办理业务——有谁会把银行卡和存取款项交给一个素昧平生的人?有谁愿意让一个陌生人带着自己在超市购物?又有谁愿意在地铁里由警察陪伴着自己走完全程?

---

① 参见佚名:《游客带导盲犬参观哈工大,遭门口保安禁止,网友却表示支持》,"育人树才"百家号,2023年9月18日,https://baijiahao.baidu.com/s?id=1777344849912876040&wfr=spider&for=pc,访问日期:2023年11月15日。

第十六章

劳动争议处理法

我国现行的劳动争议处理体制是调解、仲裁与诉讼。

第一节　劳动争议处理概述

一、劳动争议的概念

劳动争议就是劳动纠纷，是指劳动关系双方当事人之间因劳动权利或义务而产生的纠纷。从广义上讲，劳动者与用人单位之间、劳动者之间、用人单位之间，因为劳动问题所引起的争议，都可以叫劳动争议。

从世界各国的劳动立法看，劳动法中的劳动争议一般是指劳动关系的双方当事人之间因实现劳动权利、履行劳动义务发生的争议。具体指劳动者与用人单位之间，在劳动法的范围内，因适用国家法律、法规和订立、履行、变更、终止劳动合同以及其他与劳动关系直接相联系的问题而产生的纠纷，因而是狭义的劳动争议。

1993 年 8 月 1 日开始实施的我国《企业劳动争议处理条例》在劳动仲裁受案范围、办案组织形式等方面对 1987 年的《国营企业劳动争议处理暂行规定》作了较大的调整、修改和补充。将受理对象由国营企业扩大到中国境内所有企业，受理内容包括了因职工辞职、自动离职、工资、保险、福利、培训、劳动保护发生的争议等。关于仲裁办案组织形式，规定由劳动仲裁委员会处理劳动争议，实行仲裁员、仲裁庭制度。仲裁庭依法办案，保证办案公正、准确、高效。

2007 年 12 月 29 日通过、2008 年 5 月 1 日起施行的《劳动争议调解仲裁法》在上述基础上，增加了“因确认劳动关系发生的争议”，列举了工作时间、休息休假、劳动报酬、工伤医疗费、经济补偿或者赔偿金等方面的争议；举证责任倒置的情形也有所增加。该法同时规定，在特殊调解协议中，劳动者可申请支付令；劳动争议仲裁的管辖采取劳动合同履行地优先的原则；劳动争议仲裁的时效期间延长；先予执行案件无须提供担保；劳动争议仲裁免费。

二、劳动争议的种类

劳动争议分为两类，一类是因为适用劳动法规和劳动合同所规定的条件而发生的争议，因为这类争议涉及的是法律问题，所以有些国家称之为法律争议。另一类是因为制定或变更劳动条件而产生的争议，因为这类争议通常有大量劳动者参加，所以有些国家又叫它集体争议。在一些国家里,因为争议的种类不同,会设置不同的争议解决的机构,采用不同的程序。

目前,我国将劳动争议分为两类:个别劳动争议和集体劳动争议。个别劳动争议是指职工一方的人数未达到法定的集体争议人数,争议标的不同并由职工直接提出申诉的劳动争议;集体劳动争议是指职工一方当事人在 3 人以上,并有共同理由的劳动争议。

在我国,要注意区分集体劳动争议和集体劳动合同争议。根据《劳动法》第 84 条的规定,由国家劳动行政部门的劳动争议协调处理机构协调处理因签订集体合同发生的争议。劳动争议协调机构在集体合同双方当事人因签订集体合同发生争议且不能协商解决时,促使争议双方尽快达成共识,恢复集体协商,进而签订集体合同。《集体合同规定》第 7 条规定,县级以上劳动保障行政部门对本行政区域内用人单位与本单位职工开展集体协商、签订、履行集体合同的情况进行监督,并负责审查集体合同或专项集体合同。

对因履行集体合同发生争议的处理应按下列程序进行:(1) 当事人协商。(2) 劳动争议仲裁委员会仲裁。当事人协商解决不成的,可以依法向劳动争议仲裁委员会申请仲裁。(3) 法院审理。对仲裁裁决不服的,当事人可以自收到仲裁裁决之日起 15 日内向人民法院提起诉讼,通过法院审理程序使争议得以解决。

三、劳动争议处理的范围

(一) 可申请调解和仲裁的劳动争议

根据《劳动争议调解仲裁法》第 2 条,当事人可就以下劳动争议申请调解和仲裁:

1. 因确认劳动关系发生的争议;因订立、履行、变更、解除和终止劳动合同发生的争议;因除名、辞退和辞职、离职发生的争议。

这项规定是根据劳动关系双方当事人行为对等原则制定的。企业根据职工违纪的情况以及企业生产经营的现状对职工实施开除、除名、违纪辞退、正常辞退的行为,职工根据企业和个人的具体情况作出的辞职、自动离职的行为引发的劳动争议,劳动争议处理机构均予受理。

2. 因工作时间、休息休假、社会保险、福利、培训以及劳动保护发生的争议;因劳动报酬、工伤医疗费、经济补偿或者赔偿金等发生的争议。

这类争议是劳动关系双方当事人在履行劳动合同的过程中,劳动者与所在单位就其具体的劳动权利和义务发生的争议,包括因执行、变更、解除、终止劳动合同发生的劳动争议,具体体现在工资、保险、福利等有关方面。

3. 法律、法规规定的其他劳动争议。

考虑到目前我国的劳动立法还不够完善,一些劳动争议目前还不具备被纳入受案范围的条件,但随着立法步伐的加快,这些劳动争议需要而且具备被纳入劳动争议处理机构受理范围的条件时,就会在有关的法律、法规中明确规定该类争议。

(二) 可提起诉讼的劳动争议

2020 年 12 月 25 日,最高人民法院审判委员会第 1825 次会议通过了《关于审理劳动争议案件适用法律问题的解释(一)》。该解释第 2 条规定,当事人可就以下劳动争议向人民法院提起诉讼:(1) 劳动者与用人单位在履行劳动合同过程中发生的纠纷;(2) 劳动者与用人单位之间没有订立书面劳动合同,但已形成劳动关系后发生的纠纷;(3) 劳动者与用人单位因劳动关系是否已经解除或者终止,以及应否支付解除或者终止劳动关系经济补偿金发生的纠纷;(4) 劳动者与用人单位解除或者终止劳动关系后,请求用人单位返还其收取的劳动合同定金、保证金、抵押金、抵押物发生的纠纷,或者办理劳动者的人事档案、社会保险关系等移转手续发生的纠纷;(5) 劳动者以用人单位未为其办理社会保险手续,且社会保险经办机构不能补办导致其无法享受社会保险待遇为由,要求用人单位赔偿损失发生的纠纷;(6) 劳动者退休后,与尚未参加社会保险统筹的原用人单位因追索养老金、医疗费、工伤保险待遇和其他社会保险待遇而发生的纠纷;(7) 劳动者因为工伤、职业病,请求用人单位依法给予工伤保险待遇发生的纠纷;(8) 劳动者依据《劳动合同法》第 85 条规定,要求用人单位支付加付赔偿金发生的纠纷;(9) 因企业自主进行改制发生的纠纷。

同时,以下纠纷不属于劳动争议:(1) 劳动者请求社会保险经办机构发放社会保险金的纠纷;(2) 劳动者与用人单位因住房制度改革产生的公有住房转让纠纷;(3) 劳动者对劳动能力鉴定委员会的伤残等级鉴定结论或者对职业病诊断鉴定委员会的职业病诊断鉴定结论的异议纠纷;(4) 家庭或者个人与家政服务人员之间的纠纷;(5) 个体工匠与帮工、学徒之间的纠纷;(6) 农村承包经营户与受雇人之间的纠纷。

【背景材料】

法律是社会不同利益群体的平衡器①

人类在平衡不同的利益关系时,主要有两种方式:一种是自然的平衡方式,一种是社会的平衡方式。所谓自然的平衡方式,是指利益主体本身有足够的力量来平衡与之相关的利益,不需要他人的干预,更不需要社会的帮助和法律的帮助,例如强势群体和生活中所谓的强者,法律对他们而言是可有可无甚至多余的。与此相对,弱势群体往往需要社会的平衡方式,因为他们通常不能通过自己的力量来达到平衡,他们必须寻求社会的帮助以维护自己的利益,而这种帮助就是制定法律。通过社会制定法律,通过社会的力量来弥补自身的不足,达到一种远超自身力量的平衡,这就是社会的平衡。所以,我们说人的一生中会有两个家长,人在父母的教导下走向社会,而在社会中,法律就是你的家长。更确切地说,法律在本质上是弱者的家长,法律关注的是市场经济下那些不幸的人,而不是幸运儿。

人类社会不同于自然界,自然界的丛林法则是弱肉强食,而人类社会的基本规则是共同发展、和谐相处。单独一人的力量远远无法和凶猛的老虎相比,但是如果没有动物保护法,老虎却可能灭绝,这是因为老虎不是群居动物,人类却始终在群体当中发展。所以我们可以说,强者有强者的道理,强者有强者的权利,但也别忘了我们都是人,都是人类社会共同的成员。因此,我们必须靠法律来维护和保障人类社会的平衡,如果人类社会也完全实行自然界适者生存的丛林法则,那么又由谁来为我们制定保护法呢?动物真的会保护作为弱势群体的我们吗?

无论是西方的 Justice、Fairness,还是我国汉语中的"法"字都深刻地表明了平衡或者公平的理念。"法"字的三点水偏旁,就包含着"一碗水端平"的意义,这是中国人最朴素的法感情。法律本身就是一种公平,而这种公平的实现需要限制强者的权利来弥补弱者的不足。

具体到劳资关系上,我们应当用什么来实现这种公平呢?答案就是劳动法以及社会保障法。为什么说劳动法必须维护劳动者的权益呢?因为劳动法不同于民法、刑法等其他部门法,它产生于工业社会之后,当时的劳动者必须超时超量工作才能勉强维持生计,社会矛盾极其尖锐,这种矛盾也危及了社

---

① 摘编自黎建飞:《法律是社会不同利益群体的平衡器》,《中国新闻周刊》2006 年 4 月 25 日。

会自身的利益，例如大量使用童工会使得征兵打仗都没有体质合格的兵源。最终，社会决定对资方采取限制措施，这样劳动法才来到了我们的生活中。法律仅仅是我们的工具，它的到来仅仅是因为它对我们有用，如果没用它根本没有必要产生。这种产生原因也赋予了劳动法以使命，即保护劳动者的合法权益，平衡本不平衡的劳资关系。

四、劳动争议处理的特征

（一）劳动争议的当事人是特定的

我国劳动争议案件的当事人最早为“企业与职工”。这是具有特定含义的，是指彼此存在劳动关系的“企业和职工”，即企业是职工所在的企业，职工是企业招用的职工。

我国《劳动法》第2条第2款规定：“国家机关、事业组织、社会团体和与之建立劳动合同关系的劳动者，依照本法执行。”根据最高人民法院《关于审理劳动争议案件适用法律问题的解释（一）》第1条，劳动者与用人单位在履行劳动合同过程中发生的纠纷，属于劳动争议，当事人不服劳动争议仲裁机构作出的裁决，依法提起诉讼的，人民法院应予受理。

（二）劳动争议的范围是法定的

法律对我国劳动争议范围的界定，经历了如下发展历程：1995年9月1日，劳动部经全国人大法制工作委员会同意，在《关于劳动争议仲裁工作几个问题的通知》中规定：鉴于《劳动法》对劳动争议受案范围未作具体规定，关于受案范围问题，应当继续执行《企业劳动争议处理条例》的规定。2003年8月27日，最高人民法院发布了《关于人民法院审理事业单位人事争议案件若干问题的规定》，为了正确审理事业单位与其工作人员之间的人事争议案件，根据《劳动法》的规定，从2003年9月5日起事业单位与其工作人员之间因辞职、辞退及履行聘用合同所发生的争议，适用《劳动法》的规定处理。当事人对依照国家有关规定设立的人事争议仲裁机构所作的人事争议仲裁裁决不服，自收到仲裁裁决之日起15日内向人民法院提起诉讼的，人民法院应当依法受理。

对于劳动争议仲裁机构能否受理退休干部要求更改参加革命工作时间的问题，2002年7月25日劳动和社会保障部办公厅在《关于劳动争议仲裁机构能否受理退休干部要求更改参加革命工作时间问题的复函》中明确：中央组织部、劳动人事部1982年9月印发的《关于确定建国前参加革命工作时间的规定》对确定中华人民共和国成立前干部参加革命工作时间认定程序、职权范围等方面有明确的规定。因此，因确定中华人民共和国成立前参加革命工作时间的争议，不属于劳动争议仲裁委员会的受理范围。

对于流动就业的农村劳动者，劳动和社会保障部办公厅2003年3月20日给最高人民法院民事审判第一庭发出了《关于农民工适用劳动法律有关问题的复函》，明确凡与用人单位建立劳动关系的农民工（包括农民轮换工），应当适用《劳动法》。发生工伤事故的，应适用《企业职工工伤保险试行办法》。

对于军队、武警部队作为用人单位，与无军籍职工发生劳动争议的，1995年6月5日劳动部、总后勤部在《关于军队、武警部队的用人单位与无军籍职工发生劳动争议如何受理的通知》中明确，军队、武警部队的用人单位（含机关、事业组织、企业）与本单位无军籍职工发生劳动争议，各级劳动争议仲裁委员会应按照《劳动法》和《企业劳动争议处理条例》的规定予以受理。用人单位的上级主管部门应予以协助。

(三)不同的劳动争议按不同程序处理

一般劳动争议的处理程序包括协商、调解、仲裁和诉讼。我国法律规定,劳动争议发生后,当事人应当协商解决;不愿协商或者协商不成的,可以向本企业劳动争议调解委员会申请调解;调解不成的,可以向劳动争议仲裁委员会申请仲裁。当事人也可以直接向劳动争议仲裁委员会申请仲裁。对仲裁裁决不服的,可以向人民法院起诉。发生劳动争议的职工一方在3人以上,并有共同理由的,应当推举代表参加调解或者仲裁活动。

第二节 劳动争议的调解

一、劳动争议调解的概念

劳动争议的调解,是指企业调解委员会对企业与劳动者之间发生的劳动争议,以国家的劳动法律、法规为准绳,以民主协商的方式,使双方当事人达成协议,消除纷争。

劳动争议的调解既不属于司法范畴内的基层政权组织设立的调解机构——人民调解委员会的调解,也不同于企业主管机关所进行的行政调解,同时与劳动争议仲裁程序和诉讼程序中的调解也有所不同。它是企业内基层群众性组织所作的调解,是我国处理劳动争议的基本形式。

我国法律规定,发生劳动争议,当事人可以到下列调解组织申请调解:(1)企业劳动争议调解委员会;(2)依法设立的基层人民调解组织;(3)在乡镇、街道设立的具有劳动争议调解职能的组织。劳动争议调解组织的调解员应当由公道正派、联系群众、热心调解工作,并具有一定法律知识、政策水平和文化水平的成年公民担任。

因支付拖欠劳动报酬、工伤医疗费、经济补偿或者赔偿金事项达成调解协议,用人单位在协议约定期限内不履行的,劳动者可以持调解协议书依法向人民法院申请支付令。人民法院应当依法发出支付令。

二、劳动争议调解的原则

(一)自愿原则

劳动争议调解委员会应依照法律,遵循双方当事人自愿原则进行调解。经调解达成协议的,制作调解协议书,双方当事人应当自觉履行;调解不成的,当事人在规定的期限内,可以向劳动争议仲裁委员会申请仲裁。

当事人双方自愿原则体现在以下几方面:(1)是否向调解委员会申请调解,由当事人双方自行决定,对任何一方不得强迫。调解委员会的调解,在我国劳动争议的处理程序中不是必经的程序。所以,当事人是否向调解委员会申请调解,可由争议双方自愿选择。但是,如果一方当事人向调解委员会申请调解,另一方向仲裁委员会申请仲裁,则仲裁委员会应受理。(2)在调解的过程中,应当始终贯彻自愿协商的原则。调解委员会作为调解机构,本身并无决定权,劳动争议的解决主要依靠双方自愿。经调解是否达成协议,由当事人自愿,不得强加,调解机构在调解过程中不能强行调解或勉强调解达成协议,更不允许包办代替。调解过程是一个自愿协商的过程,双方当事人法律地位平等,任何一方不得强迫另一方。

(3) 调解协议的执行是自愿的。经劳动争议调解委员会达成的协议,没有强制执行的法律效力。调解协议的履行,依靠当事人的自觉,不得强制执行。

(二) 民主说服原则

这是由劳动争议调解委员会的性质决定的。调解委员会既不是国家的审判机关,也不是国家的行政机关。因此,它没有司法审判权,也没有行政命令权和仲裁权。在调解劳动纠纷时,调解委员会主要运用国家的法律,通过民主讨论、说服教育的方法,在双方认识一致的前提下,动员其自愿协商后达成协议。坚持这一原则,要反对强迫命令、用权势压服的做法。

三、劳动争议的"调解"和"调停"

在国外,"调解"和"调停" 常被当作同义词使用,而两者之间的区别在于第三者干涉的程度不同。调解是指调解人把有争议的双方召集在一起,鼓励他们对不同意见进行讨论,帮助他们自己解决问题;调停是指调解人在此前提下,还向争议双方提出解决问题的建议。调解是第三方作为调解人或调解委员会,向发生争议的雇主和员工提供帮助的一种程序。在发生劳资争议时,国家劳动行政系统采用调停或调解的干预方式,负责调解和调停争议的通常是劳动部门的一个机构,或者是脱离劳动部门而成立的一个半独立机构或自主机构,也有一些相对独立的仲裁机构、准司法的仲裁委员会和完全司法的劳动法庭。这些在政府行政机构以外的机构大多数由独立的人士或由劳动者和雇主组织任命的人员和选出的顾问给以协助。

韩国的法律对于劳动争议的"调解"与"调停"规定细致。在韩国,调解是指由劳动委员会内的调解委员会在接受有关当事人的申请后经调解作成调解书,并劝告劳动者与用人单位双方自愿履行承诺的形态。劝告不是强制的,调解以劳动者与用人单位自主解决的精神作为基础。根据《工会及劳动关系调整法》第 53 条的规定,在一方当事人申请劳动争议调解时即开始。劳动委员会认为纠纷的内容不属于《工会及劳动关系调整法》的调解对象时,应告知当事人其他的解决方法。此外,根据《工会及劳动关系调整法》第 76 条第 1 项和第 2 项的规定,劳动部部长决定紧急调解时,调解程序自动开始。韩国 1953 年的《劳动争议调整法》第四章曾专章规定了"调停"。劳动关系委员设立调停委员会,以调停劳动争议,委员会应由 3 位委员组成,分别代表雇主、工人和公益,代表公益的调停委员会委员充当主席。调停委员会会议要求所有成员出席,作出决定须经出席会议的大多数成员投票通过。主席有投票权,当出现投票持平时,他应打破平局。调停委员会主席可以禁止当事人和证人以外的人员出席会议,可以命令那些扰乱会议正常秩序的人员离开会场。调停委员会应准备调停草案,送达当事人,并劝告当事人接受。如果必要的话,可以同时将调停草案公开发表,陈述理由,并可以要求新闻广播媒介予以合作。

如果双方在调停草案的解释和实施上出现意见分歧,当事人应要求调停委员会就如何解释和实施的问题作出详细说明,调停委员会应在收到申请之日起的 7 日内作出详细说明。在详细说明作出之前,当事人不应就调停草案的解释和实施采取任何争议行为。如果调停草案被当事人接受,调停委员会的所有成员应准备一份关于调停的书面决定,并与当事人一起签名盖章。调停决定的内容与集体协议具有同等效力。调停委员会提出的解释和实施调停决定的意见,与仲裁裁决具有同等效力。

第三节 劳动争议的仲裁

一、劳动争议仲裁的概念

仲裁也称公断,其基本含义是由一个公正的第三者对当事人之间的争议作出评断。劳动争议仲裁是劳动争议仲裁委员会对用人单位与劳动者之间发生的争议,在查明事实、明确是非、分清责任的基础上,依法作出裁决的活动。可以申请仲裁的劳动争议有三种:(1) 发生争议后直接向仲裁委员会申请仲裁的;(2) 发生争议后,本企业没有调解委员会的;(3) 发生争议后,经企业调解委员会调解不成的。凡属上述三种情况,又符合法律规定的受案范围的劳动争议,双方当事人都有权向仲裁委员会申请仲裁。我国劳动争议仲裁具有强制性,即劳动争议仲裁是解决劳动争议的必经途径,只有经过仲裁方可向人民法院起诉。对于劳动争议仲裁裁决,除不服裁决者向人民法院起诉外,劳动争议的当事人应及时履行仲裁裁决。如果当事人既不起诉又不履行仲裁裁决,享有权利的当事人可以依法申请人民法院强制执行。

二、劳动争议仲裁的管辖

管辖指确定各个仲裁机关审理案件的权限,明确当事人应在哪一个仲裁机关申请仲裁、申请由哪一个仲裁机关受理的法律制度。其实质是各个仲裁机关审理案件的内部分工。仲裁管辖实行地域管辖为主、级别管辖为辅的原则。

关于劳动争议仲裁委员会,省、自治区人民政府可以决定在市、县设立;直辖市人民政府可以决定在区、县设立。直辖市、设区的市也可以设立一个或者若干个劳动争议仲裁委员会。劳动争议仲裁委员会不按行政区划层层设立。

地域管辖指同级仲裁委员会之间,对于劳动争议案件的职权划分。同级仲裁委员会的管辖权,原则上依行政区域划分。级别管辖是对由哪一级仲裁委员会审理劳动争议案件的划分。划分级别管辖的标准主要是案件的性质和重大、复杂的程度,在劳动争议仲裁的工作实践中往往还包括企业类型乃至行政级别等标准。

劳动争议仲裁委员会负责管辖本区域内发生的劳动争议。劳动争议由劳动合同履行地或者用人单位所在地的劳动争议仲裁委员会管辖。双方当事人分别向劳动合同履行地和用人单位所在地的劳动争议仲裁委员会申请仲裁的,由劳动合同履行地的劳动争议仲裁委员会管辖。

三、劳动争议仲裁参加人

仲裁参加人,是指那些通过参加仲裁活动来维护自己合法权益的法人、依法成立的其他单位,以及自然人。因此,仲裁申请人、被申请人、第三人、共同申请人均属于仲裁参加人。由于仲裁代理人(包括委托代理人、法定代理人和指定代理人)是代理劳动争议当事人为其维护合法权益的人,所以也是仲裁参加人。无民事行为能力和限制民事行为能力的职工,或者死亡的职工,可以由其法定代理人代为参加仲裁活动;没有法定代理人的,由仲裁委员会为其指定代理人代为参加仲裁活动。

劳动争议仲裁当事人在仲裁活动中享有广泛的权利：申请仲裁与撤销仲裁申请，变更仲裁申请的权利；仲裁答辩权，承认或者反驳仲裁申请人请求的权利；提起反诉权；委托代理人的权利；申请回避权；参加开庭审理权；自行和解权；要求或拒绝调解及达成调解协议的权利；提供证据，要求调查、勘验和鉴定的权利；要求延期审理的权利；对未生效的裁决不服有权向人民法院起诉；对已生效的裁决有权申请强制执行。

【典型案例】

仲裁裁定的执行①

申请执行人陈萍与被执行人上海克莉丝汀食品有限公司劳动合同纠纷一案，上海市劳动人事争议仲裁委员会作出的沪劳人仲(2023)办字第1026号-3裁决书已发生法律效力。因义务人上海克莉丝汀食品有限公司未按生效法律文书的规定履行义务，权利人陈萍向法院申请执行。法院立案执行，并向被执行人发出执行通知和财产报告令，责令其限期履行上述义务，并承担执行费及依法应支付的迟延履行利息。

法院在执行过程中，依法采取了下列执行措施：

一、向上海克莉丝汀食品有限公司发出执行通知书，责令其在期限内履行法律文书所确定的义务，传唤其接受调查询问，并报告财产状况。

二、通过执行网络查控系统向金融机构、车辆登记部门、证券机构、网络支付机构、自然资源部等发出查询通知，查询被执行人名下的财产。后，本院在系列案件中依法查封被执行人上海克莉丝汀食品有限公司名下坐落于上海市普陀区某某路某某号底层、二层、三层；某某路某某号四层；某某路某某弄某某号某某室、某某室、某某室；某某路某某号底层；某某路某某弄某某号某某室房产。因为轮候查封，本案无处置权。除此之外，被执行人名下无其他可供执行的财产。

三、向被执行人发出限制消费令。

申请执行人发现被执行人有可供执行财产的，可以再次申请执行；被执行人也负有继续履行本案债务的义务。

四、劳动争议仲裁的时效

仲裁的时效是指在规定的期限内，劳动争议当事人不行使仲裁申请权，申请权因期满而归于消灭的制度。《劳动法》第82条规定："提出仲裁要求的一方应当自劳动争议发生之日起六十日内向劳动争议仲裁委员会提出书面申请。"我国的仲裁时效制度经历了以下的演进过程：

1993年8月1日起施行的《企业劳动争议处理条例》第23条规定："当事人应当从知道或者应当知道其权利被侵害之日起六个月内，以书面形式向仲裁委员会申请仲裁。当事人因不可抗力或者有其他正当理由超过前款规定的申请仲裁时效的，仲裁委员会应当受理。"

1994年8月16日，劳动部办公厅在《关于对〈中华人民共和国企业劳动争议处理条例〉

① 摘编自"陈萍与上海克莉丝汀食品有限公司仲裁执行案"，上海市徐汇区人民法院(2023)沪0104执6471号执行裁定书。

第二十三条如何理解的复函》中指出,《企业劳动争议处理条例》第 23 条规定"知道或者应当知道其权利被侵害之日",是指有证据表明权利人知道自己的权利被侵害的日期,或者根据一般规律推定权利人知道自己的权利被侵害的日期,即劳动争议发生之日。"知道或者应当知道其权利被侵害之日",是劳动争议仲裁申请时效的开始。因此,"知道或者应当知道其权利被侵害之日"不应从侵权行为终结之日起计算。

1995 年 8 月 11 日,劳动部《关于贯彻〈中华人民共和国劳动法〉若干问题的意见》第 85 条规定,"劳动争议发生之日"也是指当事人知道或应当知道权利被侵害之日。对于特殊情况下的劳动争议仲裁申诉时效的处理,劳动部在 1995 年 9 月 1 日的《关于劳动争议仲裁工作几个问题的通知》中指出:《劳动法》第 82 条对一般情况下的仲裁申请时效作了规定,《企业劳动争议处理条例》第 23 条第 2 款"当事人因不可抗力或者有其他正当理由超过前款规定的申请仲裁时效的,仲裁委员会应当受理"的规定是对特殊情况的特殊规定,应当继续执行。

最高人民法院于 2001 年 4 月 30 日起施行的《关于审理劳动争议案件适用法律若干问题的解释(一)》第 3 条规定,劳动争议仲裁委员会根据《劳动法》第 82 条之规定,以当事人的仲裁申请超过 60 日期限为由,作出不予受理的书面裁决、决定或者通知,当事人不服,依法向人民法院起诉的,人民法院应当受理;对确已超过仲裁申请期限,又无不可抗力或者其他正当理由的,依法驳回其诉讼请求。

1996 年 8 月 12 日,《企业职工工伤保险试行办法》规定,工伤职工申请劳动仲裁、提起诉讼认定工伤的前提是经劳动行政部门作出工伤认定和伤残等级鉴定。劳动争议仲裁委员会和人民法院不能自行作出工伤认定和伤残等级鉴定。工伤职工及其亲属,在申报工伤和处理工伤保险待遇时与用人单位发生争议的,按照劳动争议处理的有关规定办理。工伤职工及其亲属或者企业,对劳动行政部门作出的工伤认定和工伤保险经办机构的待遇支付决定不服的,按照行政复议和行政诉讼的有关法律、法规办理。

现行的《劳动争议调解仲裁法》第 27 条规定:劳动争议申请仲裁的时效期间为 1 年。仲裁时效期间从当事人知道或者应当知道其权利被侵害之日起计算。劳动争议的仲裁时效,因当事人一方向对方当事人主张权利,或者向有关部门请求权利救济,或者对方当事人同意履行义务而中断。从中断时起,仲裁时效期间重新计算。因不可抗力或者有其他正当理由,当事人不能在上述仲裁时效期间申请仲裁的,仲裁时效中止。从中止时效的原因消除之日起,仲裁时效期间继续计算。劳动关系存续期间因拖欠劳动报酬发生争议的,劳动者申请仲裁不受该项仲裁时效期间的限制;但是,劳动关系终止的,应当自劳动关系终止之日起 1 年内提出。

【典型案例】

超过时效难维权①

杨某原为泛华建材公司员工。2013 年 7 月 31 日,泛华建材公司以经济性裁员为由解除与杨某的

---

① 摘编自广东省高级人民法院:《广东省高级人民法院发布十起劳动争议典型案例之九:杨某与泛华建材公司其他劳动争议、人事争议案——申请劳动争议仲裁时效为一年勿错过》,北大法宝,2017 年 4 月 24 日,https://www.pkulaw.com/pfnl/a6bdb3332ec0adc48fdb43a491569e18b6628aa0adf4f285bdfb.html,2018 年 1 月 5 日访问。

劳动合同。同日,杨某签收了《解除劳动合同证明》。2015 年 3 月 13 日,杨某向劳动仲裁部门申请仲裁,要求泛华建材公司支付经济补偿金。仲裁庭以杨某的仲裁请求超过仲裁时效为由不予受理。杨某遂诉至法院,请求判令泛华建材公司向其支付经济补偿金 24 000 元。

茂名市电白区人民法院一审认为:杨某要求泛华建材公司支付经济补偿金属于劳动争议仲裁的范围,应适用《劳动争议调解仲裁法》第 27 条关于仲裁时效的规定。杨某于 2013 年 7 月 31 日收到泛华建材公司的《解除劳动合同证明》时应当知道其权利被侵害,但未在一年的法定期限内提出仲裁申请,又无证据证明存在仲裁时效中断、中止的情形,杨某主张的权利已超过仲裁时效,且泛华建材公司提出了仲裁时效的抗辩。故一审法院判决驳回杨某的诉讼请求。杨某上诉后,又撤回了上诉。茂名市中级人民法院准许杨某撤回上诉。

五、劳动争议仲裁的受理与审理

当事人向仲裁委员会申请仲裁,应当提交书面仲裁申请,并按照被申请人人数提交副本。申请书应当载明下列事项:(1) 劳动者的姓名、性别、年龄、职业、工作单位和住所,用人单位的名称、住所和法定代表人或者主要负责人的姓名、职务;(2) 仲裁请求和所根据的事实、理由;(3) 证据和证据来源、证人的姓名和住所。

劳动争议仲裁委员会收到仲裁申请之日起 5 日内,认为符合受理条件的,应当受理,并通知申请人;认为不符合受理条件的,应当书面通知申请人不予受理,并说明理由。对劳动争议仲裁委员会不予受理或者逾期未作出决定的,申请人可以就该劳动争议事项向人民法院提起诉讼。

劳动争议仲裁委员会受理仲裁申请后,应当在 5 日内将仲裁申请书副本送达被申请人。被申请人收到仲裁申请书副本后,应当在 10 日内向劳动争议仲裁委员会提交答辩书。劳动争议仲裁委员会收到答辩书后,应当在 5 日内将答辩书副本送达申请人。被申请人未提交答辩书的,不影响仲裁程序的进行。

仲裁委员会组成人员或仲裁员应当回避的情况包括:(1) 是劳动争议当事人或者当事人、代理人的近亲属;(2) 与劳动争议有利害关系;(3) 与劳动争议当事人、代理人有其他关系,可能影响公正仲裁的;(4) 私自会见当事人、代理人,或者接受当事人、代理人的请客送礼的。仲裁庭处理劳动争议应当先行调解,在查明事实的基础上,促使当事人双方自愿达成协议。协议内容不得违反法律、法规。在下列情况下应当中止仲裁活动:(1) 当事人丧失行为能力,尚未确定其法定代理人或指定代理人;(2) 职工一方当事人死亡,需要等待其亲属参加仲裁活动的;(3) 当事人因不可抗拒的事由,不能参加仲裁活动;(4) 本案必须以另一案的审理结果为依据,而另一案尚未审结;(5) 其他应当中止仲裁活动的情况。

调解达成协议的,仲裁庭应当根据协议内容制作调解书,调解书自送达之日起具有法律效力。调解未达成协议或者调解书送达前当事人反悔的,仲裁庭应当及时裁决。仲裁庭作出裁决后,应当制作裁决书,送达双方当事人。申诉人在裁决前申请撤诉的,被诉人未提出反诉,仲裁庭可于 7 日内作出是否准予撤诉的决定。

仲裁庭裁决劳动争议案件,应当自劳动争议仲裁委员会受理仲裁申请之日起 45 日内结束。案情复杂需要延期的,经劳动争议仲裁委员会主任批准,可以延期并书面通知当事人,但是延长期限不得超过 15 日。逾期未作出仲裁裁决的,当事人可以就该劳动争议事项向人民法院提起诉讼。仲裁庭裁决劳动争议案件时,其中一部分事实已经清楚,可以就该部分先行仲裁。

劳动者与用人单位发生劳动争议后,申请一方应当提交与被申请一方具有劳动关系的相关证据,如:劳动合同书、工作证等。在北京,申请一方为外地来京务工人员的,除应提交上述证据外,还应提交本人身份证、暂住证、就业证。申请一方为职工的应提交被申请方有关工商注册地的证明。因用人单位作出的开除、除名、辞退、解除劳动合同、减少劳动报酬、计算劳动者工作年限等决定而发生的劳动争议,用人单位负举证责任。

仲裁委员会应当在受理仲裁申请之日起 5 日内组成仲裁庭并将仲裁庭的组成情况书面通知当事人。仲裁庭应当在开庭 5 日前,将开庭日期、地点书面通知双方当事人。当事人有正当理由的,可以在开庭 3 日前请求延期开庭。是否延期,由仲裁委员会根据实际情况决定。申请人收到书面开庭通知,无正当理由拒不到庭或者未经仲裁庭同意中途退庭的,可以按撤回仲裁申请处理;申请人重新申请仲裁的,仲裁委员会不予受理。被申请人收到书面开庭通知,无正当理由拒不到庭或者未经仲裁庭同意中途退庭的,仲裁庭可以继续开庭审理,并缺席裁决。

开庭审理前,记录人员应当查明当事人和其他仲裁参与人是否到庭,宣布仲裁庭纪律。开庭审理时,由仲裁员宣布开庭、案由和仲裁员、记录人员名单,核对当事人,告知当事人有关的权利义务,询问当事人是否提出回避申请。开庭审理中,仲裁员应当听取申请人的陈述和被申请人的答辩,主持庭审调查、质证和辩论、征询当事人最后意见,并进行调解。

仲裁庭应当将开庭情况记入笔录。当事人或者其他仲裁参与人认为对自己陈述的记录有遗漏或者差错的,有权当庭申请补正。仲裁庭认为申请无理由或者无必要的,可以不予补正,但是应当记录该申请。仲裁员、记录人员、当事人和其他仲裁参与人应当在庭审笔录上签名或者盖章。当事人或者其他仲裁参与人拒绝在庭审笔录上签名或者盖章的,仲裁庭应当记明情况附卷。

申请人在举证期限届满前可以提出增加或者变更仲裁请求;仲裁庭对申请人增加或者变更的仲裁请求审查后认为应当受理的,应当通知被申请人并给予答辩期,被申请人明确表示放弃答辩期的除外。申请人在举证期限届满后提出增加或者变更仲裁请求的,应当另行申请仲裁。

仲裁庭裁决案件,应当自仲裁委员会受理仲裁申请之日起 45 日内结束。案情复杂需要延期的,经仲裁委员会主任或者其委托的仲裁院负责人书面批准,可以延期并书面通知当事人,但延长期限不得超过 15 日。当事人因仲裁庭逾期未作出仲裁裁决而向人民法院提起诉讼并立案受理的,仲裁委员会应当决定该案件终止审理;当事人未就该争议事项向人民法院提起诉讼的,仲裁委员会应当继续处理。

仲裁庭裁决案件时,其中一部分事实已经清楚的,可以就该部分先行裁决。当事人对先行裁决不服的,可以按照调解仲裁法有关规定处理。仲裁庭裁决案件时,申请人根据《劳动争议调解仲裁法》第 47 条第 1 项的规定,追索劳动报酬、工伤医疗费、经济补偿或者赔偿金,如果仲裁裁决涉及数项,对单项裁决数额不超过当地月最低工资标准 12 个月金额的事项,应当适用终局裁决。仲裁庭裁决案件时,裁决内容同时涉及终局裁决和非终局裁决的,应当分别制作裁决书,并告知当事人相应的救济权利。

仲裁庭对追索劳动报酬、工伤医疗费、经济补偿或者赔偿金的案件,根据当事人的申请,可以裁决先予执行,移送人民法院执行。仲裁庭裁决先予执行的,应当符合下列条件:(1)当事人之间权利义务关系明确;(2)不先予执行将严重影响申请人的生活。劳动者申请先予执行的,可以不提供担保。

裁决应当按照多数仲裁员的意见作出,少数仲裁员的不同意见应当记入笔录。仲裁庭不能形成多数意见时,裁决应当按照首席仲裁员的意见作出。裁决书应当载明仲裁请求、争议事实、裁决理由、裁决结果、当事人权利和裁决日期。裁决书由仲裁员签名,加盖仲裁委员会印章。对裁决持不同意见的仲裁员,可以签名,也可以不签名。对裁决书中的文字、计算错误或者仲裁庭已经裁决但在裁决书中遗漏的事项,仲裁庭应当及时制作决定书予以补正并送达当事人。

【典型案例】

劳动仲裁裁决的撤销①

天湾数字技术股份有限公司不服广州市劳动人事争议仲裁委员会穗劳人仲案[2023]287号仲裁裁决,向广州市中级人民法院申请撤销该仲裁裁决。天湾公司的理由是:一、天湾公司在与孙思源依法解除劳动合同过程中不存在过错。二、天湾公司已按照劳动合同约定足额支付孙思源待岗期间的工资,不存在欠薪行为。

法院认为,《劳动争议调解仲裁法》第49条规定:"用人单位有证据证明本法第四十七条规定的仲裁裁决有下列情形之一,可以自收到仲裁裁决书之日起三十日内向劳动争议仲裁委员会所在地的中级人民法院申请撤销裁决:(一)适用法律、法规确有错误的;(二)劳动争议仲裁委员会无管辖权的;(三)违反法定程序的;(四)裁决所根据的证据是伪造的;(五)对方当事人隐瞒了足以影响公正裁决的证据的;(六)仲裁员在仲裁该案时有索贿受贿、徇私舞弊、枉法裁决行为的。人民法院经组成合议庭审查核实裁决有前款规定情形之一的,应当裁定撤销……"经审查,天湾公司对仲裁裁决认定的案件事实提出异议,其申请撤销仲裁裁决的理由并不符合《劳动争议调解仲裁法》第49条规定的应当撤销仲裁裁决的情形,法院不予支持。

六、劳动争议仲裁裁决的效力

仲裁裁决是仲裁庭对劳动争议作出的、对当事人具有约束力的、具体解决争议的决定。当事人对发生法律效力的调解书和裁决书,应当依照规定的期限履行。一方当事人逾期不履行的,另一方当事人可以申请人民法院强制执行。

仲裁庭对追索劳动报酬、工伤医疗费、经济补偿或者赔偿金的案件,根据当事人的申请,可以裁决先予执行,移送人民法院执行。先予执行应当符合下列条件:(1)当事人之间权利义务关系明确;(2)不先予执行将严重影响申请人的生活。劳动者申请先予执行的,可以不提供担保。

下列劳动争议仲裁裁决为终局裁决,裁决书自作出之日起发生法律效力:(1)追索劳动

① 摘编自"天湾数字技术股份有限公司(原深圳市欧恩德技术有限公司)、孙思源申请撤销仲裁裁决案",广州市中级人民法院(2023)粤01民特933号民事裁定书。

报酬、工伤医疗费、经济补偿或者赔偿金,不超过当地月最低工资标准12个月金额的争议;(2)因执行国家的劳动标准在工作时间、休息休假、社会保险等方面发生的争议。

劳动者对仲裁裁决不服的,可以自收到仲裁裁决书之日起15日内向人民法院提起诉讼。用人单位有证据证明仲裁裁决有下列情形之一,可以自收到仲裁裁决书之日起30日内向劳动争议仲裁委员会所在地的中级人民法院申请撤销裁决:(1)适用法律、法规确有错误的;(2)劳动争议仲裁委员会无管辖权的;(3)违反法定程序的;(4)裁决所根据的证据是伪造的;(5)对方当事人隐瞒了足以影响公正裁决的证据的;(6)仲裁员在仲裁该案时有索贿受贿、徇私舞弊、枉法裁决行为的。人民法院经组成合议庭审查核实裁决有前述情形之一的,应当裁定撤销。

仲裁裁决被人民法院裁定撤销的,当事人可以自收到裁定书之日起15日内就该劳动争议事项向人民法院提起诉讼。当事人对《劳动争议调解仲裁法》第47条规定以外的其他劳动争议案件的仲裁裁决不服的,可以自收到仲裁裁决书之日起15日内向人民法院提起诉讼;期满不起诉的,裁决书发生法律效力。当事人对发生法律效力的调解书、裁决书,应当依照规定的期限履行。一方当事人逾期不履行的,另一方当事人可以依照民事诉讼法的有关规定向人民法院申请执行。受理申请的人民法院应当依法执行。

【典型案例】

劳动争议的举证责任①

案例一:朱某于2008年1月至2012年12月期间在某公司工作,于离职当月申请劳动仲裁,要求该公司向其支付工作期间未休带薪年假的工资。该公司称每年均已安排朱某休带薪年假,但未举证。朱某亦未就其未休带薪年假且未享受未休带薪年假工资的主张提供证据。最终,法院判决该公司向朱某支付2011年、2012年未休带薪年假的工资,驳回了朱某的其他诉讼请求。法院的判决依据在于:发生劳动争议时,当事人对自己提出的主张有责任提供证据。与争议事项有关的证据属于用人单位掌握管理的,用人单位应当提供;用人单位不提供的,应当承担不利后果。对于用人单位保存劳动合同文本、工资支付凭证、考勤记录等,现行规定均要求了2年的保存期间,用人单位在此期限之内应承担举证责任。

案例二:李某系某建筑公司员工,2010年11月起因工伤回家治疗休养,建筑公司向其支付工资及医疗费等,直至2012年4月双方发生矛盾,李某起诉至法院要求建筑公司向其支付一次性伤残补助金、一次性工伤医疗补助金与一次性伤残就业补助金等。因李某未经社会保险行政部门进行工伤认定,法院最终裁定驳回其起诉。法院的裁定依据在于:法院受理劳动者因工伤待遇而产生的劳动争议,以劳动者已进行工伤及伤残等级认定为前提。在社保行政部门未作出工伤认定结论的情况下,劳动者向法院起诉主张工伤待遇的,人民法院不予受理,或受理后驳回起诉。

案例三:钱某于2010年2月至2012年7月在某培训学校工作,双方签订有书面劳动合同,该合同未明确约定钱某的月工资标准,只是约定"不低于北京市最低工资标准"。根据钱某的工资存折转账记录,钱某每月的收入不固定,在4 000元左右。钱某离职后申请劳动仲裁,要求该学校支付加班工资并按照月工资4 000元的标准向其支付解除劳动合同的经济补偿金等。该学校则称钱某的月工资为

---

① 摘编自许跃芝、李亚男:《劳动者维权易入十大"误区"》,中国新闻网,2013年5月27日,https://www.chinanews.com.cn/fz/2013/05-27/4858088.shtml,访问日期:2016年7月15日。

2 000 元，其余为加班工资，即钱某的加班工资已经支付，解除劳动合同的经济补偿金亦应按照每月 2 000 元的标准计算。最终，法院驳回了钱某关于加班工资的请求。法院的判决依据在于：按照法律规定，员工工资标准及发放情况等应由用人单位来举证，但如本案例中的情况，用人单位提交的工资表显示金额与劳动者的实发工资数额相符，考勤记录亦显示存在劳动者所述的加班情况，在关于工资构成双方说法不一致的情况下，法院很难仅凭劳动者的陈述就采信其主张。如果劳动合同对劳动报酬有明确的约定，本案例中的争议则完全可以避免。

笔者认为，本案判决的瑕疵在于：如果认定了钱某的工资为用人单位所主张的每月 2 000 元，又认定钱某每月所领工资为 4 000 元左右，那么，再将其中的 2 000 元认定为加班工资并进而驳回劳动者的主张就于法无据了。因为劳动者的加班是受到法律严格限定的，在合法的前提下，一个劳动者是不可能拿到与月工资金额等同的加班工资的。

案例四：金某系某机械公司职工，2009 年 7 月入职。工作期间，该公司未为其缴纳社会保险。2012 年 1 月，金某向该公司提出辞职。在离职申请表上，金某填写的离职理由为"个人原因"。2012 年 5 月，金某申请劳动仲裁，称因该公司未为其缴纳社会保险，其提出辞职，并依据《劳动合同法》之规定要求该公司支付解除劳动合同的经济补偿金。最终，法院驳回金某的诉讼请求。法院的判决依据在于：依据《劳动合同法》的相关规定，用人单位存在未及时足额支付劳动报酬、未依法为劳动者缴纳社会保险费等情况的，劳动者可以提出解除劳动合同，并可要求用人单位支付解除劳动合同的经济补偿金。若劳动者以"个人原因""身体原因""家庭原因"等理由申请离职，并在此后以用人单位欠发工资、欠缴社保等为由要求支付解除劳动合同的经济补偿金，一般是难以得到支持的。

笔者认为，本案判决的瑕疵在于：用人单位是否为劳动者缴纳了社会保险是有据可查的。本案中，判决已经认定"该公司未为其缴纳社会保险"，劳动者也称"因该公司未为其缴纳社会保险"而提出辞职，并据此要求该公司支付解除劳动合同的经济补偿金。然而，法院判决的依据却依然是劳动者的"个人原因"，这样的判决依据显而易见与本案事实不符。

第四节　劳动争议的诉讼

一、劳动争议诉讼的概念和管辖

劳动争议的诉讼，是指劳动争议当事人不服劳动争议仲裁委员会的裁决，在规定的期限内向人民法院起诉，人民法院依法受理后，依法对劳动争议案件进行审理的活动。此外，劳动争议的诉讼，还包括当事人一方不履行仲裁委员会已发生法律效力的裁决书或调解书，另一方当事人申请人民法院强制执行的活动。

实行劳动争议诉讼制度，从根本上将劳动争议处理工作纳入了法治轨道，以法律的强制性保证了劳动争议的彻底解决。同时，这一制度也初步形成了对劳动争议仲裁委员会的司法监督机制，对提高仲裁质量十分有利。此外，该制度还较好地保护了当事人的诉讼权，给予不服仲裁裁决的当事人以求助于司法的权利。

劳动争议的诉讼，是解决劳动争议的最终程序。人民法院审理劳动争议案件适用我国《民事诉讼法》所规定的诉讼程序。劳动争议案件由用人单位所在地或者劳动合同履行地的基层人民法院管辖。劳动合同履行地不明确的，由用人单位所在地的基层人民法院管辖。双方当事人就同一仲裁裁决分别向有管辖权的人民法院起诉的，后受理的人民法院应当将案件移送给先受理的人民法院。

用人单位与其他单位合并的,合并前发生的劳动争议,由合并后的单位为当事人;用人单位分立为若干单位的,其分立前发生的劳动争议,由分立后的实际用人单位为当事人。用人单位分立为若干单位后,具体承受劳动权利义务的单位不明确的,分立后的单位均为当事人。用人单位招用尚未解除劳动合同的劳动者,原用人单位与劳动者发生的劳动争议,可以列新的用人单位为第三人。原用人单位以新的用人单位侵权为由向人民法院起诉的,可以列劳动者为第三人。原用人单位以新的用人单位和劳动者共同侵权为由向人民法院起诉的,新的用人单位和劳动者列为共同被告。劳动者在用人单位与其他平等主体之间的承包经营期间,与发包方和承包方双方或者一方发生劳动争议,依法向人民法院起诉的,应当将承包方和发包方作为当事人。

二、劳动法院与劳动法庭

劳动法院与劳动法庭作为一项专门的司法制度主要存在于英国和德国。

英国在民事和刑事法院外,有专门的劳工法庭和劳工上诉法庭。劳动法庭负责审查劳动诉讼案件,尤其是其中的“不正当解雇”案件。劳动上诉法庭负责审查当事人不服劳工法庭判决而提出上诉的案件。为了及时解决劳资纠纷,减少劳动诉讼时间和诉讼成本,劳工上诉法庭只对案件的法律问题而不是事实问题进行受理并审理。

英国约有 500 名专职或兼职的劳工法庭法官,他们必须具备出庭律师资格,由司法部部长任命。另由工会联合会和产业联合会推荐雇员代表和雇主代表各 500 名担任劳工法庭成员。劳动案件由 3 名人员组成审判庭。一名为劳动法庭法官,另两名为雇员方和雇主方的代表。如果当事人对产业法庭的判决不服,可在 6 周内向劳工上诉法庭上诉。

劳工上诉法庭由大法官指定的高等法院法官、上诉法院法官和国王指定的法官组成,另外还有精通劳动关系的专家及雇主和雇员双方的代表。如果当事人对劳工上诉法院的判决不服的,还可以向上诉法院上诉。对上诉法院的判决不服,可以向上议院继续上诉。

1952 年,德国劳动法院从普通法院中独立出来,成为德国法院体系中一个独立的专门法院。劳动法院共分为三级:基层劳动法院、州劳动法院和联邦劳动法院。其中基层劳动法院为初审法院,州劳动法院为上诉法院,联邦劳动法院为终审法院。德国共设立基层劳动法院 123 个,职业法官 840 名,平均一个基层法院有职业法官 7 名。德国共有 16 个州,设立州劳动法院 19 个,其中北莱茵—威斯特法伦州设有 3 个州劳动法院,巴伐利亚州有 2 个。19 个州劳动法院共有职业法官 200 名,平均每个法院 10 名。联邦劳动法院共设有 10 个法庭,每庭有 3 名职业法官负责本法庭的案件审理。每个基层法院的法官平均要面对近 4 000 名雇员,每个州级劳动法院的法官平均要面对 1. 65 万名雇员,负责处理他们与雇主之间发生的劳动争议。①

根据德国《劳动法院法》的规定,劳动法院负责受理下列三类劳动争议:(1) 单个雇主与

---

① 1995 年德国的基层劳动法院共审理劳动争议案件 63. 1 万件,平均每个法官审理 752 件。在这些案件中,有 42% 是涉及解雇保护的劳动争议。以这类争议为例,审结时间在 1 个月之内的占 23%,1—3 个月结案的占 39%,3—6 个月结案的占 19. 5%,其余 17. 5%的案件要 6—12 个月甚至更长的时间才能审结。1995 年 19 个州劳动法院共审理劳动争议案件 28 000 件,平均每个法官审理 139 件。参见德国技术合作公司、中国劳动和社会保障部编:《中德劳动和社会法合作文集(1996—1999)》(未出版),第 202 页。

雇员的私法性的争议。包括:劳动关系方面的争议;劳动关系存在与否的争议;劳动关系终止及其相关法律后果的争议;与劳动关系相关的非法行为引起的争议;与劳动关系相关的文书文件方面的争议等。(2) 集体合同方面的争议。包括:集体合同签订双方就集体合同的内容或集体合同是否存在而发生的争议;集体合同签订双方和第三人之间因劳资斗争等而发生的争议。(3) 关于《企业章程法》发生的争议。主要是指雇主与企业委员会在签订和履行企业协议方面发生的争议。

劳动法院的审判程序遵循以下原则:(1) 不告不理。只有在当事人认为其权利受到了侵害,并向法院提出了诉讼请求的情况下,法院才可以立案受理,并进行有关的审判。(2) 调解。调解程序是劳动法院处理劳动争议的必经程序。在法院的审判实践中,许多案件是通过调解结案的。据统计,在有些基层劳动法院,调解的结案率高达40%。(3) 充分辩论。要求法院在作出判决前应充分听取当事人双方的陈述,充分了解争议事实。(4) 开庭审理。在双方当事人到场的情况下,法官当场提问,当事人当场回答,有助于法官对案情的了解和方便双方当事人诉讼请求的提出与变更。①

1986 年,我国劳动诉讼程序开始启动,由人民法院经济审判庭受理。1993 年改由民事审判庭受理。随着劳动诉讼的增多,在人民法院设立劳动法庭也成为现实需要。2016 年至 2018 年,全国人民法院系统一审受理劳动争议案件的数量分别为 45. 8 万件、44 万件和 44 万件;全国各地劳动人事争议调解仲裁机构处理劳动人事争议案件的数量分别为 177. 1 万件、166. 5 万件和 182. 6 万件,涉及的劳动者人数分别是 231. 6 万人、226. 8 万人和 217. 8 万人。近年来,一些地方法院试点成立了劳动法庭、劳动争议巡回法庭等。在人民法院设立劳动法庭,专门审理劳动争议案件,有助于维护劳动者的合法权益,促进劳动关系和谐与社会稳定。②

【典型案例】

处理违纪员工的时限③

1997 年,徐某应聘至某电子元件公司,从事采购工作。2016 年 1 月,电子元件公司根据上级要求进行系统审计,结果发现徐某在 2008 年至 2009 年担任采购经理期间存在严重的“账外账”行为。2016 年 5 月,公司根据规章制度对徐某作出了解除劳动合同处理。徐某认为,自己的违纪行为发生在 7 年前,单位已经超过了处理的时限。单位则认为,徐某的违纪行为是在 2016 年 1 月才被发现的,单位的处理应当在时效期内。那么,处理违纪职工,有时效限制吗?

已经废止的《企业职工奖惩条例》第 20 条曾规定:“审批职工处分的时间,从证实职工犯错误之日起,开除处分不得超过五个月,其他处分不得超过三个月。职工受到行政处分、经济处罚或者被除名,企业应当书面通知本人,并且记入本人档案。”按照这一规定,劳动者违纪并经调查核实后,作出解除劳

---

① 参见杨胜男等:《德国劳动法院与劳动案件的审理》,《人民法院报》2006 年 1 月 5 日。

② 2010 年 1 月,北京市丰台区法院在北京法院系统成立了首家劳动争议审判庭,随后,北京市中、基层法院陆续成立劳动争议专业审判庭。2012 年 2 月,河南省高级人民法院在 9 个基层法院试点成立劳动者权益保护审判庭。2015 年 1 月,厦门市劳动法庭在思明区法院滨海法庭成立。2015 年 10 月,沈阳市首家有编制的劳动法庭在铁西区法院揭牌。2015 年 8 月,宁夏石嘴山市在工会设立劳动法庭。参见陈晓燕等:《总工会界委员建议普遍设立劳动法庭》,《工人日报》2019 年 3 月 13 日。

③ 摘编自鲁志峰:《处理违纪职工是否有时效限制》,《中国劳动保障报》2016 年 6 月 29 日。

动合同处理的,用人单位应当在证实劳动者犯错误之日起5个月内进行处分;作出警告、严重警告、记过等一般性处分的,用人单位应当在证实劳动者犯错误之日起3个月内实施处理。用人单位一旦逾期处理违纪职工,将面临败诉的风险。

而《企业职工奖惩条例》废止后,国家并未就这一问题作出相关规定。笔者认为,对违纪职工的处理时效,不妨结合劳动争议的时效来认定。《劳动争议调解仲裁法》第27条第1款规定:"劳动争议申请仲裁的时效期间为一年。仲裁时效期间从当事人知道或者应当知道其权利被侵害之日起计算。"同理,用人单位处理违纪职工的时效也可以确定为1年,处理时效从用人单位证实或者应当证实职工犯错误之日起计算。劳动者发生违纪,一般都会侵犯用人单位的合法权益,比如劳动者旷工侵犯了用人单位的劳动义务获取权;劳动者失职侵犯了用人单位的管理权;劳动者兼职且拒不改正则侵犯了用人单位对劳动者完整工作精力的获得权;哪怕是劳动者被追究刑事责任,也将影响到用人单位的社会形象。因此,用人单位对违纪职工实施处理,其目的就是维护自身的合法权利。但是这一"维权"行为,应当在合理的期限内行使。由于劳动者对用人单位侵权行为的申请仲裁时效为1年,用人单位对违纪职工的处理也应当在证实劳动者犯错误之日起1年内进行。

值得注意的是,"劳动者犯错误之日"与"证实劳动者犯错误之日"并不一定是重合的。一般来说,"证实劳动者犯错误之日"往往晚于"劳动者犯错误之日"。如果劳动者所犯错误经过若干年后才被发现并予以证实,处理违纪职工的时效该如何把握?鉴于劳动法律中未作规定,结合《民法通则》第137条关于"诉讼时效期间从知道或者应当知道权利被侵害时起计算。但是,从权利被侵害之日起超过二十年的,人民法院不予保护。有特殊情况的,人民法院可以延长诉讼时效期间"之规定,用人单位处理违纪职工的时效也不得超过20年。

当然,上述关于处理违纪职工的时效结论是在国家规定不明确且地方规定也不明确的前提下得出的。如果地方性法规或司法解释对处理违纪职工的时效作出相关规定,则从其规定。比如,《浙江省高级人民法院民事审判第一庭、浙江省劳动人事争议仲裁院关于审理劳动争议案件若干问题的解答(二)》规定:"劳动者违反用人单位规章制度,符合用人单位与其解除劳动合同的条件,用人单位一般应在知道或者应当知道之日起5个月内行使劳动合同解除权。"

【典型案例】

特殊劳动案件的认定与管辖①

一、离退休人员的返聘或招聘

劳动法律关系所涉及的劳动者,必须具备法律规定的条件之一即年龄条件。劳动者的劳动年龄是由法律规定的。劳动年龄的法定性表明一国公民劳动年龄的存续是由法律决定的而不受劳动者自身实际的劳动能力所左右。一个劳动者劳动年龄的法定界限到达之日,也即这个劳动者的劳动能力丧失之时。一个超过法定劳动年龄的人如同一个未到法定年龄的人一样不应当从事劳动法意义上的劳动,更不能如同一个正常的劳动者那样享受全部的劳动权利,尤其是劳动者的社会保险权利,否则将会导致一些不合逻辑的结果。

在我国,劳动者劳动年龄的上限常被忽视。比如,我国允许退休人员"返聘"或从事其他职业,名曰"发挥余热",却引发了一些问题,例如,有的单位停发了本单位本应发放给退休人员的那部分退休金;

① 摘编自黎建飞:《特殊劳动案件的认定与管辖——返聘、顶替、保姆、实习及涉外劳动关系》,《判解研究》2005年第2辑。

也有人在外资企业就职后，让外企为他缴纳各项法定的社会保险费。更麻烦的还在于用人单位返聘或者招聘的退休人员在工作中死亡或者受伤，是否能享受工伤保险的待遇？

例如这一案例：何某出生于1936年，退休后从1998年10月起到一海鲜酒家当保安。2001年10月何在工作期间被一名食客打伤头部。2002年5月，何到区社保局提出工伤认定申请。社保局认为何某所述的工作和受伤情况属实，但关于工伤认定，他们以《国务院关于工人退休、退职的暂行办法》、劳动部办公厅《关于〈中华人民共和国劳动法〉若干条文的说明》第10条，以及广州市中级人民法院《关于审判劳动争议案件若干问题的意见综述》第7条的有关规定为依据，认为何某入职海鲜酒家时年龄已达62岁，早已超出了法定60周岁的退休年龄，他受伤不属于有关劳动法律法规的调整范围，对其提出的将其受伤情况列入工伤保险待遇范围的要求不予认定，并就此作出《工伤认定书》。何某将社保局起诉到区法院，请求撤销《工伤认定书》。区法院审理后认为，我国《宪法》规定了公民享有劳动的权利，因此，有劳动能力的人参加劳动，应受法律保护。关于退休年龄的规定不是为了禁止已达退休年龄者参与劳动，而是为了保证劳动者老有所养，体现社会保障制度的价值。《劳动法》亦只规定了劳动年龄的下限，没有规定上限，仅以超过退休年龄、不属有关法律法规的调整范围而不予认定工伤，属于适用法律错误。法院判决区社保局撤销对何某工伤不予认定的《工伤认定书》，并负担本案受理费。

从劳动法和社会保险法角度讲，让离退休人员重新就业是应当受到法律禁止的。这些人员就业对社会的不利后果表现为：从业者每月从社会保险基金中领取养老金，并享受着其他各项社会保险待遇，却占据着一个岗位——这个岗位的从业者及用人单位本应每月向社会保险管理机构缴纳各项社会保险费。在我国，现在的退休年龄是在20世纪50年代初期确定的，那时候人的寿命几乎等于退休年龄。与当时的平均寿命相比，现在我国人均预期寿命已经延长了将近20岁，人的身体素质也大有提高，但出于就业压力等多种考虑，没有将退休年龄延后。[①] 因此，相应的问题就长期存在并不时困扰着我们。

二、顶替劳动

劳动关系是具有人身属性的法律关系，即特定劳动关系中的劳动只能由劳动者本人进行，不能由第三人代理，这与民事法律行为依法可以由第三人代理进行的情况完全不同。20世纪80年代，在城镇就业压力很大和实行固定工制度的情况下，我国国营企业曾在增加新职工时实行内部招收、在职工退休时实行子女顶替的政策。“这种‘内招’‘顶替’办法，造成职工队伍素质下降，也助长了职工待业子女的依赖思想。”1986年，国务院发布的《国营企业招用工人暂行规定》废除了“内招”和“子女顶替”，取而代之的是企业招用工人必须面向社会，公开招收，德智体全面考核，择优录用。

实践中，“顶替”劳动的现象时有发生，往往导致劳动纠纷不好处理。如夫妻同在一车间，因家中有事，妻子某日经车间主任同意替夫上班，不幸在工作中受伤。厂方以不是本人上班为由拒绝认定为工伤，遂起劳动争议。湖南一农村劳动者到珠海做工，因工死亡。此前用人单位已为其缴纳工伤社会保险费，家人享受工伤待遇本是顺理成章的事。但管理部门发现，前来料理后事的死者之兄才是工伤保险的对象，死者是以其兄的身份在珠海做工的，由此产生纠纷。发生类似的纠纷的根本原因就在于实际的劳动关系与名义上的劳动关系分离，实际的劳动关系违背了劳动关系对劳动者特定化的要求。

案例：1993年年底，张某之弟因病向单位请了长假。张某便找到当时玻璃厂的切装车间主任刘某，提出替弟弟上班的要求。经刘主任应允，1994年1月1日，张某来到玻璃厂二分厂切装车间开始上班。1995年10月5日下午1时30分许，他正在切装玻璃时，一块玻璃突然在他面前爆裂，将他的右眼扎伤，眼球被摘除。在张某住院期间，厂方支付了一定的医疗费用，出院时，厂方和他口头协议，一次性给他3万元钱了结此事，但后以资金紧张为由没有给付这笔钱。2002年6月17日，区法院开庭审理了此

---

① 2024年9月13日，十四届全国人大常委会十一次会议通过了《关于实施渐进式延迟法定退休年龄的决定》，决定同步启动延迟男、女职工的法定退休年龄，用15年时间，逐步将男职工的法定退休年龄从原60周岁延迟至63周岁，将女职工的法定退休年龄从原50周岁、55周岁分别延迟至55周岁、58周岁。

案。张称其来玻璃厂工作是经过车间主任同意的,并一直以临时工的身份上班,工作一年多厂方并未提出异议,且正常给其开工资,应属默认。工作期间发生事故,厂方应当承担赔偿责任。但厂方提出该厂是一国有企业,所有工人包括临时工都有劳动合同,而张并未和厂方签订任何劳动合同,属于未经正式手续而冒名顶替进入该厂工作,车间主任并无权雇工,故张不属于厂方雇用的人员。事故发生后单位拿出7000元钱为其治疗是出于人道,并不代表认可厂方应承担赔偿责任。

笔者认为,对于这类案件应当以劳动义务的实际履行者为劳动关系的一方主体,认定事实上业已存在的劳动关系双方当事人,要求实际使用这个劳动者的用人单位承担理应承担的法律责任。因为劳动关系是具有特定权利和义务内容的法律关系,并且是名义与实质不可分割的法律关系。劳动法所保护的对象是实际履行劳动义务的劳动者,劳动关系是实际劳动过程中发生和存在的法律关系。在一个实际存在的劳动关系中,尤其是这一劳动关系中的劳动者受到来自工作中的伤害时,不能设想这个特定的伤害是发生在一个抽象的姓名符号上,正如同不能设想这个特定的伤害没有发生在这个实实在在的劳动者本人身上一样。

三、家庭保姆

由于城市居民生活水平的提高,为了工作和家庭生活的便利,有许多城市居民雇佣保姆从事家务劳动。对这种关系法律上称之为家庭雇佣劳动关系。2003年,上海家政服务员的人数就达到了36.1万,北京市城八区聘请家政服务员的家庭超过20万户,需求计时服务的家庭近22.5万户。

在劳动立法完善的国家,家庭用工有专门的法律规定。德国的《家庭劳动法》第2条规定,家庭工人是指在自选的劳动地点一个人或与其家人一道接受工商业主的委托从事劳动并将由原材料或辅助材料形成的劳动成果委托给工商业主转移价值的人。为了保护他们的利益,《家庭劳动法》对一些强制性最低劳动标准作了规定,其他劳动法中的相关规定也能适用于家庭劳动关系。对于《家庭劳动法》意义上的家庭协助劳动者,这些出于家庭法的义务为家庭成员付出劳动的人不是雇员,尤其是由父母抚养、属于家庭成员的子女不是雇员,他们是依据民法的要求,在与其能力和身份相适应的范围内协助其父母从事劳动。当然,法律也不强制排除双方协商建立劳动法意义上的劳动关系的可能性。

我国将家庭雇佣劳动关系列入民法的调整范畴,而未列入劳动法范畴,因此家庭雇佣劳动关系不适用我国劳动法。家庭保姆的权利受到损害可以通过民法予以规范。但现实生活却并不总是如同人们设定的法律规范一般规范。例如,2003年年底,41岁的安徽保姆周岱兰从雇主家的四楼摔下,腹腔大量出血,脾脏破裂,腰椎粉碎性骨折。经抢救,周岱兰生命无忧,但需再做手术方可摆脱终生瘫痪的危险。可是,高额医药费使贫穷的周岱兰无能为力;已经为其支付2万元医药费的雇主也难以为继。针对这种情况,上海市劳动部门组织几家保险公司于2004年7月推出了家政服务综合保险,由雇主为自家的保姆购买保险,以化解家政服务人员在工作当中的风险。但商业保险不同于社会保险,对于劳动者而言,两种保险所保障的程度和对责任的认定与分担都是不可相提并论的。

再如这一案例:2003年3月,朱凤兰在李女士家里做保姆,每月工资600元。同年10月10日的中午,雇主李女士看到快要下雨了,就让朱凤兰去阳台收衣服。由于太着急,她迎头撞上一扇玻璃门,碎玻璃撒了一地,朱凤兰裤腿上的血越流越多,送到医院时已经出现失血性的休克症状。医生在抢救的时候发现,朱凤兰臀部肛门附近扎进去了一块大约9厘米长的玻璃。由于失血过多,朱凤兰于下午4点在急救室里死亡。公安机关认定朱凤兰是意外死亡。她丈夫颜志强则认为,妻子在李女士家里干活出现意外死亡,李女士应该为妻子的死承担责任。2004年5月30日,颜志强及3个子女和死者的母亲共5人,一纸诉状将李女士告上法庭,要求她支付妻子的死亡赔偿金、医疗费、丧葬费等各项费用共计24万元。李女士的家人认为,在朱凤兰死亡这件事上她们家人没有任何过错,她自己撞碎玻璃门后被扎死亡,完全是由她自己的过错造成的,应当自己承担全部责任。同年9月3日,区法院一审作出判决。判决认为,被告李女士与保姆朱凤兰的关系是雇佣关系,应适用无过错责任原则。保姆朱凤兰在从事雇佣活动中遭受人身损害,被告应该承担赔偿责任。但是由于过错主要是在保姆自身,根据《民法通则》和最高人民法院有关司法解释的规定,雇主可以减轻赔偿责任。法院由此判决被告李女士赔偿保姆朱凤兰家人各项费用共计约 7 万元。李女士的家人对这个结果虽然很是不满,但也表示愿意服从法院的判决。

保姆在劳动中受到伤害的责任到底应该由谁来承担?问题的实质是:保姆在劳动中遭受的风险应当由谁承担。如果保姆自己在家里做家务受到了伤害,那当然是她自己来承担责任。但当她为雇主工作,她通过劳动来得到报酬的同时,她在劳动过程中的安全、卫生保障就应该由雇主来负责。在这种雇佣关系或者劳动关系当中,劳动者受到的伤害是依据无过错原则来确定责任的归属,雇主是没有过错,但是只要是劳动关系或者雇佣关系,都应当由雇主来承担责任。

我们应该意识到任何劳动都伴随着风险,现在的家政服务人员和以前传统意义上的保姆所承担的劳动风险是不可同日而语的,为了保护劳动者就要建立工伤保险制度,强制其加入社会保险。其实不仅是保姆,包括装修工人、空调移机人员等临时雇工,如果没有与用人单位之间确定劳动关系,几乎都没有社会保障。1994 年颁布的《劳动法》,调整对象是劳动者与用人单位之间的劳动关系,因为当时从事家政工作的人员并不多,所以劳动法强调的只是"用人单位"的概念,并没有将雇主与家政人员之间的雇佣关系纳入调整范围。现在应该在立法上考虑将这种家庭劳动关系纳入《劳动法》的调整范围,或者制定《家庭劳动法》或《家务劳动法》,专门调整家庭内部劳动的关系,这样才能从根本上解决"朱凤兰们"的问题。

四、实习劳动

实习劳动既产生于学生的自我寻找,也产生于学校与用人单位协议后的安排。有调查显示,近70%的大学生感觉择业时最缺乏的是实践经验。为增加工作经验,学生利用在学校的学习时间到校外打工实践。学生在成为用人单位的廉价甚至免费劳动力的同时,还导致了劳动法上难以解决的问题。

在学生心中,实习是自己职业生涯的开端;但就用人单位而言,实习只意味着企业给那些即将参加工作的学生提供一个锻炼学习的机会,并不意味着存在应聘和聘用关系。用人单位在招聘会上就直接写明招收实习生,这些实习生既可以是大四找工作的学生,同样也可以是大一、大二低年级的大学生。更有一些用人单位利用毕业生求职心切(甚至与学校进行不正当的"合作"),以"实习"之名来廉价利用毕业生的劳动力。这些实习者的工作量和劳动强度与正常员工相差无几,甚至有的还高出许多。而这些人的工资与正常员工相比却往往少得可怜。由于劳动法保护的是与用人单位形成劳动关系的劳动者,实习生只有与用人单位已经签订劳动合同、形成实际劳动关系后,才能按照劳动法维护自己的合法权益。因此,实习劳动中产生的争议难以解决,尤其是以实习的形式进行劳动的人员在工作中受到伤害时更为难办。

例如这一案例:小李是河南省某高级技工学校 2005 届化学制药系学生,2004 年 2 月 16 日,她被学校推荐到某药业公司实习,从事药品包装工作。在从事该项工作时,她所在的实习单位未告知此项工作有毒,也未让她们采取任何防护措施。时至 2004 年 5 月初,小李突然感到浑身酸疼,腰部疼痛尤为厉害。经河南省职业病医院诊断,并经询问得病时的工作情况和化验,小李最终被确诊为汞中毒。为向加害单位讨要费用继续治疗,小李的父亲起诉要求某药业公司赔偿各项损失费 12 700 余元。作为被告的上述某药业公司则称,自己不应承担小李的工伤费用,小李作为一名实习生,不论从我国《劳动法》来看、还是从《合同法》或者《工伤保险条例》等规定来看,都没有明文确定实习生为法律上的"劳动主体""合同主体"或"工伤赔偿主体",因此,原告要求被告承担工伤赔偿责任于法无据,无理可谈。法官认定实习生属于《工伤保险条例》中的赔偿对象,最终使双方达成了和解协议。

本案的麻烦之处在于:小李一方面是学生的身份,与单位没有劳动关系;另一方面却是在实习单位工作中受的伤。按照《劳动法》的规定,劳动者在企业受伤后,应进行工伤鉴定,而医疗费用应由工伤保险或企业来支付。但对于学生在实习期间因工受伤后该如何认定,我国法律目前并没有明确的规定。这个案子关键的问题是怎么定性实习生和用人单位之间的关系。由于实习是一个教学环节,而不是一个法律意义上的劳动,所以实习生和用人单位之间不存在劳动关系;实习生也不是一个受劳动法保护的劳动者,有的实习生可能还没有达到法定的劳动年龄。由于双方不是劳动关系,实习生也不是劳动者,所以实习生在劳动当中受到了伤害,很难按照《劳动法》或者《工伤保险条例》来进行工伤认定。

对于这一点,可以对照劳动部 1996 年 8 月 12 日颁发的《企业职工工伤保险试行办法》第 61 条规定:“到参加工伤保险的企业实习的大中专院校、技工学校、职业高中学生发生伤亡事故的,可以参照本办法的有关待遇标准,由当地工伤保险经办机构发给一次性待遇。工伤保险经办机构不向有关学校和企业收取保险费用。”但国务院 2003 年 4 月 27 日颁布的现行《工伤保险条例》将此项规定完全删除且未另作规定。

虽然学生实习受伤不能按照劳动案件来处理,但并不意味着实习生在劳动中受到的伤害应当由其自己负责。在这一法律关系中,实习生与学校和用人单位三方同时发生了法律关系:学校作为学生的施教者、监护人和实习活动的指挥安排者,应当预见实习生在实习劳动中必然存在和可能出现的风险,并且承担相应的法律责任。用人单位作为实习生进行劳动的劳动条件提供人、劳动工作的安排指挥者和某种程度劳动成果的获得者,应当为实习生提供符合国家规定的安全卫生的劳动条件,当实习生在劳动中受到伤害时承担相应的法律责任。在目前没有明确法律规定的情况下,学校和用人单位应当对实习生在劳动中受到的伤害承担连带赔偿责任。如果学校与用人单位事先对于责任的分担有约定的,双方可以按照约定分担责任,但该项约定不能构成任何一方对实习生受伤免责的理由。

五、涉外劳动关系

《劳动法》第 2 条规定了劳动法调整的社会关系是劳动关系,同时也界定了《劳动法》在空间上的适用范围,即中华人民共和国境内。这既符合国际惯例,也是国家主权原则在《劳动法》中的体现,因此,只要在我国境内的用人单位,不论是中外合资经营企业、中外合作经营企业还是外商独资企业等,所发生的劳动关系,都必须由我国《劳动法》调整,在中国境外从事实际劳动的中国境内用人单位的劳动者,由于其用人单位机构在中国境内,并在中国境内进行了登记注册,因此,也应认定其与中国境内的企业或其他用人单位之间存在劳动关系,并受《劳动法》的管辖。外国企业、机构在中国境内的分支机构与劳动者产生的劳动关系,同样也应当认定为属于中国境内的劳动关系,并受我国《劳动法》管辖。

在这个问题上,如果把劳动法归入纯粹的私法范畴,就会得出不同的结论。《人民法院报》刊载的一个案件及笔者的分析证明了这一点:

1999 年 11 月 1 日,A 公司(澳门公司)与新加坡人源某签订了一份聘用合同书,约定了 A 公司聘任源某为公司的首席执行官,聘任的起始时间为 1999 年 11 月 1 日,聘用的工作地点为澳门总部、甲市分部和乙市分部,月薪为 10 万元港币等条款。2000 年 3 月 8 日,源某正式到甲市分部 B 公司就任总经理,并办理了甲市的外国人就业证。8 月,A 公司解除了源某的总经理职务。在此期间由于财务总监未到位等原因,源某未能按月领得薪水,仅分别从 B 公司、A 公司处暂支港币 15.7 万元、19.3 万元作为日常生活之需。源某离开公司后,要求 A、B 两公司支付劳动报酬未果,遂于 2001 年 3 月向甲市某区劳动争议仲裁委员会申请劳动仲裁,仲裁委员会作出不予受理通知书。源某以 A、B 两公司为被告向法院起诉,要求支付其欠薪 52.8 万元港币,且两公司须对上述付款义务承担连带责任。甲市中级人民法院驳回原告起诉。源某不服裁定向省高级人民法院上诉,省高级人民法院以原告对 B 公司享有诉权为由撤销了市中级人民法院的裁定,并指令市中级人民法院重新审理本案。市中级人民法院于 2002 年 6 月 26 日以源某与 A 公司之间的劳动关系不受劳动法调整为由再次裁定驳回源某对 A 公司的起诉,同时以源某与 B 公司未建立劳动关系为由,驳回了源某对 B 公司的诉讼请求。源某对市中级人民法院重新审理作出的裁定、判决仍然不服,遂又向省高级人民法院上诉,同时变更了诉讼请求(要求确认源某与B公司之间的劳动关系并且支付其应得的工资,A公司对此承担连带责任)。省高级人民法院确认源某与A公司之间的劳动关系应该适用我国法律,裁定撤销市中级人民法院的原审裁定;同时,由于源某在上诉状中变更了诉讼请求,要求B公司支付欠薪,法院遂作出维持原判、驳回其诉讼请求的终审判决。

在对该案的分析中,笔者得出了应当适用我国《劳动法》的结论,但其论据却并不来源于《劳动法》,结论也不是《劳动法》本来的规定。笔者认为:就国内案件而言,一般应适用中国的法律法规(合同另有约定的除外);就涉外案件而言,必须通过国际私法规则来确定所要适用的法律。本案是个典型的涉外民事纠纷,当事人没有选择适用的法律,就应该适用与合同有最密切联系的国家的法律。由于源某与A公司签订聘用合同后,其实际工作地点为我国甲市,应适用我国法律——《劳动法》。笔者认为实际上没有必要如此大费周章,因为《劳动法》并非可以由当事人自由选择的私法,我国审理劳动争议案件的法律也不是当事人可以选择适用的法律,而只能是我国的《劳动法》。对此,只需解读《劳动法》第2条的开头语"在中华人民共和国境内的企业"即可。即使从语言逻辑学的角度讲,这也是一个全称的、主项不周延的概念。

与此相关的是外国企业常驻代表机构、外国公司在中国的外籍雇员的劳动争议处理问题。对于前者,《国务院关于管理外国企业常驻代表机构的暂行规定》第11条规定:"常驻代表机构租用房屋、聘请工作人员,应当委托当地外事服务单位或者中国政府指定的其他单位办理。"因此,外国企业常驻代表机构只能向中国的外国企业服务公司聘用员工,由此导致了用人单位与实际使用劳动者的雇主相分离、劳动合同签订者与劳动合同的实际履行人相分离的状况,引发劳动争议案件受理与处理中的麻烦。问题的根本在于:这种源于计划经济时期的规定是否还有必要继续下去?

随着全球经济一体化进程和中国经济的发展,外籍雇员与其用人单位之间的劳动案件会越来越多。如何在法律上加以解决,既关系到劳动法在我国领域内的效力问题,也关系到我国的社会稳定和国际形象。

其实,早在1993年9月23日,劳动部在《〈中华人民共和国企业劳动争议处理条例〉若干问题解释》中对此就已明确:"六、《条例》第二条和第三条中'职工'的含义是什么?答:'职工'是指按照国家和地方法律、法规的规定,依法与企业确立劳动关系的劳动者。包括企业的管理人员、专业技术人员和工人以及外籍员工等全体人员。"

在实践中,也已不乏这方面的案例:美籍华人某,2004年4月进入开发区留学生创业园内某德资企业任总经理,双方签订的劳动合同约定胡某每月的工资福利待遇为人民币3.5万元。2004年4月至2005年1月应得的全部报酬为38万余元,但胡某实际只领取到了16万元人民币。2005年1月德方公司通知胡某解除劳动合同。胡某向当地劳动仲裁委员会提起仲裁,本案经劳动仲裁委员会审理后调解结案。

【背景材料】

适老型诉讼机制的建立构想①

一、建立专门审判组织

在法院内部设立专业化涉老案件审判庭,或者专门合议庭。选择涉老审判经验丰富、熟悉老年人生理心理特点、通晓当地方言、年资较长的员额法官组成合议庭,负责重大、疑难、复杂涉老案件的审判

① 摘编自刘万成、姚宁怡:《论适老型诉讼机制的建构》,《温州大学学报(社会科学版)》2023年第5期。

执行。

二、建立能力补强机制

以老年人的诉讼行为能力为基础,从老年当事人和裁判者两个方向展开全流程设计。重点针对诉讼环节适老规则与数字鸿沟跨越措施,提出并落实契合司法程序实质正义的机制安排。

三、改善硬件服务设施

在诉讼服务中心和人民法庭建设适老诉讼服务专区,建成无障碍通道,设立立案绿色通道、优先窗口,配备老花镜、轮椅、急救箱等适老设施,印制大字体诉讼指南,提供智能司法设备使用指导。开设心理疏导室并提供心理服务,消除老年人的涉诉心理压力。

四、进行诉讼行为能力评估分级

以年龄划定为主,将老年当事人以60岁至69岁为一级(稍弱)、70岁至79岁为二级(较弱)、80岁以上为三级(弱)进行划分,同时叠加考察其辨认、理解、表达、控制能力,以及通常知识与涉纠纷专业知识水平、数字司法适应能力等,对老年人的诉讼行为能力进行差异化识别和评估分级,而不仅仅是将之区分为"有诉讼行为能力"或"无诉讼行为能力"。

五、完善诉讼支持措施

第一,优待宽容措施,即进行更加关注和照拂老年当事人的身心需求的程序安排。如在刑事诉讼中引入"不伤害原则",强调限制对老年犯罪嫌疑人、被告人单次的审讯时长,避免不必要的反复审讯,允许其在刑事庭审中坐着受审,羁押场所安排单独关押等。

第二,能力支持措施,辅助弱诉讼行为能力的老年当事人参与诉讼,为老年人安排庭前辅导、引入亲友陪同诉讼、扩大法律援助范围、获得基层组织支持等。鉴于老年当事人普遍举证能力低,可要求法官更多地依职权查明证据、认定事实。再如在特定类型案件中设置"缓冲期",使老年当事人可在更长的时间内从容作出决定。针对理解力弱、决断犹豫且多反复的问题,由法官对其权利义务可能产生重大影响的事项,采取重复、释义、反馈、纠正与总结,确保老年当事人充分理解后作决定。

第三,处断辅助措施,帮助裁判者查明案情、作出处断,强化真实意愿查明,防止法官错误认定其表达错乱、不明的真实意思。严格代理审查机制,防止家人、亲友和委托代理人利用信息优势而为代理侵权。在证据单薄或涉及历史遗留问题时,可引入基层组织代表和熟悉社会背景、具有相关知识的人士组成"观察团""评议团",帮助法官认定事实和适用法律。